职业教育电子商务专业教学用书

电子商务数据分析实践教程

主　编　苏杨媚　黄红波　史硕江
副主编　秦清梅　张　洁　张　萍

电子工业出版社
Publishing House of Electronics Industry
北京·BEIJING

内 容 简 介

本书主要包含 4 个工作领域，即基础数据采集、数据分类与处理、数据处理与描述性分析、基础数据监控与报表和图表制作。每个工作领域又包含若干工作任务和工作子任务。

本书依托北京博导前程信息技术股份有限公司开发的 1+X 电子商务数据分析实训平台——博星卓越电子商务数据分析基础技能实训平台，根据《电子商务数据分析职业技能等级标准》（初级）设计内容，针对学生在数据分析实操中遇到的问题和难点进行系统梳理，形成本书的设计理念：围绕企业的实际工作场景，在注重工作任务所需的概念、计算公式等理论知识的前提下，将层层递进的实训任务以视频、图解等方式，通过任务背景、任务目标、任务要求、任务操作等环节来实施，从而增强学生的数据分析实践能力。

本书既可作为中、高等职业院校电子商务、经济管理、市场营销等专业的配套教材，又可作为电子商务数据分析的培训教材，还可作为从事电子商务数据采集、数据处理、可视化等运营工作的企业人员的自学用书。

未经许可，不得以任何方式复制或抄袭本书之部分或全部内容。
版权所有，侵权必究。

图书在版编目（CIP）数据

电子商务数据分析实践教程 / 苏杨媚，黄红波，史硕江主编．—北京：电子工业出版社，2024.1
ISBN 978-7-121-47067-7

Ⅰ．①电… Ⅱ．①苏… ②黄… ③史… Ⅲ．①电子商务—数据处理 Ⅳ．①F713.36②TP274

中国国家版本馆 CIP 数据核字（2023）第 250602 号

责任编辑：王志宇　　　　特约编辑：田学清
印　　刷：涿州市京南印刷厂
装　　订：涿州市京南印刷厂
出版发行：电子工业出版社
　　　　　北京市海淀区万寿路 173 信箱　　邮编：100036
开　　本：880×1230　1/16　　印张：17.5　　字数：370 千字
版　　次：2024 年 1 月第 1 版
印　　次：2024 年 10 月第 3 次印刷
定　　价：52.50 元

凡所购买电子工业出版社图书有缺损问题，请向购买书店调换。若书店售缺，请与本社发行部联系，联系及邮购电话：（010）88254888，88258888。

质量投诉请发邮件至 zlts@phei.com.cn，盗版侵权举报请发邮件至 dbqq@phei.com.cn。
本书咨询联系方式：（010）88254523，wangzy@phei.com.cn。

编写说明

2019年教育部等四部门印发了《关于在院校实施"学历证书+若干职业技能等级证书"制度试点方案》的通知，同年，北京博导前程信息技术股份有限公司组织院校、企业专家联合开发的1+X电子商务数据分析职业技能等级证书入围第二批职业技能等级证书。

《电子商务数据分析职业技能等级标准》（初级）主要面向电子商务应用企业、电子商务服务企业，以及电子商务业务分析等岗位，这些企业及岗位的人员根据业务需求，从事市场数据、运营数据、商品数据采集，数据分类与处理，数据描述性分析，基础数据监控，基础数据报表制作，基础数据图表制作等工作。

根据《电子商务数据分析职业技能等级标准》，部分院校已开展1+X电子商务数据分析职业技能等级证书考核。编者经过两年多的教学实践，结合1+X电子商务数据分析职业技能等级证书（初级）考核中实操与理论的占比，针对学生在数据分析实操中遇到的问题和难点进行系统梳理，形成本书的设计理念：围绕企业的实际工作场景，在注重工作任务所需的概念、计算公式等理论知识的前提下，将层层递进的实训任务以视频、图解等方式，通过任务背景、任务目标、任务要求、任务操作等环节来实施，从而增强学生的数据分析实践能力。

前　言

　　数据分析贯穿电子商务的商品采购、视觉设计、营销推广、客户服务、物流管理等全链条岗位，成为电子商务企业各工作岗位中最为核心的能力。随着2019年《电子商务数据分析职业技能等级标准》的发布，大部分中职学校的电子商务专业将1+X电子商务数据分析职业技能等级证书纳入专业课程体系。为满足电子商务企业对电子商务业务分析等岗位技能型人才的需求，编者编写了本书。本书依托北京博导前程信息技术股份有限公司开发的1+X电子商务数据分析实训平台，根据《电子商务数据分析职业技能等级标准》（初级）设计内容。

　　本书的总体设计思路：紧紧围绕与电子商务数据分析相关的岗位的实际工作应用场景及《电子商务数据分析职业技能等级标准》，分析典型工作任务，重组并序化，设定职业能力培养目标，以学生为中心，以工作领域为主线，将"岗课赛证"充分融通，培养学生的实践动手能力。

　　本书共包含4个工作领域，即基础数据采集、数据分类与处理、数据处理与描述性分析、基础数据监控与报表和图表制作。通过学习，学生能够掌握数据采集的流程；能够根据任务背景和任务要求，对采集到的商务数据进行分类、处理和描述性分析；能够选择合适的指标去监测运营数据，借助Excel的功能及时发现数据异常，并完成数据报表和图表的制作。

　　结合数据分析岗位的实际工作流程，本书的工作任务层层递进、逻辑清晰、结构完整、图文并茂、案例详尽。此外，本书对实施工作任务所需的概念、计算公式等理论知识也进行了梳理和精简，对初学者来说更加通俗易懂。

　　本书依托以下基金项目：2021年度广西职业教育教学改革研究项目"中职学校电子商务专业'三活三新'专业课程活页式教材开发与实践"（项目主持人：苏杨媚。项目编号：GXZZJG2021B148）。本书由苏杨媚、黄红波、史硕江任主编，由秦清梅、张洁、张萍任副主编，参编人员还有秦刚强、梁梅珍、莫丽梅、陈娜那、李翔、杨伟燕、陈伟豪、陆达毅、钟丽、唐倩雯、曾敏。编者在编写本书的过程中得到了北京博导前程信息技术股份有限公司的大力支持，在此表示感谢！由于编写团队的水平有限，书中的不足之处在所难免，敬请读者提出宝贵的意见和建议，以便使本书更加成熟和完善。

编　者

目　　录

工作领域一　基础数据采集 ... 1

工作任务一　市场数据采集 ... 1
　　工作子任务一　关键词的搜索趋势数据采集 ... 3
　　工作子任务二　行业交易指数数据采集 ... 4

工作任务二　运营数据采集 ... 6
　　工作子任务一　店铺访客分布数据采集 ... 8
　　工作子任务二　店铺访客人群画像数据采集 ... 10
　　工作子任务三　竞价推广关键词数据采集 ... 12
　　工作子任务四　客服人员贡献能力数据采集 ... 14
　　工作子任务五　商品库存量数据采集 ... 16

工作任务三　商品数据采集 ... 18
　　工作子任务一　商品交易趋势数据采集 ... 19
　　工作子任务二　需求度趋势数据采集 ... 21
　　工作子任务三　商品SKU销售数据采集 ... 23
　　工作子任务四　商品获客能力数据采集 ... 25
　　工作子任务五　商品盈利能力数据采集 ... 26

课后习题 ... 29

工作领域二　数据分类与处理 ... 32

工作任务一　商品数据分类与处理 ... 32
　　工作子任务　店铺类目数据分类与处理 ... 34

工作任务二　市场数据分类与处理 ... 39
　　工作子任务　用户画像数据分类与处理 ... 40

工作任务三　运营数据分类与处理 ... 46
　　工作子任务一　销售数据分类与处理 ... 47
　　工作子任务二　推广数据分类与处理 ... 51

　　　　工作子任务三　店铺流量来源数据分类与处理 56
　课后习题 62

工作领域三　数据处理与描述性分析 64

　工作任务一　描述性统计分析 64
　　　　工作子任务　访客数描述性统计分析 66
　工作任务二　趋势分析 72
　　　　工作子任务一　商品销量趋势分析 74
　　　　工作子任务二　商品销售额趋势分析 80
　工作任务三　同比分析 85
　　　　工作子任务一　行业销售额同比分析 87
　　　　工作子任务二　年度利润同比分析 92
　　　　工作子任务三　跳失率同比分析 98
　工作任务四　环比分析 103
　　　　工作子任务一　商品访客数环比分析 105
　　　　工作子任务二　行业销售额环比分析 111
　　　　工作子任务三　销售数据环比分析 117
　工作任务五　频数分析 123
　　　　工作子任务一　商品数据频数分析 124
　　　　工作子任务二　市场数据频数分析 130
　　　　工作子任务三　运营数据频数分析 134
　工作任务六　交叉分析 140
　　　　工作子任务一　市场数据交叉分析 141
　　　　工作子任务二　运营数据、商品数据交叉分析 144
　工作任务七　分组分析 149
　　　　工作子任务一　商品数据分组分析 151
　　　　工作子任务二　市场数据分组分析 157
　　　　工作子任务三　运营数据分组分析 162
　工作任务八　结构分析 170
　　　　工作子任务一　商品数据结构分析 171
　　　　工作子任务二　市场数据结构分析 176
　　　　工作子任务三　运营数据结构分析 181
　工作任务九　漏斗图分析 187
　　　　工作子任务　运营数据、商品数据的漏斗图分析 188

课后习题..196

工作领域四　基础数据监控与报表和图表制作.......................................200

工作任务一　基础数据监控..200
　　工作子任务一　日常数据监控...202
　　工作子任务二　专项活动数据监控..206

工作任务二　基础数据报表制作..211
　　工作子任务一　常规数据日报表制作..213
　　工作子任务二　常规数据周报表制作..216
　　工作子任务三　常规数据月报表制作..219
　　工作子任务四　专项数据日报表制作..222
　　工作子任务五　专项数据周报表制作..225
　　工作子任务六　专项数据月报表制作..229

工作任务三　基础数据图表制作..232
　　工作子任务一　柱形图制作...235
　　工作子任务二　折线图制作...240
　　工作子任务三　饼图制作...245
　　工作子任务四　散点图制作...250
　　工作子任务五　气泡图制作...254
　　工作子任务六　雷达图制作...261
　　工作子任务七　组合图制作...263

　　课后习题..269

参考文献..272

工作领域一

基础数据采集

工作任务一　市场数据采集

任务目标

- 能够根据任务要求确定需要采集的数据指标。
- 能够根据任务要求确定数据采集渠道。
- 能够根据任务要求制作数据采集表。
- 能够严格遵守《中华人民共和国电子商务法》等相关法律法规，对市场数据进行合法合规采集。
- 能够对采集到的市场数据严格保密。

任务导图

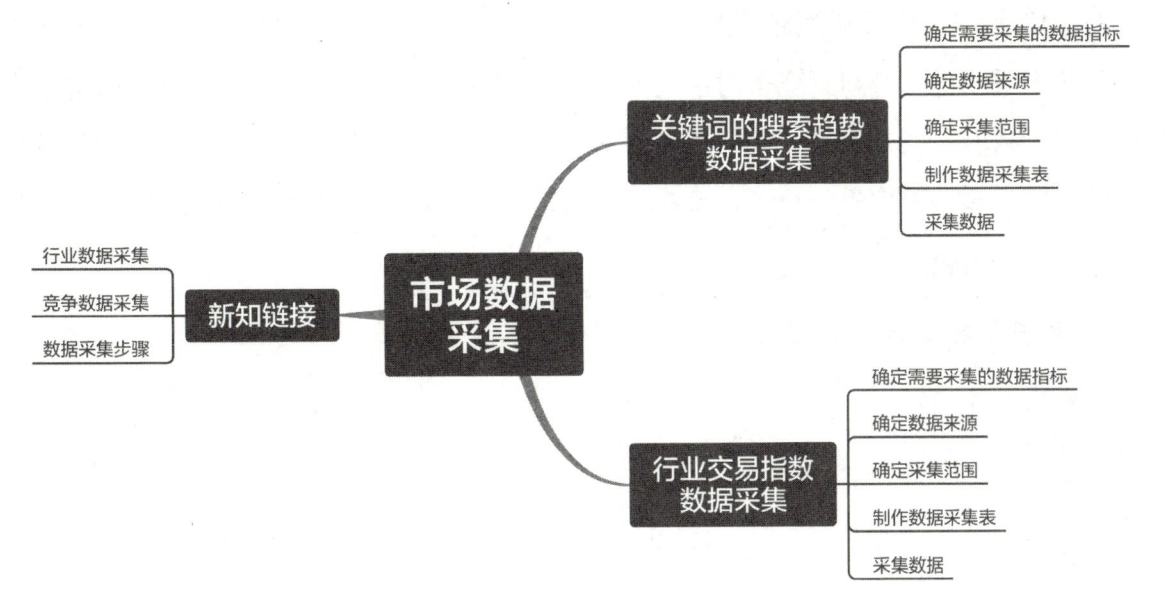

```
                                          ┌─ 确定需要采集的数据指标
                                          ├─ 确定数据来源
                        ┌─ 关键词的搜索趋势 ─┼─ 确定采集范围
                        │   数据采集        ├─ 制作数据采集表
                        │                  └─ 采集数据
  ┌─ 行业数据采集         │
  ├─ 竞争数据采集─新知链接─市场数据采集
  └─ 数据采集步骤         │
                        │                  ┌─ 确定需要采集的数据指标
                        │                  ├─ 确定数据来源
                        └─ 行业交易指数 ────┼─ 确定采集范围
                            数据采集        ├─ 制作数据采集表
                                          └─ 采集数据
```

新知链接

市场数据包括行业数据和竞争数据两大类。

一、行业数据采集

行业数据包括行业发展数据、市场需求数据和目标客户数据3类。

（一）行业发展数据采集

行业发展数据通常会涉及行业总销售额、增长率等数据指标。行业发展数据主要来源于国家统计局、行业协会、数据企业发布的行业统计数据和行业调查报告等。

（二）市场需求数据采集

市场需求数据通常会涉及需求量变化、品牌偏好等数据指标。数据采集人员除了可以通过行业调查报告来采集市场需求数据，还可以通过对用户搜索指数的变化趋势进行分析来把握用户的需求量变化和品牌偏好。

（三）目标客户数据采集

目标客户数据通常会涉及目标客户的地域分布、性别占比、年龄结构、职业领域占比等数据指标。数据采集人员可以借助行业调查报告、指数工具等对整个行业的目标客户数据进行采集。

二、竞争数据采集

竞争数据是对在电子商务业务中彼此存在竞争关系的卖家、品牌、商品（竞争对手）的各项运营数据的总称。对竞争对手进行分析，可以帮助决策者和管理层了解竞争对手的发展势头，为企业的战略/策略制定、调整提供数据支持。

竞争数据采集的内容包括竞争对手的商品结构、畅销商品、商品销量、交易额、销售价格、客单价、活动内容、活动周期、商品评价、服务政策、流量、推广渠道、搜索排名等数据。

通过对以上竞争数据进行分析，运营者可以发现竞争对手的运维习惯、销售策略，从而制定更有针对性的营销方案、运营策略。

三、数据采集步骤

数据采集的步骤如下。

(1) 确定采集指标。

(2) 确定数据来源。

(3) 确定采集范围。

（4）制作数据采集表。

（5）采集数据。

工作子任务一　关键词的搜索趋势数据采集

任务背景

淘宝店铺原牧纯品旗舰店长期经营肉制品类商品，运营人员需要根据行业关键词搜索指数的变化趋势判断行业的变化趋势，从而制定出更有针对性的店铺商品运营方案。

说明： 不同工作子任务的任务背景有相同之处，也有不同之处，这是因为本书是针对博星卓越电子商务数据分析基础实训系统编写的。该实训系统为了方便学生阅读且更好地理解每个工作子任务的背景，将任务背景都翔实地呈现在每个工作子任务中。这样，学生在实施一个工作子任务时，就可以停留在该工作子任务的界面，不需要去翻看其他工作子任务的背景。后面的工作子任务出现任务背景重复的，也是同样的原因，特此说明。

任务目标

通过对任务背景的分析和理解，根据任务要求，使用平台提供的数据渠道或工具采集相关数据。

任务要求

使用百度指数工具采集近30天关键词"鸡肉"的搜索指数数据。

任务

1. 能采集关键词的搜索指数数据的工具是（　　）。

　　A．1688指数（阿里指数）　　　　B．生意参谋

　　C．百度指数　　　　　　　　　　D．多多参谋

2. 尝试使用百度指数工具采集近30天关键词"鸡肉"的搜索指数数据。

关键词的搜索趋势数据采集

任务操作

采集关键词的搜索趋势数据的操作步骤及关键节点如下。

步骤1：确定需要采集的数据指标。

需要采集的数据指标为搜索指数。

步骤 2：确定数据来源。

搜索指数数据可以使用百度指数工具进行采集。

步骤 3：确定采集范围。

由任务要求可知，采集范围为近 30 天关键词"鸡肉"的搜索指数数据。

步骤 4：制作数据采集表。

根据步骤 1 所确定的数据指标制作关键词"鸡肉"的搜索指数数据采集表，如图 1-1 所示。

	A	B
1	日期	关键词"鸡肉"的搜索指数
2	2月1日	
3	2月2日	
4	2月3日	
5	2月4日	
6	2月5日	
7	2月6日	
8	2月7日	
9	2月8日	
10	2月10日	
11	2月11日	
12	2月12日	
13	2月13日	
14	2月14日	
15	2月15日	

图 1-1 关键词"鸡肉"的搜索指数数据采集表（部分）

步骤 5：采集数据。

进入百度指数，采集近 30 天关键词"鸡肉"的搜索指数数据。

工作子任务二　行业交易指数数据采集

任务背景

原牧纯品旗舰店长期经营肉制品类商品，营销部门准备根据意向用户的变化情况估算营销费用，因此需要对近 3 个月（2019 年 12 月—2020 年 2 月）"水产肉类/新鲜蔬果/熟食"类目（该店铺所处类目）意向用户的变化情况进行分析。

任务目标

通过对任务背景的分析和理解，根据任务要求，使用平台提供的数据渠道或工具采集相关数据。

任务要求

使用生意参谋工具采集近 3 个月"水产肉类/新鲜蔬果/熟食"类目意向用户的相关数据(收藏人数、加购人数、收藏次数、加购次数)。

任务

1. 能采集行业交易指数数据的工具是(　　　)。

   A．生意参谋(企业数据中心)→市场

   B．生意参谋(企业数据中心)→流量

   C．1688 指数(阿里指数)

   D．多多参谋

2. 请在生意参谋中采集近 3 个月"水产肉类/新鲜蔬果/熟食"类目意向用户的相关数据。

行业交易指数数据采集

任务操作

采集行业交易指数数据的操作步骤及关键节点如下。

步骤 1：确定需要采集的数据指标。

需要采集的数据指标为收藏人数、加购人数、收藏次数、加购次数。

步骤 2：确定数据来源。

以上数据可以从生意参谋的"市场"板块中进行采集。

步骤 3：确定采集范围。

由任务要求可知，采集范围为近 3 个月"水产肉类/新鲜蔬果/熟食"意向用户的相关数据。

步骤 4：制作数据采集表。

根据步骤 1 所确定的数据指标制作行业交易指数数据采集表，如图 1-2 所示。

	A	B	C	D
1	指标	2019年12月	2020年1月	2020年2月
2	收藏人数			
3	收藏次数			
4	加购人数			
5	加购次数			

图 1-2　行业交易指数数据采集表

步骤 5：采集数据。

进入生意参谋的"市场"板块，采集近 3 个月"水产肉类/新鲜蔬果/熟食"类目的收藏人数、加购人数、收藏次数、加购次数的数据。

工作结束

数据整理及备份：□完成　　□未完成
关机检查：□正常关机　　□强行关机　　□未关机
整理桌面：□完成　　□未完成
地面卫生检查：□完成　　□未完成
整理椅子：□完成　　□未完成

任务评价

类别	序号	考核项目	考核内容及要求	优秀	良好	合格	较差
技术考核	1	质量	能够根据任务要求确定需要采集的数据指标				
	2		能够根据任务要求确定数据采集渠道				
	3		能够根据任务要求制作数据采集表				
	4		能够对市场数据进行合法合规采集				
非技术考核	5	态度	学习态度端正				
	6	纪律	遵守纪律				
	7	协作	有交流、团队合作				
	8	文明	保持安静，清理场所				

工作任务二　运营数据采集

任务目标

- 能够根据任务要求确定需要采集的数据指标。
- 能够根据任务要求确定数据采集渠道。
- 能够独立制作数据采集表。

- 能够严格遵守《中华人民共和国电子商务法》等相关法律法规，对运营数据进行合法合规采集。
- 能够对采集到的运营数据严格保密。

任务导图

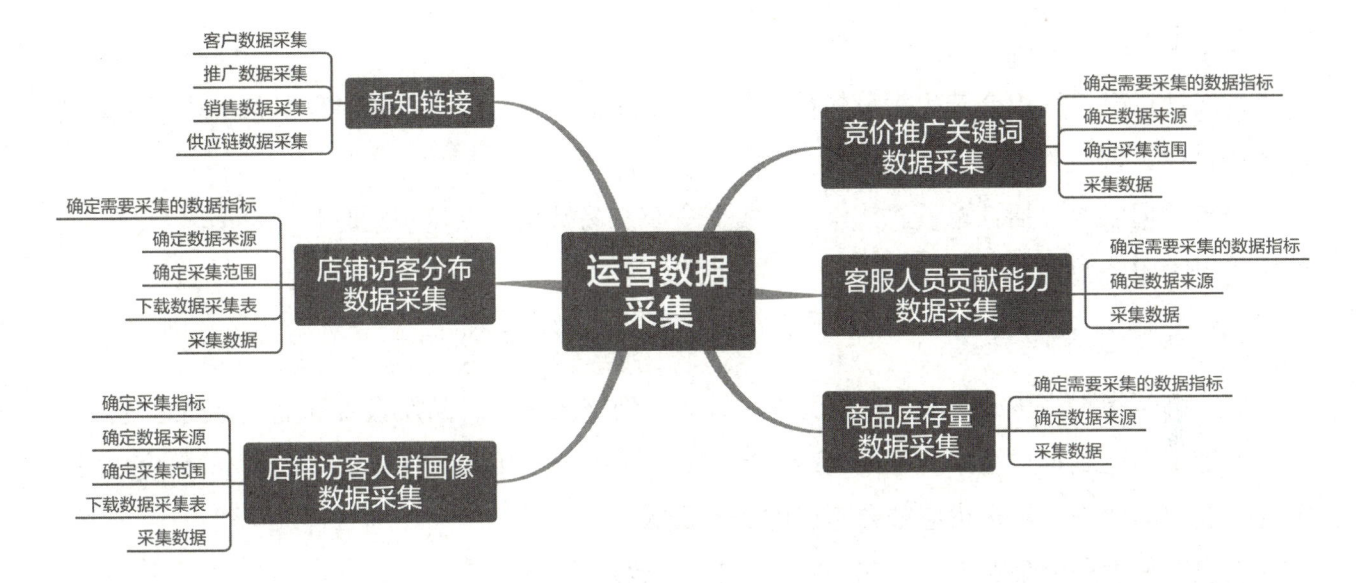

新知链接

运营数据通常包括客户数据、推广数据、销售数据、供应链数据四大类。

一、客户数据采集

客户数据采集是指根据企业各部门对客户数据的需求，通过可靠的数据源与采用合适的采集方式，获得客户的各种行为、属性等数据，可以为后续的客户数据分析提供数据支持。

客户数据主要包括客户行为数据和客户画像数据两类。

（一）客户行为数据

客户行为数据通常是指客户的商品消费记录中的数据，如购买商品的名称、购买商品的数量、购买次数、购买时间、支付的金额、评价、浏览量、收藏量等。

（二）客户画像数据

客户画像数据是与客户购买行为相关的，能够反映或影响客户行为的相关数据，如客户的性别、年龄、地址、品牌偏好、购物时间偏好、位置偏好、商品评价偏好等。

二、推广数据采集

对推广数据进行有效分析，可以帮助企业找到店铺推广中的优势与不足，从而优化相关推广策略和内容，提升推广效果。

推广数据指标通常包括展现量、点击量、花费、点击率、平均点击花费、直接成交金额、直接成交笔数、间接成交金额、间接成交笔数、收藏宝贝数、收藏店铺数、投入产出比、总成交金额、总成交笔数、总收藏数、直通车转化率、直接购物车数、间接购物车数、总购物车数等。

三、销售数据采集

在店铺运营过程中会产生大量的销售数据，企业需要根据前期的销售数据和市场变化来制定销售目标、调整销售策略。

销售数据主要包括订单量、销售额、成交量等交易数据，以及响应时长、咨询客户数、询单转化率等服务数据。

四、供应链数据采集

供应链是指围绕核心企业，从配套零件开始，到制成中间产品及最终商品，再到通过由销售网络把商品送到客户手中的生产、交易全链条。供应链管理的经营理念是从客户的角度出发，通过企业间的协作，谋求供应链参与者的利益最大化。

供应链数据分为采购数据、库存数据和物流数据三大类。

（一）采购数据

采购数据指标主要包括商品的供应商、商品的名称、商品的规格、采购数量、采购单价、商品的生产周期、商品周期内供货量、商品在运输期间的坏损率及在销售过程中的退换货率等。

（二）库存数据

库存数据指标主要包括商品的库存数、发货量、库存周转率、残次库存比等。

（三）物流数据

物流数据指标主要包括物流时效、物流异常量、物流服务满意度等。

工作子任务一　店铺访客分布数据采集

任务背景

原牧纯品旗舰店的主营类目是生鲜肉类，主要商品有整鸡、生鸡翅、生鸡腿、鸡肉丸、牛/羊肉卷等生肉制品。该店铺已经经营了几年，各项经营数据都比较稳定，也有一定的老客户。该店铺近期上新了一批商品，运营人员计划开展一场促销活动来提升店铺的销售额，由于生肉制品的销售受人们的饮食习惯和口味的影响比较大，因此选择在合适的地域开展促销活动就显得尤为重要。

任务目标

要把促销活动推广给合适的人群，就需要采集店铺近期的访客分布数据，为店铺开展促销活动做好准备。

任务要求

使用店铺自带的数据采集工具采集最近 7 天的店铺访客分布数据，并完成店铺访客分布数据采集表。

任务

1. 能采集店铺访客分布数据的工具是（   ）。

    A．生意参谋　　　　　　　　　　B．百度指数

    C．1688 指数（阿里指数）　　　　D．直通车

2. 请使用数据采集工具采集最近 7 天的店铺访客数占比排行 TOP5 的地域及其访客数、下单转化率数据，并填写在店铺访客分布数据采集表中。

任务操作

采集店铺访客分布数据的操作步骤及关键节点如下。

店铺访客分布数据采集

步骤 1：确定需要采集的数据指标。

需要采集的数据指标为最近 7 天的店铺访客数占比排行 TOP5 的地域及其访客数、下单转化率数据。

步骤 2：确定数据来源。

店铺访客分布数据可以使用生意参谋工具进行采集。

步骤 3：确定采集范围。

由任务要求可知，采集范围为最近 7 天的店铺访客分布数据。

步骤 4：下载数据采集表。

下载店铺访客分布数据采集表，如图 1-3 所示。

步骤 5：采集数据。

进入生意参谋，在"流量"→"访客分析"→"地域分布"中选择"日期"为"最近 7 天平均"，采集最近 7 天的店铺访客分布数据，如图 1-4 所示。

电子商务数据分析实践教程

	A	B	C
1	最近7天的店铺访客数占比排行TOP5		
2	地域	访客数	下单转化率
3	陕西省	176	12.03%
4			
5			
6			
7			

图 1-3　店铺访客分布数据采集表

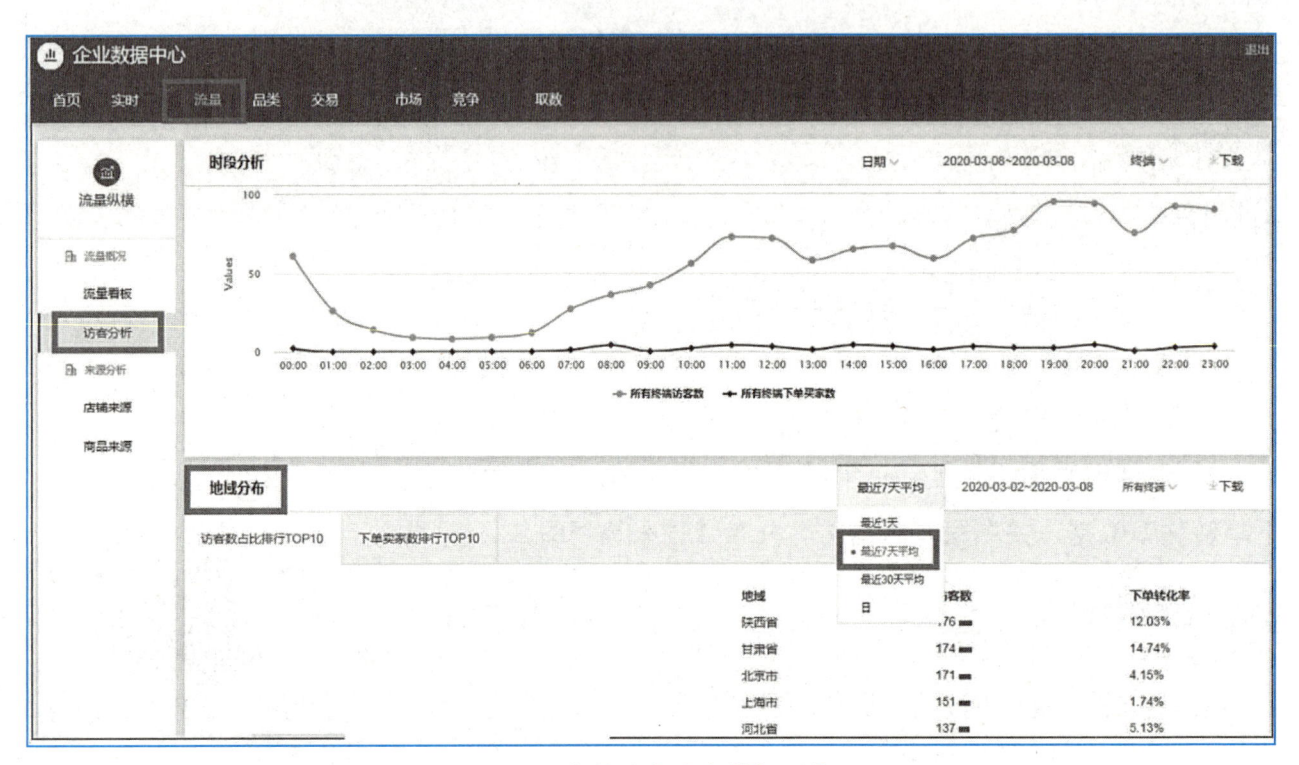

图 1-4　店铺访客分布数据采集

工作子任务二　店铺访客人群画像数据采集

任务背景

原牧纯品旗舰店主营类目是生鲜肉类，主要商品有整鸡、生鸡翅、生鸡腿、鸡肉丸、牛/羊肉卷等生肉制品。该店铺已经经营了几年，各项经营数据都比较稳定，也有一定的老客户（占比为9%）。客户主要为女性客户（占比高达80%），年龄主要为25～30岁。该店铺的流量主要来自免费渠道（占比为90%左右），主要有手淘搜索、手淘首页、购物车和一些免费的站内活动；付费流量的占比为10%左右，主要来源渠道是淘宝客和直通车。

近期，原牧纯品旗舰店计划开发一批新品，在进行了前期的市场调研后，还需要全面了解店铺的转化数据。

任务目标

在对市场数据进行分析后发现，需要采集店铺访客人群画像数据，为店铺的新品销售做好准备。

任务要求

使用店铺自带的数据采集工具采集最近 7 天的店铺访客人群画像数据，并完成店铺访客人群数据采集表。

任务

1. 能采集店铺访客人群画像数据的工具是（　　　）。

   A．生意参谋　　　　　　　　　　B．百度指数

   C．1688 指数（阿里指数）　　　　D．直通车

2. 请使用数据采集工具采集最近 7 天的店铺访客人群画像数据，并填写店铺访客人群画像数据采集表。

任务操作

采集店铺访客人群画像数据的操作步骤及关键节点如下。

步骤 1：确定需要采集的数据指标。

需要采集的数据指标为最近 7 天的店铺访客人群画像数据。

步骤 2：确定数据来源。

店铺访客人群画像数据可以使用生意参谋工具进行采集。

步骤 3：确定采集范围。

由任务要求可知，采集范围为最近 7 天的店铺访客人群画像数据。

步骤 4：下载数据采集表。

下载店铺访客人群画像数据采集表，如图 1-5 所示。

	A	B
1	最近7天的店铺访客人群画像数据	
2	性别	占比
3	男	
4	女	
5	消费层级	占比
6	0-35.0	
7	35.0-75.0	
8	75.0-180.0	
9	180.0-365.0	
10	365.0-625.0	
11	625.0以上	

图 1-5　店铺访客人群画像数据采集表[①]

---

① 图 1-5 中的区间包含下限值，不包含上限值。

步骤 5：采集数据。

进入生意参谋，在"流量"→"访客分析"→"特征分布"中设置"日期"为"最近 7 天平均"，采集最近 7 天的消费层级分布和性别分布数据，如图 1-6 所示。

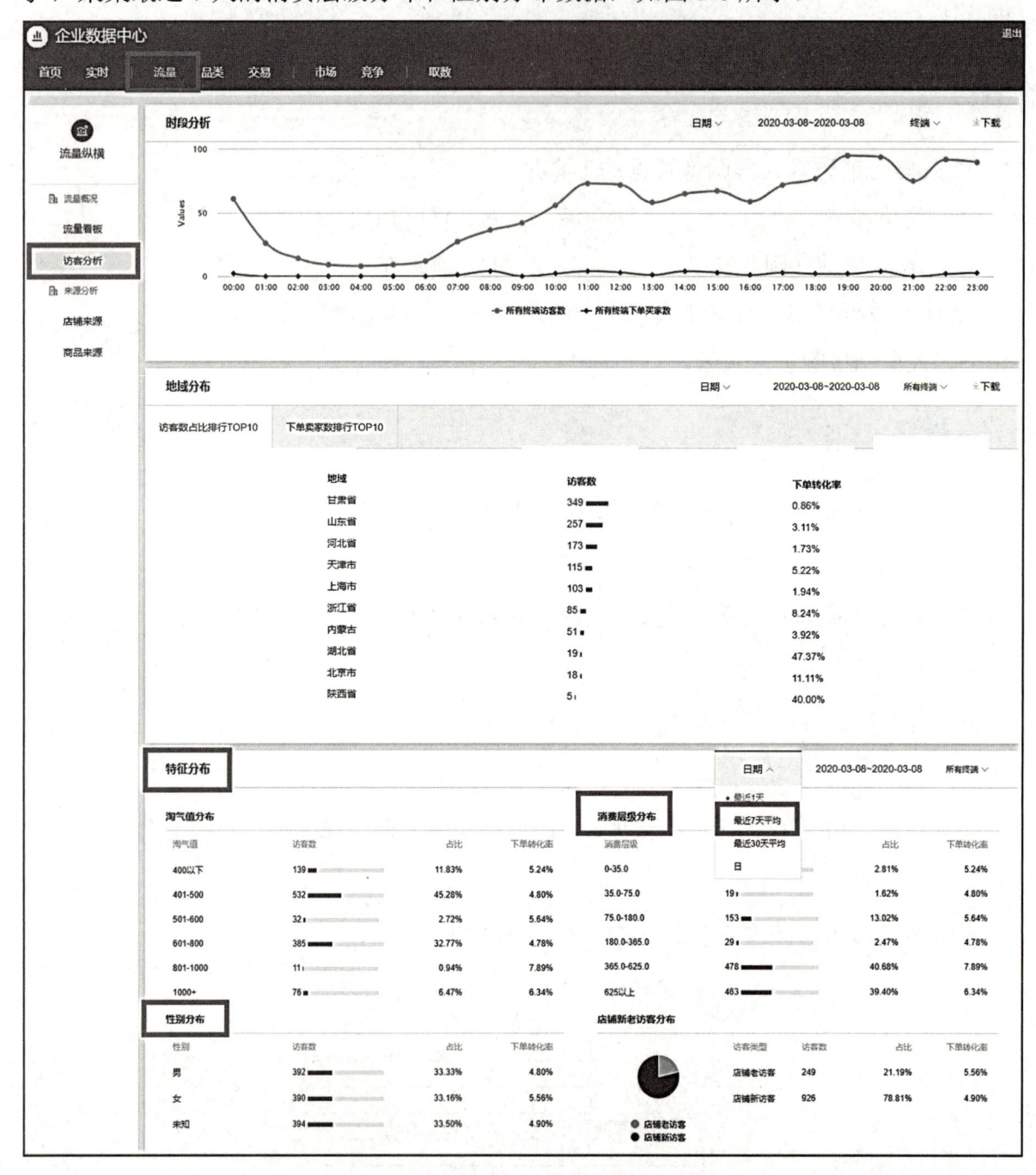

图 1-6　店铺访客人群画像数据采集

工作子任务三　竞价推广关键词数据采集

任务背景

原牧纯品旗舰店的主营类目是生鲜肉类，主要商品有整鸡、生鸡翅、生鸡腿、鸡肉丸、牛/

羊肉卷等生肉制品。该店铺已经经营了几年，各项经营数据都比较稳定，也有一定的老客户（占比为9%）。客户主要为女性客户（占比高达80%），年龄主要为25～30岁。该店铺的流量主要来自免费渠道（占比为90%左右），主要有手淘搜索、手淘首页、购物车和一些免费的站内活动；付费流量的占比为10%左右，主要来源渠道是淘宝客和直通车，其中直通车的占比较高。

近期，原牧纯品旗舰店做了一周的直通车推广，需要对竞价关键词的推广效果进行分析。

任务目标

采集竞价推广关键词的数据，便于分析竞价推广关键词的效果，为优化竞价推广关键词做准备。

任务要求

使用店铺自带的数据采集工具采集过去7天能体现关键词推广效果的数据，并完成"关键词推广数据采集"报表。

任务

1. 能采集竞价推广关键词数据的工具是（　　）。

    A．生意参谋　　　　　　　　　　B．百度指数

    C．1688指数（阿里指数）　　　　D．直通车

2. 请使用所选择的工具采集过去7天店铺的关键词推广数据。

任务操作

采集竞价推广关键词数据的操作步骤及关键节点如下。

步骤1：确定需要采集的数据指标。

根据任务要求可以确定，需要采集的数据指标是关键词推广数据。

步骤2：确定数据来源。

关键词推广数据可从直通车后台的"报表"板块中进行采集。

步骤3：确定采集范围。

由任务要求可知，采集范围为过去7天店铺的关键词推广数据。

步骤4：采集数据。

进入直通车后台，在"报表"→"关键词列表"中单击"下载报表"按钮，设置"报表名称""时间范围""数据维度"，单击"下载"按钮即可采集关键词推广数据，如图1-7所示。

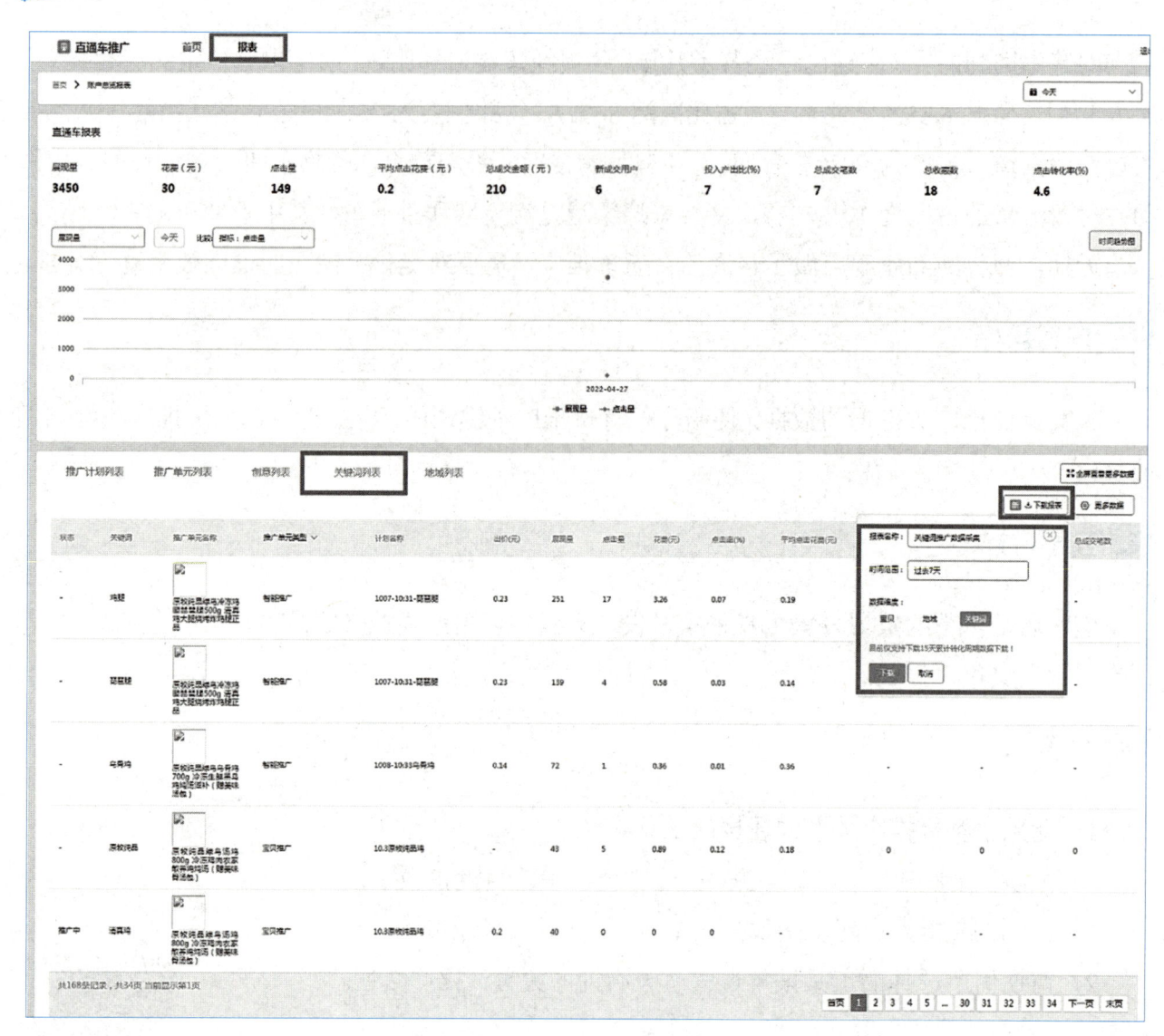

图 1-7 关键词推广数据采集

工作子任务四 　 客服人员贡献能力数据采集

任务背景

原牧纯品旗舰店的主营类目是生鲜肉类，主要商品有整鸡、生鸡翅、生鸡腿、鸡肉丸、牛/羊肉卷等生肉制品。该店铺已经经营了几年时间，各项经营数据都比较稳定，尤其是客服接待能力在行业中一直处于中等偏上水平。该店铺的老客户占比为9%，处于行业优秀水平。该店铺的客户主要是女性客户。客服部门主要负责售前和售后的客户接待工作。通过分析每个客服的贡献能力数据，店铺能更好地了解每个客服的工作成果，以便做合理的奖惩安排。

任务目标

原牧纯品旗舰店近期需要采集客服人员贡献能力数据，分析客服人员的工作成果，以便更好地制定客服人员的奖惩制度。

任务要求

使用店铺自带的数据采集工具采集客服人员贡献能力数据。

任务

1. 下列关于客服的咨询转化率的说法，错误的是（　　　）。
   A．良好的服务态度有助于提高客服的咨询转化率
   B．优秀的沟通能力有助于提高客服的咨询转化率
   C．全面的产品介绍有助于提高客服的咨询转化率
   D．只要话说得多，就有助于提高客服的咨询转化率
2. 请从企业后台采集客服部门所有人员的贡献能力数据。

任务操作

采集客服人员贡献能力数据的操作步骤及关键节点如下。

步骤1：确定需要采集的数据指标。

根据任务要求可以确定，需要采集客服部门所有人员的贡献能力数据，相应指标包括咨询转化率、支付率、客单价、首次响应时长、平均响应时长、退货率。

步骤2：确定数据来源。

客服人员贡献能力数据可以从企业后台采集。

步骤3：采集数据。

进入企业后台，在"客服管理"中单击"导出数据"按钮，即可导出客服部门所有人员的贡献能力数据（主要关注咨询转化率指标），如图1-8所示。

客服ID	咨询转化率(%)	支付率(%)	客单价(元)	首次响应时长(s)	平均响应时长(s)	退货率(%)
10001	26.00	96.00	160.00	8	8	1.00
10002	15.00	88.00	130.00	10	11	2.00
10003	16.00	90.00	140.00	9	9	1.00
10004	16.00	89.00	143.00	9	9	3.00
10005	21.00	92.00	158.00	8	8	2.00
10006	18.00	93.00	150.00	7	8	1.00
10007	25.00	95.00	158.00	11	11	3.00
10008	24.00	93.00	163.00	15	14	2.00

图1-8 客服人员贡献能力数据采集

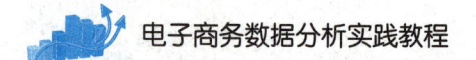

工作子任务五　商品库存量数据采集

任务背景

原牧纯品旗舰店的主营类目是生鲜肉类，主要商品有整鸡、生鸡翅、生鸡腿、鸡肉丸、牛/羊肉卷等生肉制品。该店铺已经经营了几年，各项经营数据都比较稳定，也有一定的老客户。该店铺的货源稳定，以自产自销为主，物流服务一直深受好评。但是，该店铺销售的商品属于生鲜食品，保质期很重要，所以商品库存量数据的准确性就显得尤为重要。

近期，原牧纯品旗舰店准备开展一场大促活动，为了保证商品库存数据准确，需要采集商品库存量数据。

任务目标

在大促活动开始前，采集店铺的商品库存量数据，核对出准确的商品库存。

任务要求

使用店铺自带的数据采集工具采集店铺的商品库存量数据，并生成表格。

任务

1. 下列关于商品库存的说法，正确的是（　　）。
    A．随时都要保证商品的库存充足，库存越多越好
    B．对于容易过期的商品，要注意保持库存的合理性
    C．大促的时候，商品的库存越多越好
    D．减少商品的破损数量就能保证商品销量好
2. 请利用"仓储管理"功能采集店铺的商品库存量数据。

任务操作

采集商品库存量数据的操作步骤及关键节点如下。

步骤1：确定需要采集的数据指标。

需要采集店铺的商品库存量数据，相应的数据指标包括入库时间、期初数量、入库数量、出库数量、库存标准量、破损数量及原因。

步骤2：确定数据来源。

商品库存量数据可从企业后台采集。

商品库存量数据采集

步骤3：采集数据。

进入企业后台，在"仓储管理"中单击"导出数据"按钮，即可导出店铺的商品库存量数据，如图1-9所示。

图1-9　商品库存量数据采集

工作结束

数据整理及备份：□完成　　□未完成

关机检查：□正常关机　　□强行关机　　□未关机

整理桌面：□完成　　□未完成

地面卫生检查：□完成　　□未完成

整理椅子：□完成　　□未完成

任务评价

类别	序号	考核项目	考核内容及要求	优秀	良好	合格	较差
技术考核	1	质量	能够根据任务要求确定需要采集的数据指标				
	2		能够根据任务要求确定数据采集渠道				
	3		能够独立制作数据采集表				
	4		能够对运营数据进行合法合规采集				

续表

类别	序号	考核项目	考核内容及要求	优秀	良好	合格	较差
非技术考核	5	态度	学习态度端正				
	6	纪律	遵守纪律				
	7	协作	有交流、团队合作				
	8	文明	保持安静，清理场所				

工作任务三　商品数据采集

任务目标

- 能够根据任务要求确定需要采集的数据指标。
- 能够根据任务要求确定数据采集渠道。
- 能够独立制作数据采集表。
- 能够严格遵守《中华人民共和国电子商务法》等相关法律法规，对商品数据进行合法合规采集。
- 能够对采集到的商品数据严格保密。

任务导图

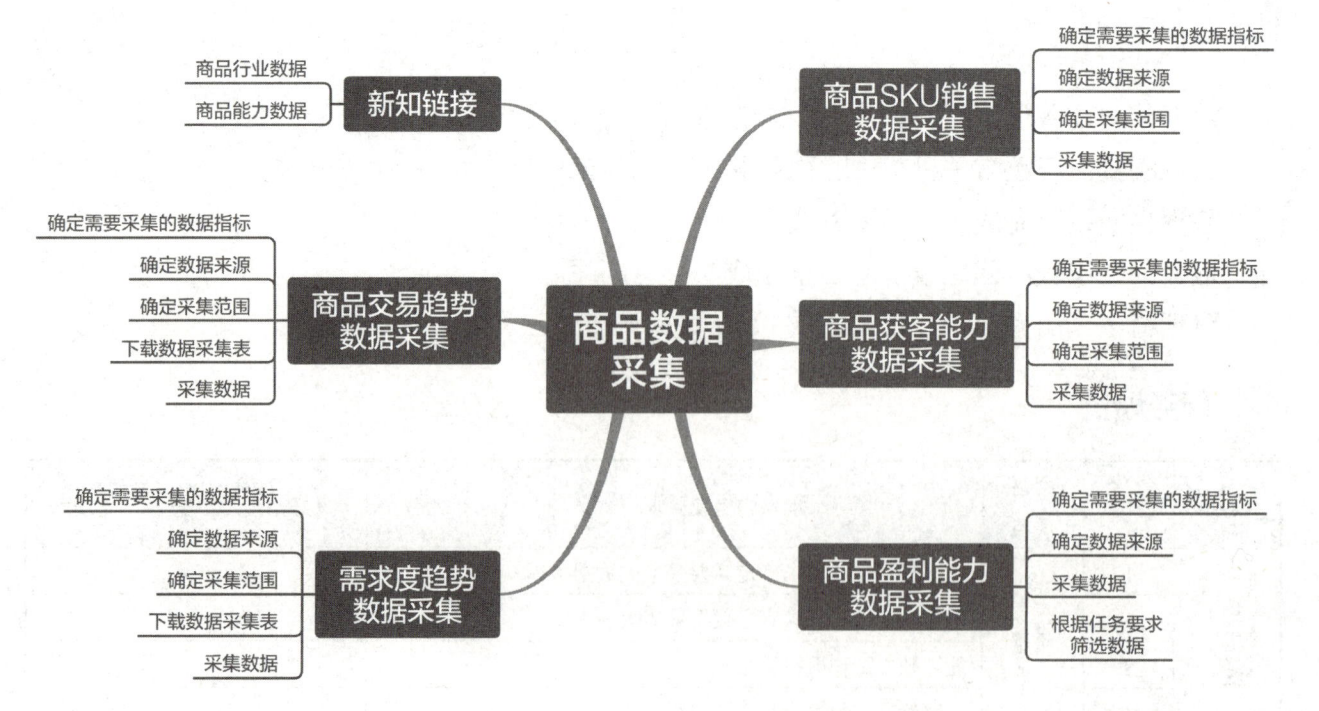

商品数据采集

- 新知链接
  - 商品行业数据
  - 商品能力数据
- 商品SKU销售数据采集
  - 确定需要采集的数据指标
  - 确定数据来源
  - 确定采集范围
  - 采集数据
- 商品交易趋势数据采集
  - 确定需要采集的数据指标
  - 确定数据来源
  - 确定采集范围
  - 下载数据采集表
  - 采集数据
- 商品获客能力数据采集
  - 确定需要采集的数据指标
  - 确定数据来源
  - 确定采集范围
  - 采集数据
- 需求度趋势数据采集
  - 确定需要采集的数据指标
  - 确定数据来源
  - 确定采集范围
  - 下载数据采集表
  - 采集数据
- 商品盈利能力数据采集
  - 确定需要采集的数据指标
  - 确定数据来源
  - 采集数据
  - 根据任务要求筛选数据

新知链接

商品数据主要包括商品行业数据和商品能力数据两大类。

一、商品行业数据

商品行业数据包括商品搜索指数和商品交易指数两类。

（一）商品搜索指数

商品搜索指数是客户搜索相关商品关键词热度的数据化体现，从侧面反映出客户对商品的关注度和兴趣度。

通过某个关键词一段时间内搜索指数的涨跌态势可以解读相关商品客户关注程度的变化，还可以分析关注这些关键词的客户的特征，帮助卖家优化营销方案。

（二）商品交易指数

商品交易指数是商品在平台上交易热度的体现，是衡量店铺、商品受欢迎程度的一个重要指标，即商品交易指数越大，该商品越受欢迎。

二、商品能力数据

商品能力分为商品获客能力和商品盈利能力两类。

（一）商品获客能力

商品获客能力是对商品为店铺或平台获取新客户的能力的衡量，主要指标包括关注量、收藏量、注册量、新客点击量、重复购买率等。

（二）商品盈利能力数据

商品盈利能力是对商品为店铺销售或利润贡献能力的衡量，主要指标包括客单价、毛利率、成本费用利润率等。该类数据一般无法直接获取，需要利用计算公式进行计算才能获取。

采集商品盈利能力数据的具体步骤如下。

（1）分析和拆解数据指标。客单价、毛利率、成本费用利润率等是商品盈利能力的衡量指标，要得到这些数据，就需要明确其计算公式，进而得到具体的数据指标。

（2）确定数据采集渠道。

（3）采集数据。在完成数据采集、数据清洗后，根据计算公式计算出结果，得到客单价、毛利率、成本费用利润率等数据，完成商品盈利能力数据的采集。

工作子任务一　商品交易趋势数据采集

任务背景

原牧纯品旗舰店的主营类目是生鲜肉类，主要商品有整鸡、生鸡翅、生鸡腿、鸡肉丸、牛/

羊肉卷等生肉制品。该店铺已经经营了几年，各项经营数据都比较稳定，也有一定的老客户，需要经常上新品来维持老客户的复购率。

近期，原牧纯品旗舰店计划上一批新品，因此数据分析人员需要采集商品交易趋势数据，并对其进行分析，以便规划上新的品种。

任务目标

采集行业商品的数据，分析商品交易趋势情况，做好商品上新前的准备。

任务要求

使用店铺自带的数据采集工具采集商品交易趋势数据，并完成商品交易趋势数据采集表。

任务

1. 能采集商品交易趋势数据的工具是（　　）。
   A．生意参谋　　　　　　　　B．百度指数
   C．1688 指数（阿里指数）　　D．直通车

2. 请从数据采集工具的"市场"板块中采集 2020 年 3 月 2—8 日的商品交易趋势数据（使用访客数、收藏人数和加购人数数据代表商品行业数据），完成商品交易趋势数据采集表。

商品交易趋势数据采集

任务操作

采集商品交易趋势数据的操作步骤及关键节点如下。

步骤 1：确定需要采集的数据指标。

需要采集的数据指标为访客数、收藏人数和加购人数。

步骤 2：确定数据来源。

商品交易趋势数据可以从生意参谋的"市场"板块中进行采集。

步骤 3：确定采集范围。

由任务要求可知，采集范围为 2020 年 3 月 2—8 日的商品交易趋势数据。

步骤 4：下载数据采集表。

下载商品交易趋势数据采集表，如图 1-10 所示。

步骤 5：采集数据。

进入生意参谋，在"市场"→"市场大盘"→"行业趋势"中，将鼠标指针放在访客数、

收藏人数、加购人数的曲线上，即可显示当天的数据，如图1-11所示。

	A	B	C	D
1	商品交易趋势			
2	日期	访客数	收藏人数	加购人数
3	2020年3月2日			
4	2020年3月3日			
5	2020年3月4日			
6	2020年3月5日			
7	2020年3月6日			
8	2020年3月7日			
9	2020年3月8日			

图1-10　商品交易趋势数据采集表

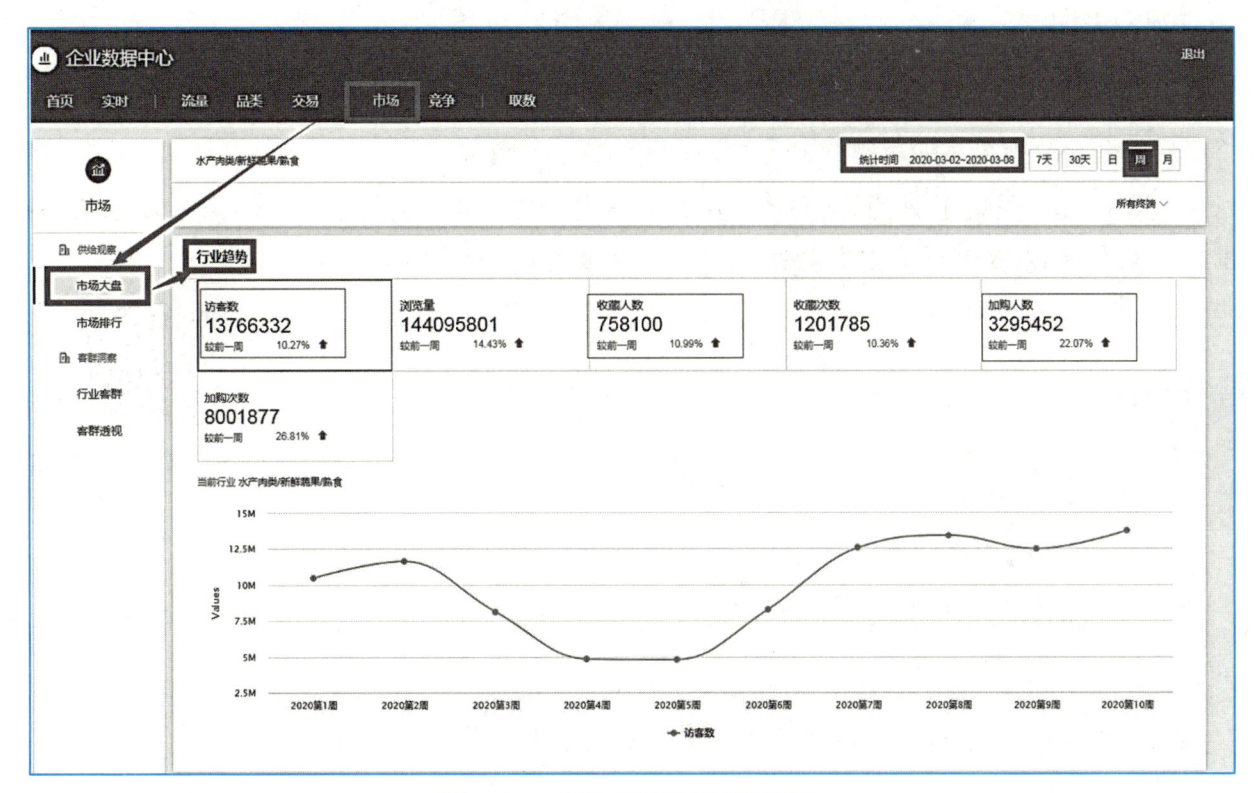

图1-11　商品交易趋势数据采集

工作子任务二　需求度趋势数据采集

任务背景

原牧纯品旗舰店的主营类目是生鲜肉类，主要商品有整鸡、生鸡翅、生鸡腿、鸡肉丸、牛/羊肉卷等生肉制品。该店铺已经经营了几年，各项经营数据都比较稳定，也有一定的老客户，需要经常上新品来维持老客户的复购率，因此非常关注商品需求。为了调查商品需求度，该店铺常参考需求度趋势数据。

近期，原牧纯品旗舰店计划上新一批商品，数据分析人员需要采集同行业近期的与需求度相关的数据，并对其进行分析，提出商品上新周期的建议。

任务目标

采集同行业相关商品的需求度趋势数据，分析商品的经营趋势，做好商品上新前的准备。

任务要求

使用店铺自带的数据采集工具采集需求度趋势数据，并完成需求度趋势数据采集表。

任务

1. 能采集需求度趋势数据的工具是（　　　）。
   A．生意参谋　　　　　　　　　B．百度指数
   C．1688 指数（阿里指数）　　　D．直通车

2. 请从数据采集工具的"市场"板块中采集 2020 年 3 月 2—8 日的需求度趋势数据（使用交易指数数据代表需求度趋势数据），完成需求度趋势数据采集表。

需求度趋势数据采集

任务操作

采集需求度趋势数据的操作步骤及关键节点如下。

步骤 1：确定需要采集的数据指标。

需要采集的数据指标为交易指数。

步骤 2：确定数据来源。

交易指数数据可以从生意参谋的"市场"板块中进行采集。

步骤 3：确定采集范围。

需求度趋势数据	
日期	交易指数
2020年3月2日	
2020年3月3日	
2020年3月4日	
2020年3月5日	
2020年3月6日	
2020年3月7日	
2020年3月8日	

由任务要求可知，采集范围为 2020 年 3 月 2—8 日的交易指数数据。

步骤 4：下载数据采集表。

下载需求度趋势数据采集表，如图 1-12 所示。

步骤 5：采集数据。

进入生意参谋，在"市场"→"行业客群"→"客群趋势"中采集交易指数数据，将鼠标指针放在曲线上，即可显示相关数据，如图 1-13 所示。

图 1-12　需求度趋势数据采集表

工作领域一　基础数据采集

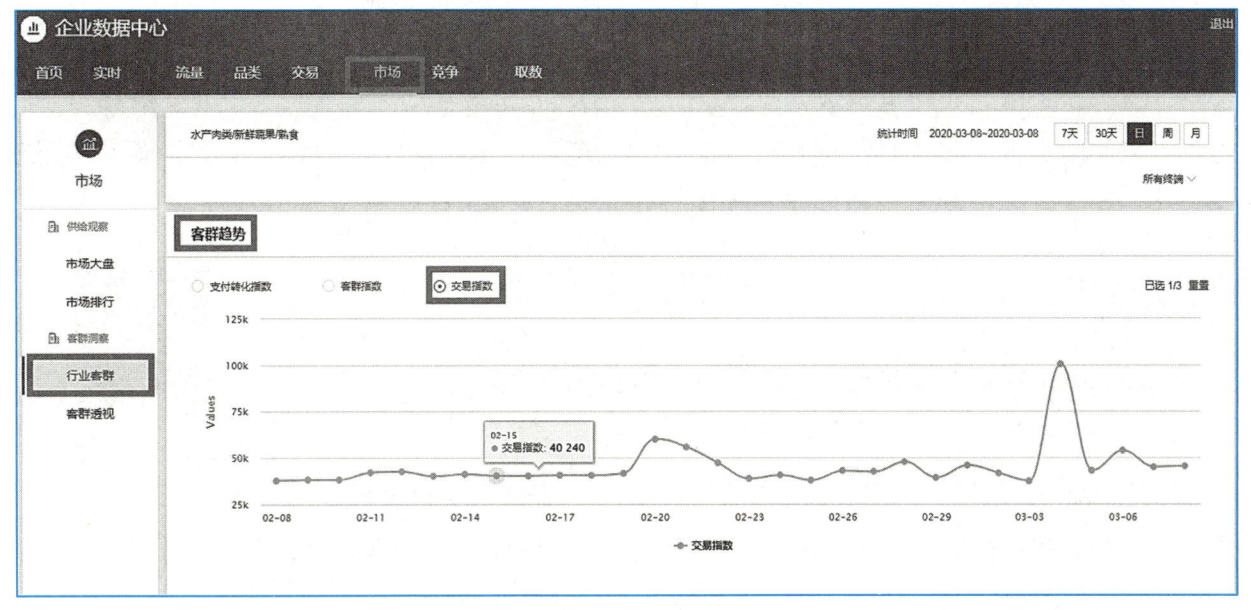

图 1-13　需求度趋势数据采集

工作子任务三　商品 SKU 销售数据采集

任务背景

原牧纯品旗舰店的主营类目是生鲜肉类，主要商品有整鸡、生鸡翅、生鸡腿、鸡肉丸、牛/羊肉卷等生肉制品。该店铺已经经营了几年，各项经营数据都比较稳定，也有一定的老客户（占比为 9%）。客户主要是女性客户（占比高达 80%），年龄主要为 25～30 岁。该店铺的流量主要来自免费渠道（占比为 90% 左右），主要有手淘搜索、手淘首页、购物车和一些免费的站内活动；付费流量的占比为 10% 左右，主要来源渠道是淘宝客和直通车。

近期，原牧纯品旗舰店开展了一场大促活动，运营人员需要采集部分商品 SKU 销售数据，并对其进行分析，以便了解商品畅销的 SKU 品种。

任务目标

在开展大促活动后，采集在大促活动中销售较好的商品的 SKU 数据并进行分析，以便了解畅销的 SKU 品种，为以后大促活动的选品做好准备。

任务要求

使用店铺自带的数据采集工具采集店铺指定商品的 SKU 销售数据。

任务

1. 能采集商品 SKU 销售数据的工具是（　　　）。

A．生意参谋 B．百度指数
C．1688 指数（阿里指数） D．直通车

2．请使用数据采集工具，选择合适的数据指标，采集 2020 年 3 月 2—8 日"原牧纯品绿鸟鸡翅中 500g 冷冻生制品生鸡翅烧烤烤肉食材正品"的 SKU 销售数据。

任务操作

采集商品 SKU 销售数据的操作步骤及关键节点如下。

步骤 1：确定需要采集的数据指标。

需要采集的数据指标为商品 SKU 销售数据，主要包括支付金额、支付买家数、支付件数、下单金额、下单买家数、下单件数、加购件数。

步骤 2：确定数据来源。

商品 SKU 销售数据可以使用生意参谋工具进行采集。

步骤 3：确定采集范围。

由任务要求可知，采集范围为 2020 年 3 月 2—8 日的商品 SKU 销售数据。

步骤 4：采集数据。

进入生意参谋，在"取数"→"新建报表"中设置报表名称、选择维度、选择商品、选择时间、选择指标，单击"导出报表"按钮，如图 1-14 所示。

商品 SKU 销售数据采集

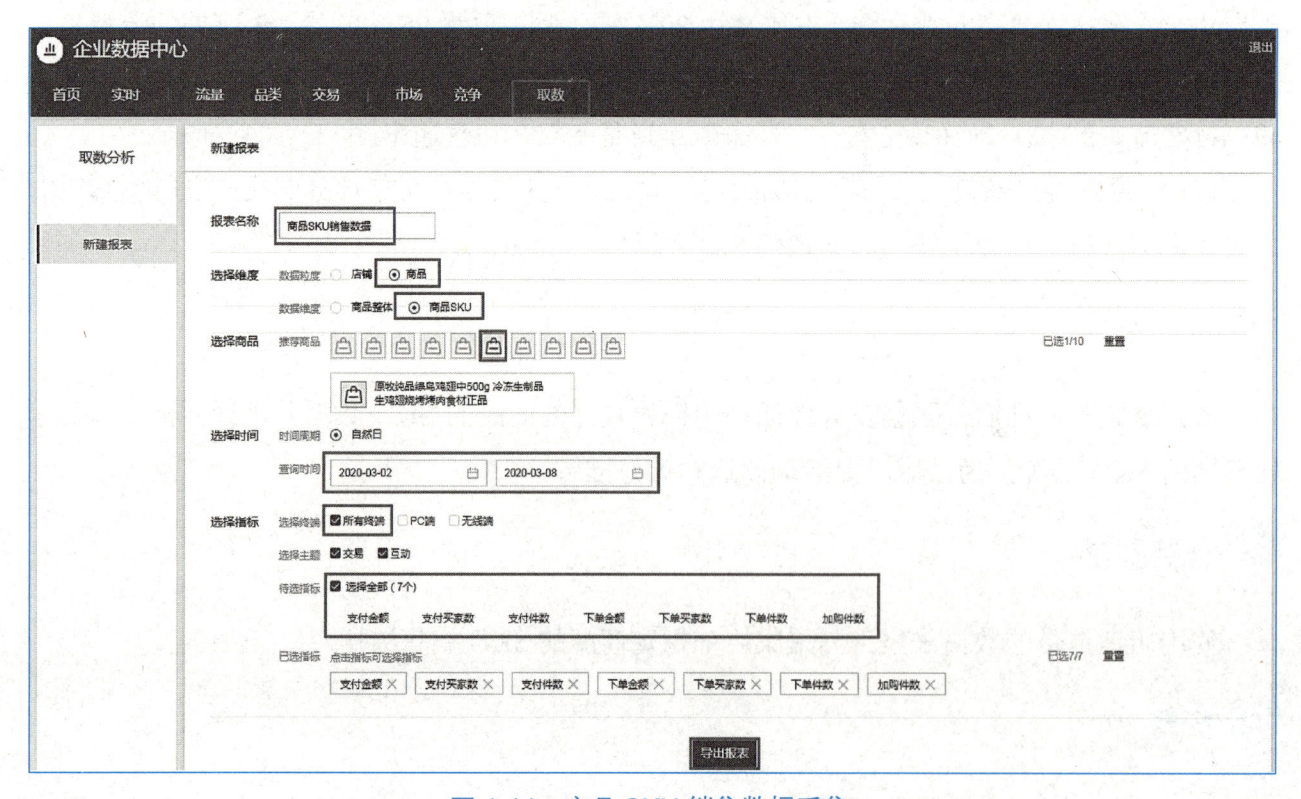

图 1-14　商品 SKU 销售数据采集

工作子任务四 商品获客能力数据采集

任务背景

原牧纯品旗舰店的主营类目是生鲜肉类，主要商品有整鸡、生鸡翅、生鸡腿、鸡肉丸、牛/羊肉卷等生肉制品。该店铺已经经营了几年，各项经营数据都比较稳定，也有一定的老客户（占比为9%）。客户主要是女性客户（占比高达80%），年龄主要为25～30岁。该店铺的流量主要来自免费渠道（占比为90%左右），主要有手淘搜索、手淘首页、购物车和一些免费的站内活动；付费流量的占比为10%左右，主要来源渠道是淘宝客和直通车。

近期，原牧纯品旗舰店开展了一场大促活动，运营人员需要采集所销售商品的获客能力数据，并对其进行分析，以便了解店铺获客能力强的商品，为以后的大促活动做好准备。

任务目标

在开展大促活动后，采集在大促活动中销售较好的商品获客能力数据并进行分析，以便为以后大促活动的选品做好准备。

任务要求

使用店铺自带的数据采集工具采集店铺指定商品的获客能力数据（主要包括流量、交易和转化数据）。

任务

1. 能采集商品获客能力数据的工具是（　　　）。
   A. 生意参谋　　　　　　　　B. 百度指数
   C. 1688指数（阿里指数）　　D. 直通车
2. 请使用数据采集工具，选择合适的数据指标，采集2020年3月2—8日"原牧纯品绿鸟鸡翅中500g冷冻生制品生鸡翅烧烤烤肉食材正品"的获客能力数据。

商品获客能力数据采集

任务操作

采集商品获客能力数据的操作步骤及关键节点如下。

步骤1：确定需要采集的数据指标。

需要采集的数据指标为商品获客能力数据，主要包括访客数、支付金额、支付件数、支付买家数、支付转化率、商品浏览量、下单金额、下单买家数、下单件数。

步骤 2：确定数据来源。

商品获客能力数据可以使用生意参谋工具进行采集。

步骤 3：确定采集范围。

由任务要求可知，采集范围为 2020 年 3 月 2—8 日的商品获客能力数据。

步骤 4：采集数据。

进入生意参谋，在"取数"→"新建报表"中设置报表名称、选择维度、选择商品、选择时间、选择指标，如图 1-15 所示。

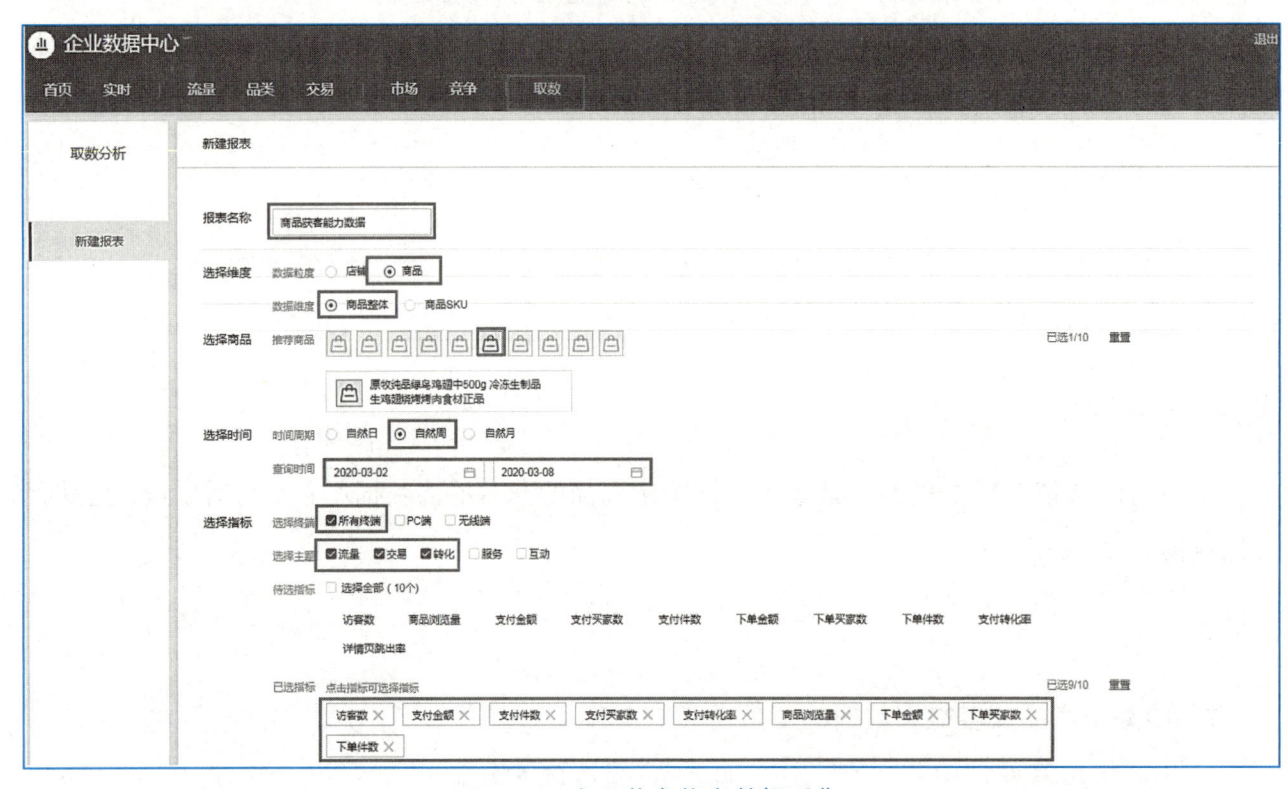

图 1-15　商品获客能力数据采集

工作子任务五　商品盈利能力数据采集

任务背景

原牧纯品旗舰店的主营类目是生鲜肉类，主要商品有整鸡、生鸡翅、生鸡腿、鸡肉丸、牛/羊肉卷等生肉制品。该店铺已经经营了几年，各项经营数据都比较稳定，也有一定的老客户（占比为 9%）。客户主要是女性客户（占比高达 80%），年龄主要为 25～30 岁。该店铺的流量主要来自免费渠道（占比为 90% 左右），主要有手淘搜索、手淘首页、购物车和一些免费的站内活动；付费流量的占比为 10% 左右，主要来源渠道是淘宝客和直通车。

近期，原牧纯品旗舰店开展了一场大促活动，运营人员需要采集所销售商品的盈利能力数据，并对其进行分析。

任务目标

在开展大促活动后，采集商品盈利能力数据，为优化店铺的商品结构做好准备。

任务要求

使用店铺自带的数据采集工具采集商品盈利能力数据，并生成表格。

任务

1. 关于商品的盈利能力，下列说法错误的是（　　　）。
   A．毛利率越高，商品的盈利能力越强
   B．采购价格越低，商品销售越有优势
   C．运费越低，商品销售越有优势
   D．企业只有销售毛利润高的商品才能生存

2. 请使用数据采集工具采集"原牧纯品绿鸟汤鸡 800g 冷冻鸡肉农家散养鸡炖汤（赠美味骨汤包）"和"原牧纯品绿鸟鸡小胸 500g 生鲜冷冻鸡胸肉烤肉食材鸡脯肉正品"的盈利能力数据。

商品盈利能力数据采集

任务操作

采集商品盈利能力数据的操作步骤及关键节点如下。

步骤 1：确定需要采集的数据指标。

需要采集的数据指标为商品盈利能力数据。

步骤 2：确定数据来源。

商品盈利能力数据可以从企业后台采集。

步骤 3：采集数据。

进入企业后台，在"商品定价"中单击"导出数据"按钮，即可导出商品盈利能力数据，如图 1-16 所示。

步骤 4：根据任务要求筛选数据。

筛选出"原牧纯品绿鸟汤鸡 800g 冷冻鸡肉农家散养鸡炖汤（赠美味骨汤包）"和"原牧纯

品绿鸟鸡小胸 500g 生鲜冷冻鸡胸肉烤肉食材鸡脯肉正品"的盈利能力数据，如图 1-17 所示。

商品名称	站点商品ID	采购价(rmb)	采购价(usd)	重量(g)	运费(usd)	西安运费(usd)	总成本(usd)	售价(usd)	9.0折
原牧纯品牛肉片220g/袋牛肉卷 肥牛卷 内蒙古涮牛肉 火锅食材清真	5859387	21.60	3.13	220.00	0.51	0.13	0.64	36.00	32.80
原牧纯品绿鸟乌骨鸡700g冷冻生鲜黑乌鸡炖汤滋补（赠美味汤包）	5859388	39.00	5.65	700.00	1.61	0.40	2.01	65.00	58.00
原牧纯品绿鸟童子鸡600g生鲜冷冻农家散养鸡整只（赠美味骨汤包）	5859389	21.60	3.13	600.00	0.69	0.17	0.86	36.00	32.80
原牧纯品绿鸟汤鸡800g 冷冻鸡肉农家散养鸡炖汤（赠美味骨汤包）	5859390	28.80	4.17	800.00	1.84	0.46	2.30	48.00	43.80
原牧纯品绿鸟三香鸡700g新鲜冷冻整鸡草原农家散养土鸡正品	5859391	15.00	2.17	700.00	1.61	0.40	2.01	25.00	21.90
原牧纯品绿鸟牧鸡900g生鲜冷冻鸡肉整只红烧煲汤（赠美味骨汤包）	5859392	37.80	5.48	900.00	2.07	0.52	2.59	63.00	56.00

图 1-16　商品盈利能力数据采集

	A	B	C	D	E	F	G	H	I	J	K	L	M	N	O	P	Q
1	商品名称	站点商品ID	采购价(rmb)	采购价(usd)	重量(g)	运费(usd)	本地运费(usd)	总成本花费(usd)	售价(usd)	9.0折	扣点	毛利	毛利率(%)	8.5折	扣点	毛利	毛利率(%)
2	原牧纯品绿鸟汤鸡800g 冷冻鸡肉农家散养鸡炖汤（赠美味骨汤包）	5859390	28.8	4.17	800	1.84	0.46	2.3	48	43.8	1.5	12.04	0.27	40.8	1.5	9.09	0.22
3	原牧纯品绿鸟鸡小胸500g 生鲜冷冻鸡胸肉烤肉食材鸡脯肉正品	5859394	21.6	3.13	500	1.15	0.29	1.44	36	32.8	1.5	9.27	0.28	30.6	1.5	7.1	0.23

图 1-17　筛选后的数据结果（部分）

工作结束

数据整理及备份：□完成　　□未完成

关机检查：□正常关机　　□强行关机　　□未关机

整理桌面：□完成　　□未完成

地面卫生检查：□完成　　□未完成

整理椅子：□完成　　□未完成

工作领域一　基础数据采集

任务评价

类别	序号	考核项目	考核内容及要求	优秀	良好	合格	较差
技术考核	1	质量	能够根据任务要求确定需要采集的数据指标				
	2		能够根据任务要求确定数据采集渠道				
	3		能够独立制作数据采集表				
	4		能够对商品数据进行合法合规采集				
非技术考核	5	态度	学习态度端正				
	6	纪律	遵守纪律				
	7	协作	有交流、团队合作				
	8	文明	保持安静，清理场所				

课后习题

一、单选题

1. 数据分析中的市场数据指标主要用于描述行业情况和企业在行业中的发展情况，下列属于市场数据指标的是（　　）。

　　A．活跃客户比率　　　　　　　　B．客户复购率

　　C．平均购买次数　　　　　　　　D．竞争对手的交易额

2. 以下不属于销售数据中的交易数据的是（　　）。

　　A．成交量　　　B．响应时长　　　C．销售额　　　D．订单量

3. 以下不属于推广数据指标的是（　　）。

　　A．库存周转率　　B．展现量　　　C．点击率　　　D．直通车转化率

4. 商品搜索指数是客户搜索相关商品（　　）的数据化体现，从侧面反映出客户对商品的关注度和兴趣度。

　　A．关键词热度　　B．兴趣热度　　C．购买力热度　　D．市场容量

5. 商品获客能力是对商品为店铺或平台获取新客户的能力的衡量，主要指标不包括（　　）。

　　A．关注量　　　B．收藏量　　　C．重复购买率　　D．店铺销售额

二、多选题

1. 常用的市场数据指标主要包括（　　）。

　　A．行业平均利润　　　　　　　　B．行业销售额增长率

　　C．竞争对手的交易额　　　　　　D．客单价

2. 竞争数据的采集主要涉及（　　）。

　　A．畅销商品　　B．商品结构　　C．商品评价　　D．员工的学历

3. 客户画像数据是指与客户购买行为相关的，能够反映或影响客户行为的相关数据，通常包括（　　）。

  A．客户的性别、年龄、地址   B．客户的品牌偏好

  C．客户的购物时间偏好   D．客户的商品评价偏好

4. 分析库存数据可以帮助店铺在经营过程中制定合理的销售策略，库存数据包括（　　）。

  A．商品的库存数 B．发货量 C．库存周转率 D．残次库存比

5. 以下属于商品盈利能力的衡量指标的是（　　）。

  A．客单价   B．商品的销售成本

  C．店铺的销售额   D．毛利率

三、判断题

1. 对竞争对手进行分析，可以帮助决策者和管理层了解竞争对手的发展势头，为企业战略/策略的制定、调整提供数据支持。（　　）

2. 采集推广数据可以帮助企业找到店铺推广中的优势与不足，从而优化相关推广策略和内容，提升推广效果。（　　）

3. 销售数据主要包括订单量、销售量、展现量、点击量、成交量等。（　　）

4. 商品交易指数是商品在平台上交易热度的体现，是衡量店铺、商品受欢迎程度的一个重要指标，即商品交易指数越大，商品越受欢迎。（　　）

思政园地

因违法违规收集个人信息，192个App被责令改正

2020年第一季度，全国公安机关网安部门充分发挥职能作用，加大公民个人信息保护力度，依法查处违法违规收集公民个人信息App服务单位386个，涉及信息咨询、辅助学习、文学小说、新闻资讯、娱乐播报等多种类型。其中，97个App服务单位被予以行政处罚，192个App服务单位被依法责令改正违法行为，51个App被下架、停运，有效地保护了公民个人信息。典型案例如下。

1．"猎豹清理大师"App（版本号：6.13.5.1066）

该款App的主要功能是提供手机清理、优化及安全保护服务，运营商为北京猎豹网络科技有限公司。

经查，该款App的隐私协议中对于索取用户通讯录、通话记录等权限的行为没有进行详细说明。北京市公安局朝阳分局已依法责令该公司改正违法行为。

2．"印象笔记"App（版本号：10.5.5）

该款App的主要功能是提供多客户端同步的在线云笔记软件及个人效率工具，运营商为

北京印象笔记科技有限公司。

经查，该款 App 的隐私协议中未以显著位置、显著字体申明收集用户信息数据项，未明示各数据项收集用途。北京市公安局朝阳分局已依法责令该公司改正违法行为，并予以警告处罚。

3. "好孕帮" App（版本号：3.4.8）

该款 App 的主要功能是为不孕不育、难孕难育人群提供专业咨询服务，运营商为明锐思成（北京）信息科技有限公司。

经查，该款 App 在收集信息时未明示并征得用户同意，用户服务协议及隐私声明中未明示申请权限的目的，未告知收集用户个人信息的目的及使用方式。北京市公安局西城分局已依法责令该公司改正违法行为，并予以警告处罚。

4. "不背单词" App（版本号：3.2.2）

该款 App 的主要功能是为用户提供英语单词学习服务，运营商为北京艾斯酷科技有限公司。

经查，该款 App 在收集信息时未明示取得用户同意。北京市公安局大兴公安分局已依法责令该公司改正违法行为，并予以警告处罚。

5. "哈弗智家" App（版本号：3.4.7）

该款 App 的主要功能是为哈弗车主、用户提供在线交流和售后服务，以及维护和咨询等服务，运营商为长城汽车股份有限公司徐水哈弗销售分公司。

经查，该款 App 无收集信息明示且未取得用户同意，未向用户明示收集和使用个人信息的目的、方式、范围。河北省保定市公安局已依法责令该公司改正违法行为。

6. "完美校园" App（版本号：v5.0.6）

该款 App 的主要功能是为用户提供校园卡充值、查询、在线报修、查成绩、课表，以及就业等服务，运营商为新开普电子股份有限公司。

经查，该款 App 在部分第三方 SDK（Software Development Kit，软件开发工具包）组件中存在调用获取任务信息和读取联系人等两项权限的情况。河南省郑州市公安局已依法责令该公司改正违法行为。

以上违法违规收集个人信息的 App 均违反了《中华人民共和国网络安全法》（以下简称《网络安全法》）的有关规定，被通报批评并责令改正。

《网络安全法》第四十一条规定："网络运营者收集、使用个人信息，应当遵循合法、正当、必要的原则，公开收集、使用规则，明示收集、使用信息的目的、方式和范围，并经被收集者同意。网络运营者不得收集与其提供的服务无关的个人信息，不得违反法律、行政法规的规定和双方的约定收集、使用个人信息，并应当依照法律、行政法规的规定和与用户的约定，处理其保存的个人信息。"

工作领域 二

数据分类与处理

工作任务一　商品数据分类与处理

任务目标

- 能够对商品数据进行分类统计。
- 能够对商品数据进行清洗、转化、排序。
- 能够借助计算公式完成支付转化率的计算。
- 能够对进行处理的商品数据严格保密。
- 能够具备良好的创新意识,在数据处理和数据计算中创造性地使用更多便捷的方法。

任务导图

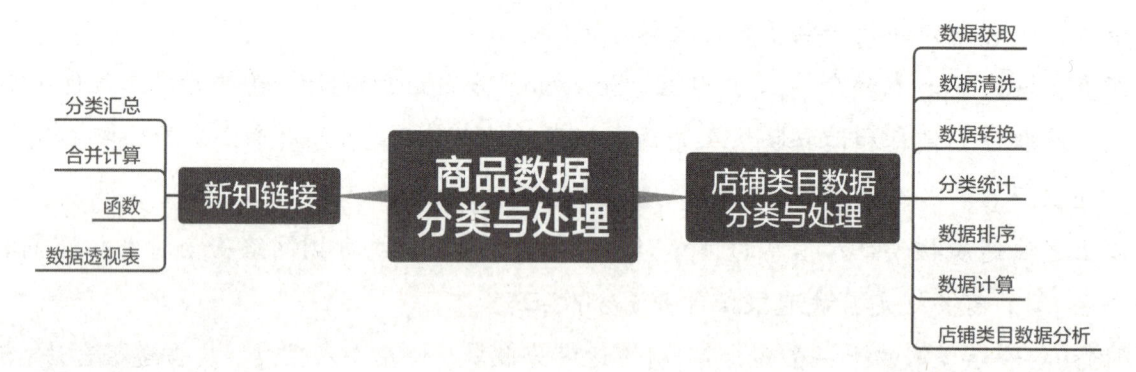

```
分类汇总 ┐
合并计算 ├─ 新知链接 ─ 商品数据 ─ 店铺类目数据 ┬ 数据获取
函数     │              分类与处理    分类与处理 ├ 数据清洗
数据透视表┘                                    ├ 数据转换
                                              ├ 分类统计
                                              ├ 数据排序
                                              ├ 数据计算
                                              └ 店铺类目数据分析
```

新知链接

在 Excel 中,分类统计的方法包括分类汇总、合并计算、函数和数据透视表等。

一、分类汇总

分类汇总是指对特定类别下的特定信息进行汇总,其步骤是先分类、后汇总,因此在汇总前必须先对汇总的数据进行排序。完成排序后，在"数据"选项卡的"分级显示"功能组中单击"分类汇总"按钮，弹出"分类汇总"对话框，选择"分类字段""汇总方式"汇总项。

二、合并计算

在 Excel 中进行合并计算时，首先在"数据"选项卡的"分级显示"功能组中单击"合并计算"按钮，弹出"合并计算"对话框，选择所需的"函数"，指定"引用位置"，单击"添加"按钮；然后，在"标签位置"区域中选中"首行"和"最左列"复选框，以便显示标签行和标签列；最后，单击"确定"按钮，完成数据的合并计算。

三、函数

（一）求和函数 SUM

格式：SUM(number1,number2,…)。

功能：返回参数表中所有参数之和。

（二）条件求和函数 SUMIF

格式：SUMIF(range,criteria,sum_range)。

功能：根据指定条件对若干单元格求和。

（三）算术平均值函数 AVERAGE

格式：AVERAGE(value1,value2,…)。

功能：求其参数的算术平均值。

（四）计数函数 COUNT

格式：COUNT(value1,value2,…)。

功能：计算参数中包含数字的单元格的个数。

（五）条件计数函数 COUNTIF

格式：COUNTIF(range,criteria)。

功能：计算某个区域中满足给定条件的单元格的个数。

（六）最大值 MAX/最小值 MIN 函数

格式：MAX(number1,number2,…)。

　　　MIN(number1,number2,…)。

功能：返回一组数值中的最大值/最小值。

四、数据透视表

数据透视表是一种交互式的表，可以进行某些计算，如求和与计数等。所进行的计算与数据和数据透视表中的排列有关。

之所以称之为数据透视表，是因为可以动态地改变它们的版面布置，以便按照不同方式分析数据，也可以重新安排行号、列标和页字段。每当改变版面布置时，数据透视表就会立即按照新的布置重新计算数据。另外，如果原始数据发生更改，那么可以更新数据透视表。

工作子任务　店铺类目数据分类与处理

任务背景

原牧纯品旗舰店主要经营鸡肉、羊肉等生鲜类商品。经过一段时间的运营，店主发现店铺的动销率越来越低，导致店铺的权重也随之降低。为了找出滞销类目，先分析原因，再决定是下架还是优化，运营人员需要对店铺近 6 个月的类目数据（包括访问、交易、转化等数据）进行分类与处理，帮助店主综合判断，进而进行合理的调整。

任务目标

首先，完成店铺类目数据的清洗、转化；然后，对叶子类目进行分类统计，利用数据排序找到支付买家数最少的叶子类目；最后，通过数据计算得到该叶子类目的支付转化率，同时，找出 PC 端支付转化率最低的叶子类目和无线端支付转化率最低的叶子类目。

任务要求

下载源数据所在的文件，在 Excel 中打开；对表格中的数据进行清洗，包括删除多余的表头和重复项；进行数据转换；任选一种方法对各叶子类目的相关指标（至少包含 PC 端访客数、无线端访客数、访客数、支付买家数、PC 端支付买家数、无线端支付买家数）进行分类统计；对汇总后的支付买家数进行升序排序，找到数值最小的叶子类目；通过计算公式分别计算出各叶子类目的支付转化率、PC 端支付转化率和无线端支付转化率，并找到对应数值最小的叶子类目。

任务

1. 最近 6 个月，所有终端支付买家数数值最小的叶子类目是_____，其支付转化率为_____（结果保留两位小数）。

2. 最近 6 个月，PC 端支付转化率最低的叶子类目是_____，其值为_____%（结果保留两位小数）；无线端支付转化率最低的叶子类目是_____，其值为_____%（结果保留两位小数）。

店铺类目数据分类与处理

工作领域二 数据分类与处理

任务操作

对店铺类目数据进行分类与处理的操作步骤及关键节点如下。

步骤1：数据获取。

下载源数据所在的文件，获取店铺类目数据，如图2-1所示。

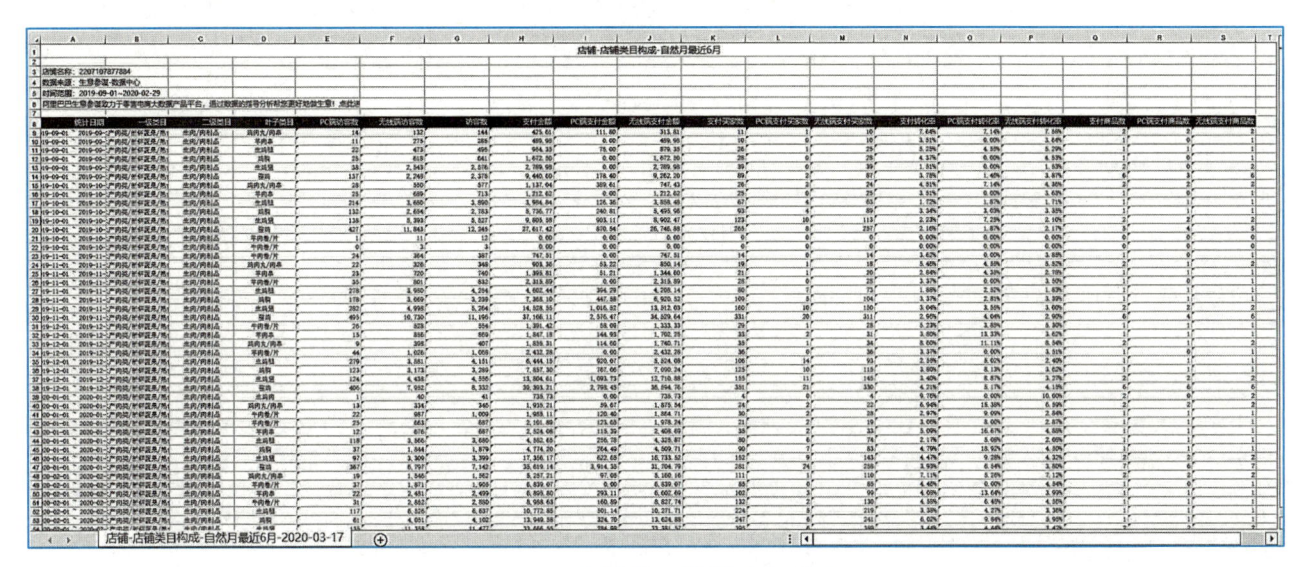

图2-1 店铺类目数据（部分）

步骤2：数据清洗。

数据清洗即删除多余的表头和重复项，清洗后的数据如图2-2所示。

图2-2 清洗后的数据（部分）

步骤 3：数据转换。

选中从 E 列到 S 列中所有以文本形式存储的数字，单击数据列前出现的提醒符号，在弹出的下拉列表中选择“转换为数字”选项，如图 2-3 所示。转换后的数据如图 2-4 所示。

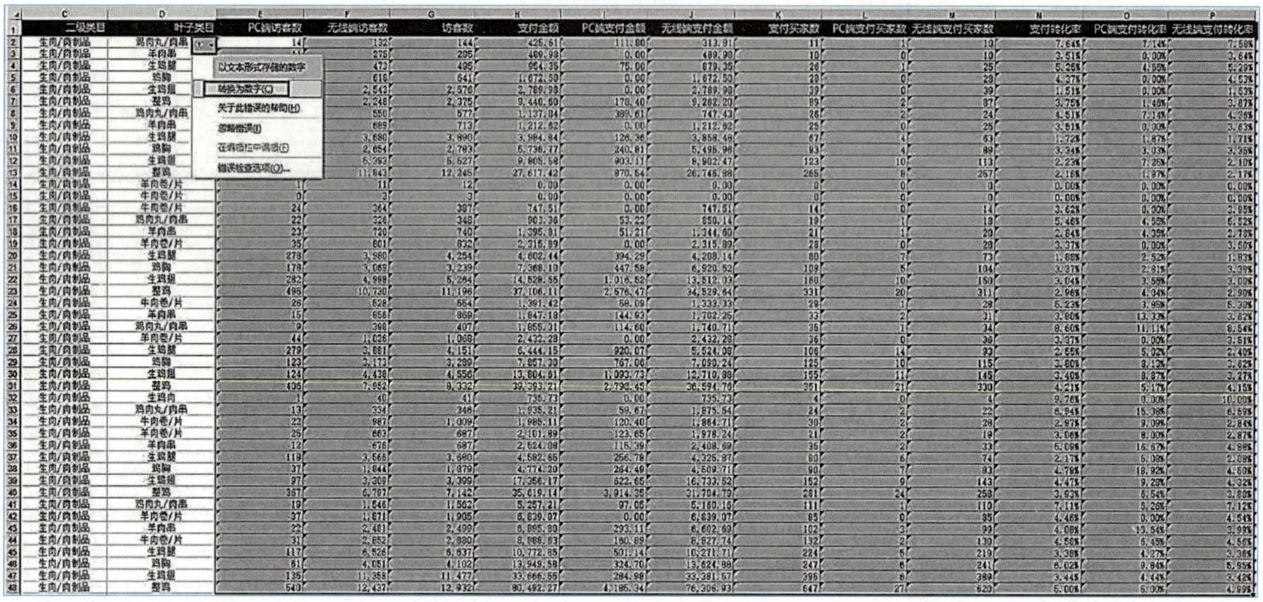

图 2-3 数据转换

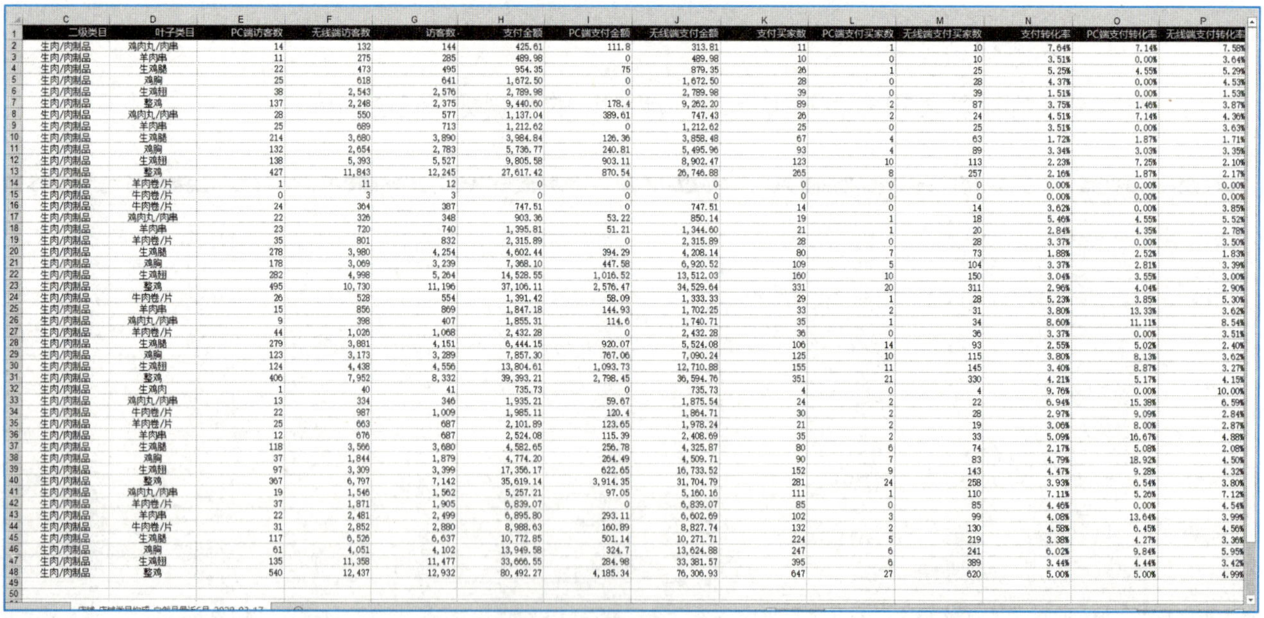

	C	D	E	F	G	H	I	J	K	L	M	N	O	P
1	二级类目	叶子类目	PC端访客数	无线端访客数	访客数	支付金额	PC端支付金额	无线端支付金额	支付买家数	PC端支付买家数	无线端支付买家数	支付转化率	PC端支付转化率	无线端支付转化率
2	生肉/肉制品	鸡肉丸/肉串	14	132	144	425.61	111.8	313.81	11	1	10	7.64%	7.14%	7.58%
3	生肉/肉制品	羊肉串	11	275	285	489.98	0	489.98	10	0	10	3.51%	0.00%	3.64%
4	生肉/肉制品	生鸡腿	22	473	495	954.35	75	879.35	26	1	25	5.25%	4.55%	5.29%
5	生肉/肉制品	鸡胸	25	618	641	1,672.50	0	1,672.50	28	0	28	4.37%	0.00%	4.53%
6	生肉/肉制品	生鸡翅	38	2,543	2,576	2,789.98	0	2,789.98	39	0	39	1.51%	0.00%	1.53%
7	生肉/肉制品	整鸡	137	2,248	2,375	9,440.60	178.4	9,262.20	89	2	87	3.75%	1.46%	3.87%
8	生肉/肉制品	鸡肉丸/肉串	28	550	577	1,137.04	389.61	747.43	26	2	24	4.51%	7.14%	4.36%
9	生肉/肉制品	羊肉串	25	689	713	1,212.62	0	1,212.62	25	0	25	3.51%	0.00%	3.63%
10	生肉/肉制品	生鸡腿	214	3,680	3,890	3,984.84	126.36	3,858.48	67	4	63	1.72%	1.87%	1.71%
11	生肉/肉制品	鸡胸	132	2,654	2,783	5,736.77	240.81	5,495.96	93	4	89	3.34%	3.03%	3.35%
12	生肉/肉制品	生鸡翅	138	5,393	5,527	9,805.58	903.11	8,902.47	123	10	113	2.23%	7.25%	2.10%
13	生肉/肉制品	整鸡	427	11,843	12,245	27,617.42	870.54	26,746.88	265	8	257	2.16%	1.87%	2.17%
14	生肉/肉制品	羊肉卷/片	1	11	12	0	0	0	0	0	0	0.00%	0.00%	0.00%
15	生肉/肉制品	牛肉卷/片	0	3	3	0	0	0	0	0	0	0.00%	0.00%	0.00%
16	生肉/肉制品	牛肉卷/片	24	364	387	747.51	0	747.51	14	0	14	3.62%	0.00%	3.85%
17	生肉/肉制品	鸡肉丸/肉串	22	326	348	903.36	53.22	850.14	19	1	18	5.46%	4.55%	5.52%
18	生肉/肉制品	羊肉串	23	720	740	1,395.81	51.21	1,344.60	21	1	20	2.84%	4.35%	2.78%
19	生肉/肉制品	羊肉卷/片	35	801	832	2,315.89	0	2,315.89	28	0	28	3.37%	0.00%	3.50%
20	生肉/肉制品	生鸡腿	278	3,980	4,254	4,602.44	394.29	4,208.14	80	7	73	1.88%	2.52%	1.83%
21	生肉/肉制品	鸡胸	178	3,069	3,239	7,368.10	447.58	6,920.52	109	5	104	3.37%	2.81%	3.39%
22	生肉/肉制品	生鸡翅	282	4,998	5,264	14,528.55	1,016.52	13,512.03	160	10	150	3.04%	3.55%	3.00%
23	生肉/肉制品	整鸡	495	10,730	11,196	37,106.11	2,576.47	34,529.64	331	20	311	2.96%	4.04%	2.90%
24	生肉/肉制品	牛肉卷/片	26	528	554	1,391.42	58.09	1,333.33	29	1	28	5.23%	3.85%	5.30%
25	生肉/肉制品	羊肉串	15	856	869	1,847.18	144.93	1,702.25	33	2	31	3.80%	13.33%	3.62%
26	生肉/肉制品	鸡肉丸/肉串	9	398	407	1,855.31	114.6	1,740.71	35	1	34	8.60%	11.11%	8.54%
27	生肉/肉制品	羊肉卷/片	44	1,026	1,068	2,432.28	0	2,432.28	36	0	36	3.37%	0.00%	3.51%
28	生肉/肉制品	生鸡腿	279	3,881	4,151	6,444.15	920.07	5,524.08	106	14	93	2.55%	5.02%	2.40%
29	生肉/肉制品	鸡胸	123	3,173	3,289	7,857.30	767.06	7,090.24	125	10	115	3.80%	8.13%	3.62%
30	生肉/肉制品	生鸡翅	124	4,438	4,556	13,804.61	1,093.73	12,710.88	155	11	145	3.40%	8.87%	3.27%
31	生肉/肉制品	整鸡	406	7,952	8,332	39,393.21	2,798.45	36,594.76	351	21	330	4.21%	5.17%	4.15%
32	生肉/肉制品	生鸡肉	1	40	41	735.73	0	735.73	4	0	4	9.76%	0.00%	10.00%
33	生肉/肉制品	鸡肉丸/肉串	13	334	346	1,935.21	59.67	1,875.54	24	2	22	6.94%	15.38%	6.59%
34	生肉/肉制品	牛肉卷/片	22	987	1,009	1,985.11	120.4	1,864.71	30	2	28	2.97%	9.09%	2.84%
35	生肉/肉制品	羊肉卷/片	25	663	687	2,101.89	123.65	1,978.24	21	2	19	3.06%	8.00%	2.87%
36	生肉/肉制品	羊肉串	12	676	687	2,524.08	115.39	2,408.69	35	2	33	5.09%	16.67%	4.88%
37	生肉/肉制品	生鸡腿	118	3,566	3,680	4,582.65	256.78	4,325.87	80	6	74	2.17%	5.08%	2.08%
38	生肉/肉制品	鸡胸	37	1,844	1,879	4,774.20	264.49	4,509.71	90	7	83	4.79%	18.92%	4.50%
39	生肉/肉制品	生鸡翅	97	3,309	3,399	17,356.17	622.65	16,733.52	152	9	143	4.47%	9.28%	4.32%
40	生肉/肉制品	整鸡	367	6,797	7,142	35,619.14	3,914.35	31,704.79	281	24	258	3.93%	6.54%	3.80%
41	生肉/肉制品	鸡肉丸/肉串	19	1,546	1,562	5,257.21	97.05	5,160.16	111	1	110	7.11%	5.26%	7.12%
42	生肉/肉制品	羊肉卷/片	37	1,871	1,905	6,839.07	0	6,839.07	85	0	85	4.46%	0.00%	4.54%
43	生肉/肉制品	羊肉串	22	2,481	2,499	6,895.80	293.11	6,602.69	102	3	99	4.08%	13.64%	3.99%
44	生肉/肉制品	牛肉卷/片	31	2,852	2,880	8,988.63	160.89	8,827.74	132	2	130	4.58%	6.45%	4.56%
45	生肉/肉制品	生鸡腿	117	6,526	6,637	10,772.85	501.14	10,271.71	224	5	219	3.38%	4.27%	3.36%
46	生肉/肉制品	鸡胸	61	4,051	4,102	13,949.58	324.7	13,624.88	247	6	241	6.02%	9.84%	5.95%
47	生肉/肉制品	生鸡翅	135	11,358	11,477	33,666.55	284.98	33,381.57	395	6	389	3.44%	4.44%	3.42%
48	生肉/肉制品	整鸡	540	12,437	12,932	80,492.27	4,185.34	76,306.93	647	27	620	5.00%	5.00%	4.99%

图 2-4 转换后的数据

步骤 4：分类统计。

步骤 4.1：先对叶子类目进行排序，然后单击“分类汇总”按钮，在弹出的“分类汇总”对话框中设置“分类字段”为“叶子类目”、“汇总方式”为“求和”、“选定汇总项”为“PC 端访客数""无线端访客数""访客数""支付买家数""PC 端支付买家数""无线端支付买家数",如图 2-5 所示。

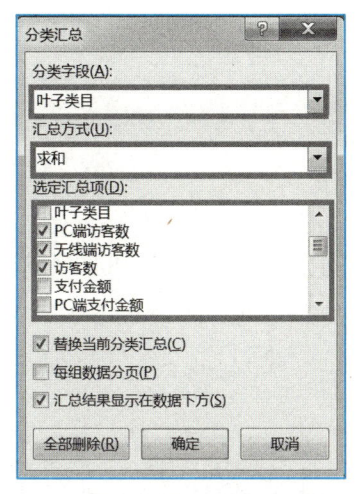

图 2-5 "分类汇总"对话框

步骤 4.2：单击"确定"按钮，分类汇总的结果如图 2-6 所示。

图 2-6 分类汇总的结果

步骤 5：数据排序。

对支付买家数进行升序排序，排序结果如图 2-7 所示。可以看到，支付买家数数值最小的叶子类目为"生鸡肉"。

图 2-7 支付买家数升序排序结果

步骤 6：数据计算。

根据计算公式"支付转化率=支付买家数/访客数×100%"完成数据计算，计算结果如图 2-8 所示。

	D	E	F	G	H	I	J	K	L	M	N	O	P
1	叶子类目	PC端访客数	无线端访客数	访客数	支付金额	PC端支付金额	无线端支付金额	支付买家数	PC端支付买家数	无线端支付买家数	支付转化率	PC端支付转化率	无线端支付转化率
3	生鸡肉 汇总	1	40	41			4		0	4	9.76%	0.00%	10.00%
9	羊肉卷/片 汇总	142	4,372	4,504			170		2	168	3.77%	1.41%	3.84%
15	牛肉卷/片 汇总	103	4,734	4,833			205		5	200	4.24%	4.85%	4.22%
22	羊肉串 汇总	108	5,697	5,793			226		8	218	3.90%	7.41%	3.83%
29	鸡肉丸/肉串 汇总	105	3,286	3,384			226		8	218	6.68%	7.62%	6.63%
36	生鸡腿 汇总	1,028	22,106	23,107			583		37	547	2.52%	3.60%	2.47%
43	鸡胸 汇总	556	15,409	15,933			692		32	660	4.34%	5.76%	4.28%
50	生鸡翅 汇总	814	32,039	32,799			1,024		46	979	3.12%	5.65%	3.06%
57	整鸡 汇总	2,372	52,007	54,222			1,964		102	1,863	3.62%	4.30%	3.58%
58	总计	5,229	139,690	144,616			5,094		240	4,857	3.52%	4.59%	3.48%

图 2-8　计算结果

步骤 7：店铺类目数据分析。

通过上述操作得到各叶子类目的支付转化率、PC 端支付转化率和无线端支付转化率，并找到对应数值最小的叶子类目。

工作结束

数据整理及备份：□完成　　　□未完成

关机检查：□正常关机　　　□强行关机　　　□未关机

整理桌面：□完成　　　□未完成

地面卫生检查：□完成　　　□未完成

整理椅子：□完成　　　□未完成

任务评价

类别	序号	考核项目	考核内容及要求	优秀	良好	合格	较差
技术考核	1	质量	能够对商品数据进行分类统计				
	2		能够对商品数据进行清洗、转化、排序				
	3		能够借助计算公式完成支付转化率的计算				
非技术考核	4	态度	学习态度端正				
	5	纪律	遵守纪律				
	6	协作	有交流、团队合作				
	7	文明	保持安静，清理场所				

任务拓展

任务名称： 店铺类目数据分类与处理。

任务背景： 在 2019 年的年中大促活动中，小周所在的电子商务企业的整体运营不错，销售业绩良好，但美中不足的是客单价不高。经过分析，该企业初步定位到问题节点——店铺的商品过于单一。于是，运营部门经理安排小周进行店铺类目数据分类与处理，以便诊断和验证问题节点，从而考虑是否对店铺类目进行优化。

任务要求： 下载源数据所在的文件，在 Excel 中打开；使用分类汇总的方法，按"商品分类"对商品的浏览量、访客数、销售量及销售额进行汇总统计；利用分级显示功能隐藏数据明细，快速找到访客数数值最大的商品分类，并设置该单元格及其对应访客数所在单元格的背景色为浅绿色。

任务

1. 请提交处理完成的 Excel 文档。
2. 除了使用分类汇总的方法完成店铺类目数据的分类与处理，还有没有其他方法呢？如果有，是哪些方法呢？

店铺类目数据分类与处理源数据

工作任务二 市场数据分类与处理

任务目标

- 能够完成用户画像数据的清洗。
- 能够选择合适的方法完成数据的分类统计。
- 能够使用函数、计算公式完成数据的相关计算。
- 能够对进行处理的市场数据严格保密。
- 能够具备良好的创新意识，在数据处理和数据计算中创造性地使用更多便捷的方法。

任务导图

```
缺失值清洗 ┐
格式内容清洗 ┤
逻辑错误清洗 ┼─ 新知链接 ─ 市场数据分类与处理 ─ 用户画像数据分类与处理 ┬ 数据获取
重复数据清洗 ┤                                                      ├ 数据清洗
无价值数据清洗 ┘                                                    ├ 分类统计
                                                                   └ 数据计算
```

新知链接

数据清洗的内容包括缺失值清洗、格式内容清洗、逻辑错误清洗、重复数据清洗及无价值数据清洗。

（一）缺失值清洗

数据缺失是数据表中经常出现的问题，是指数据某个或某些属性的值是不完整的。缺失值产生的原因多种多样，主要包括 3 种：第一种是有些信息无法获取，如在收集客户的婚姻状况和工作信息时，未婚人士的配偶、未成年儿童的工作单位等都是无法获取的信息；第二种是人为原因导致的某些信息被遗漏或删除了；第三种是数据收集或者保存失败造成数据缺失，如数据存储失败、存储器损坏、机械故障等。在数据表中，缺失值常见的表现形式是空值或错误标识符。

（二）格式内容清洗

由于系统导出渠道或输入习惯的原因，整合而来的原始数据往往不能做到格式统一，在内容方面也容易出现空格。

（三）逻辑错误清洗

逻辑错误即违反逻辑规律的要求和逻辑规则而产生的错误，一般使用逻辑推理就可以发现问题。

数据逻辑错误一般分为 3 种。

（1）数据不合理。例如，客户的年龄为 300 岁或者消费金额为-90 元，明显不符合客观事实。

（2）数据自相矛盾。例如，客户的出生年份是 1990 年，年龄却显示为 18 岁。

（3）数据不符合规则。例如，限购 1 件的商品，客户的购买数量却为 3 件。

（四）重复数据清洗

重复数据顾名思义就是数据被重复、多次记录。重复数据会影响数据处理结果的正确性，从而导致数据分析出现偏差，因此需要被删除。

（五）无价值数据清洗

无价值数据是指对本次数据统计或数据分析没有产生作用的数据，直接删除对应的字段即可。但通常情况下，并不建议删除。如果数据表过大，在汇报展示时既用不到，又影响操作，就可以考虑在进行备份后将其删除。

工作子任务　用户画像数据分类与处理

任务背景

用户画像能够帮助卖家快速定位用户群体及用户需求，进行精准的广告投放，从而提高转化率及客单价。原牧纯品旗舰店主要经营鸡肉、羊肉等生鲜类商品。为了应对即将到来的平台活动，运营部门经理安排小周对店铺用户的相关数据进行分类与处理，作为活动选品、推广及仓储安排的依据。

任务目标

在获取数据后，完成相关数据的清洗，利用 COUNTIF 函数完成用户年龄、性别、地域及淘气值的分布统计，并利用计算公式分别计算出各自的占比。

任务要求

下载源数据所在的文件，在 Excel 中打开，完成数据清洗，包括空值清洗和重复值清洗，将空值填充为"未知"；利用 COUNTIF 函数完成用户年龄、性别、地域及淘气值的分布统计，并利用计算公式分别计算出各自的占比。其中，年龄段及淘气值的划分如图 2-9 所示。

年龄段	淘气值
20岁以下	500以下
20～29岁	500～599
30～39岁	600～799
40～49岁	
50岁及以上	800及以上

图 2-9　年龄段及淘气值的划分

任务

1. 请提交处理完成的 Excel 文档。
2. 除了使用函数的方法完成用户画像数据的分类与处理，还有没有其他方法呢？如果有，是哪些方法呢？

用户画像数据分类与处理

任务操作

对用户画像数据进行分类与处理的操作步骤及关键节点如下。

步骤 1：数据获取。

下载源数据所在的文件，获取会员信息表，如图 2-10 所示。

	A	B	C	D	E	F
1	会员编号	用户名	年龄	性别	地域	淘气值
2	NO1002049	姿念etur9	18	男	天津	844
3	NO1002081	芝春rst	30	女	天津	791
4	NO1002024	之慕nlov5	40	女	四川	804
5	NO1002062	珍梦1way000	30		河南	714
6	NO1002041	韵含notb98	51	女	天津	756
7	NO1002085	玉珍irs	29	女	四川	676
8	NO1002080	玉尔tim	27	女	四川	814
9	NO1002047	雨凝ori	19		广东	567
10	NO1002060	雨梅ieve45	24	男	四川	858
11	NO1002023	雨more31	41	女	浙江	726
12	NO1002086	又亦vedI99	29	男	四川	651
13	NO1002008	幽芊eand	17		浙江	524
14	NO1002119	英半elie8	33	女	河南	584
15	NO1002094	亦丹mest977	30	男	四川	621
16	NO1002091	以筠memo	30	女	河南	518
17	NO1002052	怡照orie347	19	女	浙江	635
18	NO1002109	怡畅Ifi	30		河南	580
19	NO1002030	yu飞	22		浙江	565
20	NO1002060	雨梅ieve45	24	男	四川	858

图 2-10　会员信息表（部分）

步骤 2：数据清洗。

步骤 2.1：空值清洗。

步骤 2.1.1：选中数据区域，在"开始"选项卡的"编辑"功能组中单击"查找和选择"下拉按钮，在弹出的下拉列表中选择"定位条件"选项；在弹出的"定位条件"对话框中选中"空值"单选按钮，如图 2-11 所示。

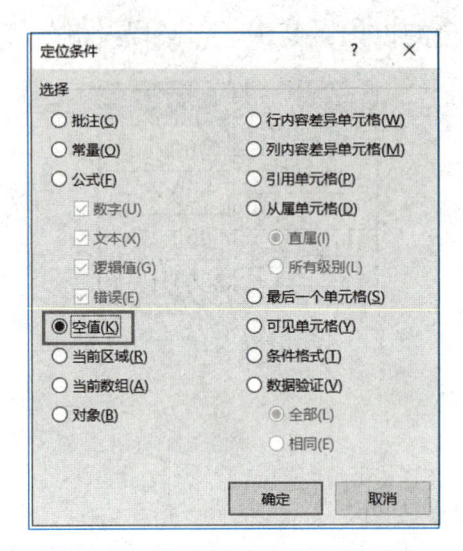

图 2-11　选中"空值"单选按钮

步骤 2.1.2：单击"确定"按钮，所有的空值都被选中了，如图 2-12 所示。

	A	B	C	D	E	F
1	会员编号	用户名	年龄	性别	地域	淘气值
2	NO1002049	姿念etur9	18	男	天津	844
3	NO1002081	芝春rst	30	女	天津	791
4	NO1002024	之慕nlov5	40	女	四川	804
5	NO1002062	珍梦1way000	30		河南	714
6	NO1002041	韵含notb98	51	女	天津	756
7	NO1002085	玉珍irs	29	女	四川	676
8	NO1002080	玉尔tim	27	女	四川	814
9	NO1002047	雨蔓ori	19		广东	567
10	NO1002060	雨梅ieve45	24	男	四川	858
11	NO1002023	雨more31	41	女	浙江	726
12	NO1002086	又亦vedI99	29	男	四川	651
13	NO1002008	幽半eand	17		浙江	524
14	NO1002119	英半elie8	33	女	河南	584
15	NO1002094	亦丹mest977	30	男	四川	621
16	NO1002091	以筠memo	30	女	河南	518
17	NO1002052	怡照orie347	19	女	浙江	635
18	NO1002109	怡畅Ifi	30		河南	580
19	NO1002030	yu飞	22		浙江	565
20	NO1002060	雨梅ieve45	24	男	四川	858

图 2-12　空值定位结果

步骤 2.1.3：在定位到空值后，将空值填充为"未知"，按"Crl+Enter"快捷键，进行批量填充，结果如图 2-13 所示。

步骤 2.2：重复值清洗。

步骤 2.2.1：选中工作表中的数据区域，在"数据"选项卡的"数据工具"功能组中，单击"删除重复值"按钮；在弹出的"删除重复值"对话框中选择要删除的列（应同时选中"会员编号"

"用户名""年龄""性别""地域""淘气值"这几个复选框，否则可能会误删），如图 2-14 所示。

图 2-13　批量填充结果

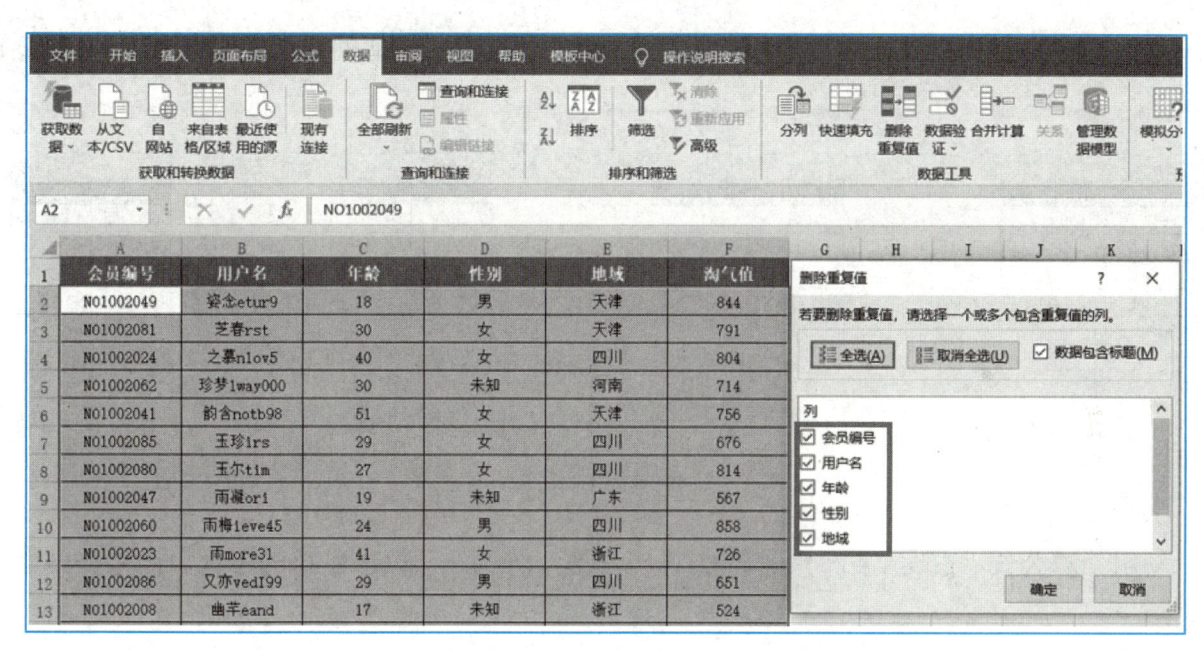

图 2-14　选择要删除的列

步骤 2.2.2：单击"确定"按钮，完成重复值删除，Excel 将显示一条消息，指出有多少个重复值被删除，多少个唯一值被保留，如图 2-15 所示。

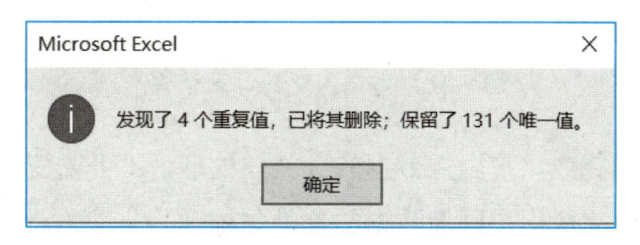

图 2-15　重复值删除完成

步骤 2.2.3：单击"确定"按钮，在数据清洗完成后，余 131 条记录，如图 2-16 所示。

112	NO1002108	thgain7	28	男	浙江	613
113	NO1002076	QQieso4	28	男	天津	801
114	NO1002029	QQclea	21	女	浙江	603
115	NO1002130	P梦ly130	31	女	四川	623
116	NO1002035	OHdIal	24	女	天津	508
117	NO1002093	辣条遇上可乐	30	未知	四川	761
118	NO1002079	m妍anno741	30	男	浙江	805
119	NO1002059	MYeaga7	19	女	河南	729
120	NO1002082	MYackt006	27	女	天津	557
121	NO1002073	MQsan	29	男	广东	775
122	NO1002021	MQply96	42	女	浙江	730
123	NO1002025	MQesth88	41	男	河南	565
124	NO1002095	liev66	29	女	天津	755
125	NO1002031	ibere131	25	女	天津	775
126	NO1002087	howm741	29	男	天津	672
127	NO1002120	hjime	35	男	浙江	546
128	NO1002078	ghntle99	29	未知	浙江	798
129	NO1002090	gdfb544	26	女	广东	685
130	NO1002099	e2颜IfI	29	女	天津	600
131	NO1002107	alwa587	28	女	广东	654
132	NO1002033	ainI000	21	女	浙江	676

图 2-16　清洗后的数据（部分）

步骤 3：分类统计。

利用 COUNTIF 函数完成用户年龄段、性别、地域及淘气值的分布统计，结果如图 2-17 所示。

H	I	J	K	L	M	N	O	P	Q	R	S	T	U
年龄段	用户数			性别	用户数			地域	用户数			淘气值	用户数
20岁以下	20			男	42			河南	25			500以下	0
20~29岁	67			女	66			天津	28			500~599	30
30~39岁	31			未知	23			浙江	25			600~799	69
40~49岁	9							四川	25			800及以上	32
50岁及以上	4							广东	28				

图 2-17　用户年龄段、性别、地域及淘气值的分布统计结果

步骤 4：数据计算。

利用计算公式“占比=某部分用户数/总用户数×100%”计算出各自的占比，结果如图 2-18 所示。

H	I	J	K	L	M	N	O	P	Q	R	S	T	U	V
年龄段	用户数	占比		性别	用户数	占比		地域	用户数	占比		淘气值	用户数	占比
20岁以下	20	15.27%		男	42	32.06%		河南	25	19.08%		500以下	0	0.00%
20~29岁	67	51.15%		女	66	50.38%		天津	28	21.37%		500~599	30	22.90%
30~39岁	31	23.66%		未知	23	17.56%		浙江	25	19.08%		600~799	69	52.67%
40~49岁	9	6.87%						四川	25	19.08%		800及以上	32	24.43%
50岁及以上	4	3.05%						广东	28	21.37%				

图 2-18　各自占比的计算结果①

除了使用函数的方法完成用户画像数据的分类与处理，还可以使用筛选、合并计算、分类汇总及数据透视表等方法完成用户画像数据的分类与处理。

① 由于占比计算结果是四舍五入的，因此可能存在占比之和不为 100%的情况，特此说明，后文同。

工作结束

数据整理及备份：□完成　　□未完成

关机检查：□正常关机　　□强行关机　　□未关机

整理桌面：□完成　　□未完成

地面卫生检查：□完成　　□未完成

整理椅子：□完成　　□未完成

任务评价

类别	序号	考核项目	考核内容及要求	优秀	良好	合格	较差
技术考核	1	质量	能够完成用户画像数据的清洗				
	2		能够选择合格的方法完成数据的分类统计				
	3		能够使用函数、计算公式完成数据的相关计算				
非技术考核	4	态度	学习态度端正				
	5	纪律	遵守纪律				
	6	协作	有交流、团队合作				
	7	文明	保持安静，清理场所				

任务拓展

任务名称：用户画像数据分类与处理。

任务背景：年中大促活动即将到来，某电子商务企业的运营部门经理为避免决策主观化，安排小周对店铺用户的各项数据进行处理，绘制用户画像，为年中大促活动的选品、推广及仓储安排提供参考。

任务要求：下载源数据所在的文件，在 Excel 中打开，完成数据清洗，包括空值清洗和重复值清洗，将空值填充为"未知"；利用 COUNTIF 函数完成用户年龄、性别、地域的分布统计，并利用计算公式分别计算出各自的占比。其中，年龄段的划分如图 2-19 所示。

年龄段
18岁以下
18～25岁
26～30岁
31～35岁
36～40岁
41～50岁
51岁及以上

图 2-19　年龄段的划分

任务

1. 该店铺用户数最多的年龄是_____。

2. 该店铺的男性用户占比是_____，女性用户占比是_____。（结果采用百分比形式，四舍五入，保留两位小数）

3. 该店铺_____（填地域）的用户最多。

用户画像数据分类与处理源数据

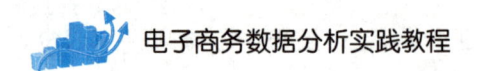

工作任务三 运营数据分类与处理

任务目标

- 能够根据数据处理目标对运营数据进行清洗、转换、筛选及排序。
- 能够选择合适的方法对运营数据进行分类统计。
- 能够根据计算公式完成支付转化率、下单转化率等的计算。
- 能够对进行处理的运营数据严格保密。
- 能够具备良好的创新意识,在数据处理和数据计算中使用更多便捷的方法。

任务导图

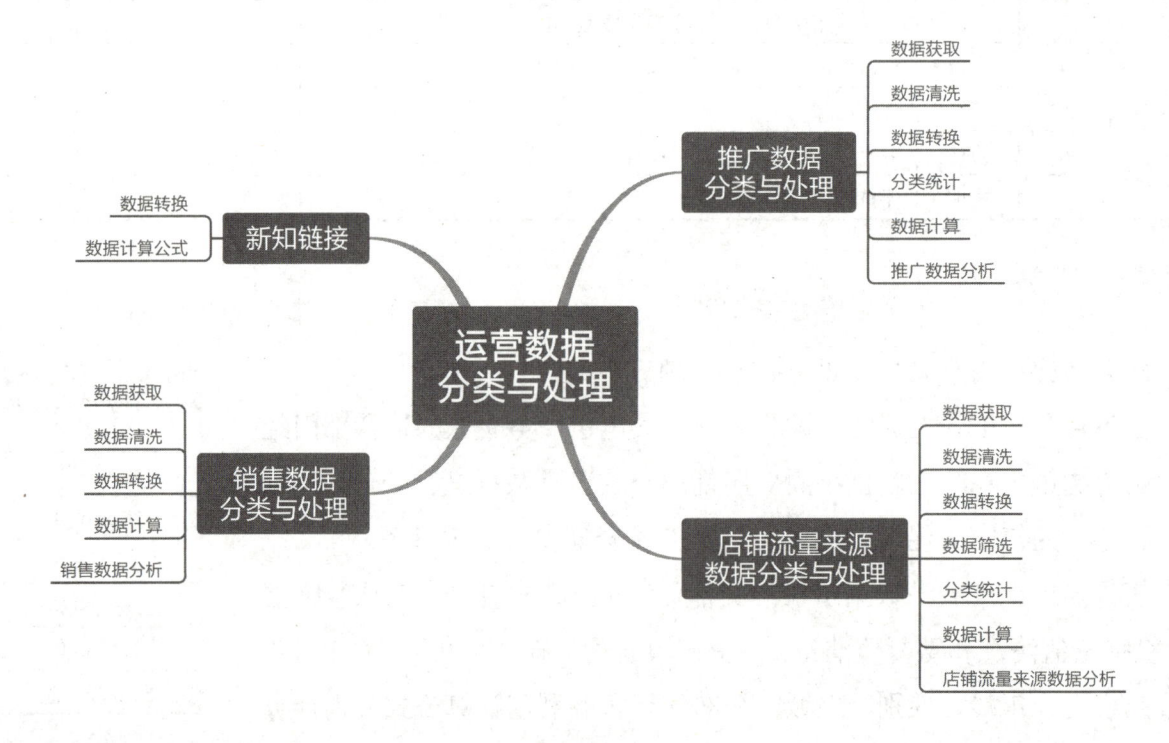

新知链接

一、数据转换

数据转换是数据处理的前期准备,包括数据表的行列互换、文本数据提取、数据类型的转化等。

(一)数据表的行列互换

数据来源于多种渠道,其默认的显示方式可能不符合数据分析的需求,因此我们需要对数据表中的行列进行互换。

（二）文本数据提取

在导入文本数据时，有时多项数据会显示在同一单元格中，我们需要对数据进行提取，使相同属性的数据位于同一列中。

（三）数据类型的转换

1. 数值转字符

在 Excel 中输入数据时，系统默认使用数值型数据。若数字超过 11 位长，则会变成科学记数法，不利于查看数据。在数据较大时，为了避免上述情况，可将数值型数据改为字符型数据。

2. 字符转数值

在进行数据统计时，有时获取的原始数据是以字符形式展示的。这虽然不影响数据展现，但无法进行计算，所以我们需要将字符型数据转换为数值型数据。

二、数据计算公式

（一）支付转化率

支付转化率是指在所选时间内，支付买家数占访客数的比例，即访客转化为支付买家的比例。其计算公式为

$$支付转化率=支付买家数/访客数×100\%$$

（二）下单转化率

下单转化率是指在统计周期内，下单买家数占访客数的比例。其计算公式为

$$下单转化率=下单买家数/访客数×100\%$$

工作子任务一　销售数据分类与处理

任务背景

原牧纯品旗舰店主要经营鸡肉、羊肉等生鲜类商品。经过一段时间的运营，该店铺积累了大量忠实的客户。为了监控商品的实际销售状况，也为了帮助店铺衡量既定目标是否实现，运营部门经理安排小周对店铺商品近 6 个月的销售数据进行分类与处理，并通过数据计算得到各商品的成交转化率。

任务目标

完成店铺商品销售数据的清洗、转化；利用合并计算的方法对店铺商品近 6 个月的销售数

据进行统计；结合统计结果，找到总销量（PC 端+无线端）前 3 的商品，观察它们分别在 PC 端和无线端的支付转化率。

任务要求

下载源数据所在的文件，在 Excel 中打开；对表格中的数据进行清洗，将用于邮费补拍的商品的数据作为无价值数据清洗掉；进行数据转换；利用合并计算的方法进行分类统计，在结果数据中，利用计算公式"总销量=PC 端支付件数+无线端支付件数"计算出总销量，在进行降序排序后得到总销量最高的商品；利用计算公式"支付转化率=支付买家数/访客数×100%"分别计算出 PC 端支付转化率和无线端支付转化率。

任务

1. 最近 6 个月，支付总件数最多的商品是_____，支付总件数是_____。

2. 最近 6 个月，支付总件数最多的商品的 PC 端支付转化率和无线端支付转化率分别是多少（结果采用百分比形式，保留两位小数）？它的 PC 端支付转化率和无线端支付转化率是所有商品中最高的吗？如果不是，请写出 PC 端支付转化率和无线端支付转化率最高的商品名称。

销售数据分类与处理

任务操作

利用合并计算的方法进行分类统计和数据计算，其操作步骤及关键节点如下。

步骤 1：数据获取。

下载源数据所在的文件，获取生鲜类商品近 6 个月的销售数据（其中 PC 端支付金额、无线端支付金额的单位为元），如图 2-20 所示。

图 2-20 生鲜类商品近 6 个月的销售数据（部分）

步骤 2：数据清洗。

步骤 2.1：对销售数据进行处理，旨在对本次活动中各商品的实际销售情况和盈利情况进行分析、总结，由于邮费补拍链接的商品的数据不计入此项，因此利用筛选功能筛选出"邮费补拍链接"的商品，如图 2-21 所示。

图 2-21 筛选出的"邮费补拍链接"的商品

步骤 2.2：将筛选出的邮费补拍链接的商品的数据作为无价值数据直接删除，清洗后保留了 60 条记录，如图 2-22 所示。

图 2-22 清洗后的数据（部分）

步骤 3：数据转换。

选中从 D 列到 O 列中所有以文本形式存储的数字，单击数据列前出现的提醒符号，在弹出的下拉列表中选择"转换为数字"选项，如图 2-23 所示。

图 2-23 数据转换

转换后的数据如图 2-24 所示。

图 2-24 转换后的数据（部分）

步骤 4：数据计算。

步骤 4.1：利用合并计算的方法进行分类汇总。

步骤 4.1.1：选中数据区域外的单元格，为汇总结果指定存放位置；单击"合并计算"按钮，在弹出的"合并计算"对话框中选择所需的"函数"，指定"引用位置"，单击"添加"按钮，在"标签位置"区域中选中"首行"和"最左列"复选框，以便显示标签行和标签列，如图 2-25 所示。

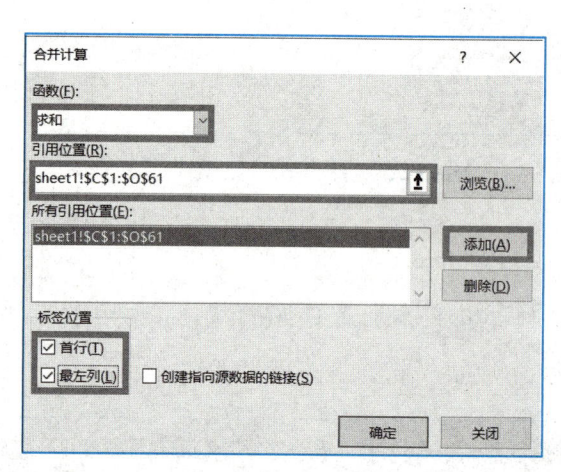

图 2-25 "合并计算"对话框

步骤 4.1.2：单击"确定"按钮，完成数据的合并计算，结果如图 2-26 所示。

图 2-26 合并计算结果

步骤 4.2：根据计算公式"支付总件数=PC 端支付件数+无线端支付件数"，计算出各商品的支付总件数，并进行排序，找出销量最高的商品，如图2-27所示。

图2-27 排序后的支付总件数

步骤4.3：根据计算公式"支付转化率=支付买家数/访客数×100%"，分别完成PC端支付转化率和无线端支付转化率的计算，结果如图2-28所示。

图2-28 PC端支付转化率和无线端支付转化率的计算结果

步骤5：销售数据分析。

根据上述操作结果，找到近6个月支付总件数最多的商品及其PC端转化率和无线端转化率。

工作子任务二 推广数据分类与处理

任务背景

原牧纯品旗舰店主要经营鸡肉、羊肉等生鲜类商品。为了提升销售额，原牧纯品旗舰店计划进行一次活动推广，因此运营部门经理安排小周对店铺无线端近7日的引流关键词数据进行分类与处理，作为之后筛选推广关键词的依据。

任务目标

下载源数据所在的文件，完成相关数据的清洗、转化；利用数据透视表对店铺无线端近7日的引流关键词进行分类统计；计算出各关键词的下单转化率；根据平均跳失率、引导下单买家数和带来的访客数这3项指标，观察符合条件的关键词。

任务要求

下载源数据所在的文件，在Excel中进行数据清洗、转换；利用数据透视表进行分类统计，得到这7天各关键词的平均跳失率、引导下单买家数和带来的访客数；在结果数据中，对带来的访客数进行降序排序，计算出各关键词的下单转化率；结合结果数据，完成以下任务。

任务

1. 在统计周期内，无线端带来的访客数最多的前 8 个引流关键词中，跳失率最低的关键词是_____，值为_____%（结果保留两位小数）。

2. 在统计周期内，无线端带来的访客数最多的前 8 个引流关键词中，下单转化率最高的关键词是_____，值为_____%（结果保留两位小数）。

推广数据分类与处理

任务操作

利用数据透视表进行分类统计和数据计算，其操作步骤及关键节点如下。

步骤 1：数据获取。

下载源数据所在的文件，获取店铺的推广数据（其中引导支付金额的单位为元），如图 2-29 所示。

图 2-29 店铺的推广数据（部分）

步骤 2：数据清洗。

数据清洗即删除多余的表头，清洗后的数据如图 2-30 所示。

步骤 3：数据转换。

选中从 D 列到 J 列中所有以文本形式存储的数字，单击数据列前出现的提醒符号，在弹出的下拉列表中选择"转换为数字"选项，如图 2-31 所示。

图 2-30　清洗后的数据（部分）

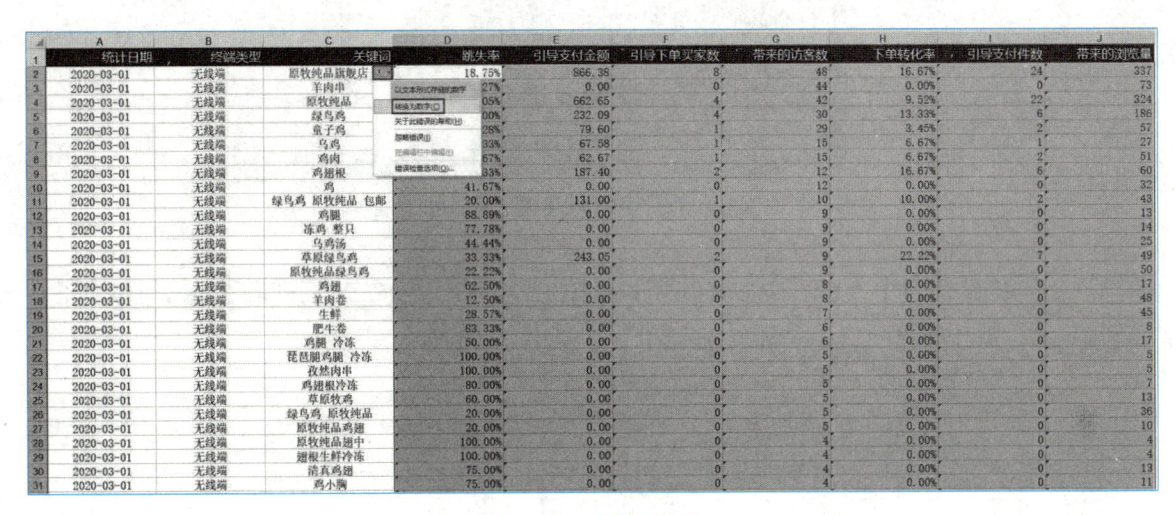

图 2-31　数据转换

转换后的数据如图 2-32 所示。

图 2-32　转换后的数据（部分）

步骤4：分类统计。

步骤4.1：选中数据源，在"插入"选项卡的"表格"功能组中单击"数据透视表"按钮；在弹出的"创建数据透视表"对话框中选择要分析的数据和放置数据透视表的位置，如图2-33所示。

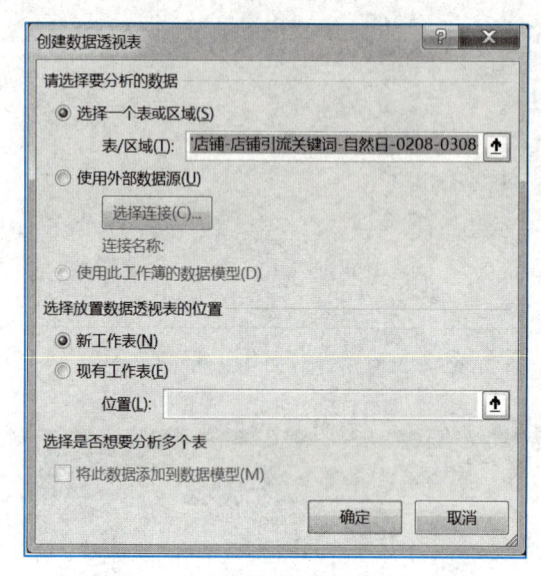

图2-33 "创建数据透视表"对话框

步骤4.2：单击"确定"按钮，Excel自动创建一个空白的数据透视表框架，同时在其右侧打开"数据透视表字段"窗格，如图2-34所示。

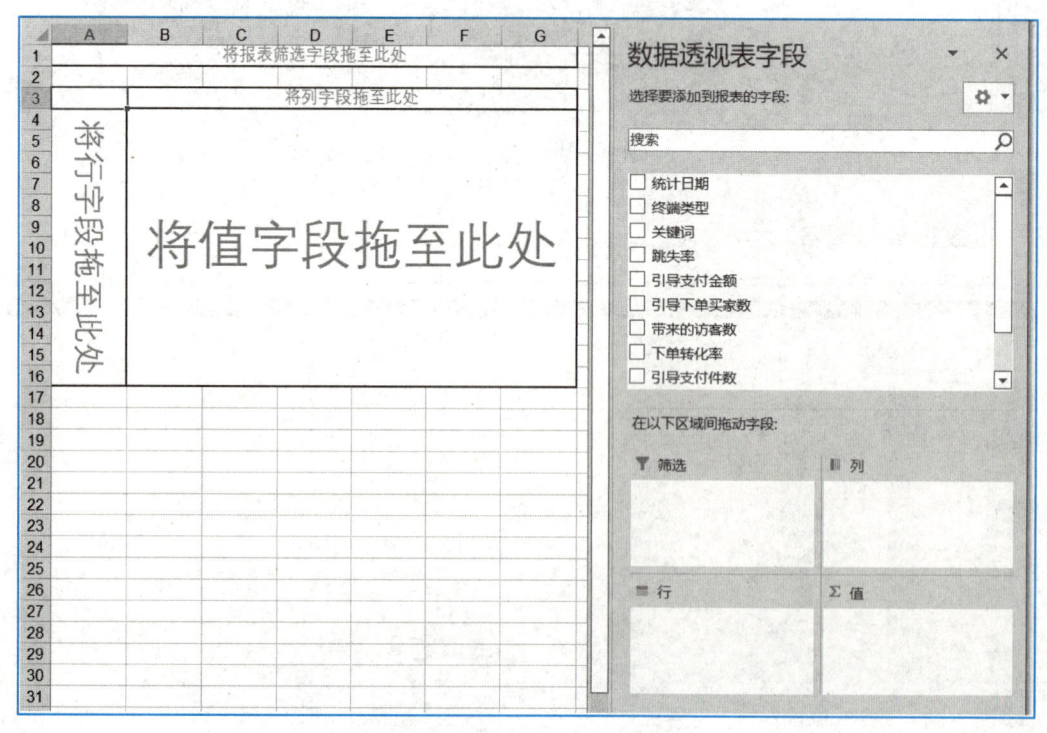

图2-34 数据透视表框架和"数据透视表字段"窗格

步骤 4.3：将"关键词"字段拖动至"行"区域中，将"跳失率""引导下单买家数""带来的访客数"字段拖动至"值"区域中，生成报表，如图 2-35 所示。

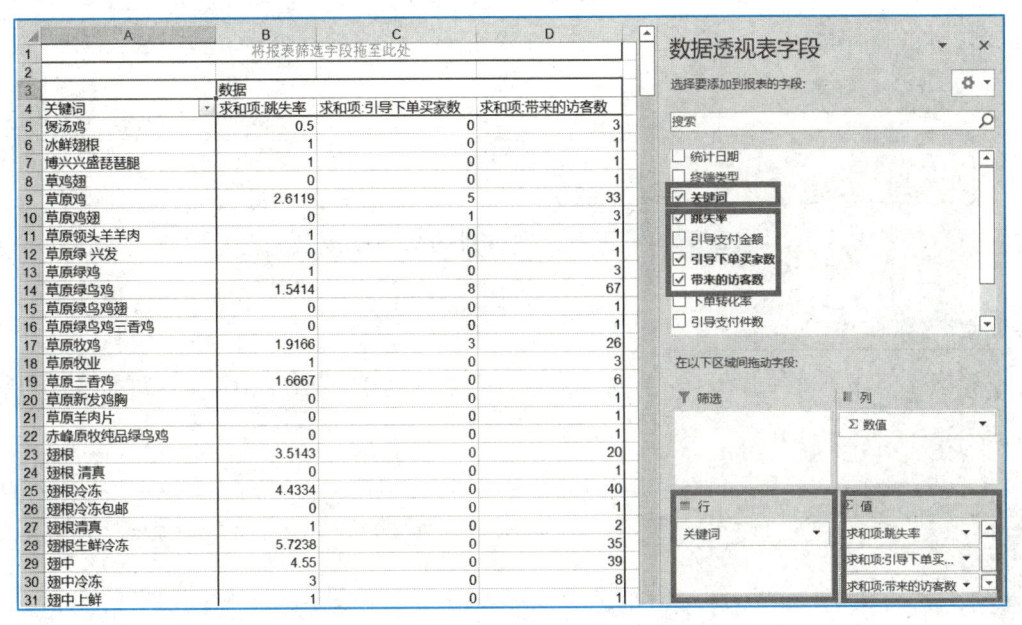

图 2-35　设置数据透视表的字段

步骤 4.4：在"值"区域中，单击"求和项：跳失率"的下拉按钮，在弹出的下拉列表中选择"值字段设置"选项；在弹出的"值字段设置"对话框中将计算类型修改为"平均值"，如图 2-36 所示；单击"确定"按钮，报表随之更新。

图 2-36　"值字段设置"对话框

步骤 4.5：选中需要排序的列"求和项：带来的访客数"，在"数据"选项卡的"排序和筛选"功能组中单击"降序"按钮，对其进行降序排序，找到带来的访客数排名前 8 的关键词，如图 2-37 所示。

	A	B	C	D
1				
2				
3		值		
4	关键词	平均值项:跳失率	求和项:引导下单买家数	求和项:带来的访客数
5	原牧纯品	18.22%	24	314
6	原牧纯品旗舰店	18.80%	20	246
7	绿鸟鸡	23.75%	18	184
8	原牧纯品绿鸟鸡	23.61%	10	123
9	鸡翅	58.18%	4	107
10	童子鸡	46.45%	1	97
11	乌鸡	53.20%	4	94
12	鸡翅根	64.03%	4	79

图 2-37　带来的访客数排名前 8 的关键词

步骤 5：数据计算。

利用计算公式"下单转化率=下单买家数/访客数×100%"计算出各关键词的下单转化率，如图 2-38 所示。

3		值			
4	关键词	平均值项:跳失率	求和项:引导下单买家数	求和项:带来的访客数	下单转化率
5	原牧纯品	18.22%	24	314	7.64%
6	原牧纯品旗舰店	18.80%	20	246	8.13%
7	绿鸟鸡	23.75%	18	184	9.78%
8	原牧纯品绿鸟鸡	23.61%	10	123	8.13%
9	鸡翅	58.18%	4	107	3.74%
10	童子鸡	46.45%	1	97	1.03%
11	乌鸡	53.20%	4	94	4.26%
12	鸡翅根	64.03%	4	79	5.06%

图 2-38　各关键词的下单转化率

步骤 6：推广数据分析。

结合上述操作结果，对店铺无线端近 7 日的引流关键词数据进行分析。

工作子任务三　店铺流量来源数据分类与处理

任务背景

原牧纯品旗舰店主要经营鸡肉、羊肉等生鲜类商品。随着付费流量的成本越来越高，运营成本随之升高，导致店铺的经营压力变大。为了避免店铺对付费流量过于依赖，运营人员需分析和优化店铺的流量结构。运营人员统计了店铺最近 6 个自然月的流量来源数据，需要根据数据完成以下任务。

任务目标

完成店铺流量来源数据的清洗、转换；按流量来源对这 6 个自然月中所有终端的访客数及下单买家数进行分类汇总；计算出各流量来源带来的访客数占比，以及各流量来源的下单转化率。

任务要求

下载源数据所在的文件，在 Excel 中打开；对表格中的数据进行清洗，包括删除多余的表头及数据内容（注意：在"来源明细"列中，"汇总"是对应流量来源中其他项的去重合计，此处有重复数据。本子任务的数据清洗要求利用筛选功能，将所有"来源明细"中包含"汇总"的字段复制到新的工作表中，将新工作表命名为"流量来源汇总"）；进行数据转换；任选一种方法（推荐使用数据透视表）对各流量来源的访客数及下单买家数进行分类汇总；计算出各流量来源带来的访客数占比，以及各流量来源的下单转化率。

任务

1. 在店铺流量结构中，从访客数来看，付费流量占总流量的_____%（结果保留两位小数）。

2. 下单转化率最高的流量来源是_____，其值为_____%（结果保留两位小数）。

店铺流量来源数据分类与处理

任务操作

借助数据透视表对店铺流量来源数据进行分类与处理，其操作步骤及关键节点如下。

步骤1：数据获取。

下载源数据所在的文件，获得店铺流量来源数据，如图2-39所示。

图2-39 店铺流量来源数据（部分）

步骤2：数据清洗。

数据清洗即删除多余的表头，清洗后的数据如图2-40所示。

	A	B	C	D	E	F	G
1	统计日期	终端类型	流量来源	来源明细	访客数	下单买家数	下单转化率
2	2019-09-01 ~ 2019-09-30	无线端	淘内免费	汇总	4,458	107	2.40%
3	2019-09-01 ~ 2019-09-30	无线端	淘内免费	手淘搜索	3,185	83	2.61%
4	2019-09-01 ~ 2019-09-30	无线端	付费流量	汇总	1,373	19	1.38%
5	2019-09-01 ~ 2019-09-30	无线端	付费流量	直通车	1,320	6	0.45%
6	2019-09-01 ~ 2019-09-30	无线端	淘内免费	手淘首页	917	5	0.55%
7	2019-09-01 ~ 2019-09-30	无线端	自主访问	汇总	363	83	22.87%
8	2019-09-01 ~ 2019-09-30	无线端	淘内免费	淘内免费其他	264	38	14.39%
9	2019-09-01 ~ 2019-09-30	无线端	自主访问	购物车	250	71	28.40%
10	2019-09-01 ~ 2019-09-30	无线端	淘内免费	手猫搜索	247	8	3.24%
11	2019-09-01 ~ 2019-09-30	无线端	淘内免费	手淘其他店铺商品详情	218	11	5.05%
12	2019-09-01 ~ 2019-09-30	无线端	自主访问	我的淘宝	175	40	22.86%
13	2019-09-01 ~ 2019-09-30	无线端	付费流量	淘宝客	58	13	22.41%
14	2019-09-01 ~ 2019-09-30	无线端	淘内免费	手淘旺信	57	10	17.54%
15	2019-09-01 ~ 2019-09-30	无线端	淘内免费	手猫商品详情	35	2	5.71%
16	2019-09-01 ~ 2019-09-30	无线端	淘内免费	手猫其他店铺	22	1	4.55%
17	2019-09-01 ~ 2019-09-30	无线端	淘内免费	手淘微淘	14	1	7.14%
18	2019-09-01 ~ 2019-09-30	无线端	淘内免费	手淘拍立淘	12	1	8.33%
19	2019-09-01 ~ 2019-09-30	无线端	淘内免费	手淘其他店铺	9	0	0.00%
20	2019-09-01 ~ 2019-09-30	无线端	淘内免费	手淘消息中心	7	1	14.29%

图 2-40　清洗后的数据（部分）

步骤 3：数据转换。

选中"访客数""下单买家数""下单转化率"这几列数据，单击数据列前出现的提醒符号，在弹出的下拉列表中选择"转换为数字"选项，如图 2-41 所示。

	A	B	C	D	E	F	G
1	统计日期	终端类型	流量来源	来源明细	访客数	下单买家数	下单转化率
2	2019-09-01 ~ 2019-09-30	无线端	淘内免费	汇总	4,458	107	2.40%
3	2019-09-01 ~ 2019-09-30	无线端	淘内免费	手淘搜索	3,185	83	2.61%
4	2019-09-01 ~ 2019-09-30	无线端	付费流量	汇总	1,373	19	1.38%
5	2019-09-01 ~ 2019-09-30	无线端	付费流量	直通车	1,320	6	0.45%
6	2019-09-01 ~ 2019-09-30	无线端	淘内免费	手淘首页	917	5	0.55%
7	2019-09-01 ~ 2019-09-30	无线端	自主访问	汇总	363	83	22.87%
8	2019-09-01 ~ 2019-09-30	无线端	淘内免费	淘内免费其他	264	38	14.39%
9	2019-09-01 ~ 2019-09-30	无线端	自主访问	购物车	250	71	28.40%
10	2019-09-01 ~ 2019-09-30	无线端	淘内免费	手猫搜索	247	8	3.24%
11	2019-09-01 ~ 2019-09-30	无线端	淘内免费	手淘其他店铺商品详情	218	11	5.05%
12	2019-09-01 ~ 2019-09-30	无线端	自主访问	我的淘宝	175	40	22.86%
13	2019-09-01 ~ 2019-09-30	无线端	付费流量	淘宝客	58	13	22.41%
14	2019-09-01 ~ 2019-09-30	无线端	淘内免费	手淘旺信	57	10	17.54%
15	2019-09-01 ~ 2019-09-30	无线端	淘内免费	手猫商品详情	35	2	5.71%
16	2019-09-01 ~ 2019-09-30	无线端	淘内免费	手猫其他店铺	22	1	4.55%
17	2019-09-01 ~ 2019-09-30	无线端	淘内免费	手淘微淘	14	1	7.14%
18	2019-09-01 ~ 2019-09-30	无线端	淘内免费	手淘拍立淘	12	1	8.33%
19	2019-09-01 ~ 2019-09-30	无线端	淘内免费	手淘其他店铺	9	0	0.00%
20	2019-09-01 ~ 2019-09-30	无线端	淘内免费	手淘消息中心	7	1	14.29%
21	2019-09-01 ~ 2019-09-30	无线端	淘内免费	手猫我的评价	6	0	0.00%
22	2019-09-01 ~ 2019-09-30	无线端	淘内免费	手猫首页	6	0	0.00%
23	2019-09-01 ~ 2019-09-30	无线端	淘内免费	手淘找相似	5	0	0.00%
24	2019-09-01 ~ 2019-09-30	无线端	淘内免费	WAP天猫	4	0	0.00%
25	2019-09-01 ~ 2019-09-30	无线端	自主访问	直接访问	4	1	25.00%
26	2019-09-01 ~ 2019-09-30	无线端	淘内免费	手淘问大家	3	1	33.33%
27	2019-09-01 ~ 2019-09-30	无线端	淘内免费	手淘扫一扫	3	0	0.00%
28	2019-09-01 ~ 2019-09-30	无线端	淘内免费	手淘淘金币	2	0	0.00%
29	2019-09-01 ~ 2019-09-30	无线端	淘内免费	支付宝小程序-每日必抢	1	0	0.00%
30	2019-09-01 ~ 2019-09-30	无线端	淘内免费	WAP淘宝	1	0	0.00%
31	2019-10-01 ~ 2019-10-31	无线端	付费流量	汇总	15,049	134	0.89%
32	2019-10-01 ~ 2019-10-31	无线端	付费流量	直通车	14,876	117	0.79%
33	2019-10-01 ~ 2019-10-31	无线端	淘内免费	汇总	9,270	276	2.98%
34	2019-10-01 ~ 2019-10-31	无线端	淘内免费	手淘搜索	6,694	179	2.67%
35	2019-10-01 ~ 2019-10-31	无线端	自主访问	汇总	1,161	257	22.14%
36	2019-10-01 ~ 2019-10-31	无线端	淘内免费	淘内免费其他	1,001	100	9.99%
37	2019-10-01 ~ 2019-10-31	无线端	淘内免费	手猫搜索	751	24	3.20%
38	2019-10-01 ~ 2019-10-31	无线端	淘内免费	手淘其他店铺商品详情	744	50	6.72%
39	2019-10-01 ~ 2019-10-31	无线端	淘内免费	手淘首页	735	3	0.41%
40	2019-10-01 ~ 2019-10-31	无线端	自主访问	购物车	709	194	27.36%
41	2019-10-01 ~ 2019-10-31	无线端	自主访问	我的淘宝	656	144	21.95%
42	2019-10-01 ~ 2019-10-31	无线端	付费流量	淘宝客	235	19	8.09%
43	2019-10-01 ~ 2019-10-31	无线端	淘内免费	手猫商品详情	109	12	11.01%
44	2019-10-01 ~ 2019-10-31	无线端	淘内免费	手淘旺信	102	19	18.63%
45	2019-10-01 ~ 2019-10-31	无线端	淘内免费	手淘微淘	63	6	9.52%
46	2019-10-01 ~ 2019-10-31	无线端	淘内免费	手淘问大家	50	5	10.00%
47	2019-10-01 ~ 2019-10-31	无线端	淘内免费	手猫其他店铺	45	6	13.33%

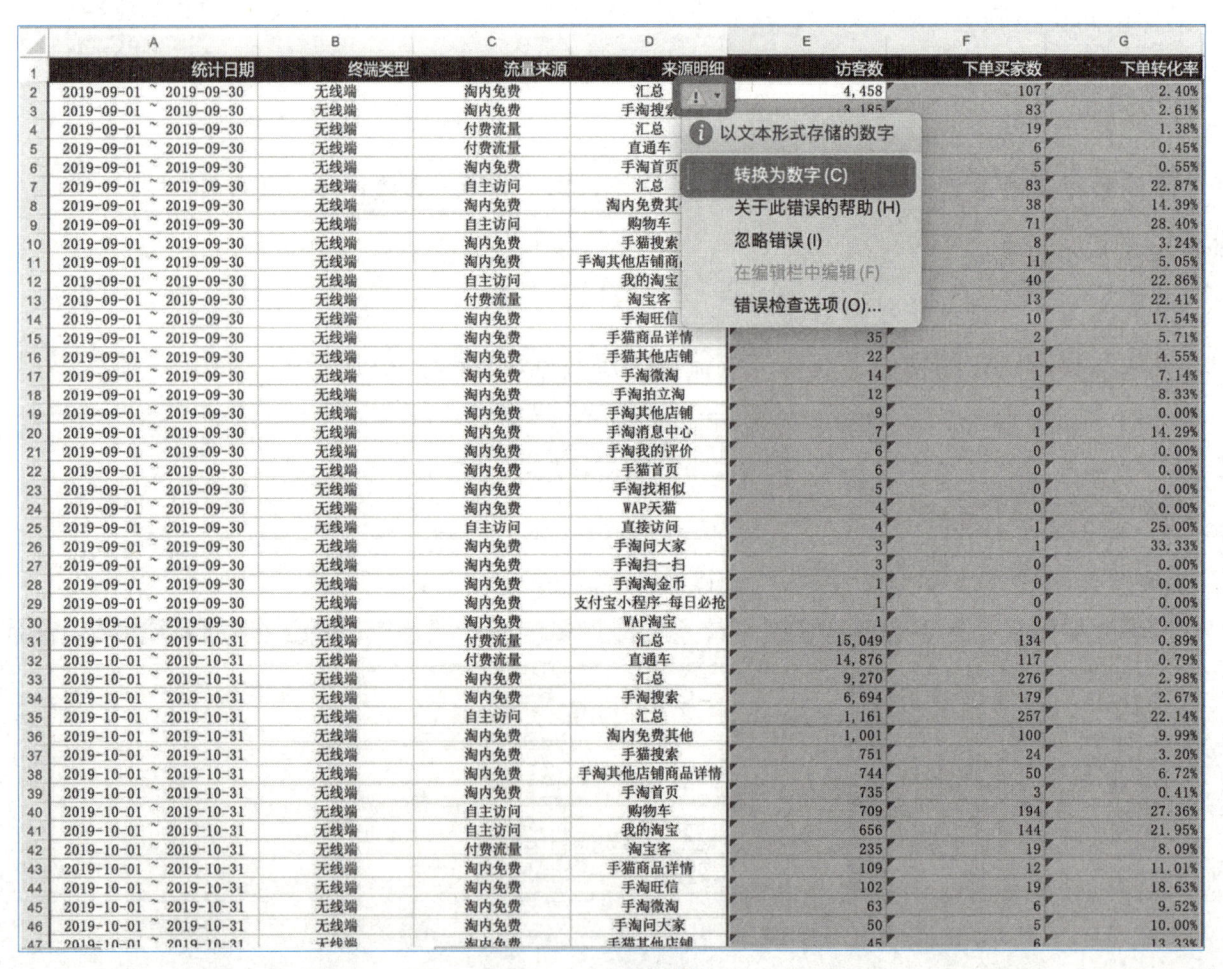

图 2-41　数据转换

转换后的数据如图 2-42 所示。

	A	B	C	D	E	F	G
1	统计日期		终端类型	流量来源	来源明细	访客数	下单买家数	下单转化率
2	2019-09-01 ~ 2019-09-30	无线端	淘内免费	汇总	4,458	107	2.40%
3	2019-09-01 ~ 2019-09-30	无线端	淘内免费	手淘搜索	3,185	83	2.61%
4	2019-09-01 ~ 2019-09-30	无线端	付费流量	汇总	1,373	19	1.38%
5	2019-09-01 ~ 2019-09-30	无线端	付费流量	直通车	1,320	6	0.45%
6	2019-09-01 ~ 2019-09-30	无线端	淘内免费	手淘首页	917	5	0.55%
7	2019-09-01 ~ 2019-09-30	无线端	自主访问	汇总	363	83	22.87%
8	2019-09-01 ~ 2019-09-30	无线端	淘内免费	淘内免费其他	264	38	14.39%
9	2019-09-01 ~ 2019-09-30	无线端	自主访问	购物车	250	71	28.40%
10	2019-09-01 ~ 2019-09-30	无线端	淘内免费	手猫搜索	247	8	3.24%
11	2019-09-01 ~ 2019-09-30	无线端	淘内免费	手淘其他店铺商品详情	218	11	5.05%
12	2019-09-01 ~ 2019-09-30	无线端	自主访问	我的淘宝	175	40	22.86%
13	2019-09-01 ~ 2019-09-30	无线端	付费流量	淘宝客	58	13	22.41%
14	2019-09-01 ~ 2019-09-30	无线端	淘内免费	手淘旺信	57	10	17.54%
15	2019-09-01 ~ 2019-09-30	无线端	淘内免费	手猫商品详情	35	2	5.71%
16	2019-09-01 ~ 2019-09-30	无线端	淘内免费	手猫其他店铺	22	1	4.55%
17	2019-09-01 ~ 2019-09-30	无线端	淘内免费	手淘微淘	14	1	7.14%
18	2019-09-01 ~ 2019-09-30	无线端	淘内免费	手淘拍立淘	12	1	8.33%
19	2019-09-01 ~ 2019-09-30	无线端	淘内免费	手淘其他店铺	9	0	0.00%
20	2019-09-01 ~ 2019-09-30	无线端	淘内免费	手淘消息中心	7	1	14.29%

图 2-42　转换后的数据（部分）

步骤 4：数据筛选。

利用筛选功能，将所有"来源明细"中包含"汇总"的字段复制到新的工作表中，将新工作表命名为"流量来源汇总"，新工作表中共有 46 条记录，如图 2-43 所示。

	A	B	C	D	E	F	G
27	19-09-01 ~ 2019-09-	PC端	淘外流量	汇总	3	0	0.00%
28	19-10-01 ~ 2019-10-	PC端	淘内免费	汇总	512	8	1.56%
29	19-10-01 ~ 2019-10-	PC端	付费流量	汇总	345	5	1.45%
30	19-10-01 ~ 2019-10-	PC端	自主访问	汇总	63	10	15.87%
31	19-10-01 ~ 2019-10-	PC端	淘外流量	汇总	2	0	0.00%
32	19-11-01 ~ 2019-11-	PC端	淘内免费	汇总	748	13	1.74%
33	19-11-01 ~ 2019-11-	PC端	付费流量	汇总	409	6	1.47%
34	19-11-01 ~ 2019-11-	PC端	自主访问	汇总	125	16	12.80%
35	19-11-01 ~ 2019-11-	PC端	淘外流量	汇总	1	0	0.00%
36	19-12-01 ~ 2019-12-	PC端	淘内免费	汇总	532	18	3.38%
37	19-12-01 ~ 2019-12-	PC端	付费流量	汇总	339	6	1.77%
38	19-12-01 ~ 2019-12-	PC端	自主访问	汇总	99	19	19.19%
39	19-12-01 ~ 2019-12-	PC端	淘外流量	汇总	15	0	0.00%
40	20-01-01 ~ 2020-01-	PC端	淘内免费	汇总	361	18	4.99%
41	20-01-01 ~ 2020-01-	PC端	付费流量	汇总	219	1	0.46%
42	20-01-01 ~ 2020-01-	PC端	自主访问	汇总	79	18	22.78%
43	20-01-01 ~ 2020-01-	PC端	淘外流量	汇总	10	0	0.00%
44	20-02-01 ~ 2020-02-	PC端	淘内免费	汇总	566	14	2.47%
45	20-02-01 ~ 2020-02-	PC端	付费流量	汇总	219	6	2.74%
46	20-02-01 ~ 2020-02-	PC端	自主访问	汇总	109	18	16.51%
47	20-02-01 ~ 2020-02-	PC端	淘外流量	汇总	3	0	0.00%

图 2-43　"流量来源汇总"工作表

步骤 5：分类统计。

步骤 5.1：选中数据源，在"插入"选项卡的"表格"功能组中单击"数据透视表"按钮；在弹出的"创建数据透视表"对话框中选择要分析的数据和放置数据透视表的位置，如图 2-44 所示。

步骤 5.2：单击"确定"按钮，Excel 自动创建一个空白的数据透视表框架，同时在其右侧打开"数据透视表字段"窗格，如图 2-45 所示。

步骤 5.3：将"流量来源"字段拖动至"行"区域中，将"访客数"和"下单买家数"字段拖动至"值"区域中，生成报表，如图 2-46 所示。

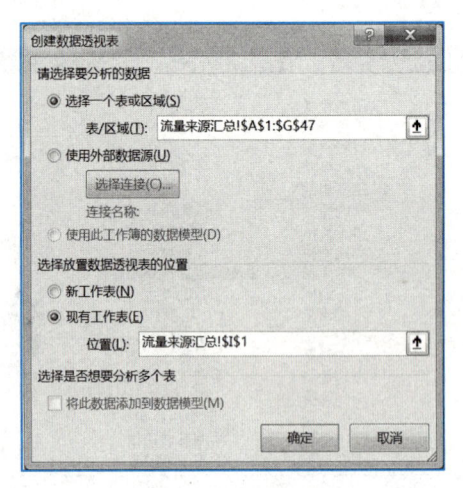

图 2-44 "创建数据透视表"对话框

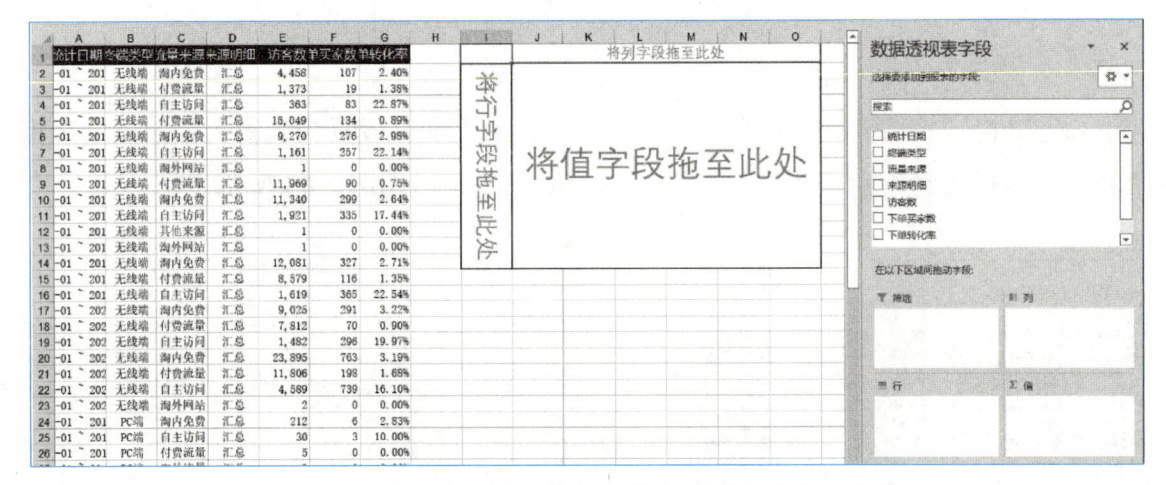

图 2-45 数据透视表框架和"数据透视表字段"窗格

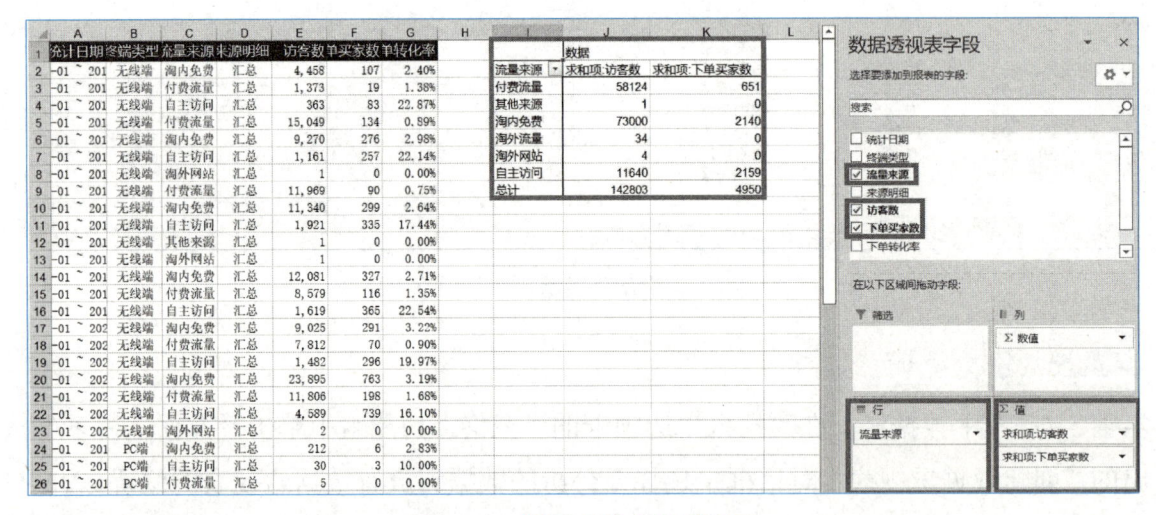

图 2-46 数据透视表统计结果

步骤 6：数据计算。

步骤 6.1：利用计算公式"占比=访客数/总值×100%"计算出各流量来源的访客数占比，如图 2-47 所示。

步骤 6.2：利用计算公式"下单转化率=下单买家数/访客数×100%"计算出各流量来源的下

单转化率，如图 2-48 所示。

图 2-47 各流量来源的访客数占比

图 2-48 各流量来源的下单转化率

步骤 7：店铺流量来源数据分析。

结合上述操作结果，明确各流量来源的访客数占比，以及各流量来源的下单转化率。

工作结束

数据整理及备份：□完成　　□未完成

关机检查：□正常关机　　□强行关机　　□未关机

整理桌面：□完成　　□未完成

地面卫生检查：□完成　　□未完成

整理椅子：□完成　　□未完成

任务评价

类别	序号	考核项目	考核内容及要求	优秀	良好	合格	较差
技术考核	1	质量	能够根据数据处理目标对运营数据进行清洗、转换、筛选及排序				
	2		能够选择合适的方法对运营数据进行分类统计				
	3		能够根据计算公式完成支付转化率、下单转化率等的计算				
非技术考核	4	态度	学习态度端正				
	5	纪律	遵守纪律				
	6	协作	有交流、团队合作				
	7	文明	保持安静，清理场所				

任务拓展

任务名称：销售数据分类与处理。

任务背景：在 2019 年的年中大促结束后，小周所在的电子商务企业因前期准备充分，销售业绩非常不错。在接下来的复盘工作中，运营部门经理安排小周对本次活动所产生的销售数据进行分类与处理，为之后的运营数据分析和业绩考核提供依据。

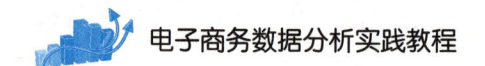

任务要求： 下载源数据所在的文件，通过分类整理，查看各商品的销量情况，并通过数据计算，得到各商品的成交转化率和毛利率。

任务

请提交处理完成的 Excel 文档。

销售数据分类与处理源数据

课后习题

一、单选题

1. Excel 中有多个常用的简单函数，其中函数 AVERAGE（区域）的功能是（　　）。
   A．求区域内数据的个数　　　　　　B．求区域内所有数据的平均值
   C．求区域内数据的和　　　　　　　D．返回函数的最大值

2. 要创建分类汇总，首先要对数据进行（　　）。
   A．求和　　　　　B．排序　　　　　C．求平均值　　　　D．求最大值

3. Excel 中有多个常用的简单函数，其中函数 SUM（区域）的功能是（　　）。
   A．求区域内所有数字的和　　　　　B．求区域内所有数字的平均值
   C．求区域内数据的个数　　　　　　D．返回函数中的最大值

4. 在某店铺 2019 年度会员信息表中，某会员的出生年份是 1990 年，年龄却记录为 25 岁，此类错误需要进行（　　）。
   A．缺失值清洗　　B．重复数据清洗　　C．逻辑错误清洗　　D．无价值数据清洗

5. 某店铺最近一周有 200 名访客，其中 40 名访客点击并浏览了某商品详情页，最终 4 人购买了该商品，那么该商品的成交转化率为（　　）。
   A．2%　　　　　B．10%　　　　　C．15%　　　　　D．20%

二、多选题

1. 在 Excel 中，分类统计的常用方法包括（　　）。
   A．分类汇总　　　B．合并计算　　　C．函数　　　　　D．数据透视表

2. 在进行数据清洗时，处理缺失值的方法包括（　　）。
   A．删除单元格　　B．删除记录　　　C．数据补齐　　　D．不处理

3. 数据逻辑错误包括（　　）。
   A．数据不合理　　B．数据自相矛盾　　C．数据不符合规则　　D．数据格式错误

4. 在数据表中，缺失值常见的表现形式是（　　）。
   A．空值　　　　　B．错误标识符　　　C．#DIV/0!　　　D．0

三、判断题

1. 分类汇总可以删除，但在删除分类汇总后，排序操作不能撤销。（ ）
2. 分类汇总是指对特定类别下的特定信息进行汇总，其步骤是先分类、后汇总，因此在汇总前必须先对需要汇总的数据进行排序。（ ）
3. 在 Excel 中创建数据透视表时，必须将其放置在新的工作表中。（ ）
4. 重复数据会影响数据处理结果的正确性，从而导致数据分析出现偏差，因此需要将其删除。（ ）
5. 在 Excel 中，在原始数据清单中的数据变更后，数据透视表的内容会随之更新。（ ）

思政园地

电商 App 成隐私泄露重灾区？

近年来，电商行业发展迅速，物流运转不停，快递箱上的个人信息也被暴露在众人面前。网络消费的确带来了很多便捷，但与此同时，它也收集了大量用户信息，数据覆盖面广、敏感度高等问题给用户带来不少信息泄露的烦恼。

其实，个人信息泄露事件屡禁不止，群众也不胜其扰。2021 年，工业和信息化部、公安部、国家互联网信息办公室三大主管部门就多次通报或下架违规 App，涉及 4000 余款 App，此后相关情况有所好转。海豚家、洋码头、蘑菇街、真快乐、微店、好省、别样海外购、当当、寺库、优信二手车、海淘免税店、苏宁易购、淘集集商家版、熊猫优选、易车、瓜子二手车、优信二手车等电商 App 因此类问题被"点名"。

网经社电子商务研究中心特约研究员、上海汉盛律师事务所高级合伙人李旻律师表示，电商平台的业务模式的固有特点使电商平台及相关主体容易卷入消费者个人信息泄露事件：一是消费者个人隐私信息收集和使用行为无法避免；二是消费者使用电商平台完成一次消费行为，其个人信息起码会经由电商平台、商家和承运人 3 个环节。电商平台事实上没有能力也没有权力监管所有涉及的商业主体，但电商平台树大招风，且近年来监管态度基本上倾向于加大电商平台的责任，因此此类事件的发生无论是否为电商平台的原因，公众都易将其与电商平台联系在一起。

《中华人民共和国网络安全法》《中华人民共和国数据安全法》《关键信息基础设施安全保护条例》《中华人民共和国个人信息保护法》全面构筑中国网络安全领域的法律框架，强调 App 运营者需要守住数据采集、数据存储、数据流动 3 条红线。具体来看，一是数据采集红线，在服务过程中要以最小化原则收集用户隐私信息；二是数据存储红线，数据运营商作为数据活动的处理者，必须严格遵守相关法律，并对所存储的数据负有安全责任；三是数据流动红线，无论是数据交易、数据处理还是数据的跨境流动，相关组织、服务机构、数据处理者、个人都需要对数据安全承担相应责任。

（资料来源：搜狐网，有改写）

工作领域 三

数据处理与描述性分析

工作任务一　描述性统计分析

任务目标

- 能够在 Excel 中添加"数据分析"加载项。
- 能够根据任务背景选择对应的数据，借助 Excel 完成数据的描述性统计分析。
- 能够对描述性统计分析结果进行有效分析。
- 能够对进行分析的电子商务数据及分析结果严格保密。
- 能够具备实事求是的态度，客观地反馈数据分析结果。

任务导图

```
描述变量集中趋势的统计量 ┐                              ┌ 数据获取
描述变量离散程度的统计量 ├─ 新知链接 ─ 描述性统计 ─ 访客数描述性 ─┤ 数据整理
描述变量分布情况的统计量 ┘              分析         统计分析    ├ 添加"数据分析"加载项
                                                    ├ 数据描述性统计分析
                                                    └ 对描述性统计结果
                                                      进行分析
```

新知链接

描述性统计量包括描述变量集中趋势的统计量、描述变量离散程度的统计量和描述变量分布情况的统计量。

一、描述变量集中趋势的统计量

1. 平均值

平均值表示变量值的平均水平，包括算术平均值、几何平均值、平方平均值、调和平均值、加权平均值等，其中算术平均值最为常见。

2. 中位数

中位数又称中值，是按顺序排列的一组数据中居于中间位置的数据。对于有限的数据集，可以通过把所有观察值从大到小进行排序来找出中间的一个数据作为中位数。当观察值的个数为偶数时，通常取中间的两个数据的平均数作为中位数。

3. 众数

众数是一组数据中出现频率最高的数据。众数只有在总体上单位较多而又有明确的集中趋势的数据中才有意义。

4. 和

和是指某变量的所有取值之和。

二、描述变量离散程度的统计量

1. 标准差

标准差是方差的算术平方根。标准差能反映一个数据集的离散程度。平均数相同的两个数据集，标准差未必相同。

2. 方差

方差是每个样本值与全体样本值的平均数之差的平方值的平均数，衡量源数据与期望值的偏离程度。

3. 最大值

最大值是某变量所有取值的最大值。

4. 最小值

最小值是某变量所有取值的最小值。

5. 极差

极差又称全距，用 R 表示，是某变量的极大值与极小值之差。

6. 均值标准误差

均值标准误差是反映抽样误差大小的统计指标。

三、描述变量分布情况的统计量

1. 峰度

峰度又称峰态系数，衡量的是样本分布曲线的尖峰程度，描述变量分布的陡峭程度。峰度为 0，表示陡峭程度和正态分布相同；峰度大于 0，表示比正态分布陡峭；峰度小于 0，表示比正态分布平缓。

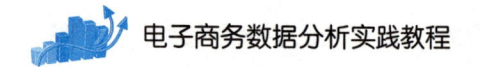

2. 偏度

偏度也称偏态、偏态系数，是对数据分布偏斜方向和程度的度量，是统计数据分布非对称程度的数字特征。偏度为0，表示对称；偏度大于0，表示右偏；偏度小于0，表示左偏。

工作子任务　访客数描述性统计分析

任务背景

流量对电子商务企业来说极为重要，访客数作为其中一个重要指标需要被重点关注。原牧纯品旗舰店主要经营鸡肉、羊肉等生鲜类商品。在店铺日常运营过程中，运营人员需要利用访客数描述性统计分析结果来监控访客数的变化，查看店铺访客异常情况，从而辅助制定、调整营销策略。运营人员想要对比分析2020年2月8日—3月8日鸡翅中500g和鸡翅根500g两款商品的访客数，从而为后续两款商品的备货和活动选品做准备。

任务目标

完成2020年2月8日—3月8日两款商品的访客数数据采集，并分别对两款商品的访客数进行描述性统计及分析，对比两款商品的访客数情况。

任务要求

从企业数据中心的"取数"板块中分别采集2020年2月8日—3月8日两款商品的访客数数据（所有终端），并将数据添加至Excel中，对数据进行初步整理。在Excel中对2020年2月8日—3月8日两款商品的访客数分别进行描述性统计分析，对比两款商品的访客数情况。

任务

1. 在Excel中进行数据的描述性统计分析，需要完成"数据分析"加载项的添加，并借助"描述统计"分析工具对数据进行描述性统计分析：完成"数据分析"加载项的添加；分别对2020年2月8日—3月8日两款商品的访客数进行描述性统计，提交描述性统计结果的截图。

2. 请对完成的描述性统计结果进行分析，对比2020年2月8日—3月8日两款商品的访客数情况。若要选其中一款商品作为活动的主推商品，则应选哪一款商品？为什么？

任务操作

访客数描述性统计分析的操作步骤及关键节点如下。

访客数描述性统计分析

步骤1：数据获取。

下载源数据所在的文件，获取2020年2月8日—3月8日两款商品的访客数数据，如图3-1所示。

图3-1　2020年2月8日—3月8日两款商品的访客数数据（部分）

步骤2：数据整理。

对源数据进行整理，只保留访客数数据，如图3-2所示。

图3-2　整理后的访客数数据（部分）

步骤3：添加"数据分析"加载项。

步骤3.1：选择"文件"选项卡，进入"文件"功能组，单击"选项"按钮，如图3-3和图3-4所示。

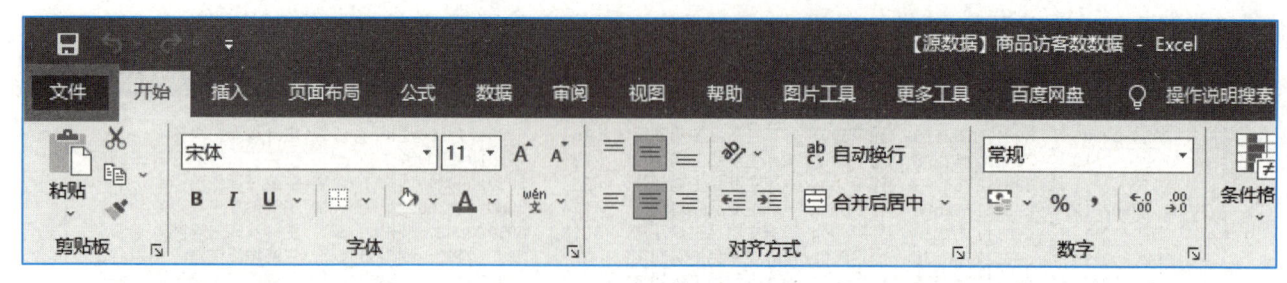

图3-3 选择"文件"选项卡

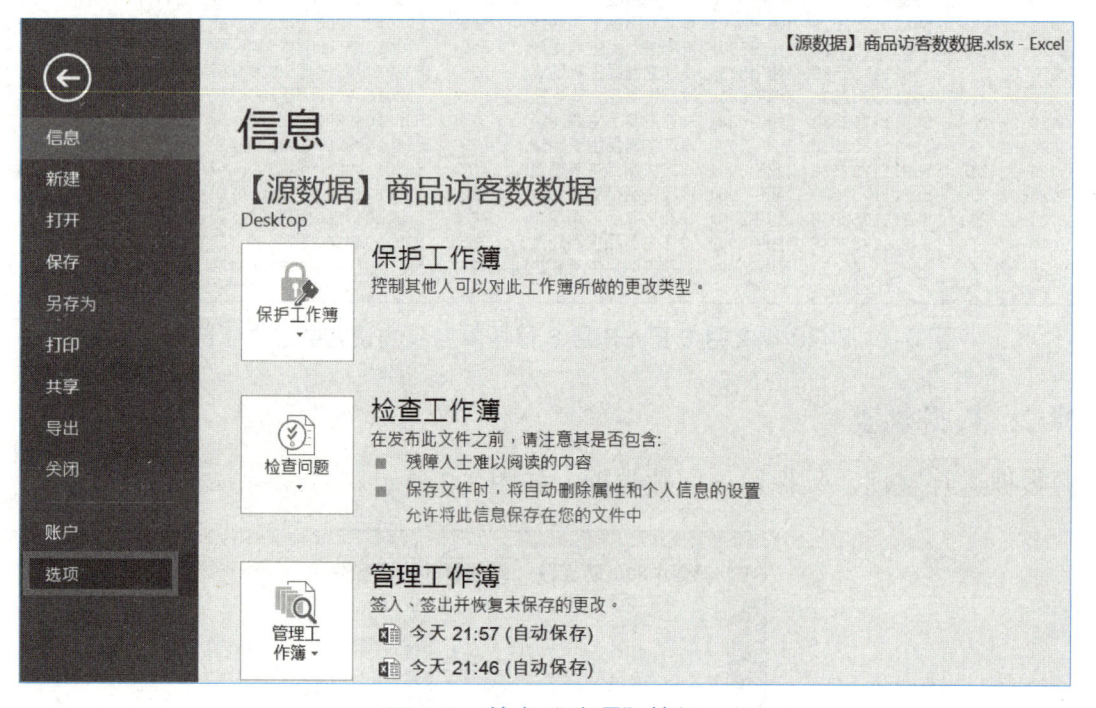

图3-4 单击"选项"按钮

步骤3.2：在弹出的"Excel选项"对话框中选择"加载项"选项；单击"管理"下拉按钮，在弹出的下拉列表中选择"Excel加载项"选项；单击"转到"按钮，如图3-5所示。

步骤3.3：在弹出的"加载项"对话框中选中"分析工具库""分析工具库-VBA"复选框，单击"确定"按钮，即可完成"数据分析"加载项的添加，如图3-6所示。

步骤4：数据描述性统计分析。

步骤4.1：在"数据"选项卡的"分析"功能组中单击"数据分析"按钮，如图3-7所示。

步骤4.2：在弹出的"数据分析"对话框中选择"描述统计"分析工具，单击"确定"按钮，如图3-8所示。

步骤 4.3：在弹出的"描述统计"对话框中完成各类参数的设置，单击"确定"按钮，如图 3-9 所示。

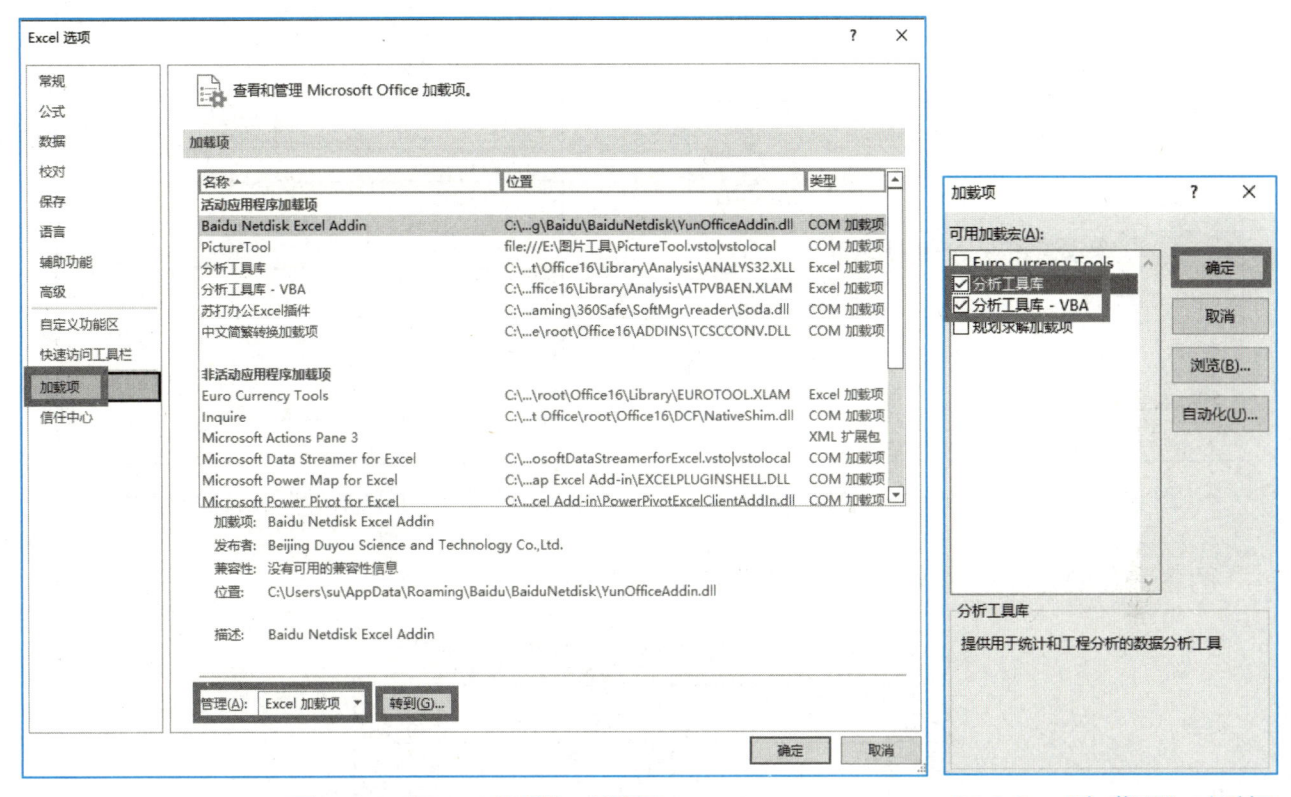

图 3-5 "Excel 选项"对话框　　　　图 3-6 "加载项"对话框

图 3-7 单击"数据分析"按钮

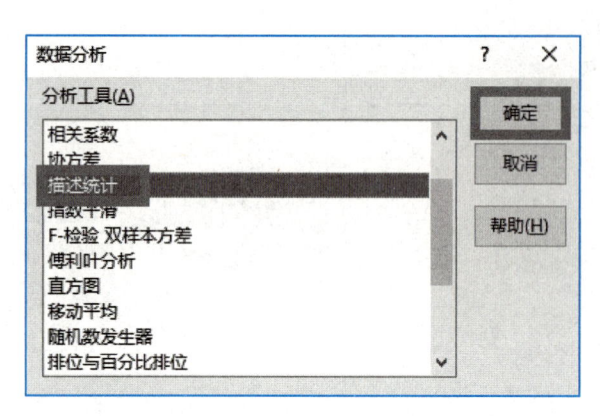

图 3-8 选择"描述统计"分析工具

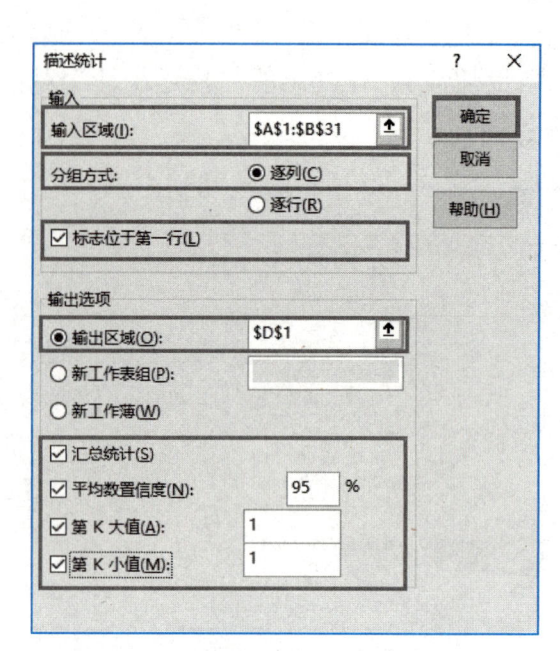

图 3-9 "描述统计"各类参数的设置

两款商品的访客数描述性统计结果如图 3-10 所示。

鸡翅中500g访客数		鸡翅根500g访客数	
平均值	450.8	平均值	169.1667
标准误差	28.95738	标准误差	8.937598
中位数	451.5	中位数	155
众数	154	众数	128
标准差	158.6061	标准差	48.95324
方差	25155.89	方差	2396.42
峰度	-0.24063	峰度	3.348496
偏度	-0.0352	偏度	1.750747
极差	627	极差	200
最小值	154	最小值	115
最大值	781	最大值	315
求和	13524	求和	5075
观测数	30	观测数	30
最大(1)	781	最大(1)	315
最小(1)	154	最小(1)	115
置信度(95.0%)	59.22448	置信度(95.0%)	18.27944

图 3-10 两款商品的访客数描述性统计结果

步骤 5：对描述性统计结果进行分析。

由描述性统计结果可以知道数据的大体特征。结合描述性统计结果，对比两款商品的访客数情况，包括两款商品的访客数的平均水平、访客数的分布情况等，选一款商品作为活动的主推商品。

工作结束

数据整理及备份：□完成　　□未完成

关机检查：□正常关机　　　□强行关机　　　□未关机

整理桌面：□完成　　□未完成

地面卫生检查：□完成　　□未完成

整理椅子：□完成　　□未完成

任务评价

类别	序号	考核项目	考核内容及要求	优秀	良好	合格	较差
技术考核	1	质量	能够在 Excel 中添加"数据分析"加载项				
	2		能够根据任务背景选择对应的数据，借助 Excel 完成数据的描述性统计分析				
	3		能够对描述性统计分析结果进行有效分析				
非技术考核	4	态度	学习态度端正				
	5	纪律	遵守纪律				
	6	协作	有交流、团队合作				
	7	文明	保持安静，清理场所				

任务拓展

任务名称：客服首次响应时长描述性统计分析。

任务背景：对数据进行描述性统计是统计分析中的基本工作，对于整理好的数据，通过描述性统计分析，可以挖掘出很多统计量的特征。某店铺为了制定客服首次响应时长的达标标准，收集了 100 位买家到店的客服首次响应时长数据，计划通过对这些数据进行分析，结合分析结果对客服的首次响应时长设置要求。

说明：客服首次响应时长是指买家联系客服，客服第一次回复买家的响应时间，自动回复除外。

任务要求：下载源数据所在的文件，对样本数据进行描述性统计分析，通过查看分析结果，完成以下任务。

任务

1. 请对客服首次响应时长数据进行描述性统计，上传描述性统计结果的截图。描述性统计结果中要包括平均值、中位数、众数、标准差、方差、最大值、最小值、极差、均值标准误差、峰度、偏度、和等统计数据。

2. 客服首次响应时长的中位数是_____，众数是_____。

3. 运营人员基于以上样本数据进行分析，得出结论：参照平均

客服首次响应时长源数据

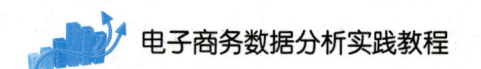

值，客服首次响应时长在 30 秒之内是合理的。你觉得这个结论合理吗？请说明理由。目前，客服人员首次响应时长是否还需要优化？请说明原因。

工作任务二　趋势分析

任务目标

- 掌握时间序列预测法及图表趋势预测法的操作步骤。
- 能够利用时间序列预测法、图表趋势预测法对电子商务日常运营数据进行趋势分析。
- 能够对趋势分析结果进行有效的分析。
- 具备较强的数据判断能力。
- 能够具备科学、严谨的职业态度，在趋势分析过程中，做到一丝不苟、精益求精。

任务导图

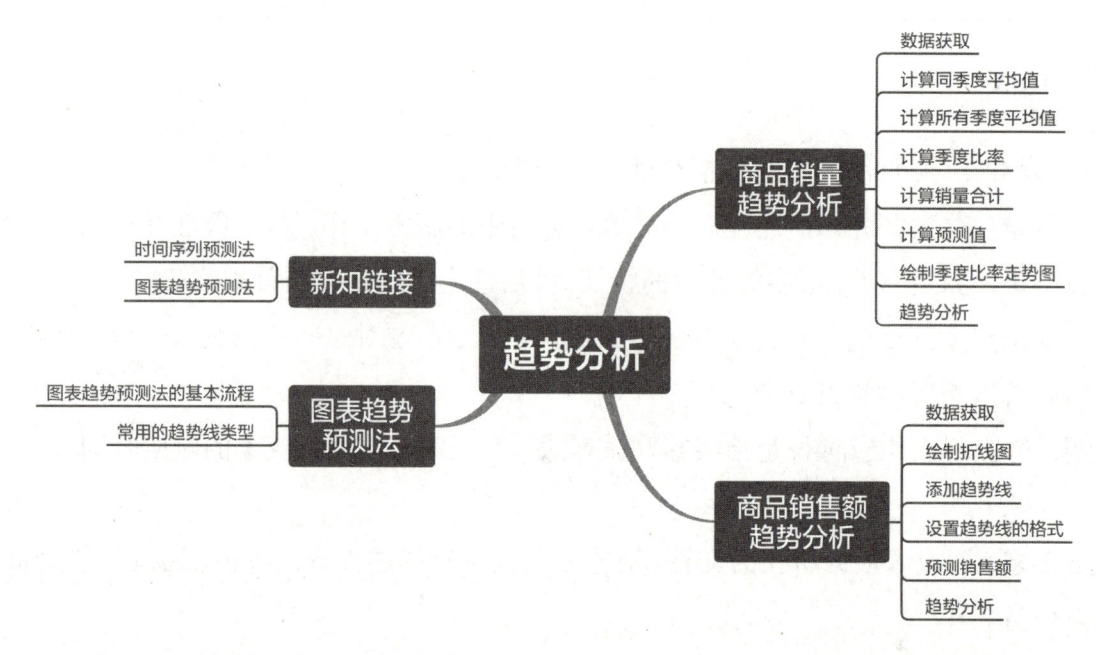

新知链接

趋势分析是指在已有数据的基础上，利用科学的方法和手段，对未来一定时期内的市场需求、发展趋势和影响因素的变化做出判断，进而为营销决策服务。

常见的趋势分析法有两种：时间序列预测法和图表趋势预测法。

一、时间序列预测法

时间序列也叫时间数列、历史复数或动态数列。它是将某种统计指标的数值，按时间先后顺序排列所形成的数列。

（一）时间序列预测法的含义

时间序列预测法就是通过编制和分析时间序列，根据时间序列所反映出来的发展过程、方向和趋势，进行类推或延伸，借以预测下一段时间或以后若干年内可能达到的水平。因此，时间序列分析法是根据过去的变化趋势预测未来的发展的，它的前提是假定事物的过去延续到未来。

在时间序列预测法中，季节波动法、移动平均法、指数平滑法比较常用。下面重点介绍季节波动法。

（二）季节波动法的概念

季节波动法又称季节周期法、季节指数法、季节变动趋势预测法，是对包含季节波动的时间序列进行预测的方法。季节波动是指某些社会经济现象由于受自然条件、消费习惯和生活习惯等社会因素的影响，随着季节的转变而呈现的周期性变化。

季节波动的特点是具有规律性、每年重复出现，其表现为逐年同月或同季节有相同的变化方向和大致相同的变化幅度。例如，羽绒服、生鲜、空调等商品在不同月或不同季节的销量会有明显的变化。

（三）季节波动法的操作步骤

（1）收集历年（通常至少为3年）各月或各季度的统计资料（观察值）。

（2）求出各年同月或同季度观察值的平均值（用 A 表示）。

（3）求出历年所有月份或季度的平均值（用 B 表示）。

（4）计算各月或各季度的季节比率（又称季节指数），即 $S=A/B$。

（5）根据未来年度的全年趋势预测值，求出各月或各季度的平均趋势预测值，乘以相应的季节比率，即得到未来年度内各月或各季度包含季节变动的预测值。

二、图表趋势预测法

在电子商务企业经营过程中，卖家可以通过图表趋势预测法预测商品的销量和销售额，并根据预测值调整销售策略。

（一）图表趋势预测法的基本流程

（1）根据给出的数据绘制散点图或者折线图。

（2）观察图表的形状，并添加适当类型的趋势线。

（3）利用趋势线外推或利用回归方程计算预测值。

（二）常用的趋势线类型

1. 线性趋势线

线性趋势线适用于增长或降低的速度比较平稳、关系稳定的数据集合，数据点构成的趋势线近似于直线。

2. 指数趋势线

指数趋势线适用于增长或降低的速度持续增加，且增加幅度越来越大的数据集合，数据点构成的趋势线为曲线。需要注意的是，如果数据集合中含有零或负数，就不能使用指数趋势线。

3. 对数趋势线

对数趋势线适用于增长或降低的幅度开始比较大，后来逐渐趋于平缓的数据集合。

4. 多项式趋势线

多项式趋势线适用于波动较大的数据集合。当需要分析大量数据的偏差时，可以使用多项式趋势线。

5. 乘幂趋势线

乘幂趋势线适用于以特定速率增长或降低的数据集合。如果数据集合中包含零或负数，就不能使用乘幂趋势线。

6. 移动平均趋势线

移动平均趋势线使用弯曲趋势线显示数据值，同时平滑处理数据中的微小波动，这样可以更清晰地显示数据的变化和趋势。

工作子任务一　商品销量趋势分析

任务背景

原牧纯品旗舰店主要经营鸡肉、羊肉等生鲜类商品。在店铺日常运营过程中，运营部门经理发现羊肉卷的销量受季节影响比较大，于是安排运营人员对该商品的销量趋势进行分析，并运用其分析结果帮助店铺在2020年调整商品各季度的库存及采购数量。

任务目标

对羊肉卷2015—2019年各季度的销量数据趋势进行分析，并根据该数据趋势预测下一阶段的销量数据，帮助店铺调整商品各季度的库存及采购数量。

任务要求

下载源数据所在的文件，获取源数据，并对源数据进行初步整理。分析羊肉卷各季度销量的变化趋势，计算各季度的季节比率。计划在2020年使羊肉卷的总销量比2019年提高12%，请预测羊肉卷2020年各季度的销量。

任务

1．（1）羊肉卷各季度的季节比率：第一季度的季节比率是_____，第二季度的季节比率是_____，第三季度的季节比率是_____，第四季度的季节比率是_____。（结果均保留两位小数）

（2）结合各季度的季节比率计算 2020 年各季度的销量预测值：第一季度的销量预测值是_____，第二季度的销量预测值是_____，第三季度的销量预测值是_____，第四季度的销量预测值是_____。（结果均保留两位小数）

2．绘制季节比率走势图。

3．分析季节比率的走势，你能发现该店铺羊肉卷各季度销量数据的哪些变化趋势？试分析这些趋势变化的原因。

商品销量趋势分析

任务操作

已知羊肉卷 2015—2019 年各季度的销量，计划在 2020 年使该商品的总销量比 2019 年提高 12%，从而预测该商品 2020 年各季度的销量。其操作步骤及关键节点如下。

步骤 1：数据获取。

下载源数据所在的文件，获取羊肉卷 2015—2019 年各季度的销量数据，如图 3-11 所示。

	A	B	C	D	E
1	年份	第一季度	第二季度	第三季度	第四季度
2	2015	531	193	345	841
3	2016	693	292	385	935
4	2017	784	334	481	1126
5	2018	984	467	665	1845
6	2019	1663	695	829	2082

图 3-11　羊肉卷 2015—2019 年各季度的销量数据

步骤 2：计算同季度平均值。

步骤 2.1：在 A7 单元格中输入行标题"同季度平均值"，在 B7 单元格中输入同季度平均值的计算公式"=AVERAGE(B2:B6)"，如图 3-12 所示。

	A	B	C	D	E
1	年份	第一季度	第二季度	第三季度	第四季度
2	2015	531	193	345	841
3	2016	693	292	385	935
4	2017	784	334	481	1126
5	2018	984	467	665	1845
6	2019	1663	695	829	2082
7	同	=AVERAGE(B2:B6)			

图 3-12　输入同季度平均值的计算公式

步骤 2.2：按"Enter"键进行确认，即可得到第一季度的季度平均值；选中 B7 单元格，将鼠标指针移动到 B7 单元格右下角，等到出现"+"后，按住鼠标左键向右拖动填充柄至 E7 单元格，松开鼠标左键即可得到 2015—2019 年的同季度平均值。请将结果填写在图 3-13 中。

	A	B	C	D	E
1	年份	第一季度	第二季度	第三季度	第四季度
2	2015	531	193	345	841
3	2016	693	292	385	935
4	2017	784	334	481	1126
5	2018	984	467	665	1845
6	2019	1663	695	829	2082
7	同季度平均值				

图 3-13　2015—2019 年同季度平均值

步骤 3：计算所有季度平均值。

在 A8 单元格中输入行标题"季度平均值"，在 B8 单元格中输入季度平均值的计算公式"=AVERAGE(B7:E7)"，随后按"Enter"键进行确认，即可得到季度平均值。请将结果填写在图 3-14 中。

	A	B	C	D	E
1	年份	第一季度	第二季度	第三季度	第四季度
2	2015	531	193	345	841
3	2016	693	292	385	935
4	2017	784	334	481	1126
5	2018	984	467	665	1845
6	2019	1663	695	829	2082
8	季度平均值				

图 3-14　季度平均值

步骤 4：计算季度比率。

步骤 4.1：在 A9 单元格中输入行标题"季度比率"，在 B9 单元格中输入季度比率的计算公式"=B7/$B$8"，如图 3-15 所示（注意：要对 B8 单元格进行绝对引用。绝对引用的方法有两种：第一种方法，直接按"F4"键；第二种方法，在英文输入状态下，同时按"Shift"键和"4"键）。

	A	B	C	D	E
1	年份	第一季度	第二季度	第三季度	第四季度
2	2015	531	193	345	841
3	2016	693	292	385	935
4	2017	784	334	481	1126
5	2018	984	467	665	1845
6	2019	1663	695	829	2082
9	季度比率	=B7/$B$8			

图 3-15　输入季度比率的计算公式

步骤 4.2：按"Enter"键进行确认；设置 B9 单元格的格式，只保留两位小数，即可得到第一季度的季度比率，如图 3-16 所示。

步骤 4.3：选中 B9 单元格，将鼠标指针移动到 B9 单元格右下角，等到出现"+"后，按住鼠标左键向右拖动填充柄至 E9 单元格，松开鼠标左键即可得到各季度的季度比率。请将结果填写在图 3-17 中。

	A	B	C	D	E
1	年份	第一季度	第二季度	第三季度	第四季度
2	2015	531	193	345	841
3	2016	693	292	385	935
4	2017	784	334	481	1126
5	2018	984	467	665	1845
6	2019	1663	695	829	2082
9	季度比率	1.15			

图 3-16 第一季度的季度比率

	A	B	C	D	E
1	年份	第一季度	第二季度	第三季度	第四季度
2	2015	531	193	345	841
3	2016	693	292	385	935
4	2017	784	334	481	1126
5	2018	984	467	665	1845
6	2019	1663	695	829	2082
9	季度比率	1.15			

图 3-17 各季度的季度比率

步骤 5：计算销量合计。

步骤 5.1：在 F1 单元格中输入列标题"合计"，在 F2 单元格中输入销量合计的计算公式"=SUM(B2:E2)"，如图 3-18 所示。

	A	B	C	D	E	F
1	年份	第一季度	第二季度	第三季度	第四季度	合计
2	2015	531	193	345	841	=SUM(B2:E2)
3	2016	693	292	385	935	
4	2017	784	334	481	1126	
5	2018	984	467	665	1845	
6	2019	1663	695	829	2082	

图 3-18 输入销量合计的计算公式

步骤 5.2：按"Enter"键进行确认，即可得到 2015 年的销量合计值，如图 3-19 所示。

	A	B	C	D	E	F
1	年份	第一季度	第二季度	第三季度	第四季度	合计
2	2015	531	193	345	841	1910
3	2016	693	292	385	935	
4	2017	784	334	481	1126	
5	2018	984	467	665	1845	
6	2019	1663	695	829	2082	

图 3-19 2015 年的销量合计值

步骤 5.3：选中 F2 单元格，将鼠标指针移动到 F2 单元格右下角，等到出现"+"后，按住鼠标左键向下拖动填充柄至 F6 单元格，松开鼠标左键即可得到 2015—2019 年各年的销量合计值。请将结果填写在图 3-20 中。

	A	B	C	D	E	F
1	年份	第一季度	第二季度	第三季度	第四季度	合计
2	2015	531	193	345	841	1910
3	2016	693	292	385	935	
4	2017	784	334	481	1126	
5	2018	984	467	665	1845	
6	2019	1663	695	829	2082	

图 3-20 2015—2019 年各年的销量合计值

步骤 6：计算预测值。

步骤 6.1：在 A10 单元格中输入行标题"2020 年预测值"，在 F10 单元格中输入 2020 年销量的预测值的计算公式"=F6*1.12"[由于在本子任务中，2020 年该商品的销售目标是总销量比 2019 年提高 12%，因此 2020 年销量的预测值=2019 年的销量合计值×（1+12%）]，如图 3-21 所示。

	A	B	C	D	E	F
1	年份	第一季度	第二季度	第三季度	第四季度	合计
2	2015	531	193	345	841	1910
3	2016	693	292	385	935	2305
4	2017	784	334	481	1126	2725
5	2018	984	467	665	1845	3961
6	2019	1663	695	829	2082	5269
10	2020年预测值					=F6*1.12

图 3-21　输入 2020 年销量的预测值的计算公式

步骤 6.2：按"Enter"键进行确认，即可得到 2020 年销量的预测值，如图 3-22 所示。

	A	B	C	D	E	F
1	年份	第一季度	第二季度	第三季度	第四季度	合计
2	2015	531	193	345	841	1910
3	2016	693	292	385	935	2305
4	2017	784	334	481	1126	2725
5	2018	984	467	665	1845	3961
6	2019	1663	695	829	2082	5269
10	2020年预测值					5901.28

图 3-22　2020 年销量的预测值

步骤 6.3：在 B10 单元格中输入 2020 年第一季度销量的预测值的计算公式"=$F$10/4*B9"（注意：要对 F10 单元格进行绝对引用），计算 2020 年第一季度销量的预测值，如图 3-23 所示。

	A	B	C	D	E	F
1	年份	第一季度	第二季度	第三季度	第四季度	合计
2	2015	531	193	345	841	1910
3	2016	693	292	385	935	2305
4	2017	784	334	481	1126	2725
5	2018	984	467	665	1845	3961
6	2019	1663	695	829	2082	5269
10	2020年预测值	=$F$10/4*B9				5901.28

图 3-23　输入 2020 年第一季度销量的预测值的计算公式

步骤 6.4：按"Enter"键进行确认；设置 B10 单元格的格式，只保留两位小数，即可得到 2020 年第一季度销量的预测值，如图 3-24 所示。

	A	B	C	D	E
1	年份	第一季度	第二季度	第三季度	第四季度
2	2015	531	193	345	841
3	2016	693	292	385	935
4	2017	784	334	481	1126
5	2018	984	467	665	1845
6	2019	1663	695	829	2082
10	2020年预测值	1696.62			

图 3-24　2020 年第一季度销量的预测值

步骤 6.5：选中 B10 单元格，将鼠标指针移动到 B10 单元格右下角，等到出现"+"后，按住鼠标左键向右拖动填充柄至 E10 单元格，松开鼠标左键即可得到 2020 年各季度销量的预测值。请将结果填写在图 3-25 中。

	A	B	C	D	E
1	年份	第一季度	第二季度	第三季度	第四季度
2	2015	531	193	345	841
3	2016	693	292	385	935
4	2017	784	334	481	1126
5	2018	984	467	665	1845
6	2019	1663	695	829	2082
10	2020年预测值	1696.62			

图 3-25　2020 年各季度销量的预测值

步骤 7：绘制季节比率走势图。

步骤 7.1：按住"Ctrl"键，分别选中 B1:E1 和 B9:E9 单元格区域，在"插入"选项卡的"图表"功能组中单击"推荐的图表"按钮，如图 3-26 所示。

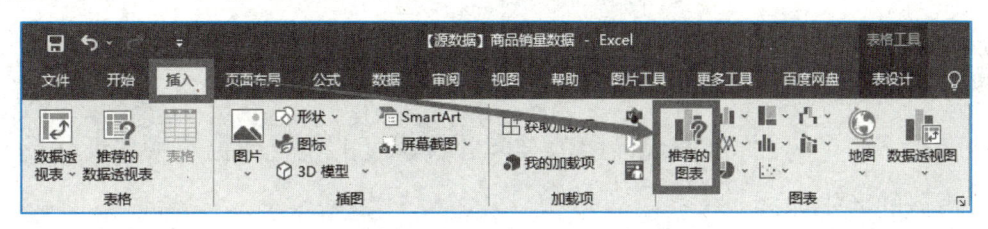

图 3-26　单击"推荐的图表"按钮

步骤 7.2：在弹出的"插入图表"对话框中，选择"所有图表"→"折线图"选项，选中右边的折线图，单击"确定"按钮，如图 3-27 所示。

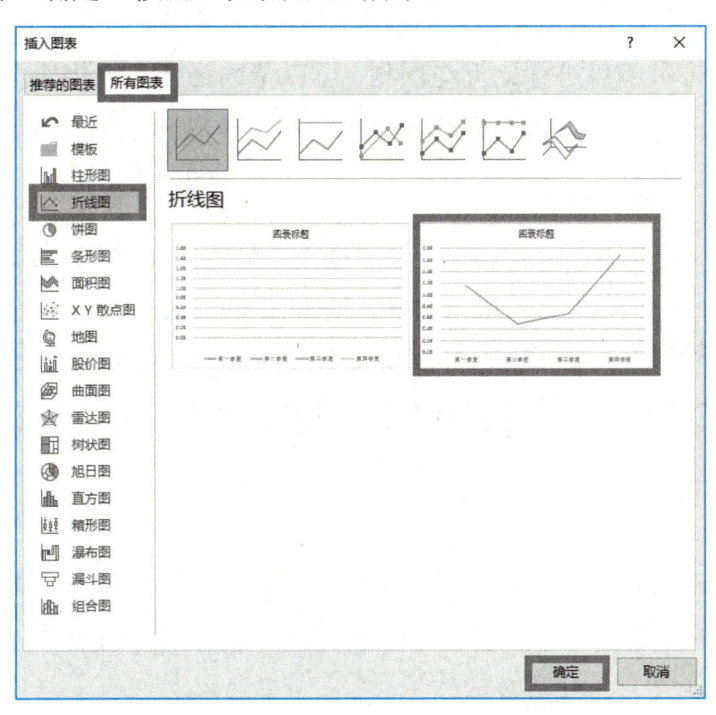

图 3-27　插入折线图

步骤 7.3：将图表标题修改为"季节比率走势"，如图 3-28 所示。

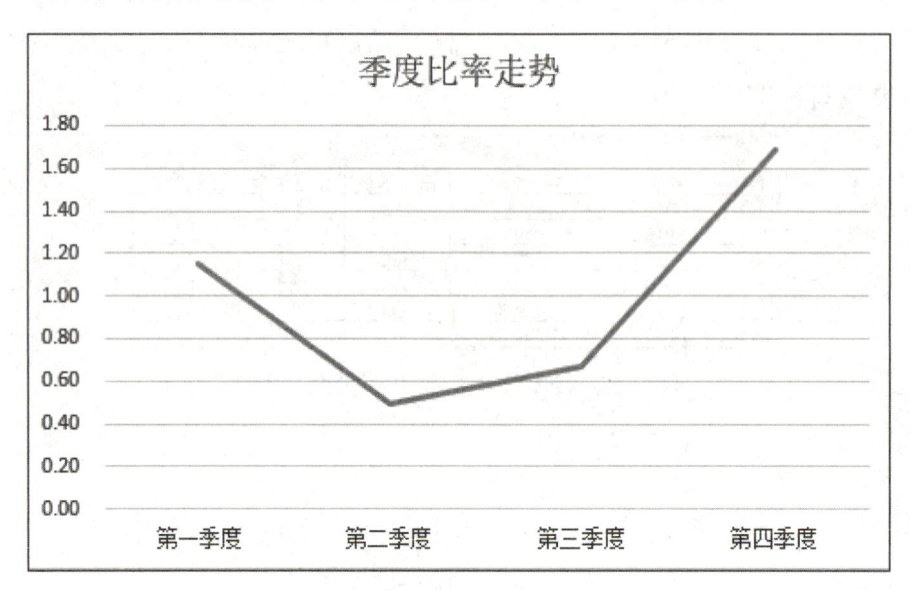

图 3-28　季度比率走势图

步骤 8：趋势分析。

分析季度比率的走势，你能发现该店铺羊肉卷各季度的销量数据有哪些变化趋势吗？试分析这些变化趋势的产生原因。

工作子任务二　商品销售额趋势分析

任务背景

对店铺的商品销售额趋势进行分析与预测，可以帮助运营人员优化选品及销售策略，调整商品库存及采购数量。原牧纯品旗舰店准备对店铺内的一款热销商品 2019 年各月的销售额进行分析，以得到其销售额的变化趋势。

任务目标

对原牧纯品旗舰店某款商品 2019 年各月的销售额的变化趋势进行分析，并根据该变化趋势预测下一阶段的销售额数据，帮助运营人员优化选品及销售策略。

任务要求

下载源数据所在的文件，获取源数据，并对源数据进行初步整理。在了解数据初步呈现的发展规律的基础上，在 Excel 中采用图表趋势预测法对该时间段的数据进行趋势分析，选择合适的趋势线来完成趋势预测与数值预估。

任务

1. 在 Excel 中采用图表趋势预测法为该商品 2019 年各月的销售额数据添加合适的趋势线。

2. 对该商品 2019 年的销售额的变化趋势进行简要分析。

3. 按照目前的趋势，预测该商品 2020 年 1 月的销售额是_____元（保留整数即可）。

商品销售额趋势分析

任务操作

采用图表趋势预测法预测商品销售额，其操作步骤及关键节点如下。

步骤 1：数据获取。

下载源数据所在的文件，获取原牧纯品旗舰店某款商品 2019 年各月的销售额数据，如图 3-29 所示。

步骤 2：绘制折线图。

步骤 2.1：选中 A3:B15 单元格区域，如图 3-30 所示。

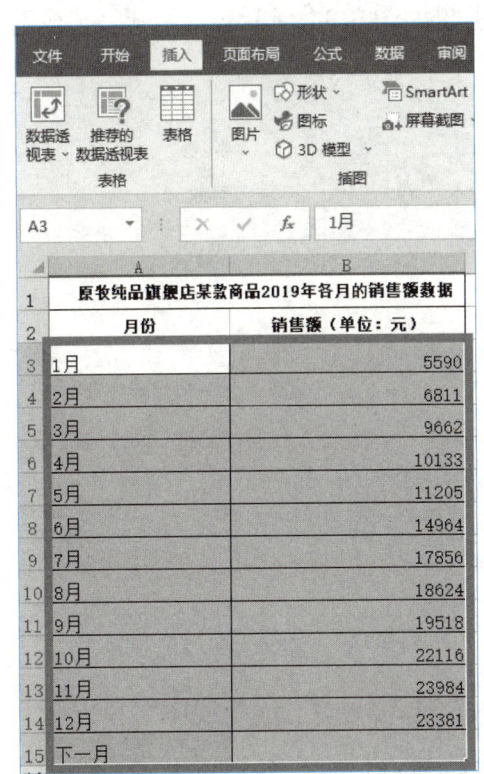

图 3-29 原牧纯品旗舰店某款商品 2019 年各月的销售额数据

图 3-30 选中 A3:B15 单元格区域

步骤 2.2：在"插入"选项卡的"图表"功能组中单击"折线图"下拉按钮，在弹出的下拉列表中选择"带数据标记的折线图"选项，如图 3-31 所示。

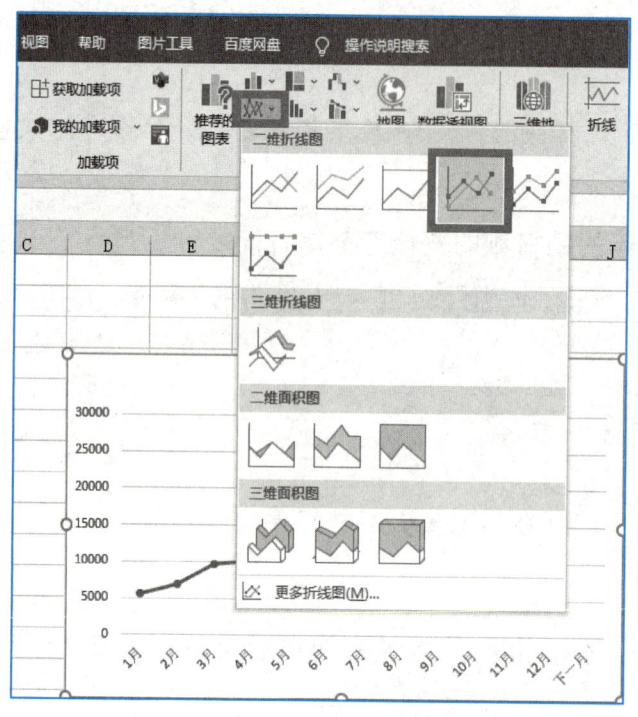

图 3-31　添加折线图

步骤 2.3：为折线图添加图表标题"店铺某款商品 2019 年各月的销售额数据",生成的折线图如图 3-32 所示。

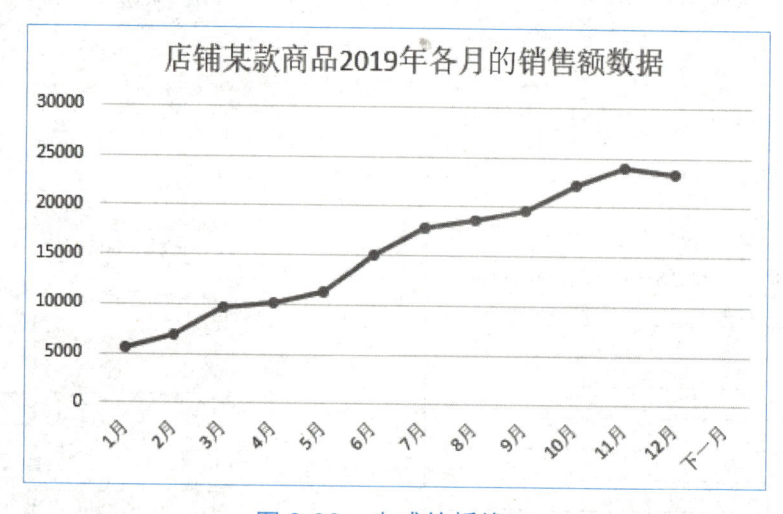

图 3-32　生成的折线图

步骤 3：添加趋势线。

通过观察上述折线图可以发现,2019 年该商品的销售额呈逐月平稳增长态势,数据点构成趋势近似于直线,所以我们选择的趋势线类型是线性趋势线。

选中折线图,在"图表设计"选项卡的"图表布局"功能组中单击"添加图表元素"下拉按钮,在弹出的下拉列表中选择"趋势线"→"线性"选项,即可完成线性趋势线的添加,如图 3-33 所示。

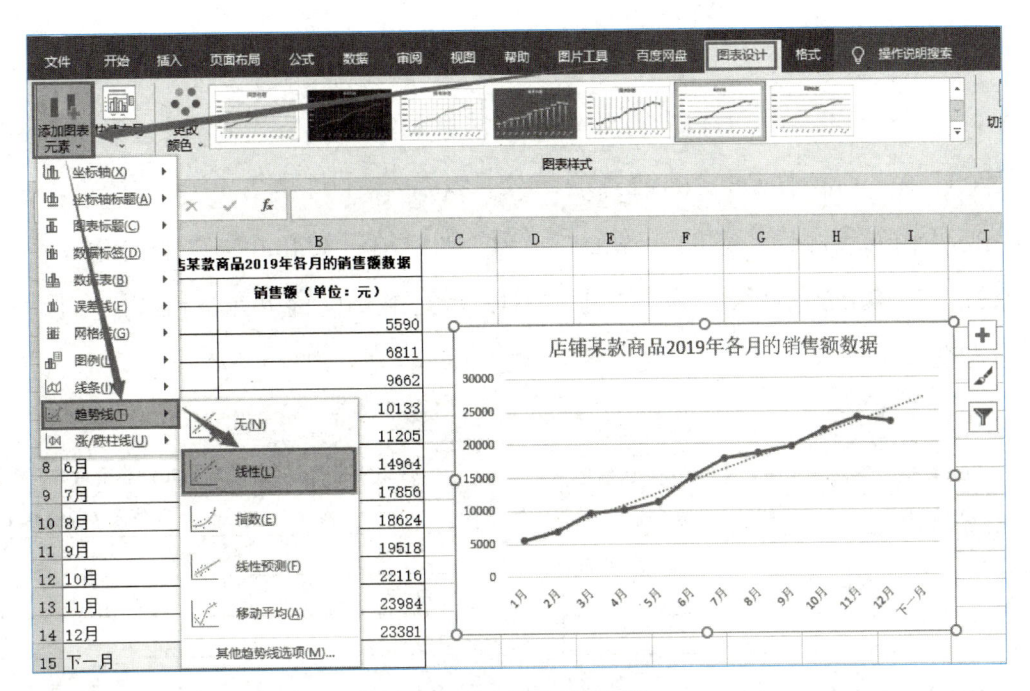

图 3-33 添加趋势线

步骤 4：设置趋势线的格式。

双击趋势线，打开"设置趋势线格式"窗格。本子任务需往前预测一个月的销售额，故在"趋势预测"区域中的"前推"文本框中输入"1.0"，选中"显示公式""显示 R 平方值"复选框，单击"关闭"按钮，如图 3-34 所示。

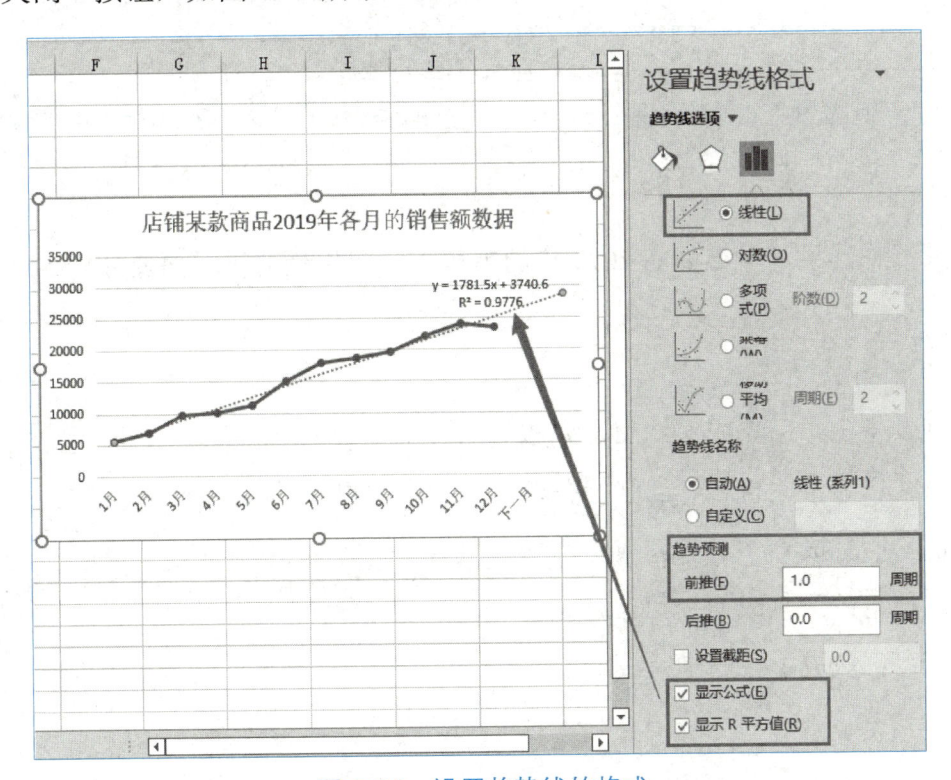

图 3-34 设置趋势线的格式

步骤 5：预测销售额。

步骤 5.1：在本子任务中，预测 2020 年 1 月销售额的计算公式为 $y = 1781.5x + 3740.6$，其中 x 是第几个月份，y 是对应月份的销售额。由于 2020 年 1 月是第 13 个数据点，因此我们选中 B15 单元格并输入预测销售额的计算公式"=1781.5*13 + 3740.6"，如图 3-35 所示。

步骤 5.2：按"Enter"键进行确认；选中 B15 单元格，设置单元格格式，只保留整数。请将结果填写在图 3-36 中。

	A	B
1	原牧纯品旗舰店某款商品2019年各月的销售额数据	
2	月份	销售额（单位：元）
3	1月	5590
4	2月	6811
5	3月	9662
6	4月	10133
7	5月	11205
8	6月	14964
9	7月	17856
10	8月	18624
11	9月	19518
12	10月	22116
13	11月	23984
14	12月	23381
15	下一月	= 1781.5*13 + 3740.6

图 3-35　输入预测销售额的计算公式

	A	B
1	原牧纯品旗舰店某款商品2019年各月的销售额数据	
2	月份	销售额（单位：元）
3	1月	5590
4	2月	6811
5	3月	9662
6	4月	10133
7	5月	11205
8	6月	14964
9	7月	17856
10	8月	18624
11	9月	19518
12	10月	22116
13	11月	23984
14	12月	23381
15	下一月	

图 3-36　某款商品 2020 年 1 月的预测销售额

步骤 6：趋势分析。

结合上述操作结果，对该商品 2019 年的销售额的变化趋势进行简要分析。

工作结束

数据整理及备份：□完成　　□未完成

关机检查：□正常关机　　□强行关机　　□未关机

整理桌面：□完成　　□未完成

地面卫生检查：□完成　　□未完成

整理椅子：□完成　　□未完成

任务评价

类别	序号	考核项目	考核内容及要求	优秀	良好	合格	较差
技术考核	1	质量	掌握时间序列预测法的操作步骤				
	2		掌握图表趋势预测法的操作步骤				
	3		能够利用时间序列预测法对电子商务日常运营数据进行趋势分析				
	4		能够利用图表趋势预测法对电子商务日常运营数据进行趋势分析				
	5		能够对趋势分析结果进行有效的分析				
非技术考核	6	态度	学习态度端正				
	7	纪律	遵守纪律				
	8	协作	有交流、团队合作				
	9	文明	保持安静，清理场所				

任务拓展

任务名称：销售额趋势预测分析。

任务背景：在电子商务企业经营过程中，卖家可以通过图表趋势预测法选择合适的趋势线来预测店铺的销售额。已知某店铺历年的销售额数据，现需要分析店铺销售额的变化趋势，进而预测下一年的销售额数据，为该年的销售计划制订做准备。

任务要求：某店铺通过统计 2018 年 10 月—2019 年 9 月的销售额数据，发现销售额呈逐年平稳增长态势，根据源数据完成以下任务。

任务

1. 2019 年 10 月的预测销售额为_____。

2. 在预测 2019 年 10 月的销售额时使用的计算公式是什么？R^2 是多少？

销售额趋势预测分析源数据

工作任务三　同比分析

任务目标

- 明确对比分析的含义和使用场景。
- 掌握同比增长率的计算公式和同比分析法。

- 能够完成行业销售额同比分析，并对分析结果做简单说明。
- 能够完成年度利润同比分析，并对分析结果做简单说明。
- 能够完成跳失率同比分析，并对分析结果做简单说明。
- 能够对进行分析的电子商务数据及分析结果严格保密。
- 能够具备科学、严谨的职业态度，在同比分析过程中，做到一丝不苟、精益求精。

任务导图

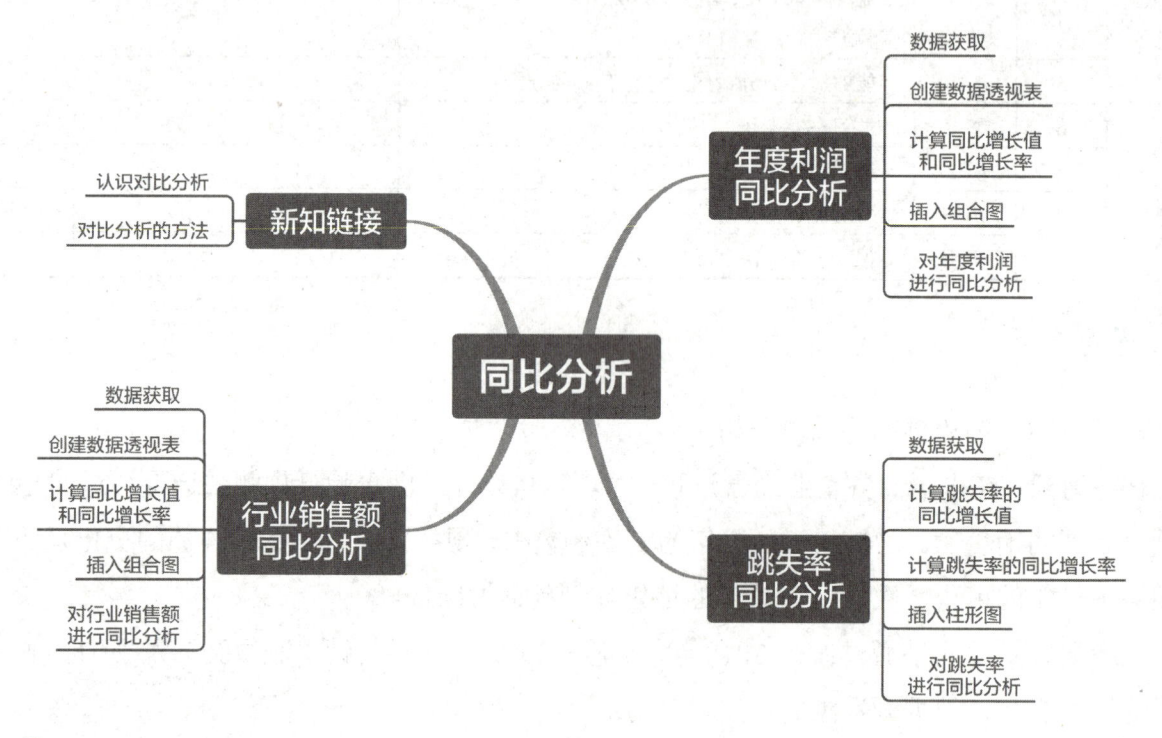

```
                        新知链接
                    ├── 认识对比分析
                    └── 对比分析的方法

                        年度利润同比分析
                    ├── 数据获取
                    ├── 创建数据透视表
                    ├── 计算同比增长值和同比增长率
                    ├── 插入组合图
                    └── 对年度利润进行同比分析

          同比分析

                        行业销售额同比分析
                    ├── 数据获取
                    ├── 创建数据透视表
                    ├── 计算同比增长值和同比增长率
                    ├── 插入组合图
                    └── 对行业销售额进行同比分析

                        跳失率同比分析
                    ├── 数据获取
                    ├── 计算跳失率的同比增长值
                    ├── 计算跳失率的同比增长率
                    ├── 插入柱形图
                    └── 对跳失率进行同比分析
```

新知链接

一、认识对比分析

（一）对比分析法的含义

对比分析通常对两个相互联系的指标进行比较，从数量上展示和说明这两个指标的规模大小、水平高低、速度快慢等情况。

（二）对比分析的使用场景

（1）竞争对手对比：将企业自身的指标与竞争对手的指标进行对比，以便了解竞争对手的策略及行动，在对比企业自身的情况后采取合理的应对措施，从而达到企业优化和提升的效果。

（2）目标与结果对比：将指标的目标值与实际完成值进行对比，以便分析出二者之间的差距及差距的数值等情况。

(3) 不同时期对比：将相同指标在不同时期的数据进行对比，以便了解同一指标的变化情况。

(4) 活动效果对比：将相同指标在活动开展前后的数据进行对比，以便反映活动效果。

二、对比分析的方法

对比分析的方法主要有两种：同比分析法和环比分析法。本工作任务首先讲解同比分析法，下一工作任务再讲解环比分析法。

（一）同比分析法的概念

同比分析法是将同类指标本期与上年同期的数据进行比较的方法，如将 2021 年 11 月的数据与 2020 年 11 月的数据进行比较，将 2019 年第四季度的数据与 2018 年第四季度的数据进行比较等。通过比较，我们可以看到指标在不同时间跨度所产生的变化。

（二）同比分析法的计算公式

同比分析法的计算公式为

$$同比增长值 = 本期数 - 上年同期数$$

$$同比增长率 =（本期数 - 上年同期数）/ 上年同期数 \times 100\%$$

例如，某店铺 2021 年 11 月的访客数为 1996 人，2020 年 11 月的访客数为 1459 人，其同比增长率 =（1996-1459）/1459×100%=36.81%[①]。

工作子任务一　行业销售额同比分析

任务背景

原牧纯品旗舰店主要经营鸡肉、羊肉等生鲜类商品。为了了解市场行情，以便及时、有效地调整店铺的运营战略，运营部门经理安排小周针对生鲜行业 2018 年、2019 年各季度的销售额进行同比分析，观察其变化情况。

任务目标

采用同比分析法，将某一期的销售额和上一时间段同期的销售额进行比较，计算同比增长值和同比增长率，观察销售额的变化情况。

任务要求

下载源数据所在的文件，获取生鲜行业 2018 年、2019 年各月的销售额数据。在 Excel 中利用数据透视表，完成各季度销售额同比增长值和同比增长率的计算，并对结果进行比较，分

---

① 为了方便计算和书写，本书中的部分数据采用的是计算后四舍五入的数据，特此说明。

析销售额的变化情况及同比增长的趋势。

任务

1. 在 Excel 中利用数据透视表，对获取的数据进行各季度销售额的同比增长值和同比增长率的计算，并提交销售额的同比增长值和同比增长率计算结果的截图。

2. 请对得到的结果数据进行分析，说明生鲜行业 2018 年、2019 年销售额的变化情况，并分析同比增长的趋势。

行业销售额同比分析

任务操作

借助同比分析法分析行业销售额，其操作步骤及关键节点如下。

步骤 1：数据获取。

下载源数据所在的文件，获取生鲜行业 2018 年、2019 年各月的销售额数据，如图 3-37 所示。

月份	销售额（单元：百万元）
2018年1月	473
2018年2月	231
2018年3月	273
2018年4月	281
2018年5月	279
2018年6月	346
2018年7月	320
2018年8月	331
2018年9月	375
2018年10月	371
2018年11月	567
2018年12月	566
2019年1月	647
2019年2月	224
2019年3月	399
2019年4月	406
2019年5月	407
2019年6月	474
2019年7月	468
2019年8月	494
2019年9月	584
2019年10月	608
2019年11月	798
2019年12月	767

图 3-37 生鲜行业 2018 年、2019 年各月的销售额数据

步骤 2：创建数据透视表。

步骤 2.1：选中 A1:B25 单元格区域，在"插入"选项卡的"表格"功能组中单击"数据透视表"按钮，如图 3-38 所示。

工作领域三　数据处理与描述性分析

图 3-38　插入数据透视表

步骤 2.2：在弹出的"创建数据透视表"对话框中选择要分析的数据和放置数据透视表的位置，单击"确定"按钮，如图 3-39 所示。

步骤 2.3：在打开的"数据透视表字段"窗格中选择需要呈现在数据透视表中的字段。将"季度"和"月份"字段拖动到"行"区域中，将"年"字段拖动到"列"区域中，将"销售额"字段拖动到"值"区域中，如图 3-40 所示（注意："行"区域中的"季度"字段必须在"月份"字段上方；需拖动"销售额"字段两次到"值"区域中）。

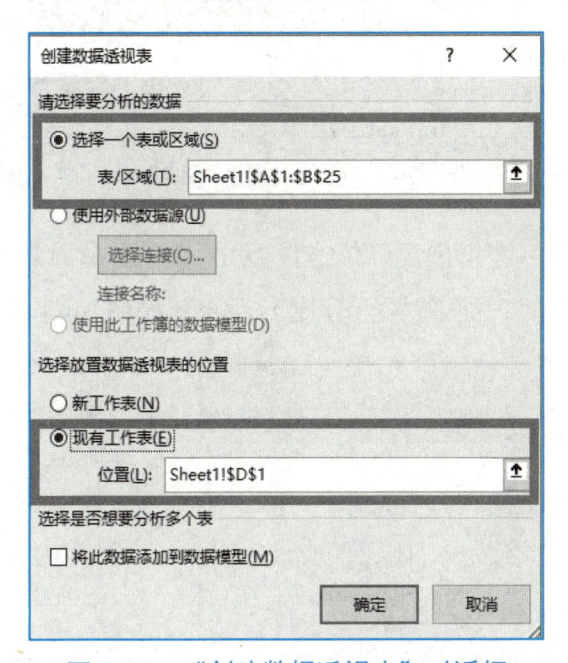

图 3-39　"创建数据透视表"对话框 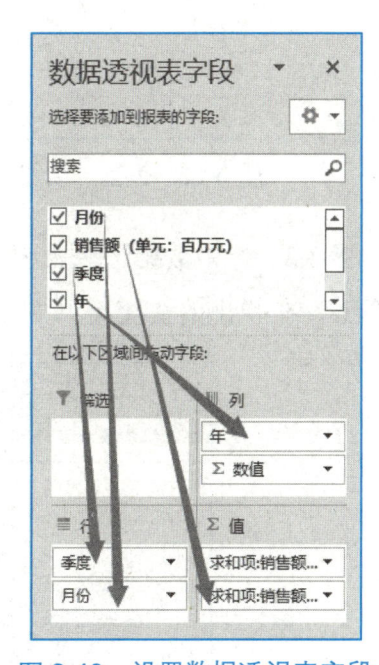　　　　图 3-40　设置数据透视表字段

最终生成的数据透视表如图 3-41 所示。

列标签	2018年		2019年		求和项:销售额（单元:百万元）	求和项:销售额（单元:百万元）2汇总
行标签	求和项:销售额(单元:百万元)	求和项:销售额(单元:百万元)2	求和项:销售额(单元:百万元)	求和项:销售额(单元:百万元)2		
⊞第一季度	977	977	1270	1270	2247	2247
⊞第二季度	906	906	1287	1287	2193	2193
⊞第三季度	1026	1026	1546	1546	2572	2572
⊞第四季度	1504	1504	2173	2173	3677	3677
总计	4413	4413	6276	6276	10689	10689

图 3-41　数据透视表

步骤 3：计算同比增长值和同比增长率。

步骤 3.1：选中数据透视表中"2018 年求和项：销售额（单位：百万元）"列中的某个数据

并右击，在弹出的快捷菜单中选择"值显示方式"→"差异"命令，如图3-42所示。

步骤3.2：在弹出的"值显示方式"对话框中设置"基本字段"为"年"，设置"基本项"为"（上一个）"，如图3-43所示。单击"确定"按钮，即可得到各季度销售额的同比增长值。

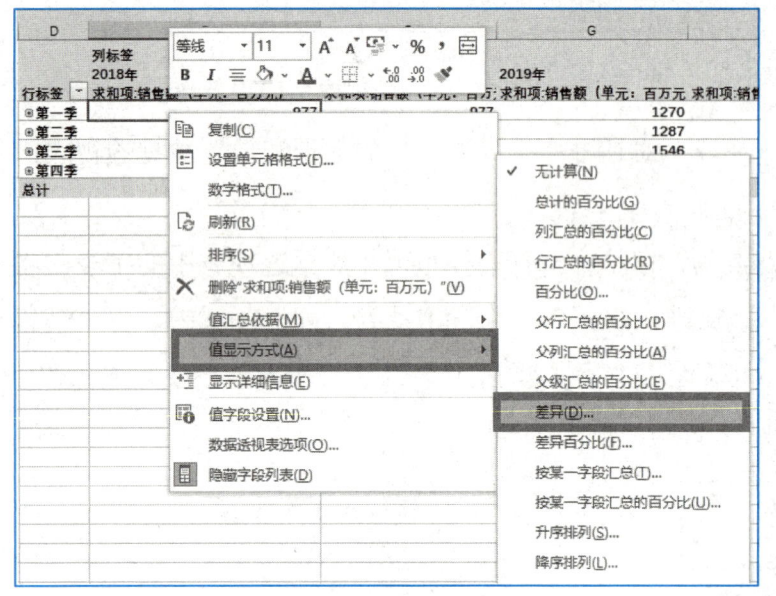

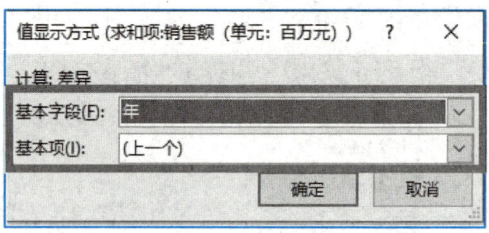

图3-42 设置"值显示方式"1　　　　图3-43 设置"基本字段"和"基本项"1

步骤3.3：选中数据透视表中"2018年求和项：销售额（单位：百万元）2"列中的某个数据并右击，在弹出的快捷菜单中选择"值显示方式"→"差异百分比"命令，如图3-44所示。

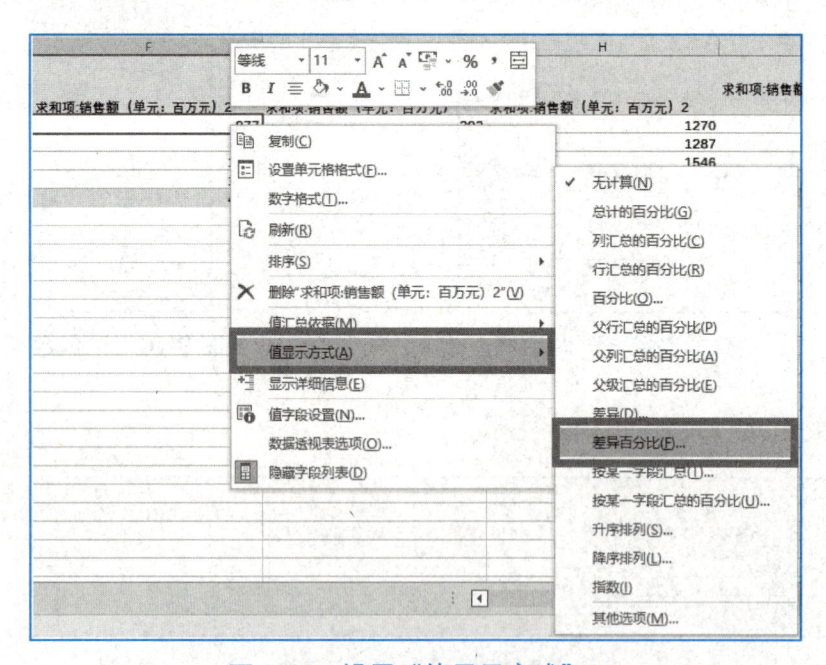

图3-44 设置"值显示方式"2

步骤3.4：在弹出的"值显示方式"对话框中设置"基本字段"为"年"，设置"基本项"为"（上一个）"，如图3-45所示。单击"确定"按钮，即可得到各季度销售额的同比增长率。

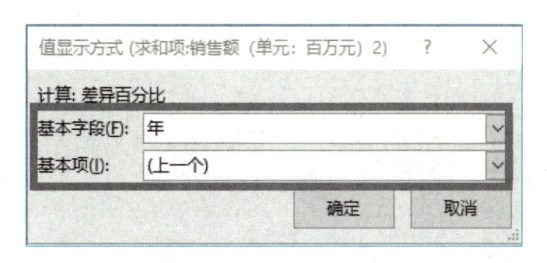

工作领域三　数据处理与描述性分析

图 3-45　设置"基本字段"和"基本项"2

采用与步骤 3.1～步骤 3.4 相同的方法，对 2019 年的销售额数据进行处理。经过以上操作就会得到生鲜行业 2018 年、2019 年各季度销售额的同比增长值和同比增长率。为了方便区分，我们需要对数据透视表中的同比增长值和同比增长率对应的表头重新命名，如图 3-46 所示。

图 3-46　生鲜行业 2018 年、2019 年各季度销售额的同比增长值和同比增长率

步骤 4：插入组合图。

步骤 4.1：选中数据透视表中的任意一个单元格，在"插入"选项卡的"图表"功能组中单击"推荐的图表"按钮，如图 3-47 所示。

图 3-47　插入图表

步骤 4.2：在弹出的"插入图表"对话框中选择"组合图"选项；设置"2019 年-同比增长值"为"簇状柱形图"；设置"2019 年-同比增长率"为"折线图"，并选中"次坐标轴"复选框，如图 3-48 所示。

步骤 4.3：单击"确定"按钮，就会生成生鲜行业 2018 年、2019 年各季度销售额同比增长值和同比增长率的组合图，如图 3-49 所示。

步骤 5：对行业销售额进行同比分析。

根据图 3-46 和图 3-49，说明生鲜行业 2018 年、2019 年销售额的变化情况，并分析同比增长的趋势。

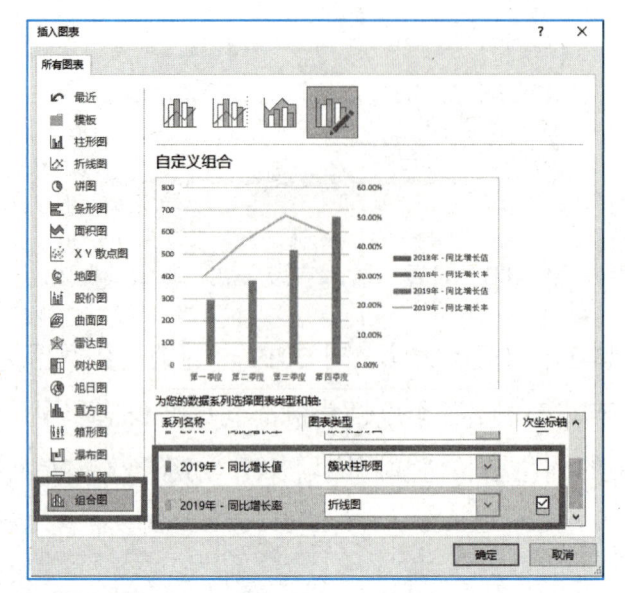

图 3-48　为组合图的数据系列设置图表类型和坐标轴①

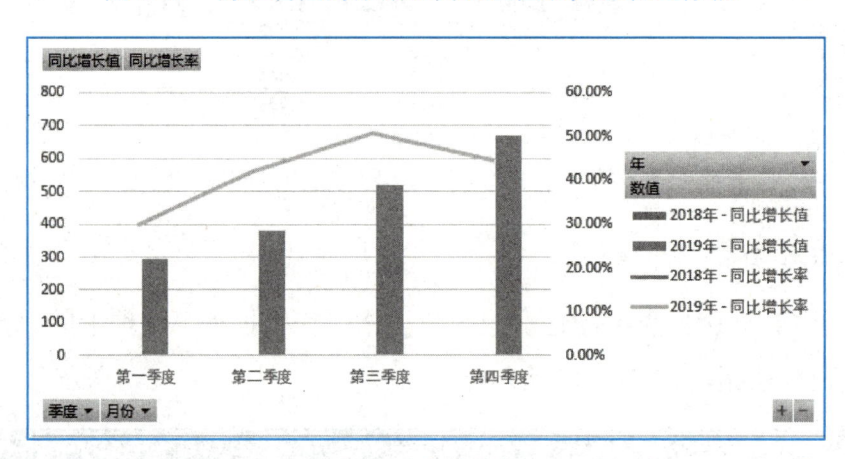

图 3-49　生鲜行业 2018 年、2019 年各季度销售额同比增长值和同比增长率的组合图

工作子任务二　年度利润同比分析

任务背景

利润分析是以一定时期的利润计划为基础，计算利润增减幅度，查明利润变动原因，进而提出增加利润的措施的工作。原牧纯品旗舰店为了提高利润水平，决定对近两年同一时期的利润数据进行分析，以便考察利润的增长速度、分析利润的变动情况，从而规划下一年的运营投入。

任务目标

采用同比分析法，将某一期的利润数据和上一时间段同期的利润数据进行比较，计算同比增长值和同比增长率，分析利润的变化情况及同比增长的趋势。

---

① 因书中颜色受限，无法明显地显示多种颜色，所以本书提供了此类图片的彩色版本，读者可登录华信教育资源网获取。

任务要求

下载源数据所在的文件,获取原牧纯品旗舰店 2018 年、2019 年各月的利润数据。在 Excel 中利用数据透视表,完成各月利润同比增长值和同比增长率的计算,并对结果进行比较,分析利润的变化情况及同比增长的趋势。

任务

1. 在 Excel 中利用数据透视表,对获取的数据进行利润的同比增长值和同比增长率的计算,提交利润的同比增长值和同比增长率计算结果的截图。

2. 请对得到的结果数据进行分析,说明原牧纯品旗舰店 2018 年、2019 年利润的变化情况,并分析同比增长的趋势。

任务操作

借助同比分析法分析年度利润,其操作步骤及关键节点如下。

步骤 1:数据获取。

下载源数据所在的文件,获取原牧纯品旗舰店 2018 年、2019 年各月的利润数据,如图 3-50 所示。

月份	利润(单元:万元)
2018年1月	68
2018年2月	79
2018年3月	72
2018年4月	69
2018年5月	52
2018年6月	66
2018年7月	71
2018年8月	79
2018年9月	81
2018年10月	88
2018年11月	88
2018年12月	90
2019年1月	96
2019年2月	94
2019年3月	105
2019年4月	114
2019年5月	114
2019年6月	121
2019年7月	136
2019年8月	129
2019年9月	138
2019年10月	142
2019年11月	147
2019年12月	154

图 3-50 原牧纯品旗舰店 2018 年、2019 年各月的利润数据

步骤 2:创建数据透视表。

步骤 2.1:选中 A1:B25 单元格区域,在"插入"选项卡的"表格"功能组中单击"数据透

视表"按钮，如图 3-51 所示。

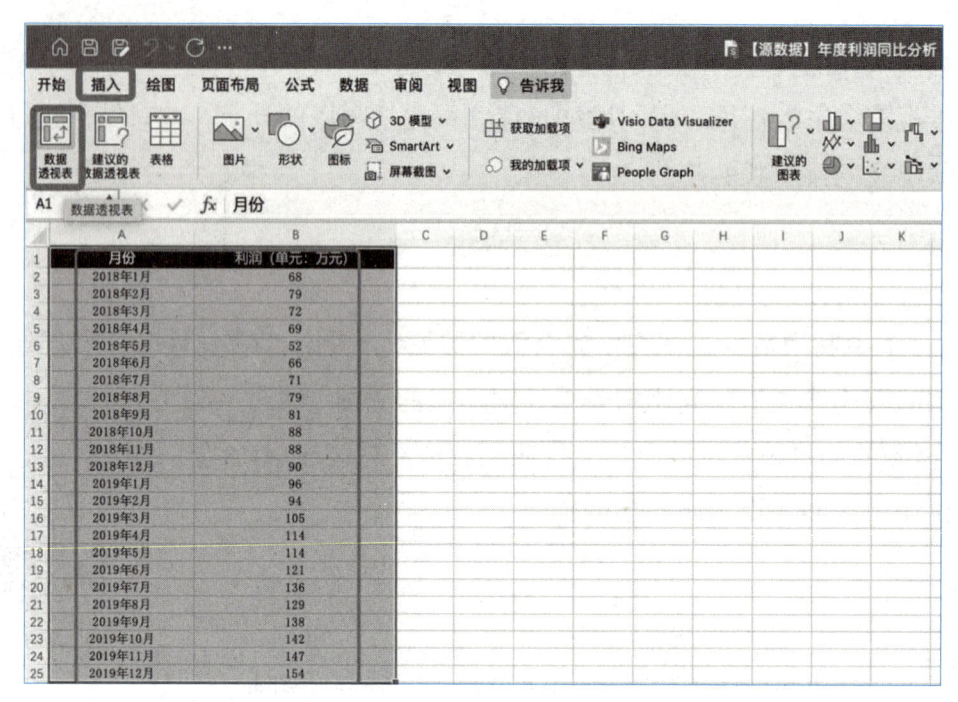

图 3-51 插入数据透视表

步骤 2.2：在弹出的"创建数据透视表"对话框中选择要分析的数据和放置数据透视表的位置，单击"确定"按钮，如图 3-52 所示。

步骤 2.3：在打开的"数据透视表字段"窗格中选择需要呈现在数据透视表中的字段。将"月份"字段拖动到"行"区域中，将"年"字段拖动到"列"区域中，将"利润（单位：万元）"字段拖动到"值"区域中（注意：需拖动"利润（单位：万元）"字段两次到"值"区域中），如图 3-53 所示。

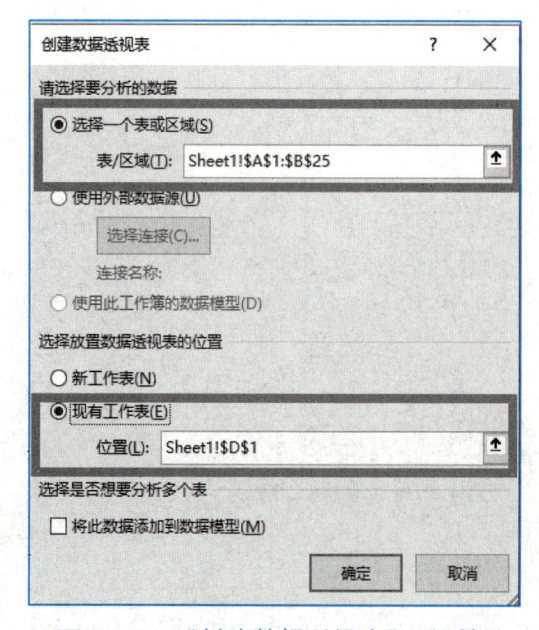

图 3-52 "创建数据透视表"对话框

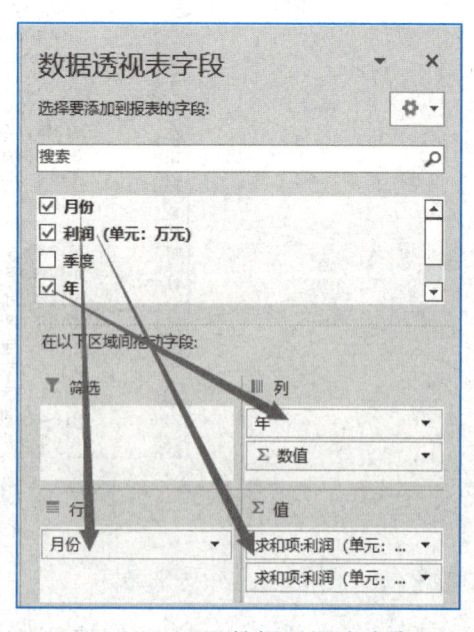

图 3-53 设置数据透视表字段

最终生成的数据透视表如图 3-54 所示。

行标签	列标签 2018年 求和项:利润（单元：万元）	求和项:利润（单元：万元）2	2019年 求和项:利润（单元：万元）	求和项:利润（单元：万元）2	求和项:利润（单元：万元）汇总	求和项:利润（单元：万元）2汇总
1月	68	68	96	96	164	164
2月	79	79	94	94	173	173
3月	72	72	105	105	177	177
4月	69	69	114	114	183	183
5月	52	52	114	114	166	166
6月	66	66	121	121	187	187
7月	71	71	136	136	207	207
8月	79	79	129	129	208	208
9月	81	81	138	138	219	219
10月	88	88	142	142	230	230
11月	88	88	147	147	235	235
12月	90	90	154	154	244	244
总计	903	903	1490	1490	2393	2393

图 3-54　数据透视表

步骤 3：计算同比增长值和同比增长率。

步骤 3.1：选中数据透视表中"2018年求和项：利润（单位：万元）"列中的某个数据并右击，在弹出的快捷菜单中选择"值显示方式"→"差异"命令，如图 3-55 所示。

步骤 3.2：在弹出的"值显示方式"对话框中设置"基本字段"为"年"，设置"基本项"为"（上一个）"，如图 3-56 所示。单击"确定"按钮，即可得到各月利润的同比增长值。

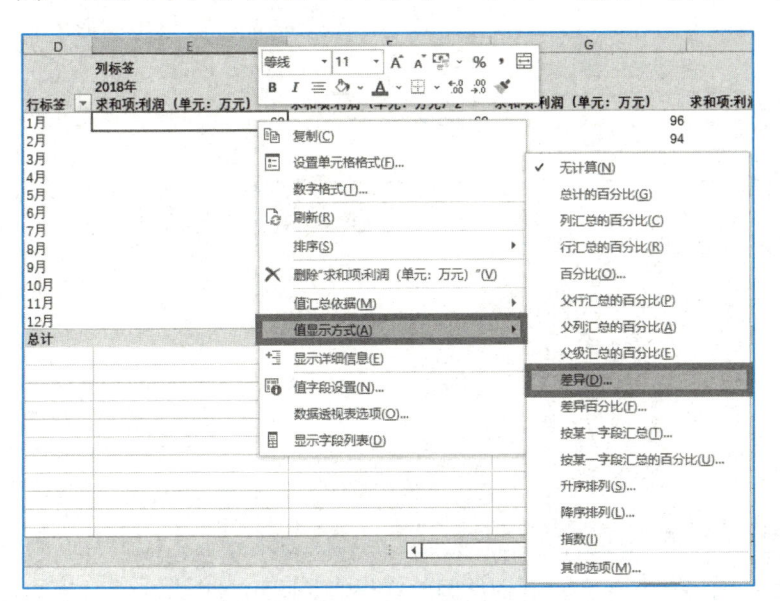

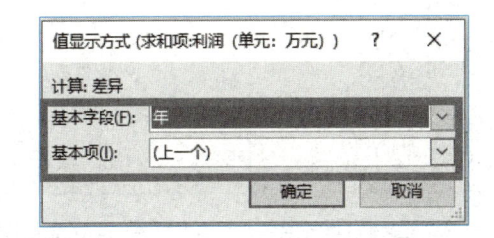

图 3-55　设置"值显示方式"1　　　　图 3-56　设置"基本字段"和"基本项"1

步骤 3.3：选中数据透视表中"2018年求和项：利润（单位：万元）2"列中的某个数据并右击，在弹出的快捷菜单中选择"值显示方式"→"差异百分比"命令，如图 3-57 所示。

步骤 3.4：在弹出的"值显示方式"对话框中设置"基本字段"为"年"，设置"基本项"为"（上一个）"，如图 3-58 所示。单击"确定"按钮，即可得到各月利润的同比增长率。

采用与步骤 3.1～步骤 3.4 相同的方法，对 2019 年的利润数据进行处理。经过以上操作就会得到原牧纯品旗舰店 2018 年、2019 年各月利润的同比增长值和同比增长率。为了方便区分，我们需要对数据透视表中的同比增长值和同比增长率对应的表头重新命名，如图 3-59 所示。

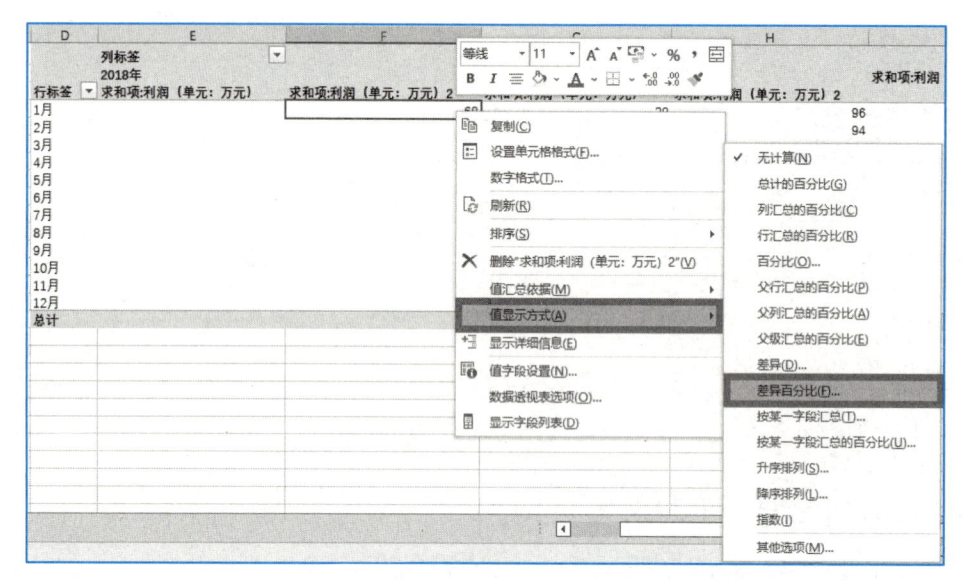

图 3-57　设置"值显示方式"2

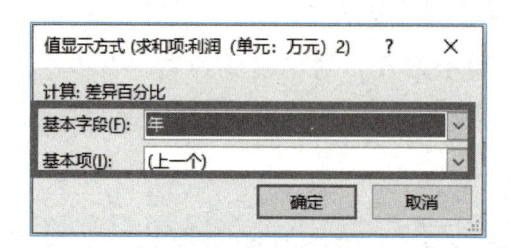

图 3-58　设置"基本字段"和"基本项"2

行标签	列标签 2018年		2019年		同比增长值汇总	同比增长率汇总
	同比增长值	同比增长率	同比增长值	同比增长率		
1月			28	41.18%		
2月			15	18.99%		
3月			33	45.83%		
4月			45	65.22%		
5月			62	119.23%		
6月			55	83.33%		
7月			65	91.55%		
8月			50	63.29%		
9月			57	70.37%		
10月			54	61.36%		
11月			59	67.05%		
12月			64	71.11%		
总计			587	65.01%		

图 3-59　原牧纯品旗舰店 2018 年、2019 年各月利润的同比增长值和同比增长率

步骤 4：插入组合图。

步骤 4.1：选中数据透视表中的任意一个单元格，在"插入"选项卡的"图表"功能组中单击"推荐的图表"按钮，如图 3-60 所示。

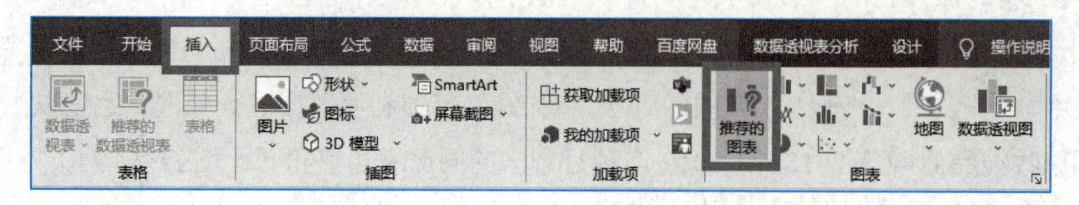

图 3-60　插入图表

步骤 4.2：在弹出的"插入图表"对话框中选择"组合图"选项；设置"2019年-同比增长值"为"簇状柱形图"；设置"2019年-同比增长率"为"折线图"，并选中"次坐标轴"复选框，如图 3-61 所示。

步骤 4.3：单击"确定"按钮，就会生成原牧纯品旗舰店 2018 年、2019 年各月利润同比增长值和同比增长率的组合图，如图 3-62 所示。

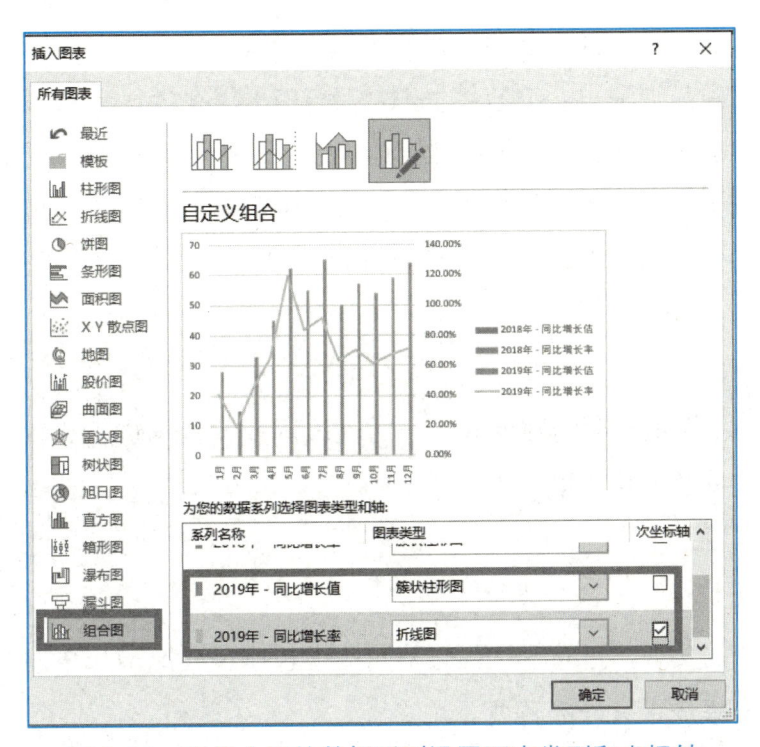

图 3-61 为组合图的数据系列设置图表类型和坐标轴

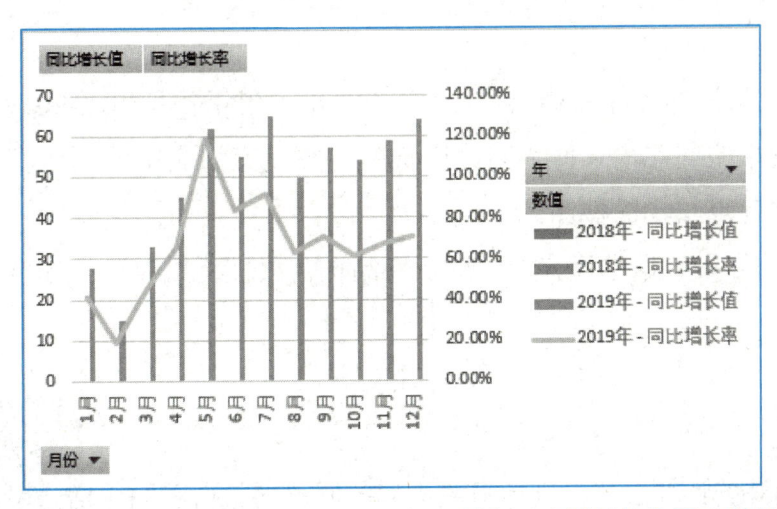

图 3-62 原牧纯品旗舰店 2018 年、2019 年各月利润同比增长值和同比增长率的组合图

步骤 5：对年度利润进行同比分析。

根据图 3-59 和图 3-62，说明原牧纯品旗舰店 2018 年、2019 年利润的变化情况，并分析同比增长的趋势。

工作子任务三　跳失率同比分析

任务背景

商品详情页是店铺重要的流量入口，所以商品详情页的浏览量、跳失率都是关键数据。如果商品详情页的流量少，就说明商品详情页的点击率低，美工需要优化商品排名和主图；如果商品详情页的流量不少，但是跳失率高，就说明商品详情页中的图片、描述、价格、评价等有问题，美工需要优化商品详情页。原牧纯品旗舰店 2019 年上半年（2019 年 1—6 月）的流量不少，但是跳失率普遍较高，运营部门经理安排美工对商品详情页进行了优化。为了查看商品详情页优化是否起到了好的效果，运营人员需要将 2020 年上半年（2020 年 1—6 月）各月优化后商品详情页的跳失率与 2019 年上半年各月商品详情页的跳失率进行比较，分析优化效果。

任务目标

采用同比分析法，将某一期的数据和上一时间段同期的数据进行比较，计算同比增长值和同比增长率，观察数据的变化情况。

任务要求

下载源数据所在的文件，完成各月跳失率同比增长值和同比增长率的计算，并对计算结果进行比较，分析跳失率是否有好的转变。

任务

1. 借助同比分析法的计算公式分别计算 2020 年上半年各月相比 2019 年上半年各月跳失率的同比增长值和同比增长率，并提交跳失率的同比增长值和同比增长率计算结果的截图。

2. 请对得到的结果数据进行分析，分析商品详情页优化后对跳失率有怎样的影响。

跳失率同比分析

任务操作

借助同比分析法的计算公式分别计算跳失率的同比增长值和同比增长率，其操作步骤及关键节点如下。

步骤 1：数据获取。

下载源数据所在的文件，获取原牧纯品旗舰店 2019 年上半年和 2020 年上半年各月的跳失率数据，如图 3-63 所示。

	A	B	C	D	E	F
1	统计日期	跳失率	统计日期	跳失率	同比增长值	同比增长率
2	2019年1月	62.52%	2020年1月	54.51%		
3	2019年2月	63.73%	2020年2月	52.45%		
4	2019年3月	61.72%	2020年3月	55.09%		
5	2019年4月	61.44%	2020年4月	55.23%		
6	2019年5月	61.21%	2020年5月	53.48%		
7	2019年6月	59.47%	2020年6月	53.40%		

图 3-63　原牧纯品旗舰店 2019 年上半年和 2020 年上半年各月的跳失率数据

步骤 2：计算跳失率的同比增长值。

步骤 2.1：根据计算公式"同比增长值=本期数-上年同期数"，计算跳失率的同比增长值。以 2020 年 1 月为例，在 E2 单元格中输入同比增长值的计算公式"=D2-B2"，如图 3-64 所示。

	A	B	C	D	E	F
1	统计日期	跳失率	统计日期	跳失率	同比增长值	同比增长率
2	2019年1月	62.52%	2020年1月	54.51%	=D2-B2	
3	2019年2月	63.73%	2020年2月	52.45%		
4	2019年3月	61.72%	2020年3月	55.09%		
5	2019年4月	61.44%	2020年4月	55.23%		
6	2019年5月	61.21%	2020年5月	53.48%		
7	2019年6月	59.47%	2020年6月	53.40%		

图 3-64　输入同比增长值的计算公式

步骤 2.2：按"Enter"键进行确认，得到 2020 年 1 月相比 2019 年 1 月跳失率的同比增长值，如图 3-65 所示。

	A	B	C	D	E	F
1	统计日期	跳失率	统计日期	跳失率	同比增长值	同比增长率
2	2019年1月	62.52%	2020年1月	54.51%	-8.01%	
3	2019年2月	63.73%	2020年2月	52.45%		
4	2019年3月	61.72%	2020年3月	55.09%		
5	2019年4月	61.44%	2020年4月	55.23%		
6	2019年5月	61.21%	2020年5月	53.48%		
7	2019年6月	59.47%	2020年6月	53.40%		

图 3-65　2020 年 1 月相比 2019 年 1 月跳失率的同比增长值

步骤 2.3：选中 E2 单元格，将鼠标指针移动到 E2 单元格右下角，等到出现"+"后，按住鼠标左键向下拖动填充柄至 E7 单元格，松开鼠标左键即可得到其余月份的跳失率的同比增长值，如图 3-66 所示。

	A	B	C	D	E	F
1	统计日期	跳失率	统计日期	跳失率	同比增长值	同比增长率
2	2019年1月	62.52%	2020年1月	54.51%	-8.01%	
3	2019年2月	63.73%	2020年2月	52.45%	-11.28%	
4	2019年3月	61.72%	2020年3月	55.09%	-6.63%	
5	2019年4月	61.44%	2020年4月	55.23%	-6.21%	
6	2019年5月	61.21%	2020年5月	53.48%	-7.73%	
7	2019年6月	59.47%	2020年6月	53.40%	-6.07%	

图 3-66　2020 年上半年相比 2019 年上半年跳失率的同比增长值

步骤 3：计算跳失率的同比增长率。

步骤 3.1：根据计算公式"同比增长率=（本期数-上年同期数）/上年同期数×100%"，计算跳失率的同比增长率。以 2020 年 1 月为例，在 F2 单元格中输入同比增长率的计算公式"=(D2-B2)/B2*100%"，如图 3-67 所示。

	A	B	C	D	E	F
1	统计日期	跳失率	统计日期	跳失率	同比增长值	同比增长率
2	2019年1月	62.52%	2020年1月	54.51%	-8.01%	=(D2-B2)/B2*100%
3	2019年2月	63.73%	2020年2月	52.45%	-11.28%	
4	2019年3月	61.72%	2020年3月	55.09%	-6.63%	
5	2019年4月	61.44%	2020年4月	55.23%	-6.21%	
6	2019年5月	61.21%	2020年5月	53.48%	-7.73%	
7	2019年6月	59.47%	2020年6月	53.40%	-6.07%	

图 3-67　输入同比增长率的计算公式

步骤 3.2：按"Enter"键进行确认，得到 2020 年 1 月相比 2019 年 1 月跳失率的同比增长率，如图 3-68 所示。

	A	B	C	D	E	F
1	统计日期	跳失率	统计日期	跳失率	同比增长值	同比增长率
2	2019年1月	62.52%	2020年1月	54.51%	-8.01%	-12.811900191938600%
3	2019年2月	63.73%	2020年2月	52.45%	-11.28%	
4	2019年3月	61.72%	2020年3月	55.09%	-6.63%	
5	2019年4月	61.44%	2020年4月	55.23%	-6.21%	
6	2019年5月	61.21%	2020年5月	53.48%	-7.73%	
7	2019年6月	59.47%	2020年6月	53.40%	-6.07%	

图 3-68　2020 年 1 月相比 2019 年 1 月跳失率的同比增长率

步骤 3.3：选中 F2 单元格并右击，在弹出的快捷菜单中选择"设置单元格格式"命令，如图 3-69 所示。

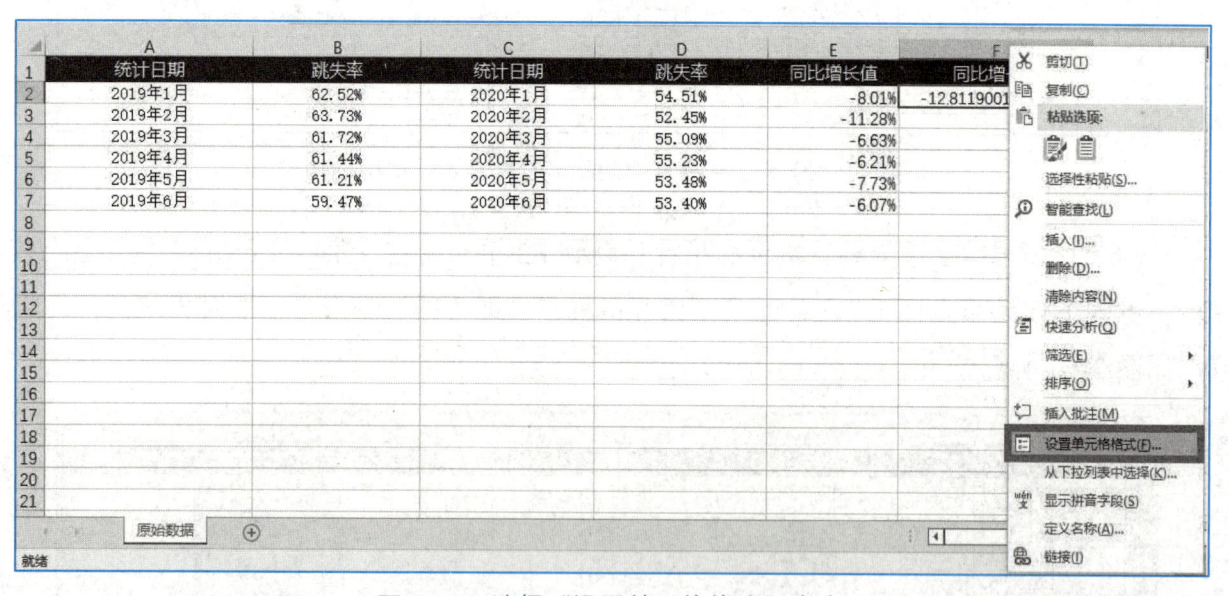

图 3-69　选择"设置单元格格式"命令

步骤 3.4：在弹出的"设置单元格格式"对话框中选择"数字"选项卡，选择"百分比"选项，设置"小数位数"为"2"，单击"确定"按钮，如图 3-70 所示。

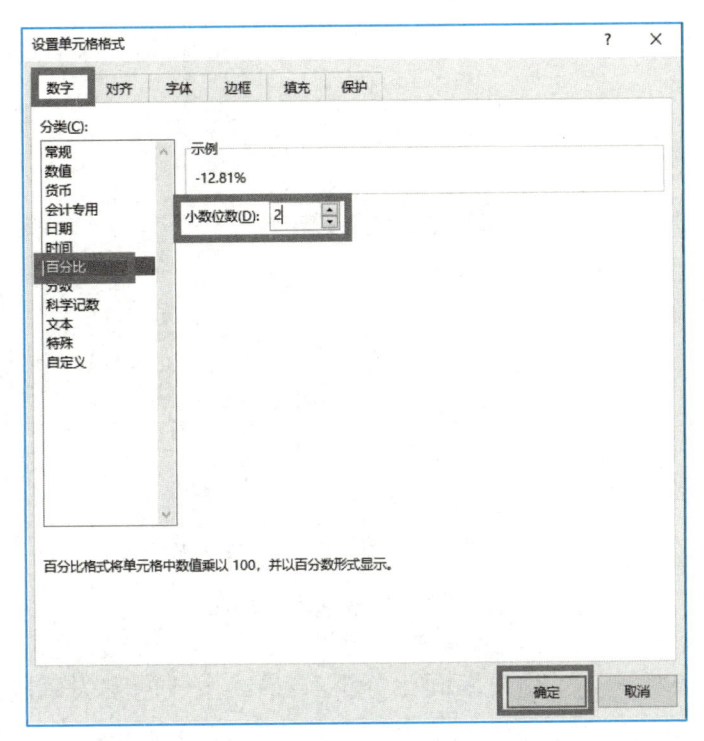

图 3-70 设置单元格格式

步骤 3.5：选中 F2 单元格，将鼠标指针移动到 F2 单元格右下角，等到出现"+"后，按住鼠标左键拖动填充柄至 F7 单元格，松开鼠标左键即可得到 2020 年上半年相比 2019 年上半年跳失率的同比增长率，如图 3-71 所示。

	A	B	C	D	E	F
1	统计日期	跳失率	统计日期	跳失率	同比增长值	同比增长率
2	2019年1月	62.52%	2020年1月	54.51%	-8.01%	-12.81%
3	2019年2月	63.73%	2020年2月	52.45%	-11.28%	-17.70%
4	2019年3月	61.72%	2020年3月	55.09%	-6.63%	-10.74%
5	2019年4月	61.44%	2020年4月	55.23%	-6.21%	-10.11%
6	2019年5月	61.21%	2020年5月	53.48%	-7.73%	-12.63%
7	2019年6月	59.47%	2020年6月	53.40%	-6.07%	-10.21%

图 3-71 2020 年上半年同比 2019 年上半年跳失率的同比增长率

步骤 4：插入柱形图。

步骤 4.1：按住"Ctrl"键，依次选中 C1:C7 和 E1:F7 单元格区域，如图 3-72 所示。

	A	B	C	D	E	F
1	统计日期	跳失率	统计日期	跳失率	同比增长值	同比增长率
2	2019年1月	62.52%	2020年1月	54.51%	-8.01%	-12.81%
3	2019年2月	63.73%	2020年2月	52.45%	-11.28%	-17.70%
4	2019年3月	61.72%	2020年3月	55.09%	-6.63%	-10.74%
5	2019年4月	61.44%	2020年4月	55.23%	-6.21%	-10.11%
6	2019年5月	61.21%	2020年5月	53.48%	-7.73%	-12.63%
7	2019年6月	59.47%	2020年6月	53.40%	-6.07%	-10.21%

图 3-72 选中 C1:C7 和 E1:F7 单元格区域

步骤 4.2：在"插入"选项卡的"图表"功能组中单击"柱形图"下拉按钮，在弹出的下拉列表中选择"簇状柱形图"选项，如图 3-73 所示。

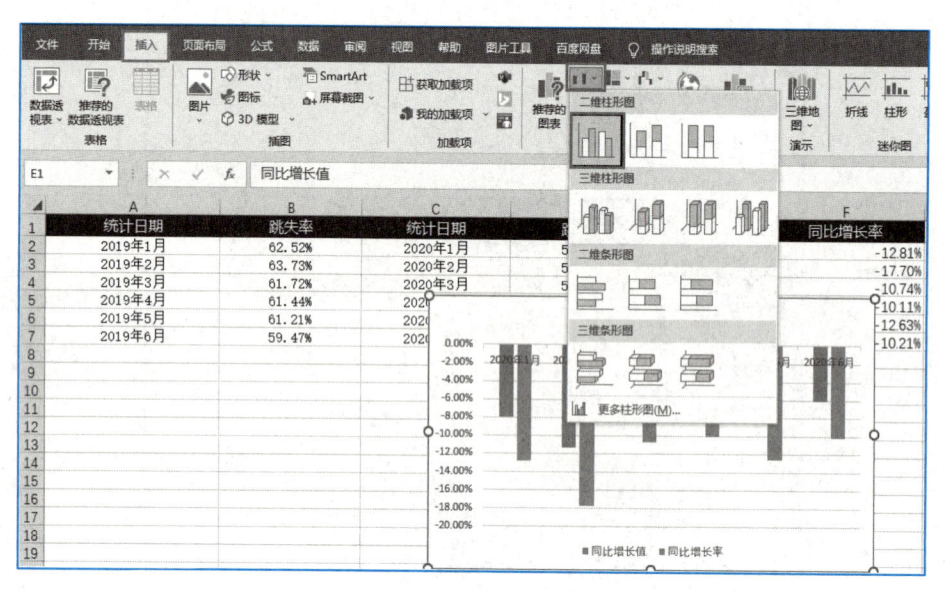

图 3-73　插入簇状柱形图

步骤 4.3：修改图表标题为"跳失率同比分析"，最终生成的跳失率同比分析簇状柱形图如图 3-74 所示。

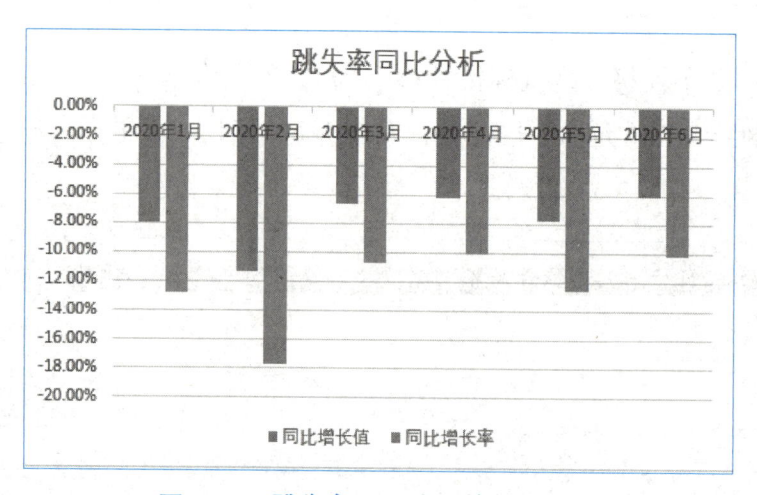

图 3-74　跳失率同比分析簇状柱形图

步骤 5：对跳失率进行同比分析。

根据图 3-71 和图 3-74，分析商品详情页优化对跳失率的影响。

工作结束

数据整理及备份：□完成　　□未完成

关机检查：□正常关机　　□强行关机　　□未关机

整理桌面：□完成　　□未完成

地面卫生检查：□完成　　□未完成

整理椅子：□完成　　□未完成

任务评价

类别	序号	考核项目	考核内容及要求	优秀	良好	合格	较差
技术考核	1	质量	掌握同比增长率的计算公式和同比分析法				
	2		能够完成行业销售额同比分析，并对分析结果做简单说明				
	3		能够完成年度利润同比分析，并对分析结果做简单说明				
	4		能够完成跳失率同比分析，并对分析结果做简单说明				
非技术考核	5	态度	学习态度端正				
	6	纪律	遵守纪律				
	7	协作	有交流、团队合作				
	8	文明	保持安静，清理场所				

任务拓展

任务名称：店铺销售额对比分析。

任务背景：已知某电子商务企业近两年的销售额数据，运营部门经理安排运营人员对近两年同一时期的销售额进行分析，考察销售额的增长速度，分析销售的变动情况，进而支撑销售策略的优化。

任务要求：下载源数据所在的文件，获取该企业 2018 年、2019 年各月的销售额数据，对比不同年同季度的销售额数据，根据对比结果分析 2019 年相比 2018 年相同季度销售额的变化情况。

任务

1．计算 2019 年相比 2018 年 4 个季度销售额的同比增长值和同比增长率，并上传截图。
2．销售额同比增长率最大的是第_____季度。
3．分析该企业 2018 年和 2019 年每个季度销售额的变化情况。

店铺销售额对比分析
源数据

工作任务四　环比分析

任务目标

- 掌握环比分析法。

- 掌握环比增长值和环比增长率的计算公式。
- 能够完成商品访客数环比分析，并对分析结果做简单说明。
- 能够完成行业销售额环比分析，并对分析结果做简单说明。
- 能够完成销售数据环比分析，并对分析结果做简单说明。
- 能够对进行分析的电子商务数据及分析结果严格保密。
- 能够具备科学、严谨的职业态度，在环比分析过程中，做到一丝不苟、精益求精。

任务导图

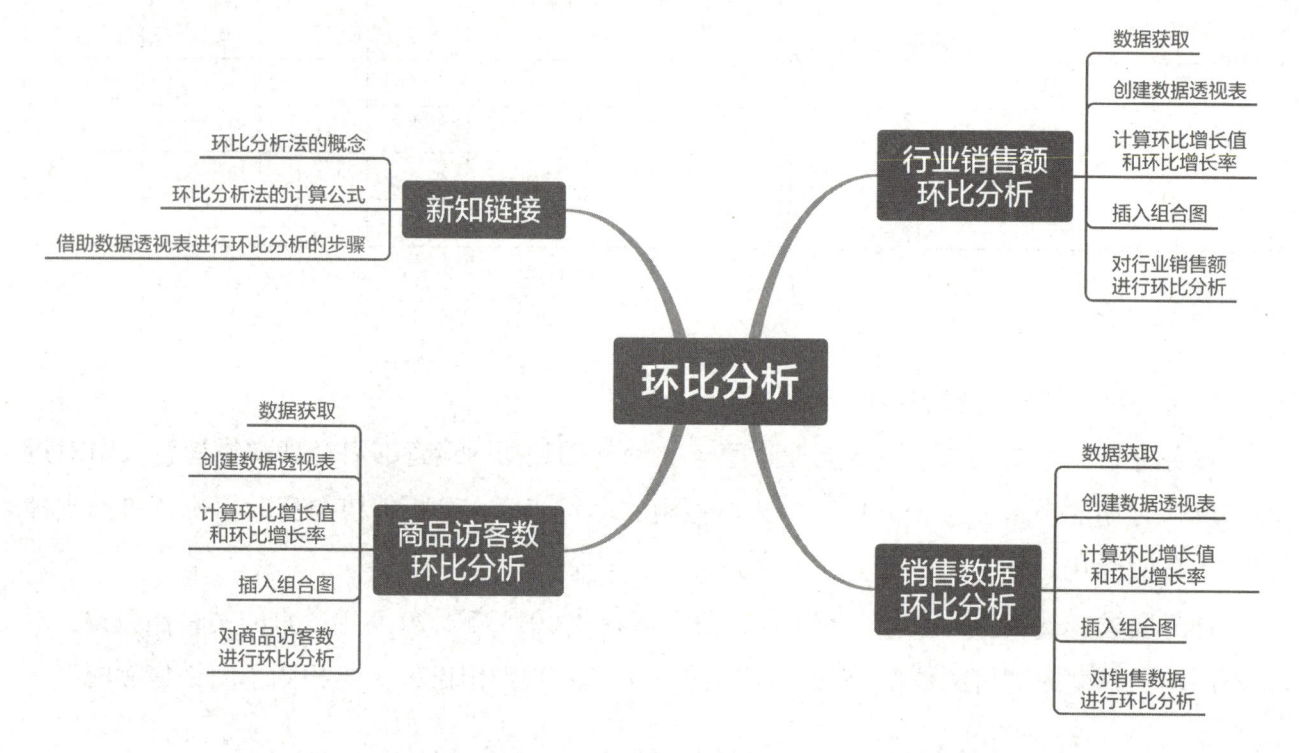

```
                                              ┌─ 数据获取
                                              ├─ 创建数据透视表
              ┌─ 环比分析法的概念               ├─ 计算环比增长值
              │                    ┌─新知链接─┐ │   和环比增长率
              ├─ 环比分析法的计算公式           │─行业销售额─┤
              │                    │         │  环比分析  ├─ 插入组合图
              └─ 借助数据透视表进行             │          │
                 环比分析的步骤                 │          └─ 对行业销售额
                                              │             进行环比分析
                                  ┌─环比分析─┐
              ┌─ 数据获取                                  ┌─ 数据获取
              ├─ 创建数据透视表                             ├─ 创建数据透视表
              ├─ 计算环比增长值    ┌─商品访客数─┐ ┌─销售数据─┤ 计算环比增长值
              │  和环比增长率     │ 环比分析  │ │ 环比分析 │  和环比增长率
              ├─ 插入组合图                                 ├─ 插入组合图
              └─ 对商品访客数                               └─ 对销售数据
                 进行环比分析                                  进行环比分析
```

新知链接

对比分析的方法主要有两种：同比分析法和环比分析法。在工作任务三中，我们已经学习了同比分析法，在本工作任务中，我们重点学习环比分析法。

一、环比分析法的概念

环比分析法是指将同类指标本期与上期的数据进行比较的方法。企业在进行数据分析时，常用环比分析法对同年不同时期的情况进行比较，如将2021年11月的数据与2021年10月的数据进行比较，将2019年第四季度的数据与2019年第三季度的数据进行比较等。通过比较，企业可以看到指标在某一时间段随着时间产生的变化。

环比分析是将同年不同时期的数据进行比较，而同比分析是将不同年相同时期的数据进行比较。

二、环比分析法的计算公式

环比分析法的计算公式为

$$环比增长值=本期数-上期数$$

$$环比增长率=（本期数-上期数）/上期数×100\%$$

例如，某企业 2021 年 11 月的销售额为 13689 元，2021 年 10 月的销售额为 12684 元，其环比增长率=（13689-12684）/12684×100%=7.92%。

三、借助数据透视表进行环比分析的步骤

步骤 1：数据获取。
步骤 2：创建数据透视表。
步骤 3：计算环比增长值和环比增长率。
步骤 4：插入组合图，对数据进行可视化呈现。
步骤 5：结合数据透视表进行环比分析。

工作子任务一　商品访客数环比分析

任务背景

流量对电子商务企业来说极为重要，商品访客数作为其中一个重要指标需要被重点关注。店铺在日常运营过程中，需要对商品访客数进行统计，查看访客异常情况，从而辅助制定、调整营销策略。原牧纯品旗舰店想要分析近 8 周（2020 年 1 月 13 日—3 月 8 日）商品（原牧纯品草原鸡 1000g 冷冻鸡肉草原农家散养土鸡绿色健康正品）访客数的变化情况。

任务目标

采用环比分析法，将某一期的数据和上期的数据进行比较，计算环比增长值和环比增长率，观察数据的增减变化情况。

任务要求

从企业数据中心的"取数"板块中采集近 8 周商品访客数数据，借助数据透视表完成环比增长值和环比增长率的计算，并对结果数据进行分析。

任务

1. 在 Excel 中，利用数据透视表对采集到的数据进行环比分析，提交商品访客数环比增长值和环比增长率计算结果的截图。

2. 请对得到的结果数据进行分析，分析近 8 周商品访客数的变化情况，找出近 8 周商品访客数环比增长值最大的周。

商品访客数环比分析

任务操作

借助环比分析法分析商品访客数，其操作步骤及关键节点如下。

步骤 1：数据获取。

步骤 1.1：下载源数据所在的文件，获取近 8 周商品访客数数据，如图 3-75 所示。

	A	B	C	D	E
1	统计日期	商品名称	无线端访客数	PC端访客数	访客数
2	2020-01-13 ~ 2020-01-19	原牧纯品草原鸡1000g 冷冻鸡肉草原农家散养土鸡绿色健康正品	124	5	129
3	2020-01-20 ~ 2020-01-26	原牧纯品草原鸡1000g 冷冻鸡肉草原农家散养土鸡绿色健康正品	27	0	27
4	2020-01-27 ~ 2020-02-02	原牧纯品草原鸡1000g 冷冻鸡肉草原农家散养土鸡绿色健康正品	75	5	79
5	2020-02-03 ~ 2020-02-09	原牧纯品草原鸡1000g 冷冻鸡肉草原农家散养土鸡绿色健康正品	121	5	126
6	2020-02-10 ~ 2020-02-16	原牧纯品草原鸡1000g 冷冻鸡肉草原农家散养土鸡绿色健康正品	296	9	305
7	2020-02-17 ~ 2020-02-23	原牧纯品草原鸡1000g 冷冻鸡肉草原农家散养土鸡绿色健康正品	458	26	481
8	2020-02-24 ~ 2020-03-01	原牧纯品草原鸡1000g 冷冻鸡肉草原农家散养土鸡绿色健康正品	393	12	402
9	2020-03-02 ~ 2020-03-08	原牧纯品草原鸡1000g 冷冻鸡肉草原农家散养土鸡绿色健康正品	450	14	463

图 3-75　近 8 周商品访客数数据

步骤 1.2：整理表格，得到如图 3-76 所示的数据。

	A	B	C
1	周次	统计日期	访客数
2	第1周	2020-01-13 ~ 2020-01-19	129
3	第2周	2020-01-20 ~ 2020-01-26	27
4	第3周	2020-01-27 ~ 2020-02-02	79
5	第4周	2020-02-03 ~ 2020-02-09	126
6	第5周	2020-02-10 ~ 2020-02-16	305
7	第6周	2020-02-17 ~ 2020-02-23	481
8	第7周	2020-02-24 ~ 2020-03-01	402
9	第8周	2020-03-02 ~ 2020-03-08	463

图 3-76　整理后的访客数数据

步骤 2：创建数据透视表。

步骤 2.1：选中 A1:C9 单元格区域，在"插入"选项卡的"表格"功能组中单击"数据透视表"按钮，如图 3-77 所示。

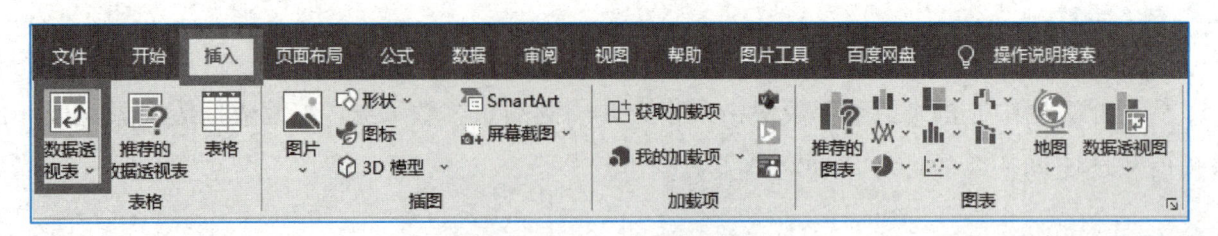

图 3-77　插入数据透视表

步骤 2.2：在弹出的"创建数据透视表"对话框中选择要分析的数据和放置数据透视表的位置，单击"确定"按钮，如图 3-78 所示。

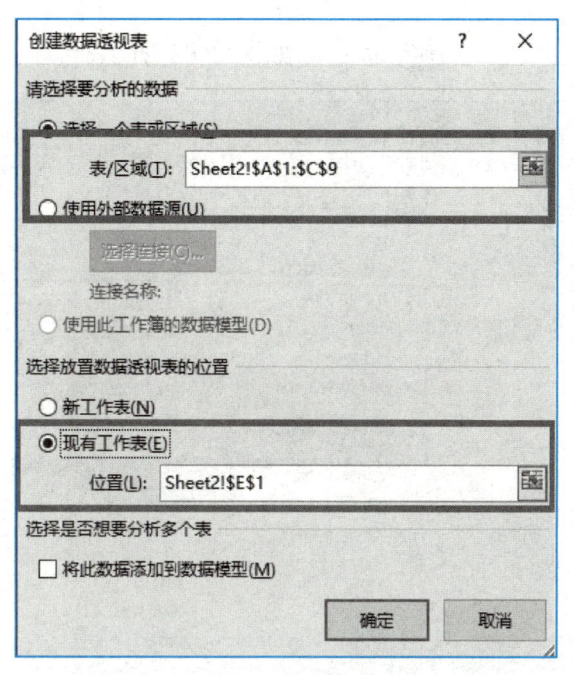

图 3-78 "创建数据透视表"对话框

步骤 2.3：在打开的"数据透视表字段"窗格中选择需要呈现在数据透视表中的字段。将"周次"字段拖动到"行"区域中，将"访客数"字段拖动到"值"区域中（注意：需拖动"访客数"字段两次到"值"区域中），如图 3-79 所示。

最终生成的数据透视表如图 3-80 所示。

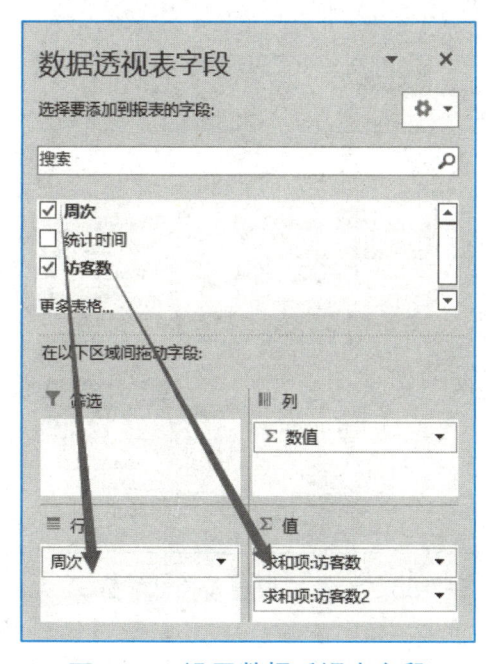

图 3-79 设置数据透视表字段

行标签	求和项:访客数	求和项:访客数2
第1周	129	129
第2周	27	27
第3周	79	79
第4周	126	126
第5周	305	305
第6周	481	481
第7周	402	402
第8周	463	463
总计	2012	2012

图 3-80 数据透视表

步骤 3：计算环比增长值和环比增长率。

步骤 3.1：选中数据透视表中"求和项：访客数"列中的某个数据并右击，在弹出的快捷菜单中选择"值显示方式"→"差异"命令，如图3-81所示。

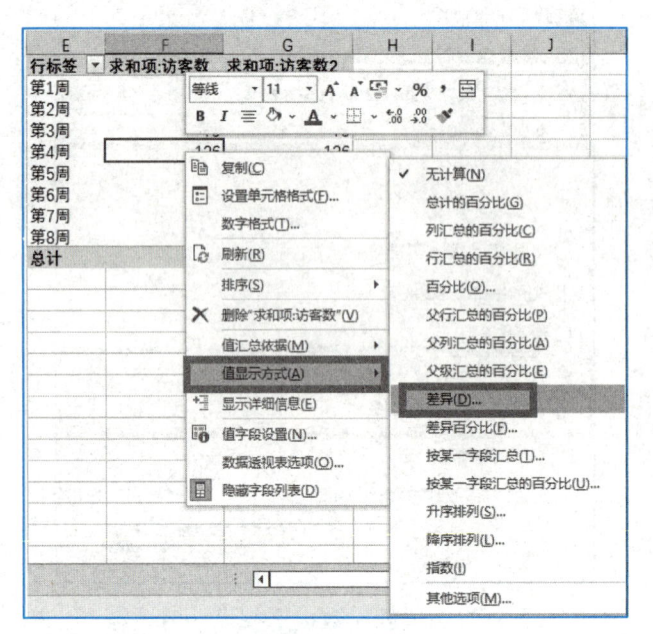

图3-81 设置"值显示方式"1

步骤3.2：在弹出的"值显示方式"对话框中设置"基本字段"为"周次"，设置"基本项"为"（上一个）"，如图3-82所示。单击"确定"按钮，即可得到各周访客数的环比增长值。

步骤3.3：选中数据透视表中"求和项：访客数2"列中的某个数据并右击，在弹出的快捷菜单中选择"值显示方式"→"差异百分比"命令，如图3-83所示。

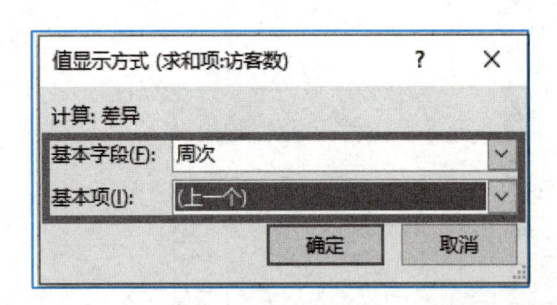

图3-82 设置"基本字段"和"基本项"1

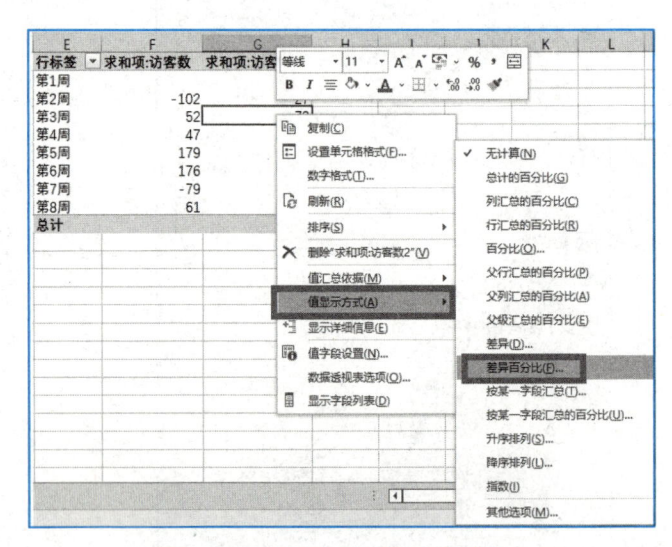

图3-83 设置"值显示方式"2

步骤3.4：在弹出的"值显示方式"对话框中设置"基本字段"为"周次"，设置"基本项"为"（上一个）"，如图3-84所示。单击"确定"按钮，即可得到各周访客数的环比增长率。

经过以上操作就会得到近8周商品访客数的环比增长值和环比增长率。为了方便区分，我们需要对数据透视表中的环比增长值和环比增长率对应的表头重新命名，如图3-85所示。

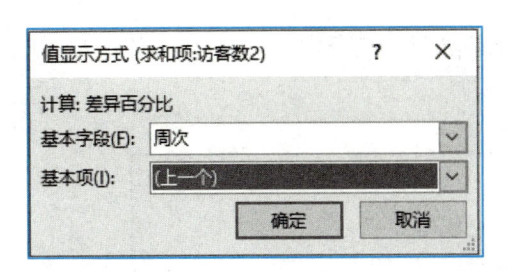

图 3-84 设置"基本字段"和"基本项"2

图 3-85 近 8 周商品访客数的环比增长值和环比增长率

步骤 4：插入组合图。

步骤 4.1：选中数据透视表中的任意一个单元格，在"插入"选项卡的"图表"功能组中单击"推荐的图表"按钮，如图 3-86 所示。

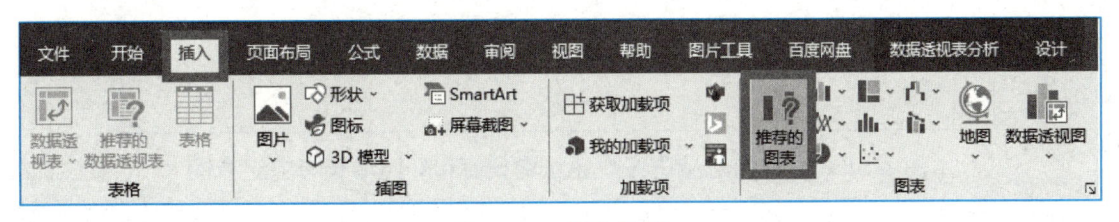

图 3-86 插入图表

步骤 4.2：在弹出的"插入图表"对话框中选择"组合图"选项；设置"访客数环比增长值"为"簇状柱形图"；设置"访客数环比增长率"为"折线图"，并选中"次坐标轴"复选框，如图 3-87 所示。

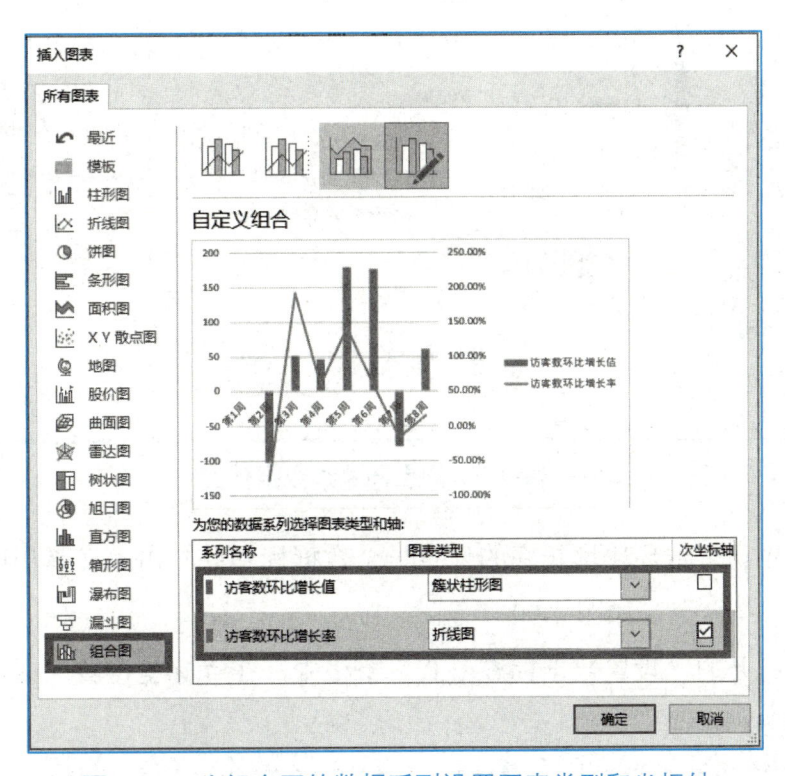

图 3-87 为组合图的数据系列设置图表类型和坐标轴

步骤 4.3：单击"确定"按钮，就会生成近 8 周商品访客数环比增长值和环比增长率的组合图，如图 3-88 所示。

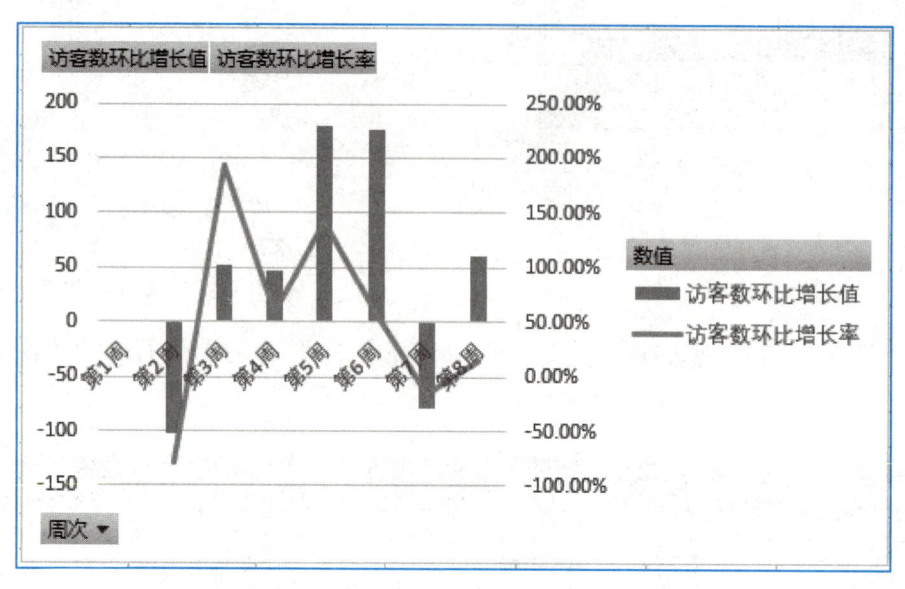

图 3-88　近 8 周商品访客数环比增长值和环比增长率的组合图

步骤 4.4：选中图表区，单击图表区右上角的"+"，选中"数据标签"复选框，为组合图添加数据标签，如图 3-89 所示。

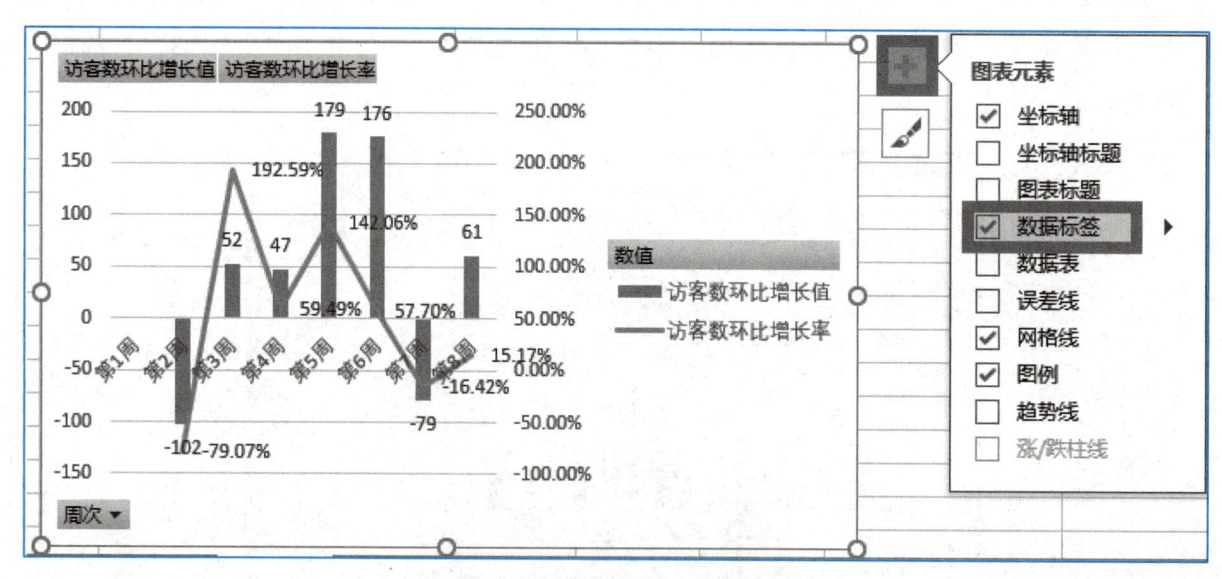

图 3-89　为组合图添加数据标签

步骤 4.5：选中访客数环比增长率的任意一个数据标签并右击，在弹出的快捷菜单中选择"设置数据标签格式"命令，如图 3-90 所示。

步骤 4.6：在打开的"设置数据标签格式"窗格中，在"标签位置"区域中选中"居中"单选按钮，如图 3-91 所示。

添加数据标签后的近 8 周商品访客数环比增长值和环比增长率的组合图如图 3-92 所示。

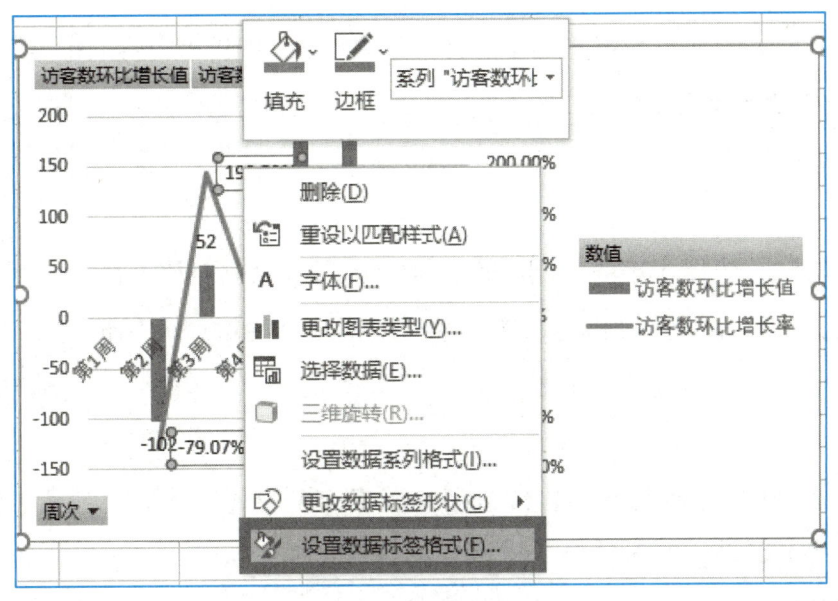

图 3-90　选择"设置数据标签格式"命令

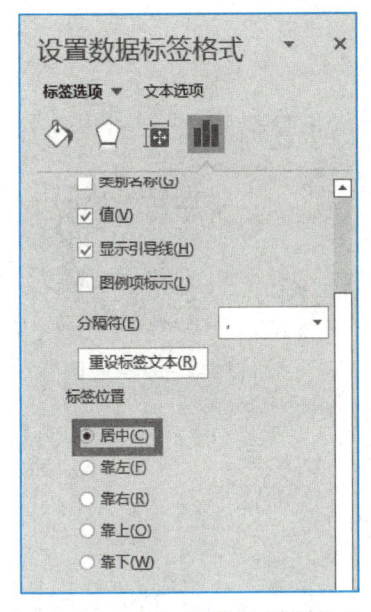

图 3-91　设置数据标签的位置

图 3-92　添加数据标签后的近 8 周商品访客数
环比增长值和环比增长率的组合图

步骤 5：对商品访客数进行环比分析。

根据图 3-85 和图 3-92，分析近 8 周商品访客数的变化情况，找出近 8 周商品访客数环比增长值最大的周。

工作子任务二　行业销售额环比分析

任务背景

原牧纯品旗舰店主要经营鸡肉、羊肉等生鲜类商品。为了了解市场行情，及时、有效地调整店铺的运营战略，运营部门经理安排小王针对生鲜行业2019年各月的销售额进行环比分析，观察销售额一年内的增减变化情况。

任务目标

采用环比分析法，选择同年的不同时期，进行相同事物的对比，将某一期的数据和上期的数据进行比较，计算环比增长值和环比增长率，观察数据的增减变化情况。

任务要求

获取生鲜行业2019年各月的销售额数据，在Excel中利用数据透视表，分别完成环比增长值和环比增长率的计算，并对结果数据进行比较，绘制簇状柱形图，分析销售额的变化情况及环比增长的趋势。

任务

1. 在Excel中，利用数据透视表对采集到的数据进行环比分析，并绘制簇状柱形图，将销售额环比增长值用簇状柱形图呈现，将销售额环比增长率用折线图呈现，提交销售额环比增长值和环比增长率计算结果的截图。

2. 请对得到的结果数据进行分析，分析生鲜行业2019年各月销售额的变化情况，并分析环比增长的趋势。

行业销售额环比分析

任务操作

借助环比分析法分析行业销售额，其操作步骤及关键节点如下。

步骤1：数据获取。

下载源数据所在的文件，获取生鲜行业2019年各月的销售额数据，如图3-93所示。

月份	销售额（单元：百万元）
2019年1月	647
2019年2月	224
2019年3月	399
2019年4月	406
2019年5月	407
2019年6月	474
2019年7月	468
2019年8月	494
2019年9月	584
2019年10月	608
2019年11月	798
2019年12月	767

图3-93　生鲜行业2019年各月的销售额数据

步骤 2：创建数据透视表。

步骤 2.1：选中 A1:B13 单元格区域，在"插入"选项卡的"表格"功能组中单击"数据透视表"按钮，如图 3-94 所示。

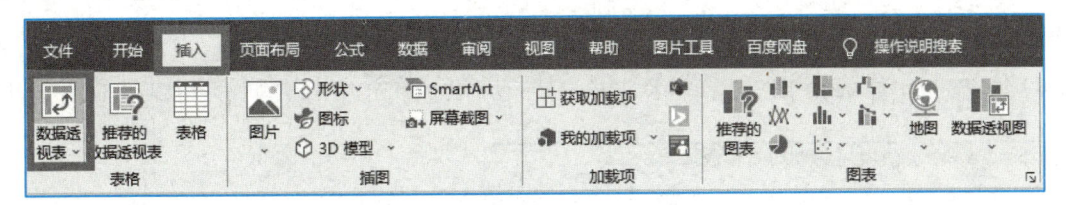

图 3-94　插入数据透视表

步骤 2.2：在弹出的"创建数据透视表"对话框中选择要分析的数据和放置数据透视表的位置，单击"确定"按钮，如图 3-95 所示。

步骤 2.3：在打开的"数据透视表字段"窗格中选择需要呈现在数据透视表中的字段。将"月"字段拖动到"行"区域中，将"销售额"字段拖动到"值"区域中（注意：需拖动"销售额"字段两次到"值"区域中），如图 3-96 所示。

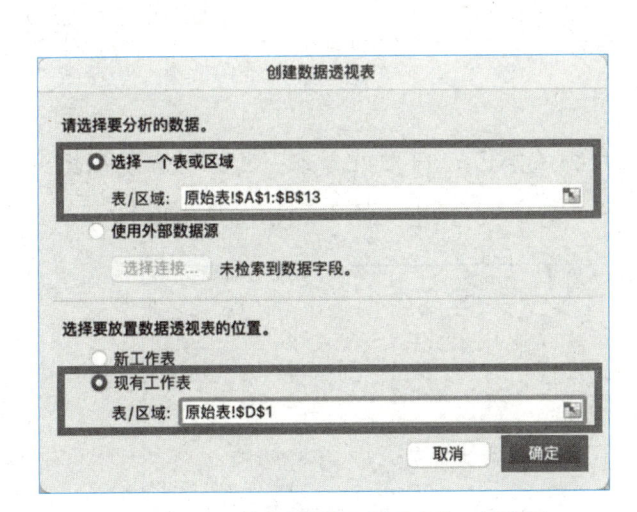

图 3-95　"创建数据透视表"对话框

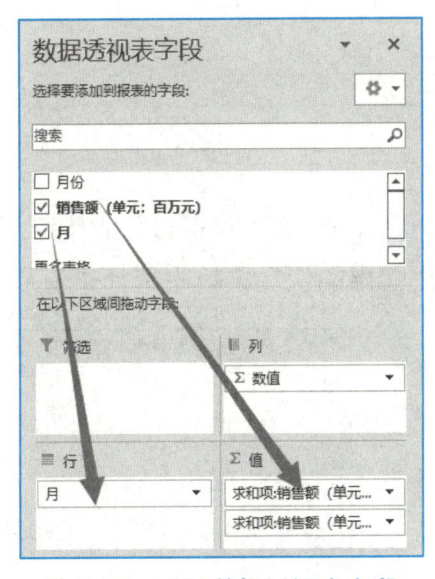

图 3-96　设置数据透视表字段

最终生成的数据透视表如图 3-97 所示。

行标签	求和项:销售额（单元：百万元）	求和项:销售额（单元：百万元）2
1月	647	647
2月	224	224
3月	399	399
4月	406	406
5月	407	407
6月	474	474
7月	468	468
8月	494	494
9月	584	584
10月	608	608
11月	798	798
12月	767	767
总计	6276	6276

图 3-97　数据透视表

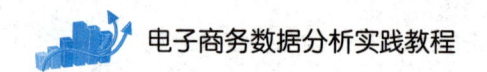

步骤3：计算环比增长值和环比增长率。

步骤3.1：选中数据透视表中"求和项：销售额（单位：百万元）"列中的某个数据并右击，在弹出的快捷菜单中选择"值显示方式"→"差异"命令，如图3-98所示。

步骤3.2：在弹出的"值显示方式"对话框中设置"基本字段"为"月"，设置"基本项"为"（上一个）"，如图3-99所示。单击"确定"按钮，即可得到各月销售额的环比增长值。

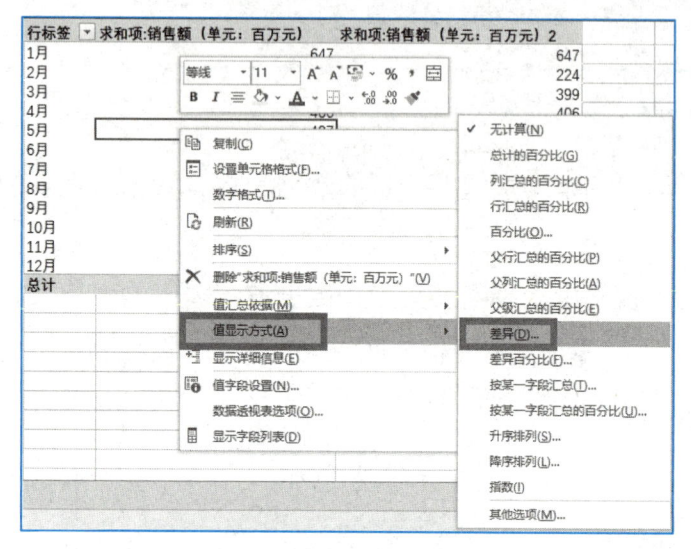

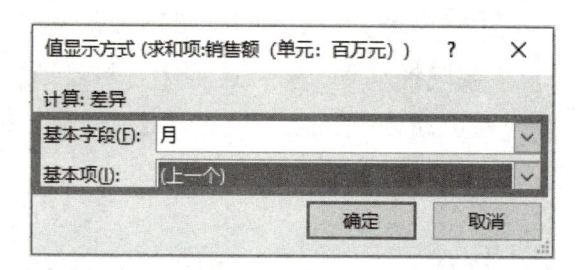

图3-98 设置"值显示方式"1　　　　图3-99 设置"基本字段"和"基本项"1

步骤3.3：选中数据透视表中"求和项：销售额（单位：百万元）2"列中的某个数据并右击，在弹出的快捷菜单中选择"值显示方式"→"差异百分比"命令，如图3-100所示。

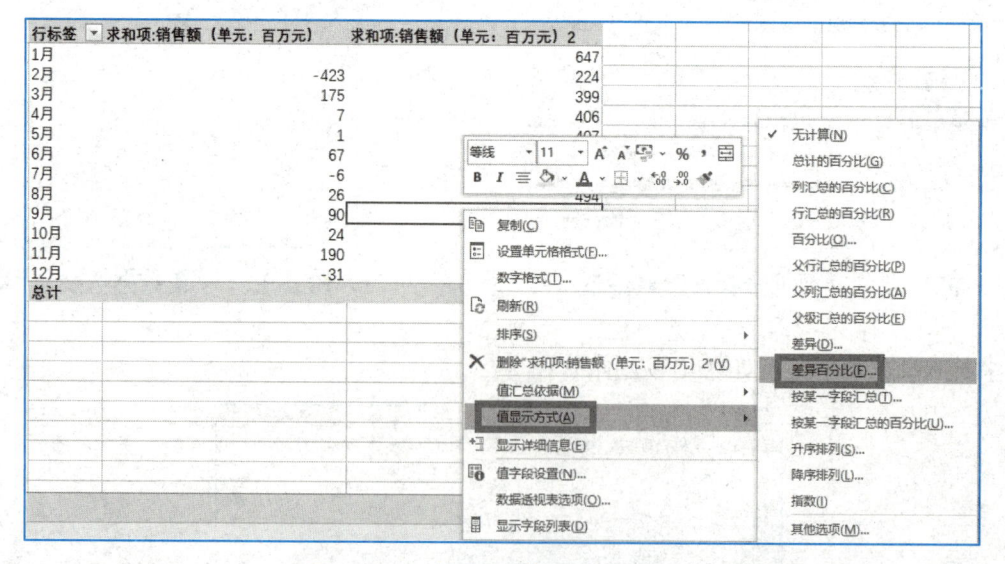

图3-100 设置"值显示方式"2

步骤3.4：在弹出的"值显示方式"对话框中设置"基本字段"为"月"，设置"基本项"为"（上一个）"，如图3-101所示。单击"确定"按钮，即可得到各月销售额的环比增长率。

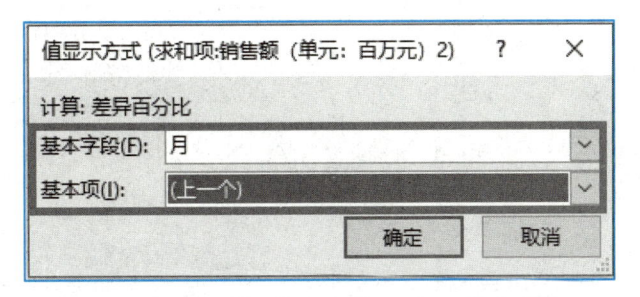

图 3-101　设置"基本字段"和"基本项"2

经过以上操作就会得到生鲜行业 2019 年各月销售额的环比增长值和环比增长率。为了方便区分，我们需要对数据透视表中的环比增长值和环比增长率对应的表头重新命名，如图 3-102 所示。

行标签	销售额环比增长值	销售额环比增长率
1月		
2月	-423	-65.38%
3月	175	78.13%
4月	7	1.75%
5月	1	0.25%
6月	67	16.46%
7月	-6	-1.27%
8月	26	5.56%
9月	90	18.22%
10月	24	4.11%
11月	190	31.25%
12月	-31	-3.88%
总计		

图 3-102　生鲜行业 2019 年各月销售额的环比增长值和环比增长率

步骤 4：插入组合图。

步骤 4.1：选中数据透视表中的任意一个单元格，在"插入"选项卡的"图表"功能组中单击"推荐的图表"按钮，如图 3-103 所示。

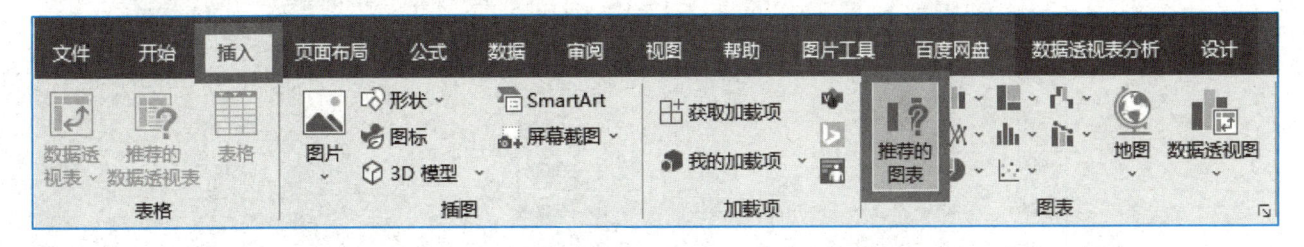

图 3-103　插入图表

步骤 4.2：在弹出的"插入图表"对话框中选择"组合图"选项；设置"销售额环比增长值"为"簇状柱形图"；设置"销售额环比增长率"为"折线图"，并选中"次坐标轴"复选框，如图 3-104 所示。

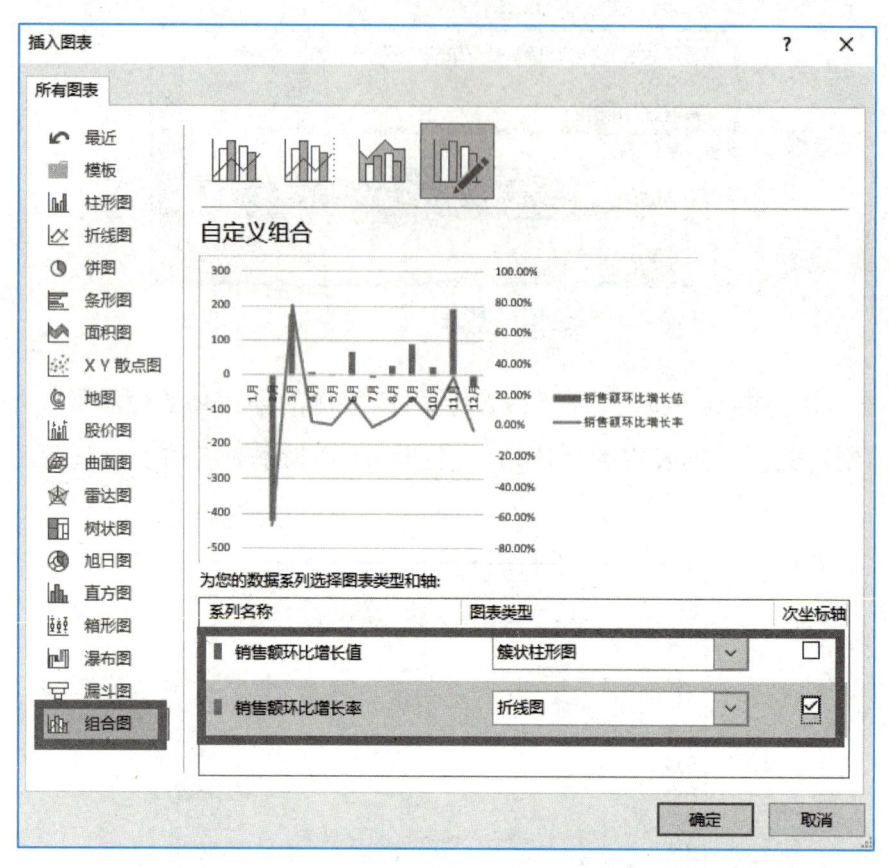

图 3-104　为组合图的数据系列设置图表类型和坐标轴

步骤 4.3：单击"确定"按钮，就会生成生鲜行业 2019 年各月销售额环比增长值和环比增长率的组合图，如图 3-105 所示。

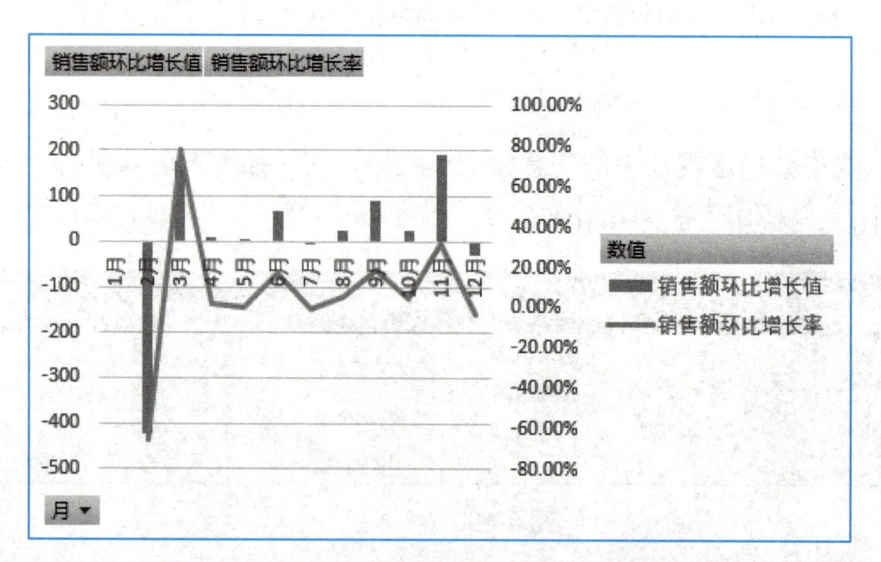

图 3-105　生鲜行业 2019 年各月销售额环比增长值和环比增长率的组合图

步骤 5：对行业销售额进行环比分析。

根据图 3-102 和图 3-105，分析生鲜行业 2019 年各月销售额的变化情况，并分析环比增长的趋势。

工作子任务三　销售数据环比分析

任务背景

在经营过程中会产生大量的销售数据,电子商务企业需要根据前期的销售数据和市场变化及时调整销售策略,以便实现销售目标。销售额是销售数据中的重点数据,电子商务企业需要对每个月的销售额进行比较分析,及时发现销售额的变化情况并找出变化的原因,从而调整相关营销策略、改善销售情况。原牧纯品旗舰店计划分析2019年下半年(2019年7—12月)的销售额数据,通过对不同月份的销售情况进行分析,支撑营销策略的优化。

任务目标

采用环比分析法,将某一期的数据和上期的数据进行比较,计算环比增长值和环比增长率,观察数据的增减变化情况。

任务要求

从企业数据中心的"取数"板块中采集原牧纯品旗舰店2019年下半年各月的销售额(支付金额)数据,并借助数据透视表分别完成环比增长值和环比增长率的计算,进而对结果数据进行分析。本子任务需对比同一年不同月的支付金额,从数据对比结果可看出本月的支付金额相比上月的支付金额的增长情况:若本月的销售情况不错,则下月还可沿用本月的销售方案;若本月的销售情况不理想,则需要进一步优化销售方案。

任务

1. 在Excel中,利用数据透视表对采集到的数据进行环比分析,提交支付金额环比增长值和环比增长率结果的截图。

2. 请对得到的结果数据进行分析,分析原牧纯品旗舰店2019年下半年各月支付金额的变化情况,找出支付金额环比增长值最大的月份。

任务操作

销售数据环比分析

借助环比分析法分析支付金额,其操作步骤及关键节点如下。

步骤1:数据获取。

下载源数据所在的文件,获取原牧纯品旗舰店2019年下半年各月的支付金额数据(单位为元),如图3-106所示。

	A	B	C
1	统计日期	月份	支付金额
2	2019-07-01 ~ 2019-07-31	2019年7月	0.00
3	2019-08-01 ~ 2019-08-31	2019年8月	0.00
4	2019-09-01 ~ 2019-09-30	2019年9月	15773.02
5	2019-10-01 ~ 2019-10-31	2019年10月	49494.27
6	2019-11-01 ~ 2019-11-30	2019年11月	68967.76
7	2019-12-01 ~ 2019-12-31	2019年12月	75025.46

图 3-106 原牧纯品旗舰店 2019 年下半年各月的支付金额数据

步骤 2：创建数据透视表。

步骤 2.1：选中 A1:C7 单元格区域，在"插入"选项卡的"表格"功能组中单击"数据透视表"按钮，如图 3-107 所示。

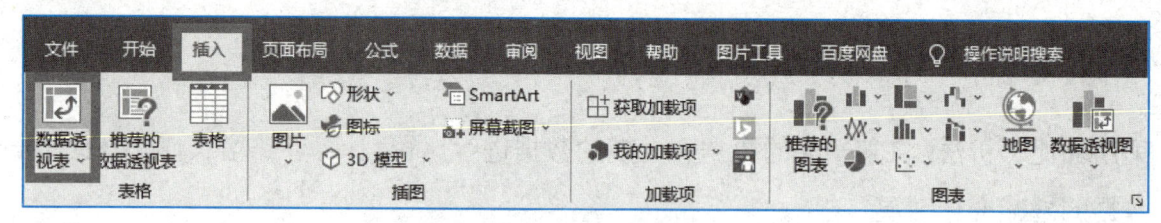

图 3-107 插入数据透视表

步骤 2.2：在弹出的"创建数据透视表"对话框中选择要分析的数据和放置数据透视表的位置，单击"确定"按钮，如图 3-108 所示。

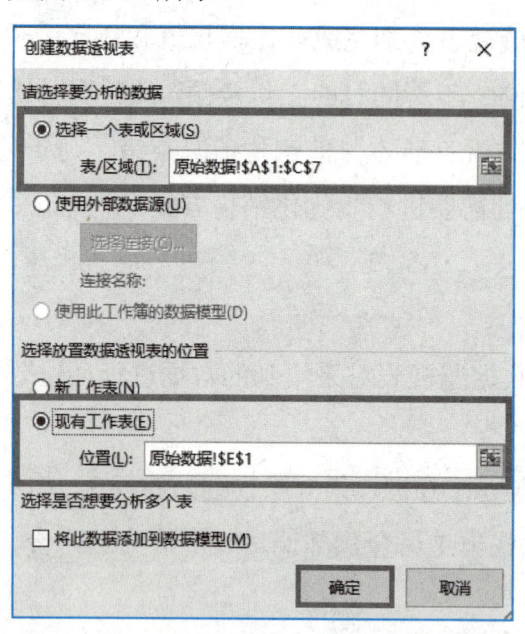

图 3-108 "创建数据透视表"对话框

步骤 2.3：在打开的"数据透视表字段"窗格中选择需要呈现在数据透视表中的字段。将"月"字段拖动到"行"区域中，将"支付金额"字段拖动到"值"区域中（注意：需拖动"支付金额"字段两次到"值"区域中），如图 3-109 所示。

最终生成的数据透视表如图 3-110 所示。

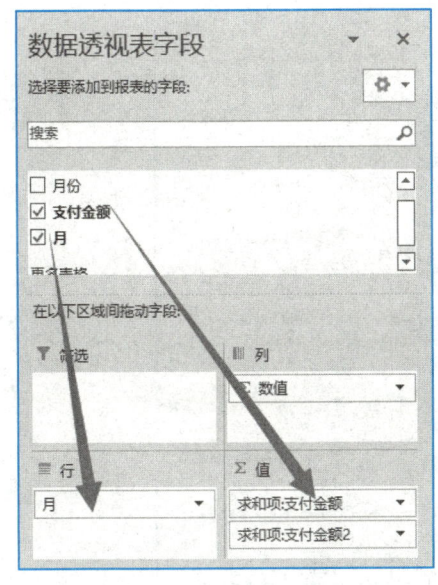

图 3-109　设置数据透视表字段

图 3-110　数据透视表

步骤 3：计算环比增长值和环比增长率。

步骤 3.1：选中数据透视表中"求和项：支付金额"列中的某个数据并右击，在弹出的快捷菜单中选择"值显示方式"→"差异"命令，如图 3-111 所示。

步骤 3.2：在弹出的"值显示方式"对话框中设置"基本字段"为"月"，设置"基本项"为"（上一个）"，如图 3-112 所示。单击"确定"按钮，即可得到各月支付金额的环比增长值。

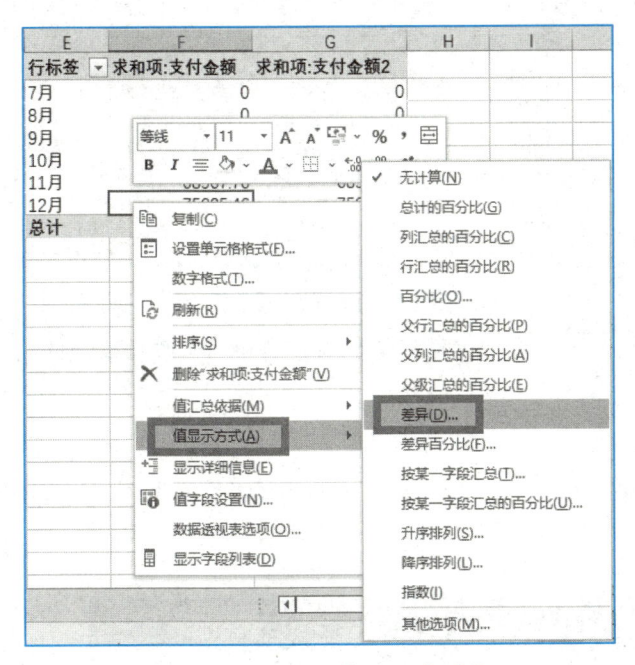

图 3-111　设置"值显示方式"1

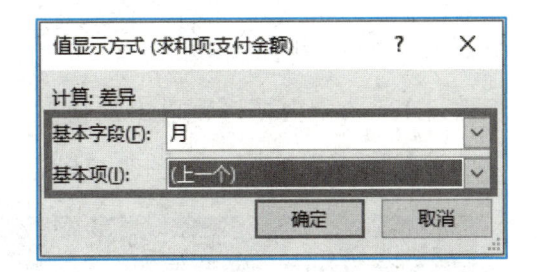

图 3-112　设置"基本字段"和"基本项"1

步骤 3.3：选中数据透视表中"求和项：支付金额 2"列中的某个数据并右击，在弹出的快捷菜单中选择"值显示方式"→"差异百分比"命令，如图 3-113 所示。

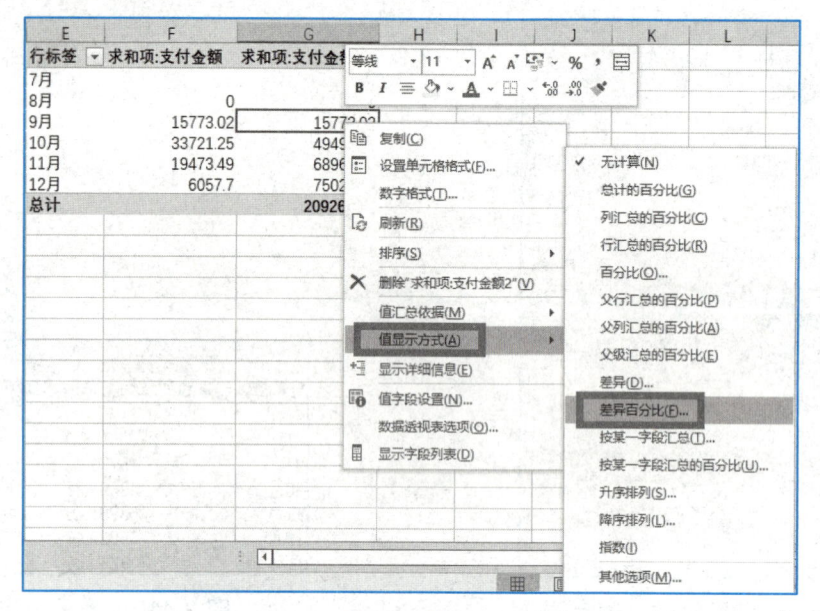

图 3-113 设置"值显示方式"2

步骤 3.4：在弹出的"值显示方式"对话框中设置"基本字段"为"月"，设置"基本项"为"（上一个）"，如图 3-114 所示。单击"确定"按钮，即可得到各月支付金额的环比增长率。

经过以上操作就会得到原牧纯品旗舰店 2019 年下半年各月支付金额的环比增长值和环比增长率。为了方便区分，我们需要对数据透视表中的环比增长值和环比增长率对应的表头重新命名，如图 3-115 所示。

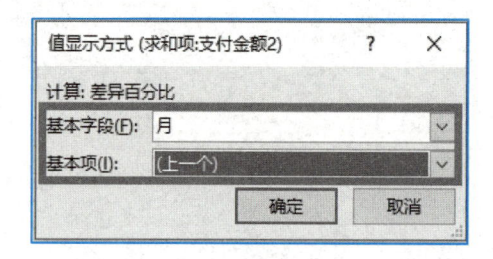

图 3-114 设置"基本字段"和"基本项"2

图 3-115 原牧纯品旗舰店 2019 年下半年各月支付金额的环比增长值和环比增长率

步骤 4：插入组合图。

步骤 4.1：选中数据透视表中的任意一个单元格，在"插入"选项卡的"图表"功能组中单击"推荐的图表"按钮，如图 3-116 所示。

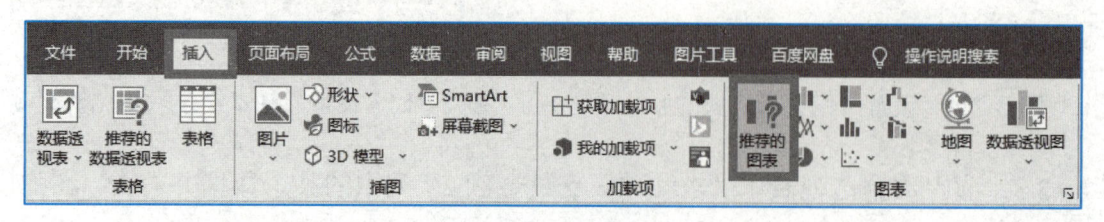

图 3-116 插入图表

步骤 4.2：在弹出的"插入图表"对话框中选择"组合图"选项；设置"支付金额环比增长值"为"簇状柱形图"；设置"支付金额环比增长率"为"折线图"，并选中"次坐标轴"复选框，如图 3-117 所示。

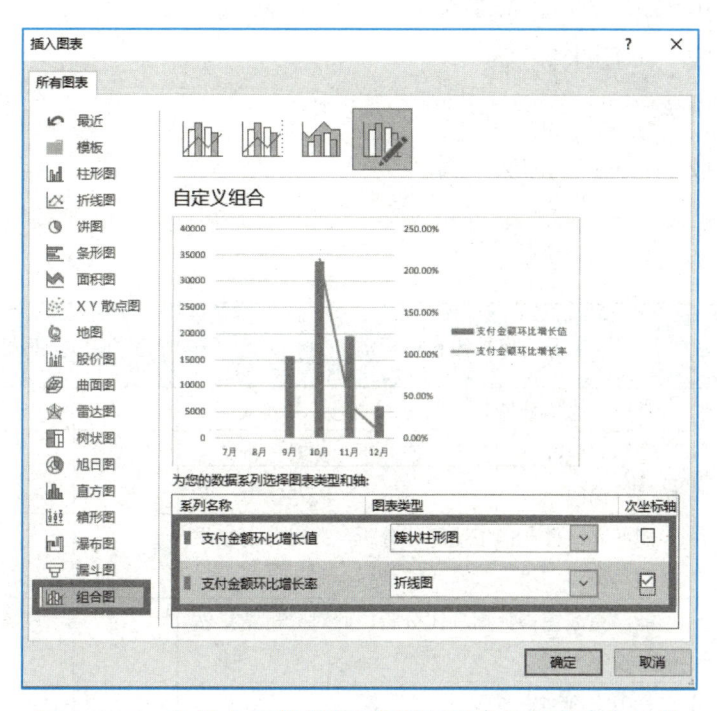

图 3-117　为组合图的数据系列设置图表类型和坐标轴

步骤 4.3：单击"确定"按钮，就会生成原牧纯品旗舰店 2019 年下半年各月支付金额环比增长值和环比增长率的组合图，如图 3-118 所示。

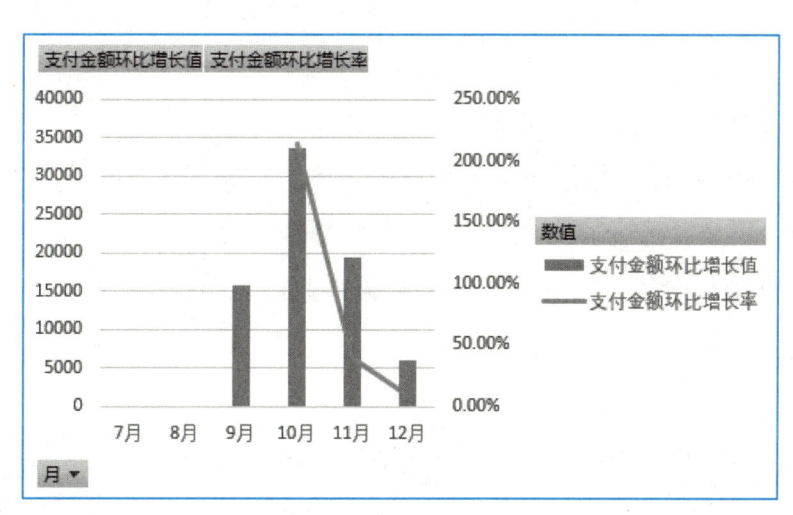

图 3-118　原牧纯品旗舰店 2019 年下半年各月支付金额环比增长值和环比增长率的组合图

步骤 5：对销售数据进行环比分析。

根据图 3-115 和图 3-118，分析原牧纯品旗舰店 2019 年下半年各月支付金额的变化情况，找出支付金额环比增长值最大的月份。

工作结束

数据整理及备份：□完成　　□未完成

关机检查：□正常关机　　□强行关机　　□未关机

整理桌面：□完成　　□未完成

地面卫生检查：□完成　　□未完成

整理椅子：□完成　　□未完成

任务评价

类别	序号	考核项目	考核内容及要求	优秀	良好	合格	较差
技术考核	1	质量	掌握环比增长值和环比增长率的计算公式				
	2		能够完成商品访客数环比分析，并对分析结果做简单说明				
	3		能够完成行业销售额环比分析，并对分析结果做简单说明				
	4		能够完成销售数据环比分析，并对分析结果做简单说明				
非技术考核	5	态度	学习态度端正				
	6	纪律	遵守纪律				
	7	协作	有交流、团队合作				
	8	文明	保持安静，清理场所				

任务拓展

任务名称：商品销售数据环比分析。

任务背景：淘宝"双12"是每年备受瞩目的电商大促节日。小明的零食网店主要经营面包、蛋糕、点心等小零食，今年也参加了"双12"大促活动。

任务要求：根据某款面包一段时间的销售数据，完成以下任务。

任务

1. 计算每日访客数和支付金额的环比增长值、环比增长率，并上传截图。

2. 访客数日环比增长率最大的值是_____（计算结果使用百分数，四舍五入，保留两位小数）。

3. 分析这款商品支付金额环比增长值在哪一天最大，试着从访客数、转化率等方面分析原因。

商品销售数据环比分析源数据

工作任务五　频数分析

任务目标

- 能够对商品数据进行频数分析。
- 能够对市场数据进行频数分析。
- 能够对运营数据进行频数分析。
- 能够运用图表美化技巧对制作完成的直方图的呈现效果进行优化。
- 能够就完成的频数分析结果形成有效的分析结论。
- 能够对进行分析的电子商务数据及分析结果严格保密。
- 能够具备科学、严谨的职业态度，在频数分析过程中，做到一丝不苟、精益求精。

任务导图

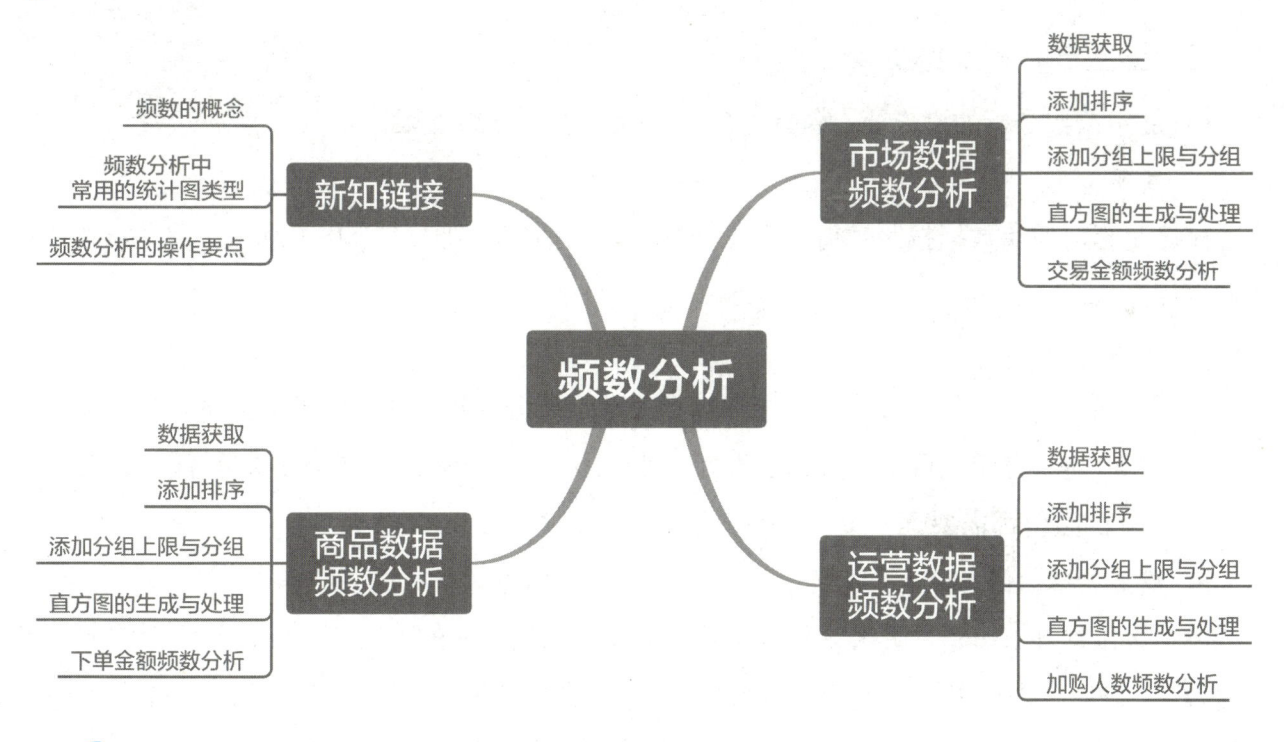

```
                频数的概念
                频数分析中          新知链接                    市场数据        数据获取
                常用的统计图类型                                频数分析        添加排序
                频数分析的操作要点                                              添加分组上限与分组
                                                                              直方图的生成与处理
                                        频数分析                              交易金额频数分析

                数据获取
                添加排序
                添加分组上限与分组    商品数据                  运营数据        数据获取
                直方图的生成与处理    频数分析                  频数分析        添加排序
                下单金额频数分析                                              添加分组上限与分组
                                                                              直方图的生成与处理
                                                                              加购人数频数分析
```

新知链接

一、频数的概念

频数又称次数，是变量值中代表某种特征的数（标志值）出现的次数。落在不同小组中的数据个数为该组的频数，各组频数的总和等于总体的全部单位数。每个小组的频数与数据总数的比值称为频率。

频数（频率）表明对应组标志值的作用程度。频数（频率）数值越大，表明该组标志值对总体水平所起的作用越大；反之，频数（频率）数值越小，表明该组标志值对总体水平所起的作用越小。

二、频数分析中常用的统计图类型

1. 直方图

直方图是用矩形的面积来表示频数分布情况的图形，一般在直方图上还会加上展示频率变化的趋势线。

2. 条形图

条形图是用宽度相同的矩形，通过矩形长短或高低来表示频数的变化情况的图形。条形图的横坐标或纵坐标都可以用来表示频数，也可以用来表示频率。

3. 饼图

饼图是用圆形中的扇形来表示频率变化和分布情况的图形。饼图中的扇形可以表示频数，也可以表示频率。

三、频数分析的操作要点

Excel 中频数分析的操作要点包括排序、分组、设置分组上限。

1. 排序

排序是指对原始数据按照数值大小进行排序，包括从小到大（升序）和从大到小（降序）两种排序方式。

2. 分组

分组是指对将要进行频数分析的指标进行分组，所分的组即指标需要落到的区间。例如，对数值 1～50 进行分组，可以将其分组设定为 1～10、10～20、20～30 等，即所有大于或等于 1 且小于 10 的数值都需要落在 1～10 的分组中，以此类推。

3. 设置分组上限

分组上限即在 Excel 中做频数分布表时，某分组频数对应的上限值。当相邻两组的上、下限重叠时，分组上限可以设置为分组最大数值-1，如分组"40～50"的上限与其相邻分组"50～60"的下限都为 50，那么分组"40～50"的分组上限可以设置为 50-1=49。

工作子任务一　商品数据频数分析

任务背景

频数是变量值出现在某个类别或区间中的次数，通过频数分析能够了解变量取值的情况及数据的分布特征。原牧纯品旗舰店主要经营冷冻鸡肉食品，如鸡翅中、鸡腿等。为了明确下单金额的分布情况，运营人员需要对 2020 年 2 月 8 日—3 月 8 日的下单金额进行频数分析。

任务目标

完成 2020 年 2 月 8 日—3 月 8 日下单金额频数分析，明确该时间段下单金额的分布情况。

任务要求

使用 Excel 中的直方图工具进行 2020 年 2 月 8 日—3 月 8 日下单金额的频数分析。在进行分组时，从 0 开始，第 1~5 个分组的间隔为 200，第 6、第 7 个分组的间隔为 500，最后一个分组的间隔为 1000。

任务

1. 完成商品数据频数分析，上传操作结果的截图。

2. 在对原牧纯品旗舰店的下单金额进行频数分析时，分组对应的分组上限从小到大依次是_____、_____、_____、_____、_____、_____、_____、_____。

3. 2020 年 2 月 8 日—3 月 8 日，下单金额频数最大的分组和对应的频数分别是_____、_____，下单金额频数排名第二的分组和对应的频数分别是_____、_____，下单金额频数排名第三的分组和对应的频数分别是_____、_____，下单金额频数排名第四的分组和对应的频数分别是_____、_____。

商品数据频数分析

任务操作

使用 Excel 中的直方图工具进行下单金额频数分析，会自动生成下单金额频数直方图，运营人员可以从该图中直观地看到下单金额频数分布情况，进而展开分析。下单金额频数分析的操作步骤及关键节点如下。

步骤 1：数据获取。

下载源数据所在的文件，获取 2020 年 2 月 8 日—3 月 8 日的下单金额数据（单位为元），如图 3-119 所示。

步骤 2：添加排序。

步骤 2.1：将 C 列"下单金额"中的数据复制到 D 列，并修改 D 列的标题为"下单金额排序"，如图 3-120 所示。

	A	B	C
1	统计日期	商品名称	下单金额
2	2020-02-08	原牧纯品绿鸟童子鸡600g生鲜冷冻农家散养鸡整只（赠美味骨汤包）	925.45
3	2020-02-08	原牧纯品绿鸟鸡翅根500g/袋 生鲜冷冻生鸡肉清真烧烤食材正品	457.42
4	2020-02-08	原牧纯品绿鸟鸡翅中500g 冷冻生制品生鸡翅烧烤烤肉食材正品	1,306.06
5	2020-02-08	原牧纯品绿鸟乌骨鸡700g 冷冻生鲜黑乌鸡炖汤滋补（赠美味汤包）	634.75
6	2020-02-08	原牧纯品绿鸟冷冻鸡腿琵琶腿500g 清真鸡大腿烧烤炸鸡腿正品	596.44
7	2020-02-08	原牧纯品绿鸟牧鸡900g生鲜冷冻鸡肉整只红烧煲汤（赠美味骨汤包）	733.32
8	2020-02-08	原牧纯品绿鸟汤鸡800g 冷冻鸡肉农家散养鸡炖汤（赠美味骨汤包）	534.84
9	2020-02-08	原牧纯品绿鸟鸡小胸500g 生鲜冷冻鸡胸肉烤肉食材鸡脯肉正品	754.66
10	2020-02-08	原牧纯品草原鸡1000g 冷冻鸡肉草原农家散养土鸡绿色健康正品	221.05
11	2020-02-08	原牧纯品老母鸡1300g 冷冻散养土鸡走地老母鸡 清真烤鸡正品	340.81
12	2020-02-09	原牧纯品绿鸟童子鸡600g生鲜冷冻农家散养鸡整只（赠美味骨汤包）	438.26
13	2020-02-09	原牧纯品绿鸟鸡翅根500g/袋 生鲜冷冻生鸡肉清真烧烤食材正品	602.08
14	2020-02-09	原牧纯品绿鸟鸡翅中500g 冷冻生制品生鸡翅烧烤烤肉食材正品	1,650.84
15	2020-02-09	原牧纯品绿鸟乌骨鸡700g 冷冻生鲜黑乌鸡炖汤滋补（赠美味汤包）	367.61
16	2020-02-09	原牧纯品绿鸟冷冻鸡腿琵琶腿500g 清真鸡大腿烧烤炸鸡腿正品	595.17
17	2020-02-09	原牧纯品绿鸟牧鸡900g生鲜冷冻鸡肉整只红烧煲汤（赠美味骨汤包）	464.7
18	2020-02-09	原牧纯品绿鸟汤鸡800g 冷冻鸡肉农家散养鸡炖汤（赠美味骨汤包）	371.73
19	2020-02-09	原牧纯品绿鸟鸡小胸500g 生鲜冷冻鸡胸肉烤肉食材鸡脯肉正品	594.12
20	2020-02-09	原牧纯品草原鸡1000g 冷冻鸡肉草原农家散养土鸡绿色健康正品	264.89
21	2020-02-09	原牧纯品老母鸡1300g 冷冻散养土鸡走地老母鸡 清真烤鸡正品	0
22	2020-02-10	原牧纯品绿鸟童子鸡600g生鲜冷冻农家散养鸡整只（赠美味骨汤包）	437.35
23	2020-02-10	原牧纯品绿鸟鸡翅根500g/袋 生鲜冷冻生鸡肉清真烧烤食材正品	578.65
24	2020-02-10	原牧纯品绿鸟鸡翅中500g 冷冻生制品生鸡翅烧烤烤肉食材正品	1,167.58
25	2020-02-10	原牧纯品绿鸟乌骨鸡700g 冷冻生鲜黑乌鸡炖汤滋补（赠美味汤包）	295.24
26	2020-02-10	原牧纯品绿鸟冷冻鸡腿琵琶腿500g 清真鸡大腿烧烤炸鸡腿正品	984.44
27	2020-02-10	原牧纯品绿鸟牧鸡900g生鲜冷冻鸡肉整只红烧煲汤（赠美味骨汤包）	325.99
28	2020-02-10	原牧纯品绿鸟汤鸡800g 冷冻鸡肉农家散养鸡炖汤（赠美味骨汤包）	220.5
29	2020-02-10	原牧纯品绿鸟鸡小胸500g 生鲜冷冻鸡胸肉烤肉食材鸡脯肉正品	768.88

图 3-119　2020 年 2 月 8 日—3 月 8 日的下单金额数据（部分）

	A	B	C	D
1	统计日期	商品名称	下单金额	下单金额排序
2	2020-02-08	纯品绿鸟童子鸡600g生鲜冷冻农家散养鸡整只（赠美味骨汤包	925.45	925.45
3	2020-02-08	原牧纯品绿鸟鸡翅根500g/袋 生鲜冷冻生鸡肉清真烧烤食材正品	457.42	457.42
4	2020-02-08	原牧纯品绿鸟鸡翅中500g 冷冻生制品生鸡翅烧烤烤肉食材正品	1,306.06	1,306.06
5	2020-02-08	纯品绿鸟乌骨鸡700g 冷冻生鲜黑乌鸡炖汤滋补（赠美味汤包	634.75	634.75
6	2020-02-08	原牧纯品绿鸟冷冻鸡腿琵琶腿500g 清真鸡大腿烧烤炸鸡腿正品	596.44	596.44
7	2020-02-08	纯品绿鸟牧鸡900g生鲜冷冻鸡肉整只红烧煲汤（赠美味骨汤包	733.32	733.32
8	2020-02-08	纯品绿鸟汤鸡800g 冷冻鸡肉农家散养鸡炖汤（赠美味骨汤包	534.84	534.84
9	2020-02-08	原牧纯品绿鸟鸡小胸500g 生鲜冷冻鸡胸肉烤肉食材鸡脯肉正品	754.66	754.66
10	2020-02-08	纯品草原鸡1000g 冷冻鸡肉草原农家散养土鸡绿色健康正品	221.05	221.05
11	2020-02-08	纯品老母鸡1300g 冷冻散养土鸡走地老母鸡 清真烤鸡正品	340.81	340.81
12	2020-02-09	纯品绿鸟童子鸡600g生鲜冷冻农家散养鸡整只（赠美味骨汤包	438.26	438.26
13	2020-02-09	原牧纯品绿鸟鸡翅根500g/袋 生鲜冷冻生鸡肉清真烧烤食材正品	602.08	602.08
14	2020-02-09	原牧纯品绿鸟鸡翅中500g 冷冻生制品生鸡翅烧烤烤肉食材正品	1,650.84	1,650.84
15	2020-02-09	纯品乌骨鸡700g 冷冻生鲜黑乌鸡炖汤滋补（赠美味汤包	367.61	367.61
16	2020-02-09	原牧纯品绿鸟冷冻鸡腿琵琶腿500g 清真鸡大腿烧烤炸鸡腿正品	595.17	595.17

图 3-120　添加"下单金额排序"列后的效果（部分）

步骤 2.2：选中 D1:D301 单元格区域，右击，在弹出的快捷菜单中选择"排序"→"升序"命令，在弹出的"排序提醒"对话框中选中"以当前选定区域排序"单选按钮，如图 3-121 和图 3-122 所示。单击"排序"按钮，排序后的效果如图 3-123 所示。

工作领域三　数据处理与描述性分析

图 3-121　升序排序操作界面

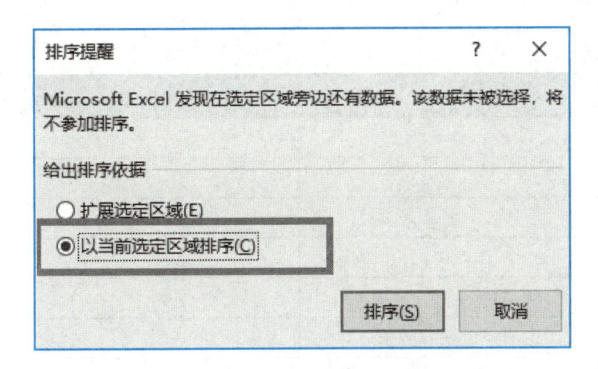

图 3-122　选中"以当前选定区域排序"单选按钮

图 3-123　排序后的效果（部分）

127

20	2020-02-09	原牧纯品草原鸡1000g 冷冻鸡肉草原农家散养土鸡绿色健康正品	264.89	0
21	2020-02-09	原牧纯品老母鸡1300g 冷冻散养土鸡走地老母鸡 清真烤鸡正品	0	0
22	2020-02-10	原牧纯品绿鸟童子鸡600g生鲜冷冻农家散养鸡整只 (赠美味骨包)	437.35	0
23	2020-02-10	原牧纯品绿鸟鸡翅根500g/袋 生鲜冷冻生鸡肉清真烧烤食材正品	578.65	0
24	2020-02-10	原牧纯品绿鸟鸡翅中500g 冷冻生制品生鸡翅烧烤烤肉食材正品	1,167.58	19.71
25	2020-02-10	原牧纯品绿鸟乌骨鸡700g 冷冻生鲜黑乌鸡炖汤滋补 (赠美味汤包)	295.24	20.55
26	2020-02-10	原牧纯品绿鸟冷冻鸡腿琵琶腿500g 清真大腿烧烤炸鸡腿正品	984.44	21.49
27	2020-02-10	原牧纯品绿鸟牧鸡900g生鲜冷冻鸡肉整只红烧煲汤 (赠美味汤包)	325.99	40.51
28	2020-02-10	原牧纯品绿鸟汤鸡800g 冷冻鸡肉农家散养鸡炖汤 (赠美味骨包)	220.5	40.81
29	2020-02-10	原牧纯品绿鸟小胸500g 生鲜冷冻鸡胸肉烤肉食材鸡脯肉正品	768.88	43.86
30	2020-02-10	原牧纯品草原鸡1000g 冷冻鸡肉草原农家散养土鸡绿色健康正品	0	61.12
31	2020-02-10	原牧纯品老母鸡1300g 冷冻散养土鸡走地老母鸡 清真烤鸡正品	166.16	66.43
32	2020-02-11	原牧纯品绿鸟童子鸡600g生鲜冷冻农家散养鸡整只 (赠美味骨包)	512.27	80.75
33	2020-02-11	原牧纯品绿鸟鸡翅根500g/袋 生鲜冷冻生鸡肉清真烧烤食材正品	426.44	83.14
34	2020-02-11	原牧纯品绿鸟鸡翅中500g 冷冻生制品生鸡翅烧烤烤肉食材正品	741.15	83.87
35	2020-02-11	原牧纯品绿鸟乌骨鸡700g 冷冻生鲜黑乌鸡炖汤滋补 (赠美味汤包)	120.29	88.34
36	2020-02-11	原牧纯品绿鸟冷冻鸡腿琵琶腿500g 清真大腿烧烤炸鸡腿正品	317.8	99.52
37	2020-02-11	原牧纯品绿鸟牧鸡900g生鲜冷冻鸡肉整只红烧煲汤 (赠美味骨包)	555.93	104.28
38	2020-02-11	原牧纯品绿鸟汤鸡800g 冷冻鸡肉农家散养鸡炖汤 (赠美味骨包)	202.81	104.54
39	2020-02-11	原牧纯品绿鸟小胸500g 生鲜冷冻鸡胸肉烤肉食材鸡脯肉正品	680.68	107.16
40	2020-02-11	原牧纯品草原鸡1000g 冷冻鸡肉草原农家散养土鸡绿色健康正品	164.7	108.58

图 3-123 排序后的效果（部分）（续）

步骤 3：添加分组上限与分组。

在 E1 单元格中输入列标题"分组上限"，在 F1 单元格中输入列标题"分组"。根据任务要求，在进行分组时，从 0 开始，第 1~5 个分组的间隔为 200，第 6、第 7 个分组的间隔为 500，最后一个分组的间隔为 1000，将对应的分组上限与分组填写在表 3-1 中。

表 3-1 分组上限与分组

E	F
分组上限	分组

步骤 4：直方图的生成与处理。

步骤 4.1：添加"数据分析"加载项，在"数据"选项卡的"分析"功能组中单击"数据分析"按钮，如图 3-124 所示。

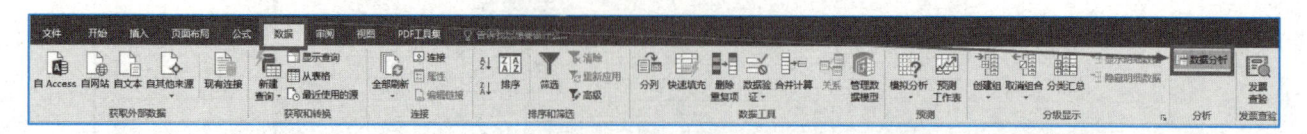

图 3-124 添加"数据分析"加载项并单击"数据分析"按钮

步骤 4.2：在弹出的"数据分析"对话框中选择"直方图"选项，单击"确定"按钮，如

图 3-125 所示。

步骤 4.3：在弹出的"直方图"对话框的"输入区域"文本框中输入排序后的下单金额数据所在的单元格区域，在"接收区域"文本框中输入分组上限数据所在的单元格区域，在"输出区域"文本框中输入将要形成表格的起始位置，选中"累积百分率"和"图表输出"复选框，单击"确定"按钮，如图 3-126 所示。

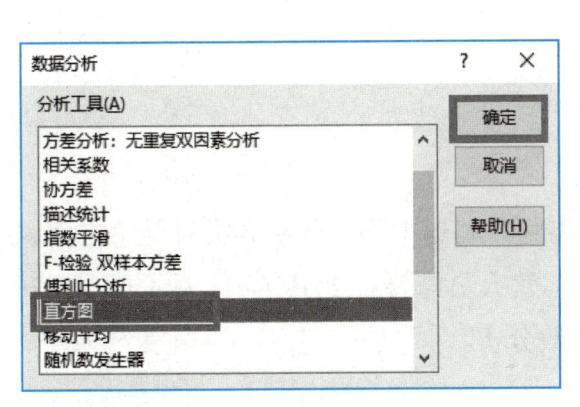

图 3-125 "数据分析"对话框

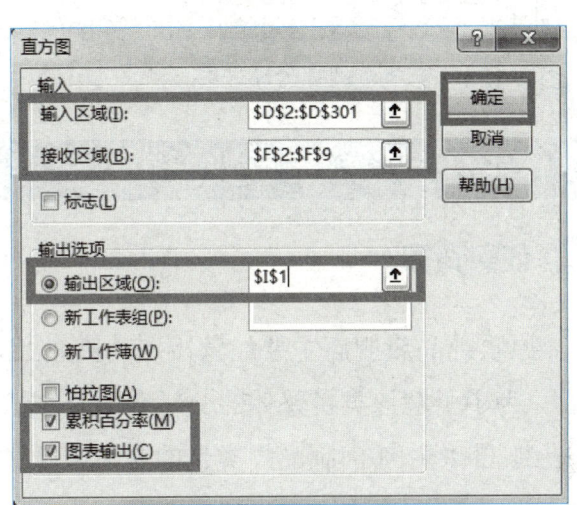

图 3-126 "直方图"对话框

步骤 4.4：选中直方图中的任意一个矩形，右击，在弹出的快捷菜单中选择"添加数据标签"命令，如图 3-127 所示。

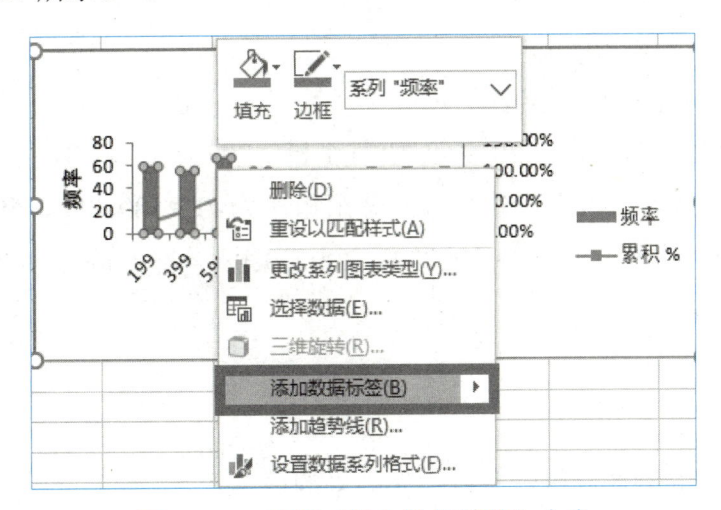

图 3-127 选择"添加数据标签"命令

经过以上操作，最终生成下单金额频数统计表和下单金额频数分析直方图，如图 3-128 和图 3-129 所示。

步骤 5：下单金额频数分析。

结合上述操作结果，明确 2020 年 2 月 8 日—3 月 8 日下单金额的分布情况。

接收	频率	累积%
199	59	19.67%
399	55	38.00%
599	66	60.00%
799	54	78.00%
999	24	86.00%
1499	25	94.33%
1999	13	98.67%
2999	4	100.00%
其他	0	100.00%

图 3-128　下单金额频数统计表

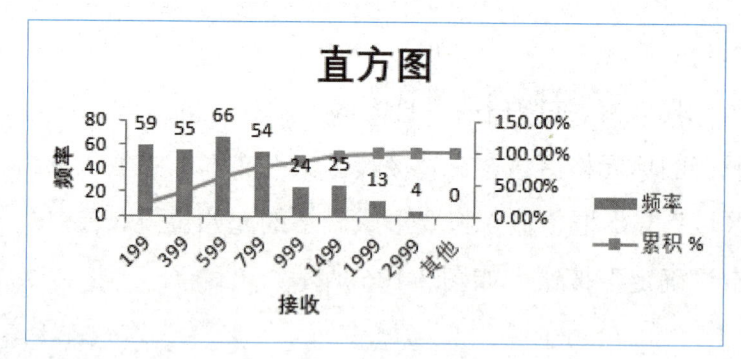

图 3-129　下单金额频数分析直方图

工作子任务二　市场数据频数分析

任务背景

原牧纯品旗舰店主要经营冷冻鸡肉食品，如鸡胸、鸡翅中等，其所属类目是"生肉/肉制品"。为了了解该类目整体的交易金额分布情况，运营人员需要对 2019 年 11 月 1 日—2020 年 1 月 31 日"生肉/肉制品"类目的交易金额进行频数分析。

任务目标

完成 2019 年 11 月 1 日—2020 年 1 月 31 日"生肉/肉制品"类目交易金额频数分析，明确 2019 年 11 月 1 日—2020 年 1 月 31 日"生肉/肉制品"类目交易金额的分布情况。

任务要求

使用 Excel 中的直方图工具对 2019 年 11 月 1 日—2020 年 1 月 31 日"生肉/肉制品"类目的交易金额进行频数分析。在进行分组时，分组依次为 0～5000000、5000000～10000000、10000000～20000000、20000000～30000000、30000000～40000000、40000000～50000000、50000000～200000000。

任务

1. 完成市场数据的频数分析，上传操作结果的截图。
2. "生肉/肉制品"类目的交易金额频数最大的分组和对应的频数分别是_____、_____，频数最小的分组和对应的频数分别是_____、_____。

市场数据频数分析

任务操作

市场数据频数分析的操作步骤及关键节点如下。

步骤 1：数据获取。

下载源数据所在的文件，获取 2019 年 11 月 1 日—2020 年 1 月 31 日"生肉/肉制品"类目的交易金额数据（单位为元），如图 3-130 所示。

步骤 2：添加排序。

步骤 2.1：将 D 列"交易金额"中的数据复制到 E 列，并修改 E 列的标题为"交易金额排序"，如图 3-131 所示。

图 3-130　2019 年 11 月 1 日—2020 年 1 月 3 日"生肉/肉制品"类目的交易金额数据（部分）

图 3-131　添加"交易金额排序"列后的效果（部分）

步骤 2.2：选中 E1:E103 单元格区域，右击，在弹出的快捷菜单中选择"排序"→"升序"

命令，在弹出的"排序提醒"对话框中选中"以当前选定区域排序"单选按钮，如图 3-132 和图 3-133 所示。单击"排序"按钮，排序后的效果如图 3-134 所示。

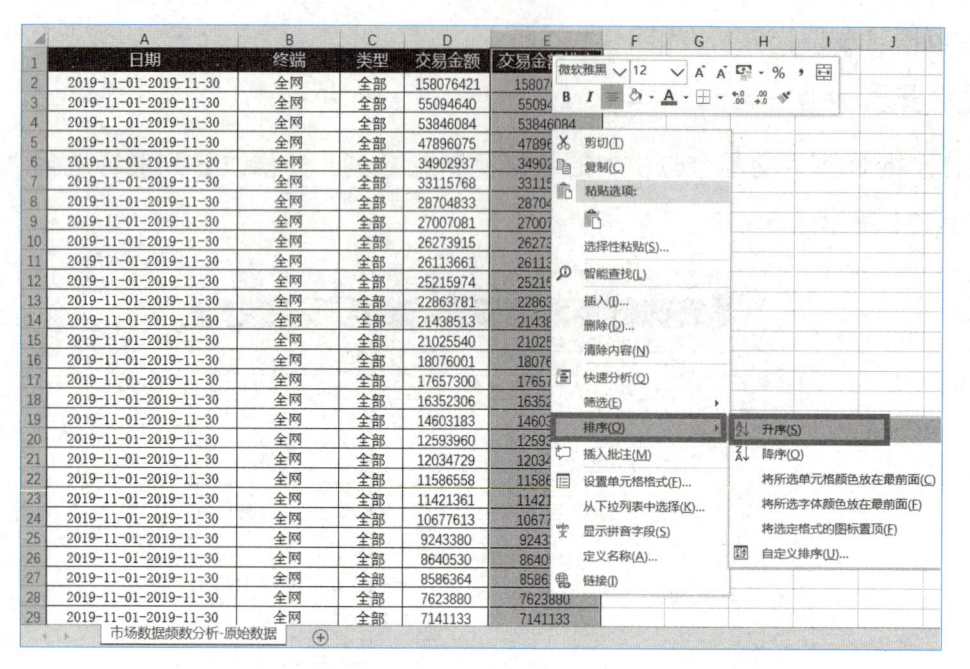

图 3-132　升序排序操作界面

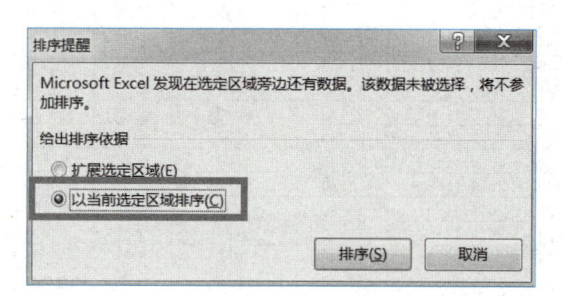

图 3-133　选中"以当前选定区域排序"单选按钮

图 3-134　排序后的效果（部分）

步骤 3：添加分组上限与分组。

在 F1 单元格中输入列标题"分组上限"，在 G1 单元格中输入列标题"分组"。根据任务要求，将分组上限与分组填写在表 3-2 中。

表 3-2 分组上限与分组

F	G
分组上限	分组

步骤 4：直方图的生成与处理。

步骤 4.1：在"数据"选项卡的"分析"功能组中单击"数据分析"按钮，如图 3-135 所示。

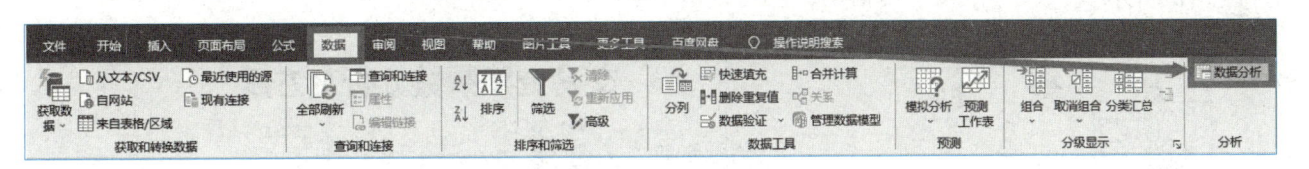

图 3-135 单击"数据分析"按钮

步骤 4.2：在弹出的"数据分析"对话框中选择"直方图"选项，单击"确定"按钮，如图 3-136 所示。

步骤 4.3：在弹出的"直方图"对话框的"输入区域"文本框中输入排序后的交易金额数据所在的单元格区域，在"接收区域"文本框中输入分组上限数据所在的单元格区域，在"输出区域"文本框中输入将要形成表格的起始位置，选中"累积百分率"和"图表输出"复选框，单击"确定"按钮，如图 3-137 所示。

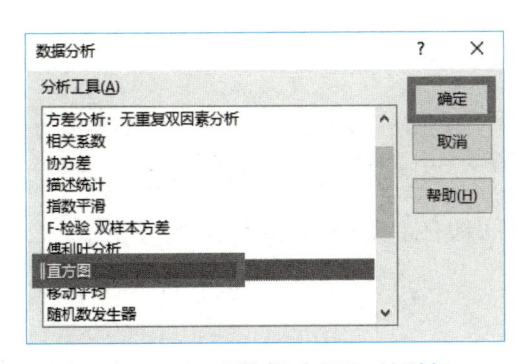

图 3-136 "数据分析"对话框

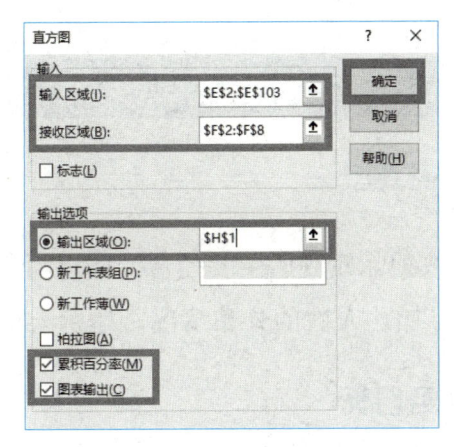

图 3-137 "直方图"对话框

步骤 4.4：选中直方图中的任意一个矩形，右击，在弹出的快捷菜单中选择"添加数据标签"命令，如图 3-138 所示。

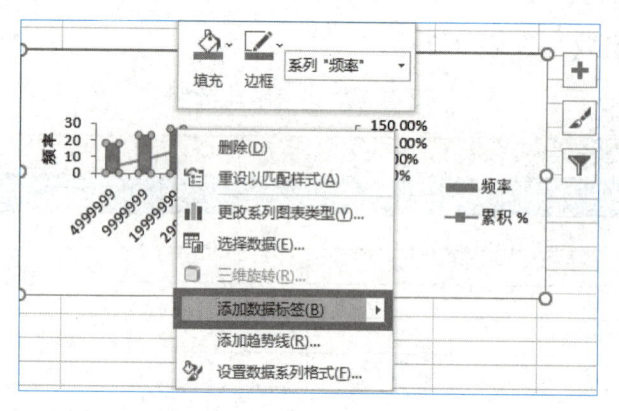

图 3-138 选择"添加数据标签"命令

步骤 4.5：将直方图的标题修改为"交易金额频数分析直方图"。

经过以上操作，最终生成交易金额频数统计表和交易金额频数分析直方图，如图 3-139 和图 3-140 所示。

接收	频率	累积 %
4999999	18	17.65%
9999999	23	40.20%
19999999	27	66.67%
29999999	18	84.31%
39999999	6	90.20%
49999999	4	94.12%
199999999	6	100.00%
其他	0	100.00%

图 3-139 交易金额频数统计表

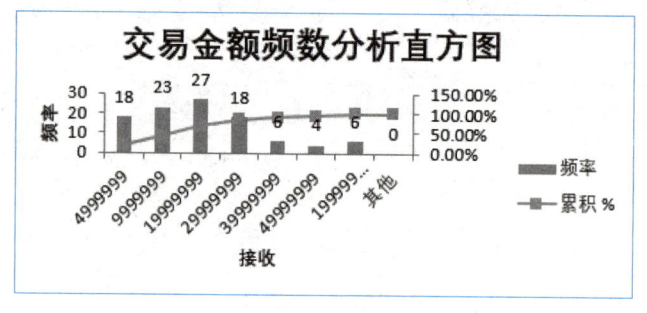

图 3-140 交易金额频数分析直方图

步骤 5：交易金额频数分析。

结合上述操作结果，明确 2019 年 11 月 1 日—2020 年 1 月 31 日"生肉/肉制品"类目交易金额的分布情况。

工作子任务三 运营数据频数分析

任务背景

原牧纯品旗舰店主要经营冷冻鸡肉食品，如鸡翅中、鸡腿等。为了明确 2020 年 2 月 8 日—3 月 8 日加购人数的分布情况，运营人员需要对该时间段的加购人数进行频数分析。

任务目标

完成 2020 年 2 月 8 日—3 月 8 日加购人数频数分析，明确该时间段加购人数的分布情况。

任务要求

使用 Excel 中的直方图工具进行加购人数频数分析。在进行分组时，从 0 开始，第 1 个分组的间隔为 100，后几个分组的间隔为 50（分组区间为 0～300）。

任务

1. 完成运营数据频数分析，上传操作结果。
2. 在对加购人数进行分组时，所分的组按数值从小到大排依次是_____、_____、_____、_____、_____；对应的分组上限从小到大依次是_____、_____、_____、_____、_____。
3. 加购人数频数最大的分组和对应的频数分别是（　　）。
   A. 0～100；21　　　　　　　　B. 100～150；18
   C. 150～200；21　　　　　　　D. 200～250；18

运营数据频数分析

任务操作

运营数据频数分析的操作步骤及关键节点如下。

步骤 1：数据获取。

下载源数据所在的文件，获取 2020 年 2 月 8 日—3 月 8 日的加购人数数据，如图 3-141 所示。

	A	B
1	统计日期	加购人数
2	2020-02-08	110
3	2020-02-09	115
4	2020-02-10	119
5	2020-02-11	102
6	2020-02-12	113
7	2020-02-13	116
8	2020-02-14	160
9	2020-02-15	185
10	2020-02-16	286
11	2020-02-17	270
12	2020-02-18	206
13	2020-02-19	146
14	2020-02-20	127
15	2020-02-21	123
16	2020-02-22	106
17	2020-02-23	91
18	2020-02-24	99
19	2020-02-25	87
20	2020-02-26	76
21	2020-02-27	141
22	2020-02-28	164
23	2020-02-29	148
24	2020-03-01	150

运营数据频数分析-原始数据

图 3-141　2020 年 2 月 8 日—3 月 8 日的加购人数数据（部分）

步骤 2：添加排序。

步骤 2.1：将 B 列"加购人数"中的数据复制到 C 列，并修改 C 列的标题为"加购人数排序"，如图 3-142 所示。

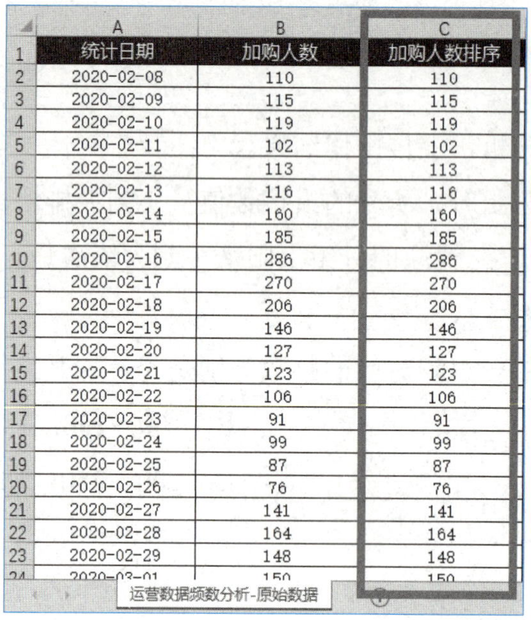

图 3-142 添加"加购人数排序"列后的效果（部分）

步骤 2.2：选中 C1:C31 单元格区域，右击，在弹出的快捷菜单中选择"排序"→"升序"命令，在弹出的"排序提醒"对话框中选中"以当前选定区域排序"单选按钮，如图 3-143 和图 3-144 所示。单击"排序"按钮，排序后的效果如图 3-145 所示。

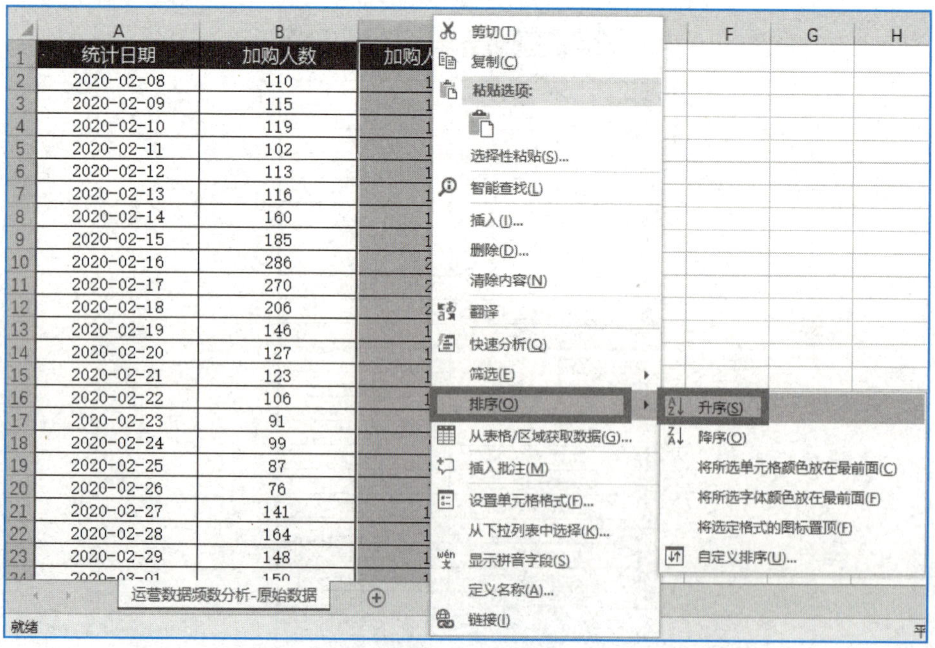

图 3-143 升序排序操作界面

工作领域三　数据处理与描述性分析

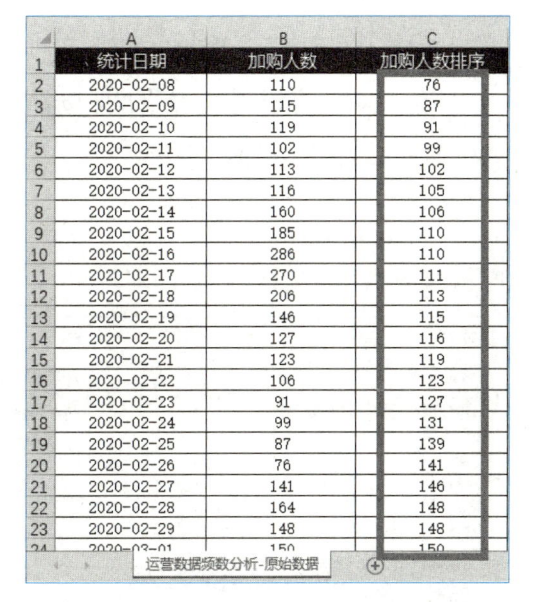

图 3-144　选中"以当前选定区域排序"单选按钮

图 3-145　排序后的效果（部分）

步骤 3：添加分组上限与分组。

在 D1 单元格中输入列标题"分组上限"，在 E1 单元格中输入列标题"分组"。根据任务要求，在进行分组时，从 0 开始，第 1 个分组的间隔为 100，后几个分组的间隔为 50（分组区间为 0~300），将对应的分组上限与分组填写在表 3-3 中。

表 3-3　分组上限与分组

D	E
分组上限	分组

步骤 4：直方图的生成与处理。

步骤 4.1：在"数据"选项卡的"分析"功能组中单击"数据分析"按钮，如图 3-146 所示。

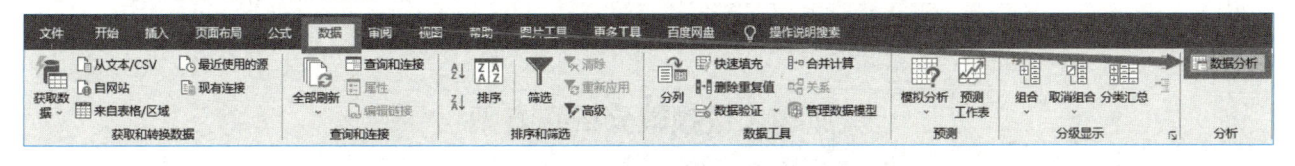

图 3-146　单击"数据分析"按钮

步骤 4.2：在弹出的"数据分析"对话框中选择"直方图"选项，单击"确定"按钮，如图 3-147 所示。

步骤 4.3：在弹出的"直方图"对话框的"输入区域"文本框中输入排序后的加购人数数据

所在的单元格区域，在"接收区域"文本框中输入分组上限数据所在的单元格区域，在"输出区域"文本框中输入将要形成表格的起始位置，选中"累积百分率"和"图表输出"复选框，单击"确定"按钮，如图3-148所示。

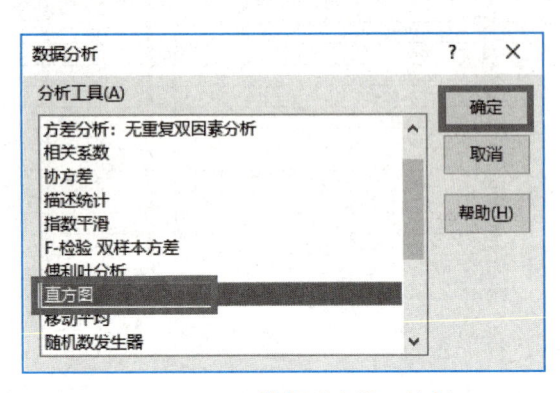

图3-147　"数据分析"对话框

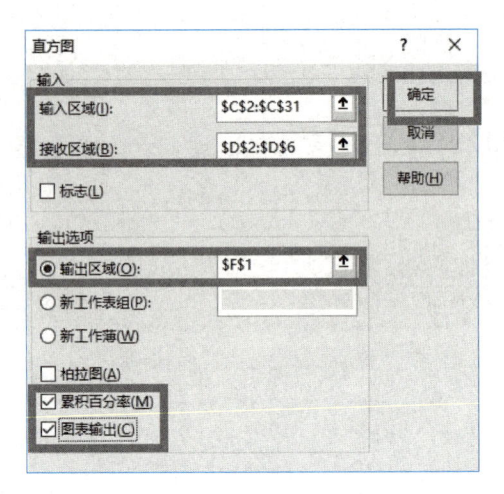

图3-148　"直方图"对话框

步骤4.4：选中直方图中的任意一个矩形，右击，在弹出的快捷菜单中选择"添加数据标签"命令，如图3-149所示。

步骤4.5：将直方图的标题修改为"加购人数频数分析直方图"。

经过上述操作，最终生成加购人数频数统计表和加购人数频数分析直方图，如图3-150和图3-151所示。

接收	频率	累积 %
99	4	13.33%
149	18	73.33%
199	5	90.00%
249	1	93.33%
299	2	100.00%
其他	0	100.00%

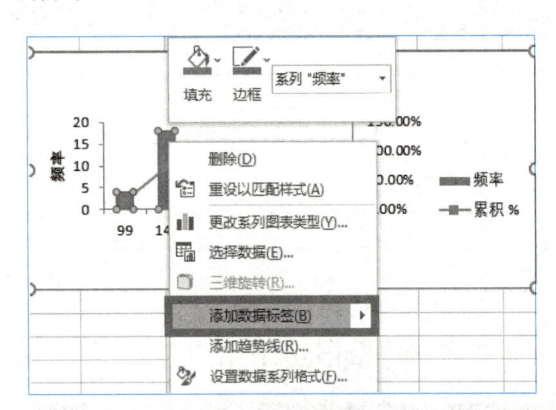

图3-149　选择"添加数据标签"命令

图3-150　加购人数频数统计表

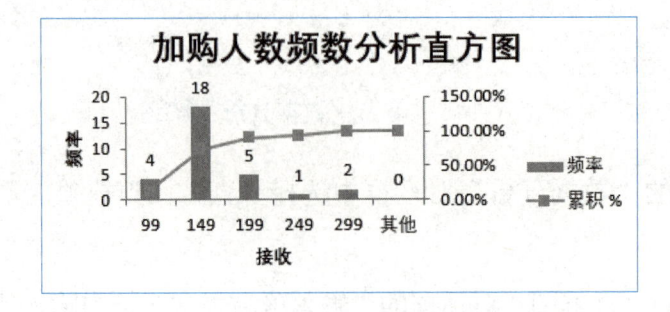

图3-151　加购人数频数分析直方图

步骤 5：加购人数频数分析。

结合上述操作结果，明确 2020 年 2 月 8 日—3 月 8 日加购人数的分布情况。

工作结束

数据整理及备份：□完成　　　□未完成

关机检查：□正常关机　　　□强行关机　　　□未关机

整理桌面：□完成　　　□未完成

地面卫生检查：□完成　　　□未完成

整理椅子：□完成　　　□未完成

任务评价

类别	序号	考核项目	考核内容及要求	优秀	良好	合格	较差
技术考核	1	质量	能够对商品数据进行频数分析				
	2		能够对市场数据进行频数分析				
	3		能够对运营数据进行频数分析				
	4		能够运用图表美化技巧对制作完成的直方图的呈现效果进行优化				
	5		能够就完成的频数分析结果形成有效的分析结论				
非技术考核	6	态度	学习态度端正				
	7	纪律	遵守纪律				
	8	协作	有交流、团队合作				
	9	文明	保持安静，清理场所				

任务拓展

任务名称：商品访客数频数分析。

任务背景：胖娃娃零食店是一家主营蛋糕、麻薯、曲奇、糖果等各类点心的淘宝店铺。为了了解店铺内的核心商品"软心爆浆蔓越莓曲奇"2020 年 5 月 1 日—6 月 30 日访客数的分布情况，运营人员需要采集该时间段的访客数数据并进行频数分析。

任务要求：对原始访客数数据进行排序，在明确访客数区间的基础上，对访客数进行分组与分组上限的设置，制作访客数频数分析直方图。分组依次为 0～200、201～400、401～600、601～800、801～1000，对应的分组上限为各分组的最大值。

任务

1．访客数最多的是 2020 年 _____ 月 _____ 日，访客数最少的是 2020 年 _____ 月 _____ 日。

2．"软心爆浆蔓越莓曲奇"的访客数集中的分组是（   ）。

    A．0～200　　　　B．201～400　　　　C．401～600　　　　D．601～800

3．分组 601～800 对应的频数累积百分率是 _____ %（四舍五入，保留两位小数）。

4．请将访客数频数分析直方图和对应的表的截图上交。

商品访客数频数分析源数据

工作任务六　交叉分析

任务目标

- 能够运用交叉分析法对市场数据进行交叉分析。
- 能够运用交叉分析法对运营数据、商品数据进行交叉分析。
- 能够运用图表美化技巧对制作完成的图表的呈现效果进行优化。
- 能够就完成的交叉分析结果形成有效的分析结论。
- 能够对进行分析的电子商务数据及分析结果严格保密。
- 能够具备科学、严谨的职业态度，在交叉分析过程中，做到一丝不苟、精益求精。

任务导图

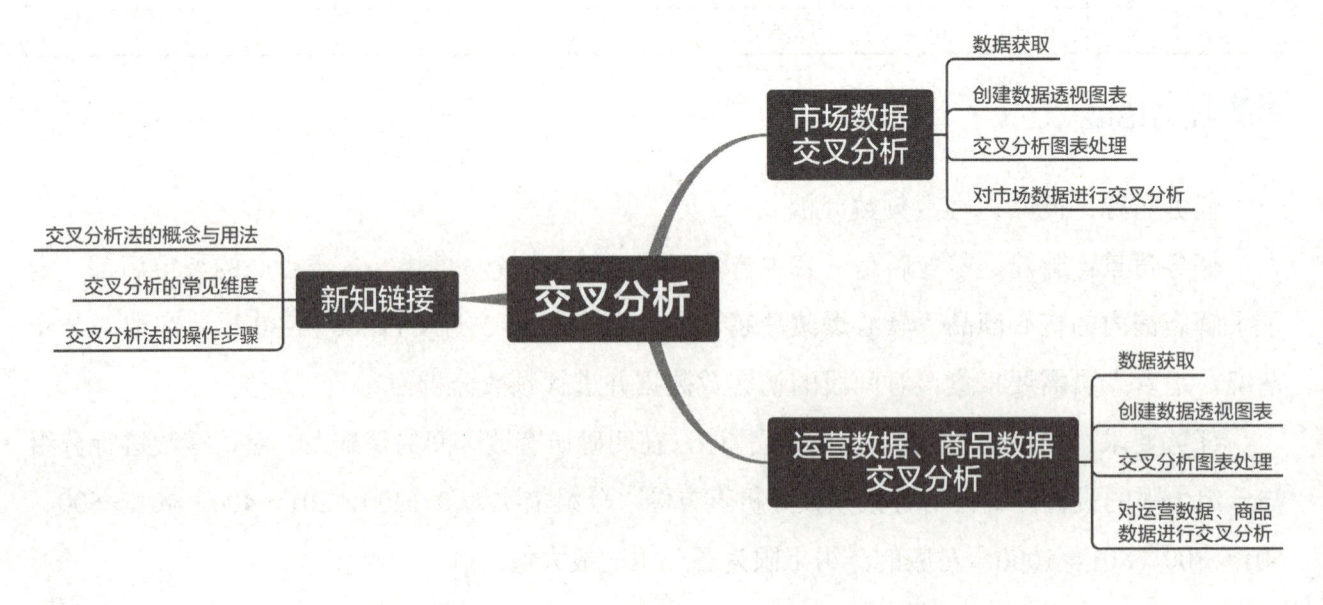

```
                                            ┌── 数据获取
                              ┌─ 市场数据    ├── 创建数据透视图表
                              │  交叉分析    ├── 交叉分析图表处理
                              │              └── 对市场数据进行交叉分析
交叉分析法的概念与用法 ─┐     │
交叉分析的常见维度     ─┼─ 新知链接 ─ 交叉分析
交叉分析法的操作步骤   ─┘     │
                              │              ┌── 数据获取
                              └─ 运营数据、  ├── 创建数据透视图表
                                 商品数据    ├── 交叉分析图表处理
                                 交叉分析    └── 对运营数据、商品
                                                 数据进行交叉分析
```

新知链接

一、交叉分析法的概念与用法

交叉分析法也叫立体分析法，通常用来分析两个变量之间的关系，如商品的销量和地区的关系。交叉分析法是在纵向分析法和横向分析法的基础上，从交叉、立体的角度出发，由浅入深、由低级到高级的一种分析方法。

交叉分析法将两个有所关联的变量及其数值同时呈现在一个表格中，通过在 Excel 中创建数据透视表，把统计分析数据制作成二维交叉表格，将具有一定联系的变量分别设置为行变量和列变量（两个变量在数据透视表中的交叉点即为变量值），通过表格体现变量之间的关系。交叉表可以快速呈现两个变量之间的关系。

二、交叉分析的常见维度

（1）时间。时间是看数据指标在不同时间段的变化情况。
（2）客户。客户是看数据指标在不同客户类型中的变化情况。
（3）地区。地区是看数据指标在不同地区的变化情况。
（4）流量来源。流量来源是看数据指标在不同流量渠道的变化情况。

三、交叉分析法的操作步骤

（1）数据获取。
（2）创建数据透视图表。
（3）交叉分析图表处理。
（4）得出交叉分析结论。

工作子任务一　市场数据交叉分析

任务背景

原牧纯品旗舰店主要经营冷冻鸡肉食品，如鸡翅中、鸡腿等，其所属类目是"生肉/肉制品"。为了了解"生肉/肉制品"类目的卖家数情况，运营人员需要对 2019 年 11 月—2020 年 2 月各地区各月的卖家数进行交叉分析。

任务目标

完成 2019 年 11 月—2020 年 2 月"生肉/肉制品"类目各地区各月的卖家数交叉分析，明确各地区各月的卖家数。

任务要求

使用 Excel 的数据透视表功能对 2019 年 11 月—2020 年 2 月"生肉/肉制品"类目各地区各月的卖家数进行交叉分析。

任务

1. 将市场数据交叉分析结果的截图上传到平台上。

2. 2020 年 1 月，甘肃省的卖家数是_____。

3. 2019 年 11 月，卖家数总计是_____；2019 年 12 月，卖家数总计是_____；2020 年 1 月，卖家数总计是_____；2020 年 2 月，卖家数总计是_____。

4. 2019 年 11 月—2020 年 2 月，卖家数总计最多的地区是（　　）。

　　A．四川省　　　　　　　　B．广东省
　　C．湖北省　　　　　　　　D．山西省

任务操作

市场数据交叉分析

市场数据交叉分析的操作步骤及关键节点如下。

步骤 1：数据获取。

下载源数据所在的文件，获取 2019 年 11 月—2020 年 2 月"生肉/肉制品"类目各地区各月的卖家数数据，如图 3-152 所示。

	A	B	C
1	日期	地区	卖家数
2	2019-11-01-2019-11-30	广东省	3622
3	2019-11-01-2019-11-30	江苏省	2866
4	2019-11-01-2019-11-30	山东省	2009
5	2019-11-01-2019-11-30	浙江省	1845
6	2019-11-01-2019-11-30	上海	1774
7	2019-11-01-2019-11-30	河南省	1632
8	2019-11-01-2019-11-30	四川省	1516
9	2019-11-01-2019-11-30	安徽省	1467
10	2019-11-01-2019-11-30	福建省	1232
11	2019-11-01-2019-11-30	湖北省	1065
12	2019-11-01-2019-11-30	北京	1028
13	2019-11-01-2019-11-30	湖南省	1026
14	2019-11-01-2019-11-30	辽宁省	752
15	2019-11-01-2019-11-30	云南省	674
16	2019-11-01-2019-11-30	河北省	649
17	2019-11-01-2019-11-30	内蒙古自治区	634
18	2019-11-01-2019-11-30	重庆	625
19	2019-11-01-2019-11-30	江西省	610
20	2019-11-01-2019-11-30	甘肃省	506
21	2019-11-01-2019-11-30	陕西省	476
22	2019-11-01-2019-11-30	广西壮族自治区	463
23	2019-11-01-2019-11-30	贵州省	455
24	2019-11-01-2019-11-30	黑龙江省	404
25	2019-11-01-2019-11-30	新疆维吾尔自治区	290
26	2019-11-01-2019-11-30	吉林省	289
27	2019-11-01-2019-11-30	山西省	255
28	2019-11-01-2019-11-30	天津	183

图 3-152　2019 年 11 月—2020 年 2 月"生肉/肉制品"类目各地区各月的卖家数数据（部分）

步骤 2：创建数据透视图表。

步骤 2.1：选中数据区域中的任意一个单元格，在"插入"选项卡的"图表"功能组中单击"数据透视图"下拉按钮，在弹出的下拉列表中选择"数据透视图和数据透视表"选项，如图 3-153 所示。

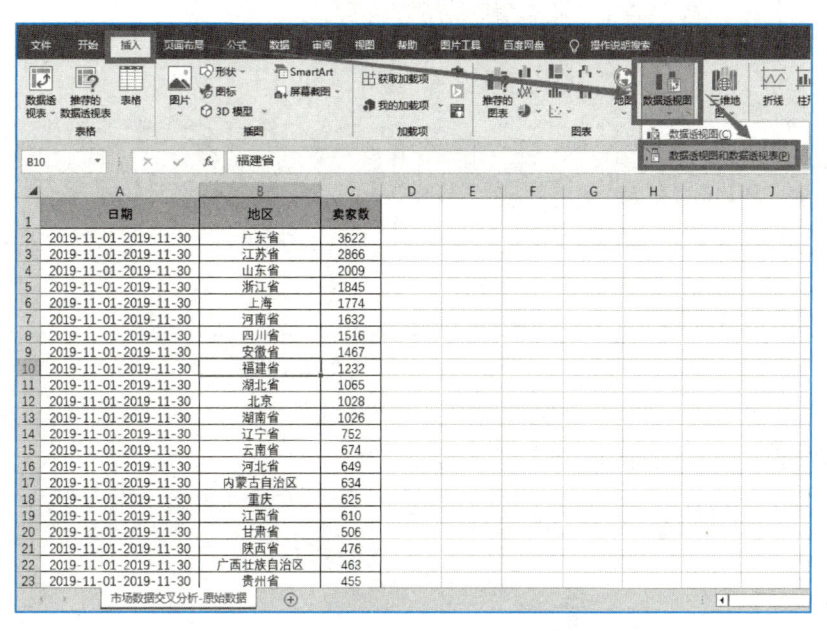

图 3-153　插入数据透视图和数据透视表

步骤 2.2：在弹出的"创建数据透视表"对话框中选择要分析的数据和放置数据透视表的位置，单击"确定"按钮，如图 3-154 所示。

步骤 2.3：在打开的"数据透视图字段"窗格中将"日期"字段拖动到"图例"区域中，将"地区"字段拖动到"轴"区域中，将"卖家数"字段拖动到"值"区域中，如图 3-155 所示。

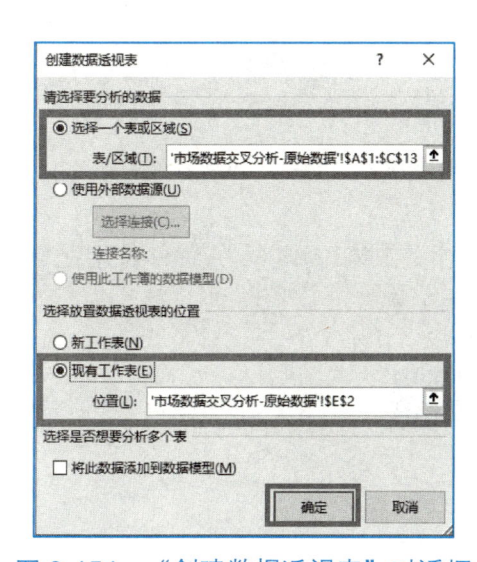

图 3-154　"创建数据透视表"对话框

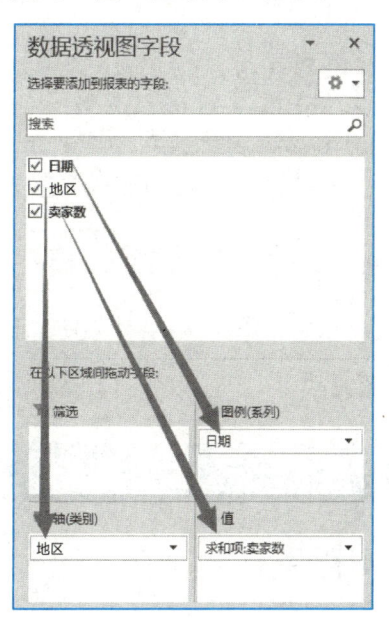

图 3-155　设置数据透视图字段

步骤 3：交叉分析图表处理。

选中柱形图表区，单击柱形图表区右上角的"+"，选中"图表标题"复选框，并为图表添加标题"'生肉/肉制品'类目各地区卖家数交叉分析"，如图 3-156 所示。

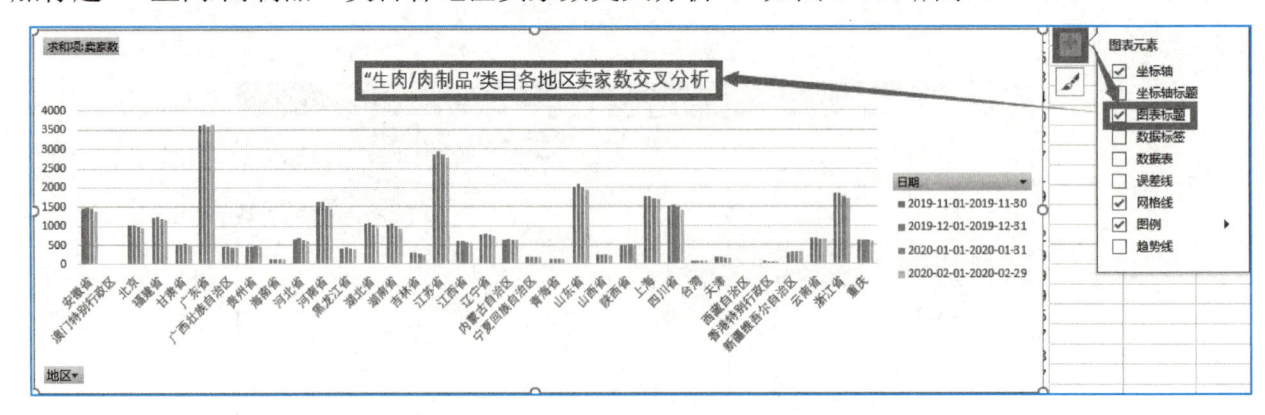

图 3-156　交叉分析图表处理

最终生成的数据透视图表如图 3-157 所示。

图 3-157　数据透视图表（部分）

步骤 4：对市场数据进行交叉分析。

结合上述操作结果，对 2019 年 11 月—2020 年 2 月"生肉/肉制品"类目各地区的卖家数进行交叉分析。

工作子任务二　运营数据、商品数据交叉分析

任务背景

原牧纯品旗舰店主要经营冷冻鸡肉食品，如鸡翅中、鸡腿等。该店铺在经营一段时间后，

发现不同商品在不同月份的下单件数存在差异。为了优化商品结构和商品在各月的投放情况，运营人员需要对2019年9月—2020年2月各商品的下单件数进行交叉分析。

任务目标

完成2019年9月—2020年2月各商品的下单件数交叉分析，明确2019年9月—2020年2月各月各商品的下单件数。

任务要求

使用Excel的数据透视表功能对2019年9月—2020年2月各商品的下单件数进行交叉分析。

任务：

1．2019年9月—2020年2月，商品的总下单件数是_____。

2．2019年9月—2020年2月，下单件数最多的商品是_____，其下单件数是_____；下单件数最少的商品是_____，其下单件数是_____。

3．2019年9月—2020年2月，下单件数最多的月份是（　　）。

  A．2019年10月   B．2019年12月

  C．2020年1月   D．2020年2月

4．2019年9月—2020年2月，下单件数从多到少排序依次是_____、_____、_____、_____、_____、_____、_____、_____、_____、_____。

运营数据、商品数据交叉分析

任务操作

运营数据、商品数据交叉分析的操作步骤及关键节点如下。

步骤1：数据获取。

下载源数据所在的文件，获取2019年9月—2020年2月各商品的下单件数数据，如图3-158所示。

步骤2：创建数据透视图表。

步骤2.1：选中数据区域中的任意一个单元格，在"插入"选项卡的"图表"功能组中单击"数据透视图"下拉按钮，在弹出的下拉列表中选择"数据透视图和数据透视表"选项，如图3-159所示。

图 3-158 2019 年 9 月—2020 年 2 月各商品的下单件数数据（部分）

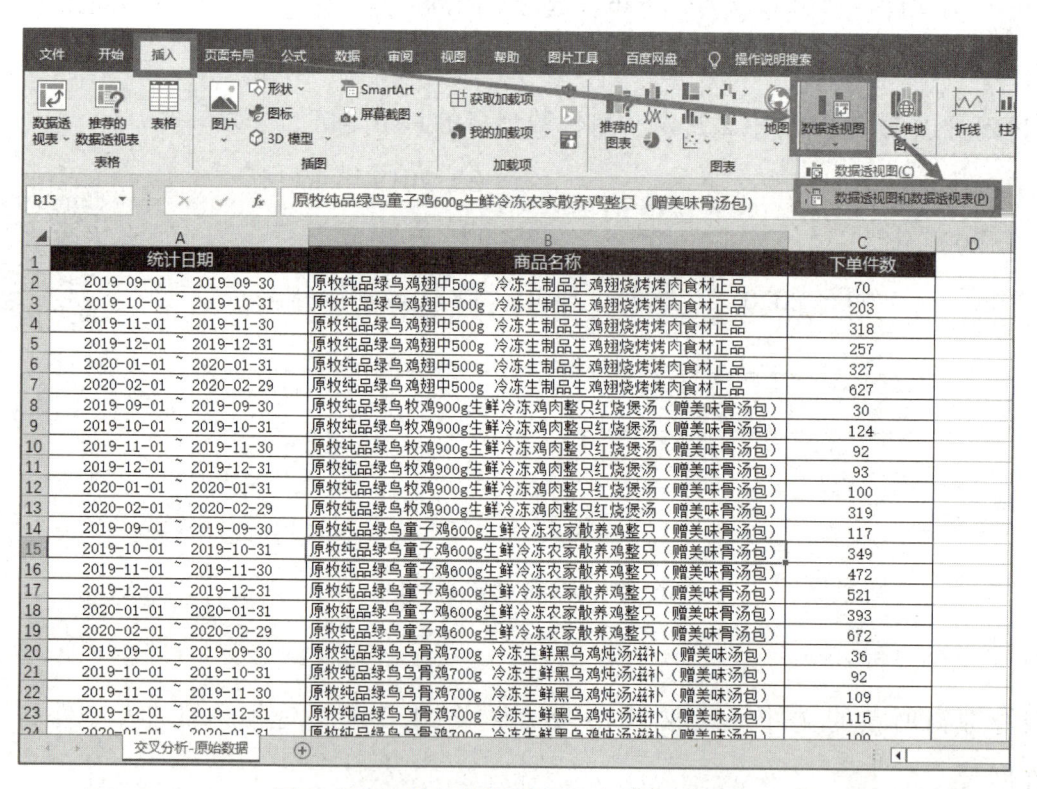

图 3-159 插入数据透视图和数据透视表

步骤 2.2：在弹出的"创建数据透视表"对话框中选择要分析的数据和放置数据透视表的放置，单击"确定"按钮，如图 3-160 所示。

步骤 2.3：在打开的"数据透视图字段"窗格中将"统计日期"字段拖动到"图例"区域

中，将"商品名称"字段拖动到"轴"区域中，将"下单件数"字段拖动到"值"区域中，如图 3-161 所示。

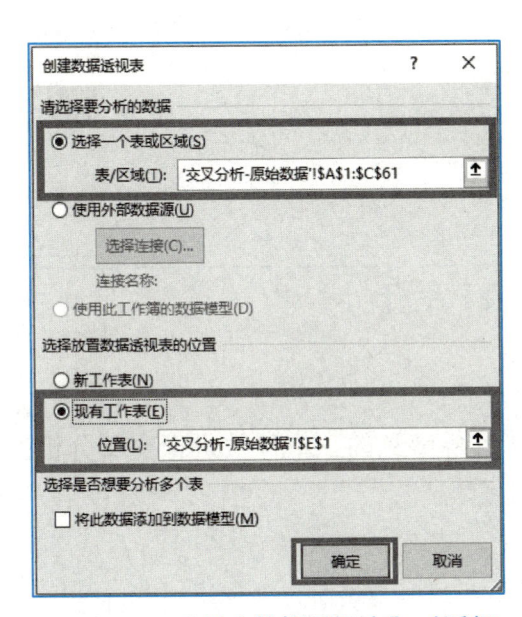

图 3-160　"创建数据透视表"对话框

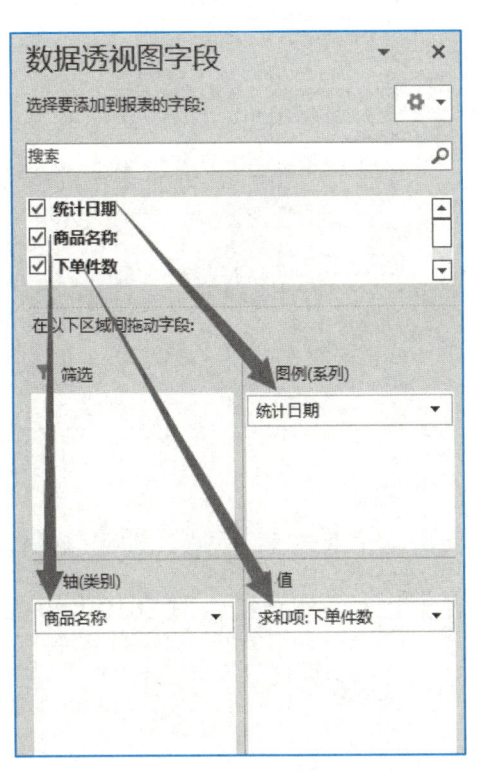

图 3-161　设置数据透视图字段

步骤 3：交叉分析图表处理。

选中柱形图表区，单击柱形图表区右上角的"+"，选中"图表标题"复选框，并为图表添加标题"原牧纯品旗舰店各月各商品下单件数交叉分析"，如图 3-162 所示。

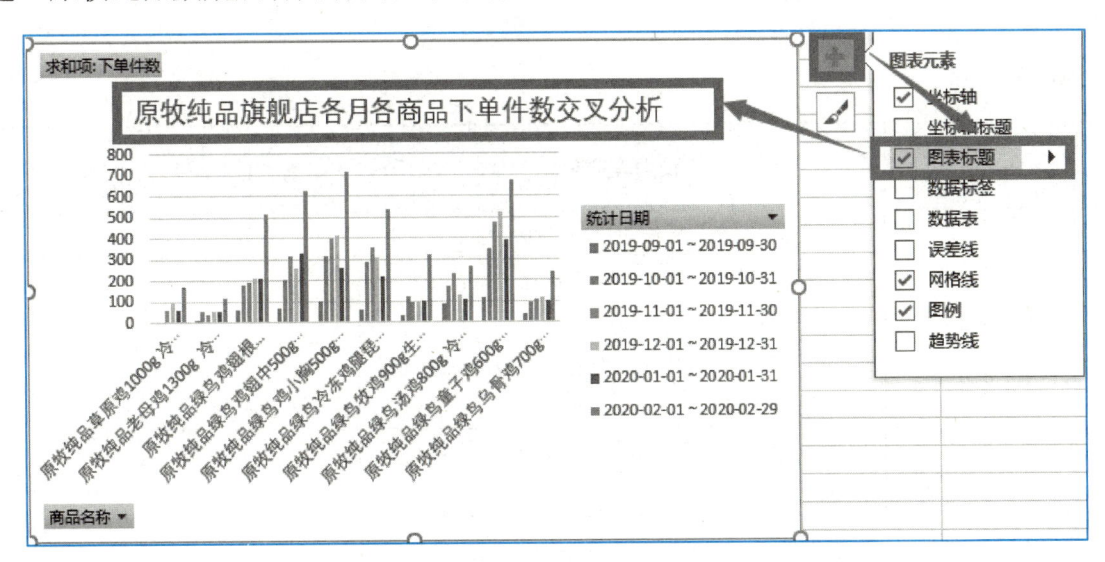

图 3-162　交叉分析图表处理

最终生成的数据透视图表如图 3-163 所示。

图 3-163　数据透视图表（部分）

步骤 4：对运营数据、商品数据进行交叉分析。

结合上述操作结果，对 2019 年 9 月—2020 年 2 月各商品的下单件数进行交叉分析。

工作结束

数据整理及备份：□完成　　□未完成

关机检查：□正常关机　　□强行关机　　□未关机

整理桌面：□完成　　□未完成

地面卫生检查：□完成　　□未完成

整理椅子：□完成　　□未完成

任务评价

类别	序号	考核项目	考核内容及要求	优秀	良好	合格	较差
技术考核	1	质量	能够运用交叉分析法对市场数据进行交叉分析				
	2		能够运用交叉分析法对运营数据、商品数据进行交叉分析				
	3		能够运用图表美化技巧对制作完成的图表的呈现效果进行优化				
	4		能够就完成的交叉分析结果形成有效的分析结论				
非技术考核	5	态度	学习态度端正				
	6	纪律	遵守纪律				
	7	协作	有交流、团队合作				
	8	文明	保持安静，清理场所				

任务拓展

任务名称：商品支付金额与支付数量交叉分析。

任务背景：小小少年旗舰店主要经营儿童玩具，在经营一段时间后，为了优化商品结构，选出支付金额与支付数量综合表现最好的一款商品作为店铺引流款商品，并下架支付金额与支付数量综合表现最差的一款商品，采集了近一个月各商品的支付金额与支付数量数据进行交叉分析。

任务要求：下载源数据所在的文件，使用 Excel 的数据透视表功能，对小小少年旗舰店各商品的支付金额与支付数量进行交叉分析（数据透视表最终需要呈现为交叉表的形式；各商品的支付金额与支付数量需呈现在同一个数据透视表中，且值汇总方式均设置为"求和"）。

任务

1. 小小少年旗舰店支付金额与支付数量综合表现最好的一款商品是_____。
2. 由制作的交叉表可知，小小少年旗舰店需要下架的一款商品为（　　）。
   A．套装工程车组合装 5 辆
   B．充气小跳跳马
   C．儿童小电车
   D．卡通炫彩皮球
3. 请将交叉分析结果（数据透视表）以截图的形式上交给教师。

商品支付金额与支付数量交叉分析源数据

工作任务七　分组分析

任务目标

- 能够运用分组分析法对商品数据进行分组分析。
- 能够运用分组分析法对市场数据进行分组分析。
- 能够运用分组分析法对运营数据进行分组分析。
- 能够运用图表美化技巧对制作完成的图表的呈现效果进行优化。
- 能够就完成的分组分析结果形成有效的分析结论。
- 能够对进行分析的电子商务数据及分析结果严格保密。
- 能够具备科学、严谨的职业态度，在分组分析过程中，做到一丝不苟、精益求精。

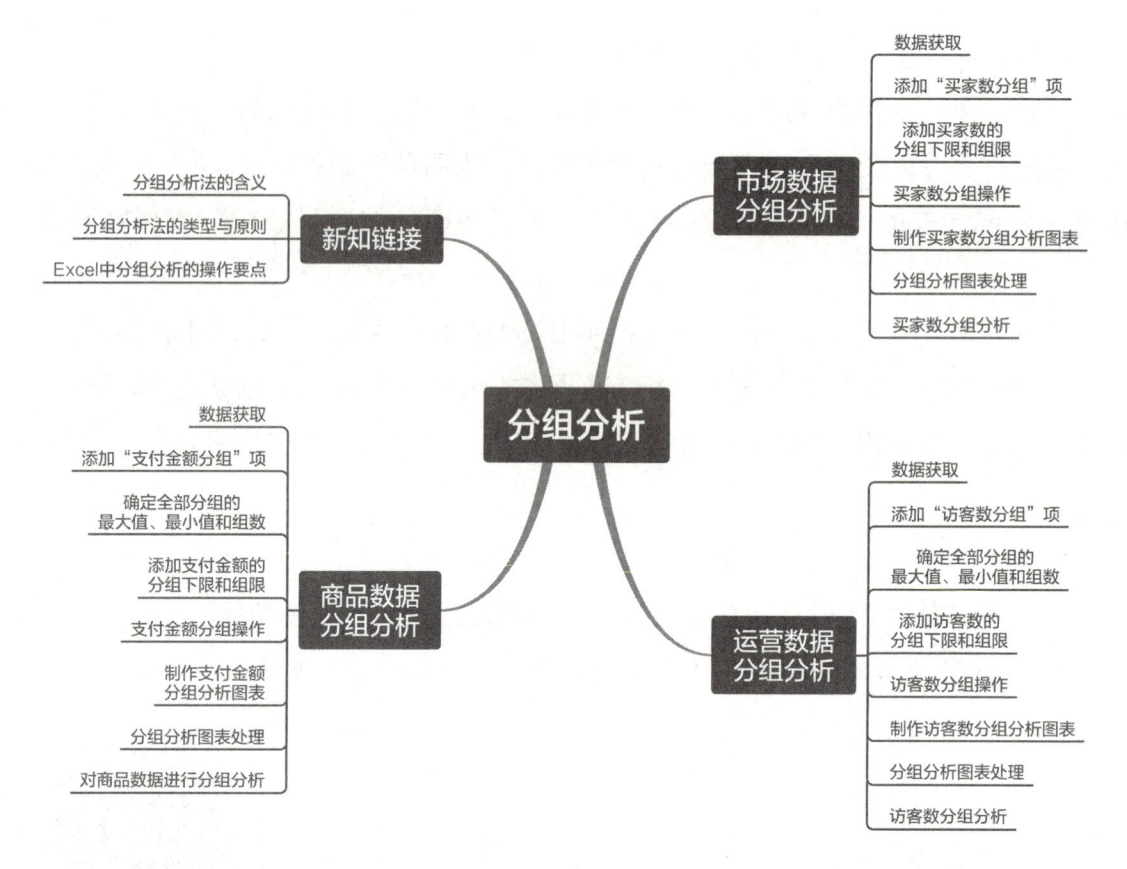

任务导图

```
                                                        数据获取
                                                        添加"买家数分组"项
                                                        添加买家数的分组下限和组限
                            分组分析法的含义        市场数据    买家数分组操作
                            分组分析法的类型与原则  新知链接   分组分析   制作买家数分组分析图表
                            Excel中分组分析的操作要点                    分组分析图表处理
                                                                       买家数分组分析
                                        分组分析
                            数据获取
                            添加"支付金额分组"项                        数据获取
                            确定全部分组的最大值、最小值和组数            添加"访客数分组"项
                            添加支付金额的分组下限和组限  商品数据  运营数据  确定全部分组的最大值、最小值和组数
                            支付金额分组操作              分组分析  分组分析  添加访客数的分组下限和组限
                            制作支付金额分组分析图表                      访客数分组操作
                            分组分析图表处理                              制作访客数分组分析图表
                            对商品数据进行分组分析                        分组分析图表处理
                                                                        访客数分组分析
```

新知链接

一、分组分析法的含义

分组分析法是根据目标数据的性质、特征，按照一定的指标，将数据划分成不同类别，分析其内部结构和相互关系，从而了解事物发展规律的方法。

二、分组分析法的类型与原则

（一）分组分析法的类型

（1）数量分组分析：研究总体内部结构及结构间相互关系的分析方法。

（2）关系分组分析：对关系紧密的变量与自变量进行分析，由此得出其依存关系的分析方法。

（3）质量分组分析：将指标内复杂的数据按照质量进行分组，以便进一步研究各组的数量特征和组与组之间的相互关系的分析方法，常用来分析行业经济现象的类型特征和相互关系等。

（二）分组分析法的原则

1. 无遗漏原则

无遗漏原则就是总体中的每个单位都应有组可归，或者说各分组的空间足以容纳总体的所有单位。

2. 排他性原则

排他性原则就是在特定的分组标志下，总体中的任何一个单位都只能归属于某一个组，而不能同时或可能归属于几个组。

三、Excel 中分组分析的操作要点

1. 组数

组数是分组的个数。

2. 组限

组限是用来表示各组范围的数值，包括各组的上限和下限。分组应遵循"上组限不在内"的原则，即每个分组的上限不包含在本组内。

3. 组距

组距是一个分组中最大值与最小值的差额，可以根据全部分组的最大值、最小值和组数来计算。其计算公式为

$$组距=（最大值-最小值）/组数$$

4. VLOOKUP 函数

VLOOKUP 函数是 Excel 中的一个纵向查找函数，其功能是按列查找，最终返回该列所需查询序列所对应的值。例如，在将需要进行分组分析的数据排列成一列后，VLOOKUP 函数可以快速将这些数据分配到对应的分组中。

工作子任务一　商品数据分组分析

任务背景

原牧纯品旗舰店主要经营冷冻鸡肉食品，如鸡翅中、鸡腿等。为了更好地了解店铺每日支付金额的分布趋势，运营人员需要对 2020 年 2 月 8 日—3 月 8 日各时间段（一天 24 小时）的支付金额进行分组分析，得到 2020 年 2 月 8 日—3 月 8 日各时间段支付金额的分布情况。

任务目标

完成支付金额分组分析，明确 2020 年 2 月 8 日—3 月 8 日各时间段支付金额的分布情况。

任务要求

使用 Excel 中的 VLOOKUP 函数对 2020 年 2 月 8 日—3 月 8 日各时间段的支付金额进行分组分析（每个分组的间隔均为 200）。

任务

1. 请将分组分析的操作结果（含图和表）的截图上传到平台上。

2. 该店铺 24 小时内支付金额频次最高的分组是_____，最低支付金额是_____。

3. 在进行分组分析时，设置的分组和分组下限从小到大依次为_____、_____、_____、_____、_____、_____、_____、_____。

4. 在这一个月的每天 24 小时内，支付金额频次最低的分组是_____和_____。

5. 请就分组分析的操作结果进行简要分析（分析 24 小时内支付金额的分布情况）。

商品数据分组分析

任务操作

使用 Excel 中的 VLOOKUP 函数对 2020 年 2 月 8 日—3 月 8 日各时间段的支付金额进行分组分析的操作步骤及关键节点如下。

步骤 1：数据获取。

下载源数据所在的文件，获取 2020 年 2 月 8 日—3 月 8 日各时间段的支付金额数据（单位为元），如图 3-164 所示。

步骤 2：添加"支付金额分组"项。

选中 D1 单元格，输入列标题"支付金额分组"，如图 3-165 所示。

图 3-164　2020 年 2 月 8 日—3 月 8 日各时间段的支付金额数据（部分）

图 3-165　添加"支付金额分组"项后的效果（部分）

步骤3：确定全部分组的最大值、最小值和组数。

步骤3.1：选中"支付金额"列中的任意一个单元格，右击，在弹出的快捷菜单中选择"排序"→"降序"命令，对支付金额数据进行降序排序，如图3-166所示。排序后的效果如图3-167所示。

图3-166　降序排序的操作界面

任务要求每个分组的间隔均为200，再结合步骤3.1的操作结果，可知全部分组的最大值是_____，最小值是_____，组数是_____。

步骤3.2：如果想保持源数据的顺序不变，那么可以单击工具栏中的"撤销"按钮，如图3-168所示；反之，则无须撤销。

图3-167　排序后的效果（部分）　　　　图3-168　"撤销"按钮

步骤 4：添加支付金额的分组下限和组限。

选中 F1 单元格，输入列标题“支付金额分组下限”；选中 G1 单元格，输入列标题“支付金额组限”。在完成操作后，将对应的数据填写在表 3-4 中。

表 3-4　支付金额的分组下限和组限

F	G
支付金额分组下限	支付金额组限

步骤 5：支付金额分组操作。

步骤 5.1：选中 D2 单元格，输入函数“=VLOOKUP(C2,$F$2:$G$9,2)”，按“Enter”键，将 C2 单元格中的数据自动分配到对应的组中，如图 3-169 所示。

步骤 5.2：选中 D2 单元格，将鼠标指针移动到 D2 单元格右下角，等到出现“+”后，双击即可进行快速填充。填充后的结果如图 3-170 所示。

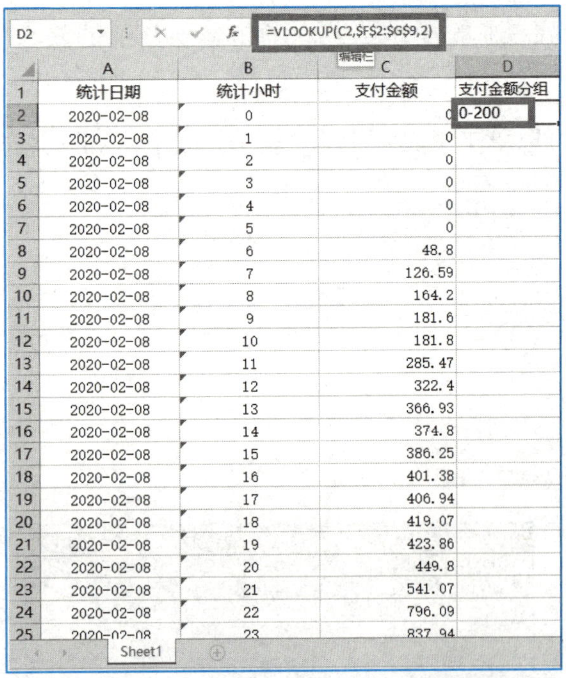

	A	B	C	D
1	统计日期	统计小时	支付金额	支付金额分组
2	2020-02-08	0	0	0-200
3	2020-02-08	1	0	
4	2020-02-08	2	0	
5	2020-02-08	3	0	
6	2020-02-08	4	0	
7	2020-02-08	5	0	
8	2020-02-08	6	48.8	
9	2020-02-08	7	126.59	
10	2020-02-08	8	164.2	
11	2020-02-08	9	181.6	
12	2020-02-08	10	181.8	
13	2020-02-08	11	285.47	
14	2020-02-08	12	322.4	
15	2020-02-08	13	366.93	
16	2020-02-08	14	374.8	
17	2020-02-08	15	386.25	
18	2020-02-08	16	401.38	
19	2020-02-08	17	406.94	
20	2020-02-08	18	419.07	
21	2020-02-08	19	423.86	
22	2020-02-08	20	449.8	
23	2020-02-08	21	541.07	
24	2020-02-08	22	796.09	
25	2020-02-08	23	837.94	

图 3-169　输入 VLOOKUP 函数

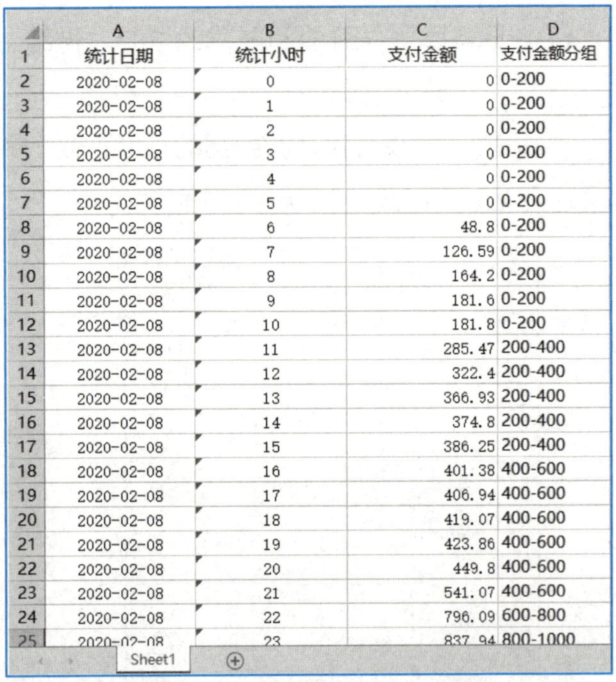

	A	B	C	D
1	统计日期	统计小时	支付金额	支付金额分组
2	2020-02-08	0	0	0-200
3	2020-02-08	1	0	0-200
4	2020-02-08	2	0	0-200
5	2020-02-08	3	0	0-200
6	2020-02-08	4	0	0-200
7	2020-02-08	5	0	0-200
8	2020-02-08	6	48.8	0-200
9	2020-02-08	7	126.59	0-200
10	2020-02-08	8	164.2	0-200
11	2020-02-08	9	181.6	0-200
12	2020-02-08	10	181.8	0-200
13	2020-02-08	11	285.47	200-400
14	2020-02-08	12	322.4	200-400
15	2020-02-08	13	366.93	200-400
16	2020-02-08	14	374.8	200-400
17	2020-02-08	15	386.25	200-400
18	2020-02-08	16	401.38	400-600
19	2020-02-08	17	406.94	400-600
20	2020-02-08	18	419.07	400-600
21	2020-02-08	19	423.86	400-600
22	2020-02-08	20	449.8	400-600
23	2020-02-08	21	541.07	400-600
24	2020-02-08	22	796.09	600-800
25	2020-02-08	23	837.94	800-1000

图 3-170　填充后的结果（部分）

步骤 6：制作支付金额分组分析图表。

步骤 6.1：选中数据区域中的任意一个单元格，在“插入”选项卡的“图表”功能组中单击"数据透视图"下拉按钮，在弹出的下拉列表中选择"数据透视图和数据透视表"选项，如图 3-171 所示。

图 3-171　插入数据透视图和数据透视表

步骤 6.2：在弹出的"创建数据透视表"对话框中选择要分析的数据和放置数据透视表的位置，单击"确定"按钮，如图 3-172 所示。

步骤 6.3：在打开的"数据透视图字段"窗格中，分别将"支付金额分组"字段拖动到"轴"和"值"区域中，如图 3-173 所示。

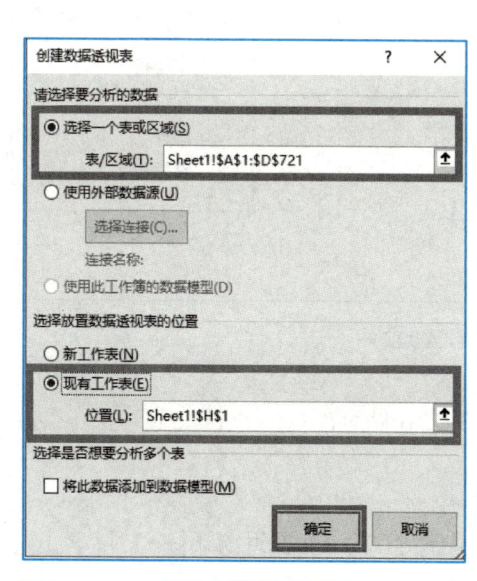

图 3-172　"创建数据透视表"对话框

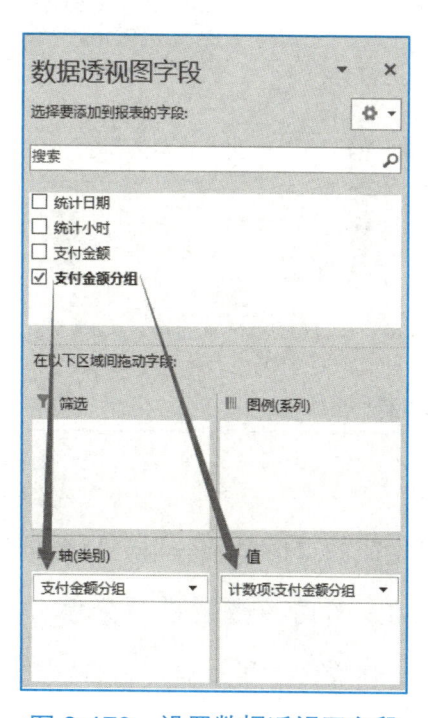

图 3-173　设置数据透视图字段

经过以上操作，初步生成的支付金额分组分析数据透视图表如图 3-174 所示。

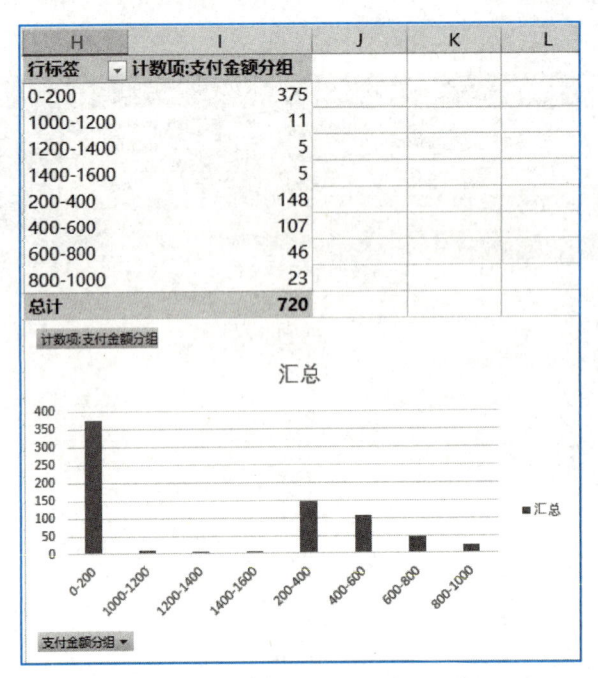

图 3-174　初步生成的支付金额分组分析数据透视图表

步骤 7：分组分析图表处理。

选中柱形图表区，单击柱形图表区右上角的"+"，选中"数据标签"复选框，为图表添加数据标签，并将图表标题修改为"支付金额分组分析"，如图 3-175 所示。

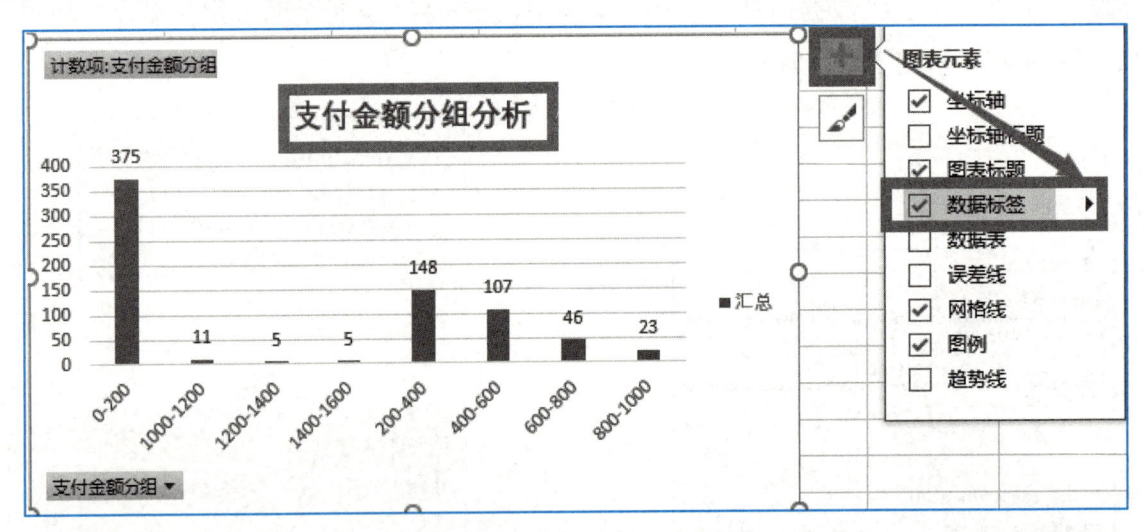

图 3-175　分组分析图表处理

最终生成的支付金额分组分析数据透视图表如图 3-176 所示。

步骤 8：对商品数据进行分组分析。

结合上述操作结果，对支付金额进行分组分析，明确 2020 年 2 月 8 日—3 月 8 日各时间段支付金额的分布情况。

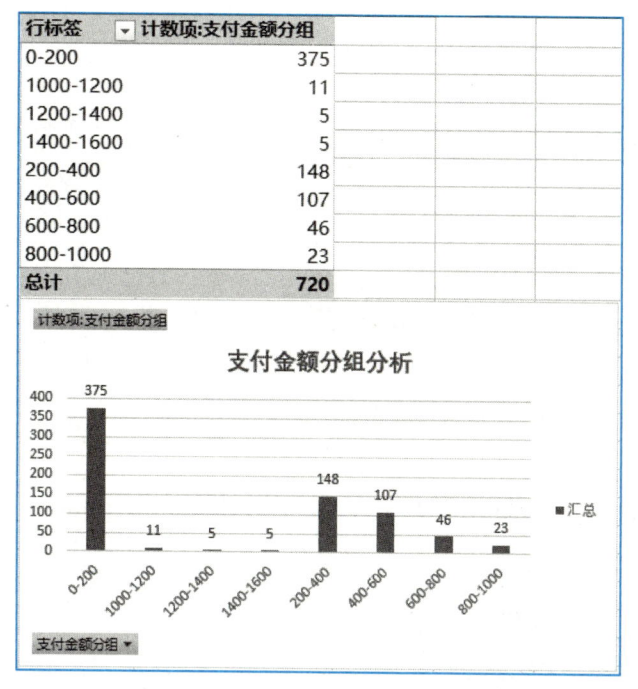

行标签	计数项:支付金额分组
0-200	375
1000-1200	11
1200-1400	5
1400-1600	5
200-400	148
400-600	107
600-800	46
800-1000	23
总计	720

图 3-176 最终生成的支付金额分组分析数据透视图表

工作子任务二 市场数据分组分析

任务背景

原牧纯品旗舰店主要经营冷冻鸡肉食品，如鸡胸、鸡翅中等。为了了解鸡胸的买家数分布情况，运营人员需要对 2020 年 2—3 月市场上鸡胸的买家数进行分组分析。

任务目标

完成 2020 年 2—3 月市场上鸡胸的买家数分组分析，明确 2020 年 2—3 月市场上鸡胸的买家数分布情况。

任务要求

使用 Excel 中的 VLOOKUP 函数对 2020 年 2—3 月市场上鸡胸的买家数进行分组分析（每个分组的间隔均为 10000，分组区间为 10000～70000）。

任务

1. 请将分组分析的操作结果（含图和表）的截图上传到平台上。
2. 鸡胸的买家数最多的分组是_____；鸡胸的买家数最少的分组是_____、_____。

市场数据分组分析

任务操作

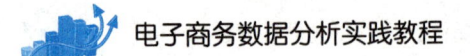

使用 Excel 中的 VLOOKUP 函数对 2020 年 2—3 月市场上鸡胸的买家数数据进行分组分析的操作步骤及关键节点如下。

步骤 1：数据获取。

下载源数据所在的文件，获取 2020 年 2—3 月市场上鸡胸的买家数数据，如图 3-177 所示。

步骤 2：添加"买家数分组"项。

选中 C1 单元格，输入列标题"买家数分组"，如图 3-178 所示。

	A	B
1	日期	买家数
2	2020/2/1	24422
3	2020/2/2	30005
4	2020/2/3	25163
5	2020/2/4	15236
6	2020/2/5	32333
7	2020/2/6	23254
8	2020/2/7	25462
9	2020/2/8	14256
10	2020/2/9	32541
11	2020/2/10	12546
12	2020/2/11	21548
13	2020/2/12	32541
14	2020/2/13	26354
15	2020/2/14	42154
16	2020/2/15	23651
17	2020/2/16	23214
18	2020/2/17	15687
19	2020/2/18	42145
20	2020/2/19	11235
21	2020/2/20	42154
22	2020/2/21	23154
23	2020/2/22	29654
24	2020/2/23	32541
25	2020/2/24	21201
26	2020/2/25	15684
27	2020/2/26	36589
28	2020/2/27	14657

图 3-177　2020 年 2—3 月市场上鸡胸的买家数数据（部分）

	A	B	C
1	日期	买家数	买家数分组
2	2020/2/1	24422	
3	2020/2/2	30005	
4	2020/2/3	25163	
5	2020/2/4	15236	
6	2020/2/5	32333	
7	2020/2/6	23254	

图 3-178　添加"买家数分组"项后的效果（部分）

步骤 3：添加买家数的分组下限和组限。

选中 E1 单元格，输入列标题"买家数分组下限"；选中 F1 单元格，输入列标题"买家数组限"。在完成操作后，将对应的数据填写在表 3-5 中。

表 3-5　买家数的分组下限和组限

E	F
买家数分组下限	买家数组限

步骤 4：买家数分组操作。

步骤 4.1：选中 C2 单元格，输入函数"=VLOOKUP(B2,$E$2:$F$7,2)"，按"Enter"键，将 C2 单元格中的数据自动分配到对应的组中，如图 3-179 所示。

步骤 4.2：选中 C2 单元格，将鼠标指针移动到 C2 单元格右下角，等到出现"+"后，双击即可进行快速填充。填充后的结果如图 3-180 所示。

步骤 5：制作买家数分组分析图表。

步骤 5.1：选中数据区域中的任意一个单元格，在"插入"选项卡的"图表"功能组中单击"数据透视图"下拉按钮，在弹出的下拉列表中选择"数据透视图和数据透视表"选项，如图 3-181 所示。

图 3-179　输入 VLOOKUP 函数

图 3-180　填充后的结果（部分）

图 3-181　插入数据透视图和数据透视表

步骤 5.2：在弹出的"创建数据透视表"对话框中选择要分析的数据和放置数据透视表的位置，单击"确定"按钮，如图 3-182 所示。

步骤 5.3：在打开的"数据透视图字段"窗格中，分别将"买家数分组"字段拖动到"轴"和"值"区域中，如图 3-183 所示。

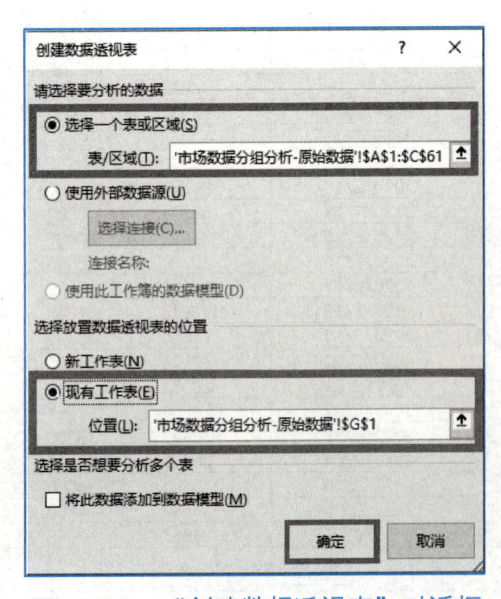

图 3-182　"创建数据透视表"对话框

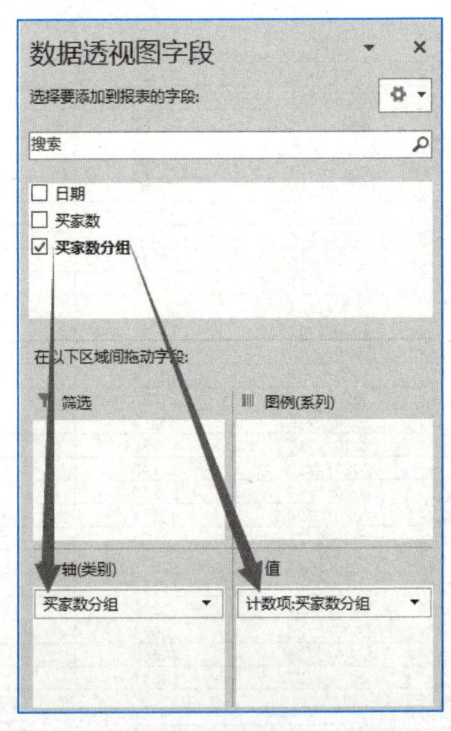

图 3-183　设置数据透视图字段

经过以上操作，初步生成的买家数分组分析数据透视图表如图 3-184 所示。

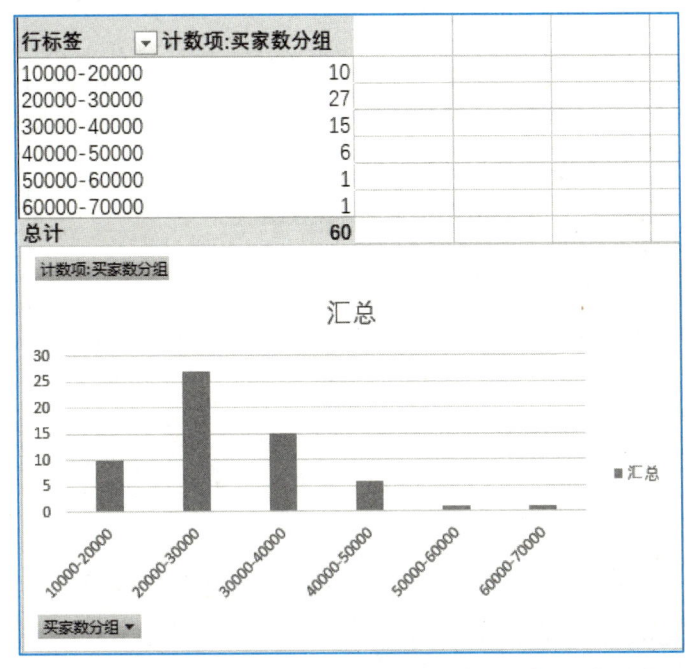

图 3-184　初步生成的买家数分组分析数据透视图表

步骤 6：分组分析图表处理。

选中柱形图表区，单击柱形图表区右上角的"+"，选中"数据标签"复选框，为图表添加数据标签，并将图表标题修改为"买家数分组分析"，如图 3-185 所示。

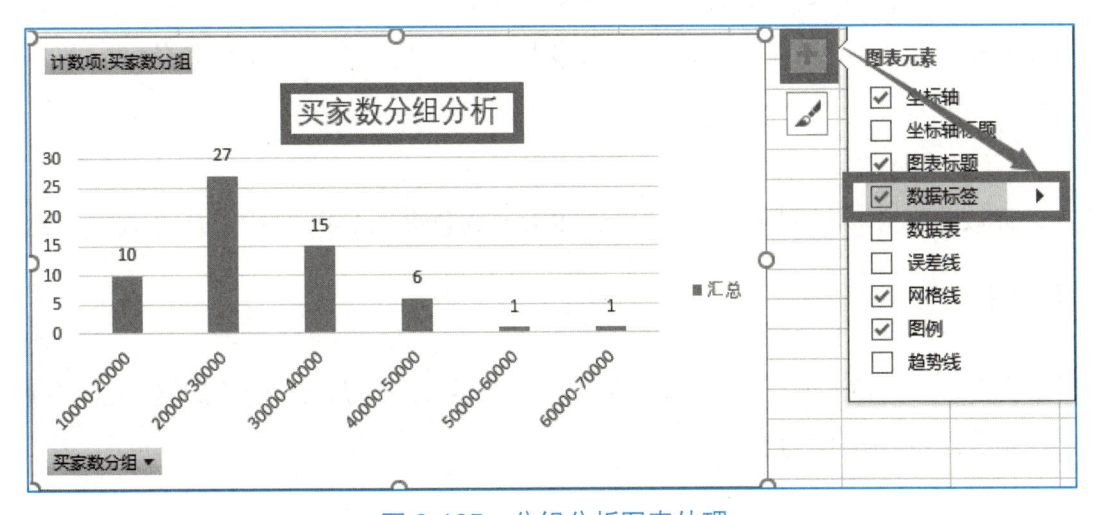

图 3-185　分组分析图表处理

最终生成的买家数分组分析数据透视图表如图 3-186 所示。

步骤 7：买家数分组分析。

结合上述操作结果，对 2020 年 2—3 月市场上鸡胸的买家数进行分组分析，明确 2020 年 2—3 月市场上鸡胸的买家数分布情况。

行标签	计数项:买家数分组
10000-20000	10
20000-30000	27
30000-40000	15
40000-50000	6
50000-60000	1
60000-70000	1
总计	60

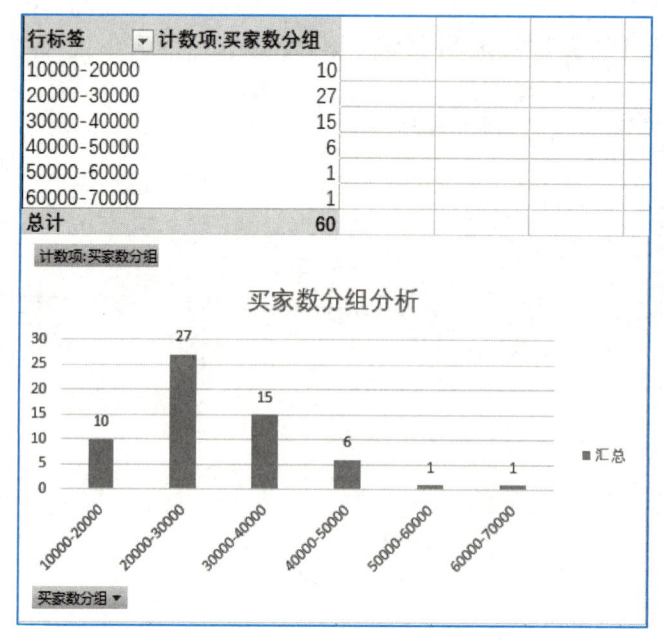

图 3-186　最终生成的买家数分组分析数据透视图表

工作子任务三　运营数据分组分析

任务背景

原牧纯品旗舰店主要经营冷冻鸡肉食品，如鸡翅中、鸡腿等。为了更好地了解店铺日下单买家数的分布情况，运营人员需要对 2020 年 2 月 8 日—3 月 8 日各时间段（一天 24 小时）的访客数进行分组分析，以便明确 2020 年 2 月 8 日—3 月 8 日各时间段访客数的分布情况。

任务目标

完成访客数分组分析，明确 2020 年 2 月 8 日—3 月 8 日各时间段的访客数分布情况。

任务要求

使用 Excel 中的 VLOOKUP 函数对 2020 年 2 月 8 日—3 月 8 日各时间段的访客数进行分组分析（每个分组的间隔均为 50）。

任务

1. 请将分组分析的操作结果（含图和表）的截图上传到平台上。
2. 该店铺 24 小时内最少的访客数是_____，最多的访客数是_____。
3. 在进行分组分析时，设置的分组和分组下限从小到大依次为_____、_____；_____、_____；_____、_____；_____、_____。

4. 在这一个月的每天 24 小时内，该店铺访客数最多的分组是_____，访客数最少的分组是_____。

5. 请就分组分析的操作结果进行简要分析（分析 24 小时内访客数的分布情况）。

运营数据分组分析

任务操作

使用 Excel 中的 VLOOKUP 函数对 2020 年 2 月 8 日—3 月 8 日各时间段的访客数进行分组分析的操作步骤及关键节点如下。

步骤 1：数据获取。

下载源数据所在的文件，获取 2020 年 2 月 8 日—3 月 8 日各时间段的访客数数据，如图 3-187 所示。

步骤 2：添加"访客数分组"项。

选中 D1 单元格，输入列标题"访客数分组"，如图 3-188 所示。

图 3-187　2020 年 2 月 8 日—3 月 8 日各时间段的访客数数据（部分）

图 3-188　添加"访客数分组"项后的效果（部分）

步骤 3：确定全部分组的最大值、最小值和组数。

步骤 3.1：选中"访客数"列中的任意一个单元格，右击，在弹出的快捷菜单中选择"排序"

→"降序"命令,对访客数数据进行降序排序,如图 3-189 所示。排序后的效果如图 3-190 所示。

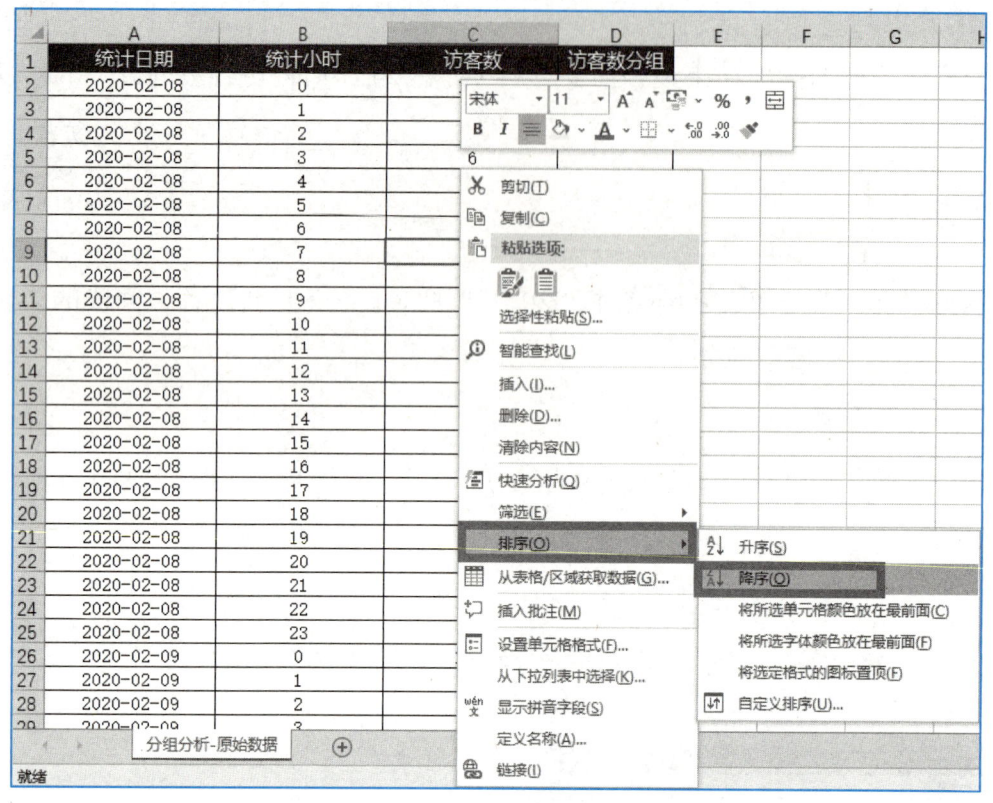

图 3-189　降序排序的操作界面

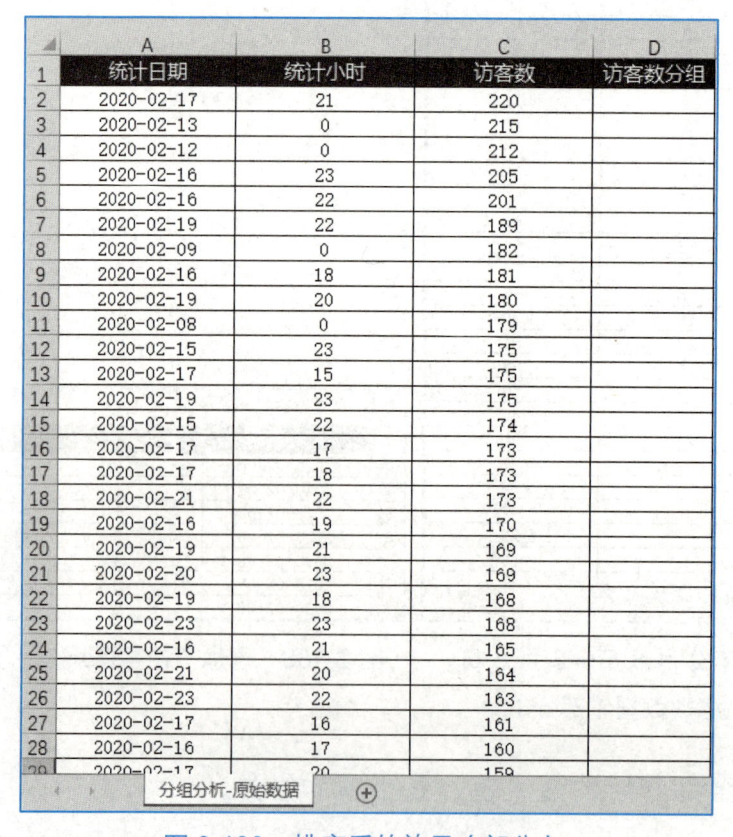

图 3-190　排序后的效果(部分)

任务要求每个分组的间隔均为 50，结合步骤 3.1 的操作结果，可知全部分组的最大值是_____，最小值是_____，组数是_____。

步骤 3.2：如果想保持源数据的顺序不变，那么可以单击工具栏中的"撤销"按钮，如图 3-191 所示；反之，则无须撤销。

图 3-191 "撤销"按钮

步骤 4：添加访客数的分组下限和组限。

选中 F1 单元格，输入列标题"访客数分组下限"；选中 G1 单元格，输入列标题"访客数组限"。在完成操作后，将对应的数据填写在表 3-6 中。

表 3-6 访客数的分组下限和组限

F	G
访客数分组下限	访客数组限

步骤 5：访客数分组操作。

步骤 5.1：选中 D2 单元格，输入函数"=VLOOKUP(C2,$F$2:$G$6,2)"，按"Enter"键，将 C2 单元格中的数据自动分配到对应的组中，如图 3-192 所示。

步骤 5.2：选中 D2 单元格，将鼠标指针移动到 D2 单元格右下角，等到出现"+"后，双击即可进行快速填充。填充后的结果如图 3-193 所示。

步骤 6：制作访客数分组分析图表。

步骤 6.1：选中数据区域中的任意一个单元格，在"插入"选项卡的"图表"功能组中单击"数据透视图"下拉按钮，在弹出的下拉列表中选择"数据透视图和数据透视表"选项，如图 3-194 所示。

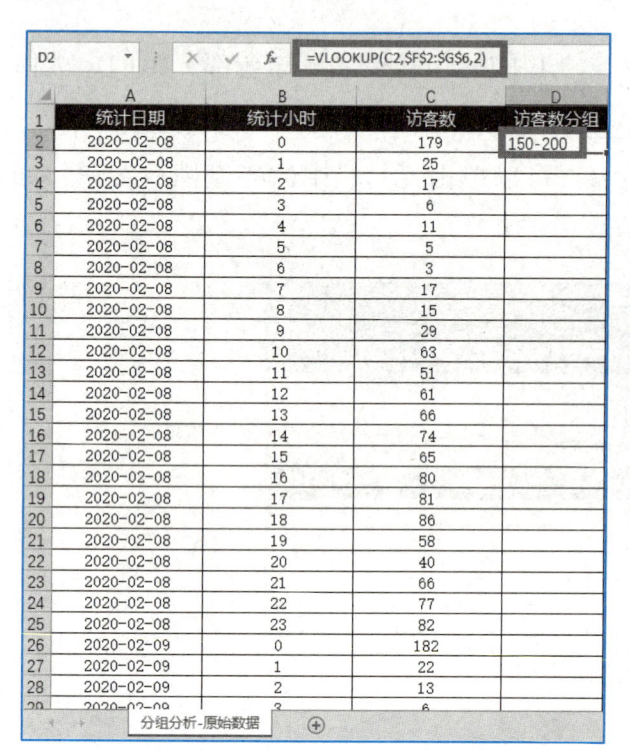

图 3-192　输入 VLOOKUP 函数

图 3-193　填充后的结果（部分）

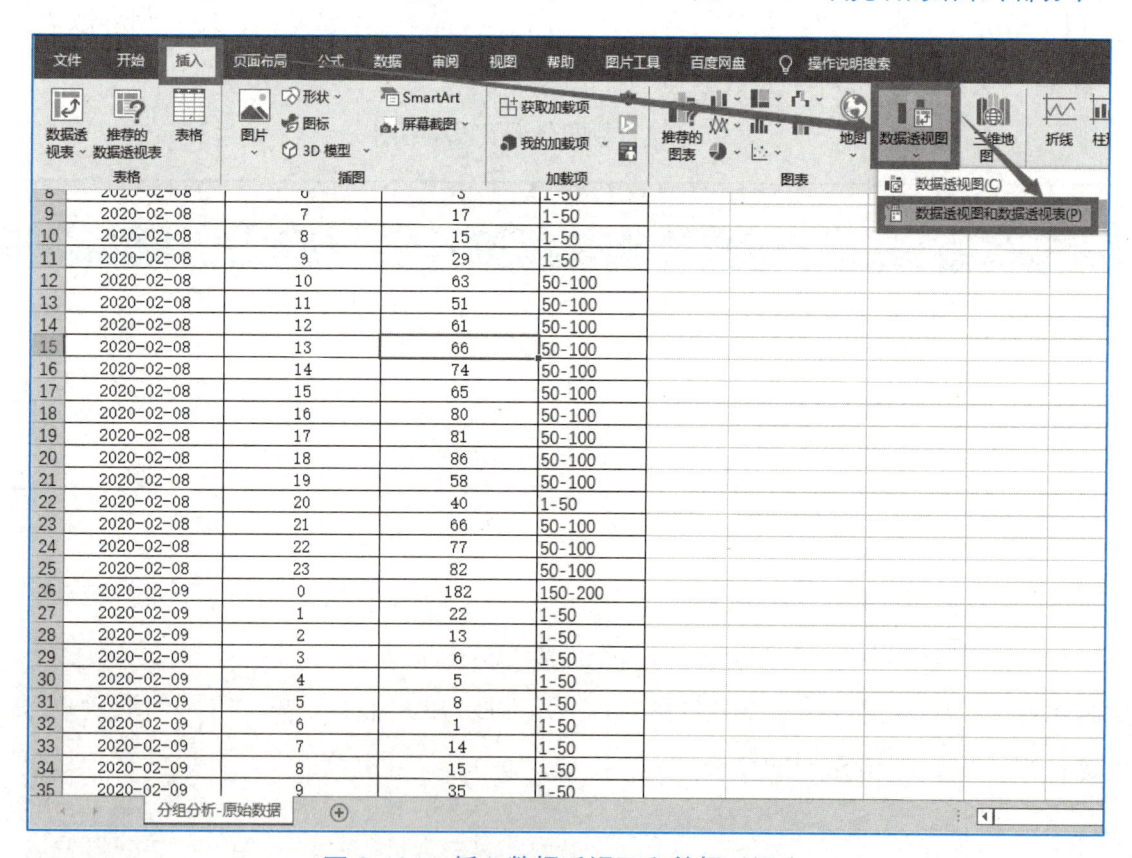

图 3-194　插入数据透视图和数据透视表

步骤 6.2：在弹出的"创建数据透视表"对话框中选择要分析的数据和放置数据透视表的位置，单击"确定"按钮，如图 3-195 所示。

步骤6.3：在打开的"数据透视图字段"窗格中，分别将"访客数分组"字段拖动到"轴"和"值"区域中，如图3-196所示。

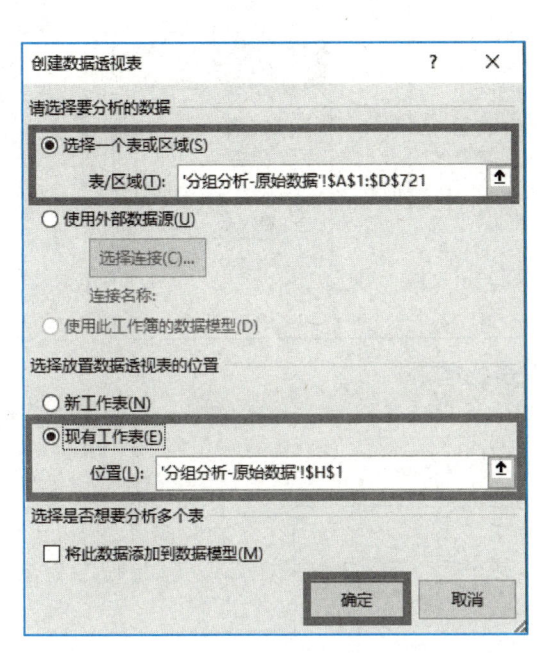

图3-195 "创建数据透视表"对话框

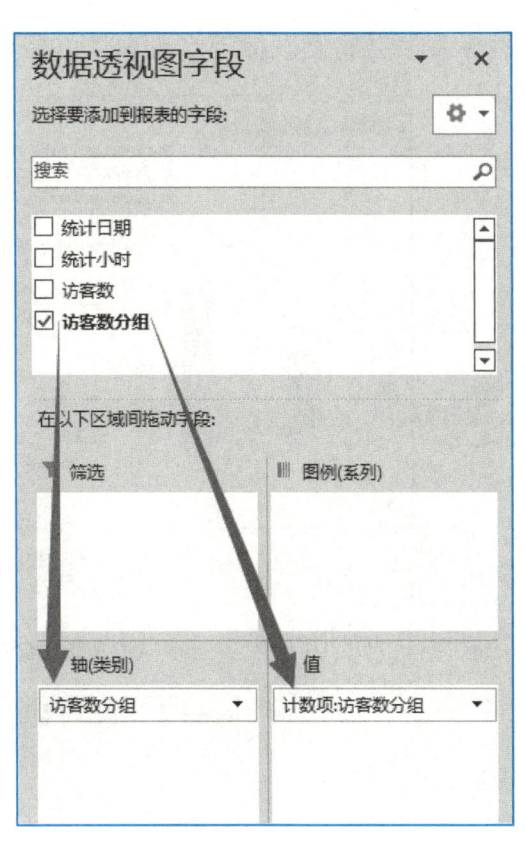

图3-196 设置数据透视图字段

经过以上操作，初步生成的访客数分组分析数据透视图表如图3-197所示。

行标签	计数项:访客数分组
100-150	142
1-50	239
150-200	36
200-250	5
50-100	298
总计	720

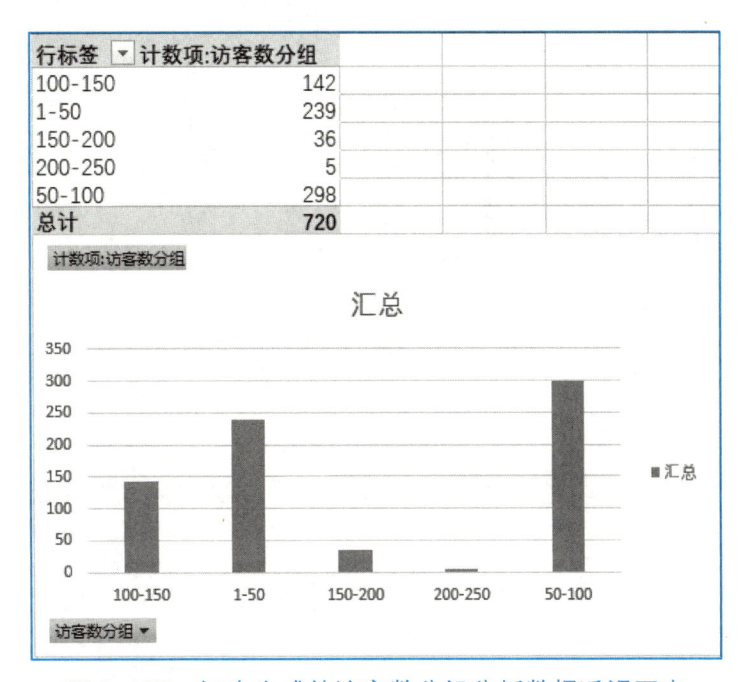

图3-197 初步生成的访客数分组分析数据透视图表

步骤 7：分组分析图表处理。

选中柱形图表区，单击柱形图表区右上角的"+"，选中"数据标签"复选框，为图表添加数据标签，并将图表标题修改为"访客数分组分析"，如图 3-198 所示。

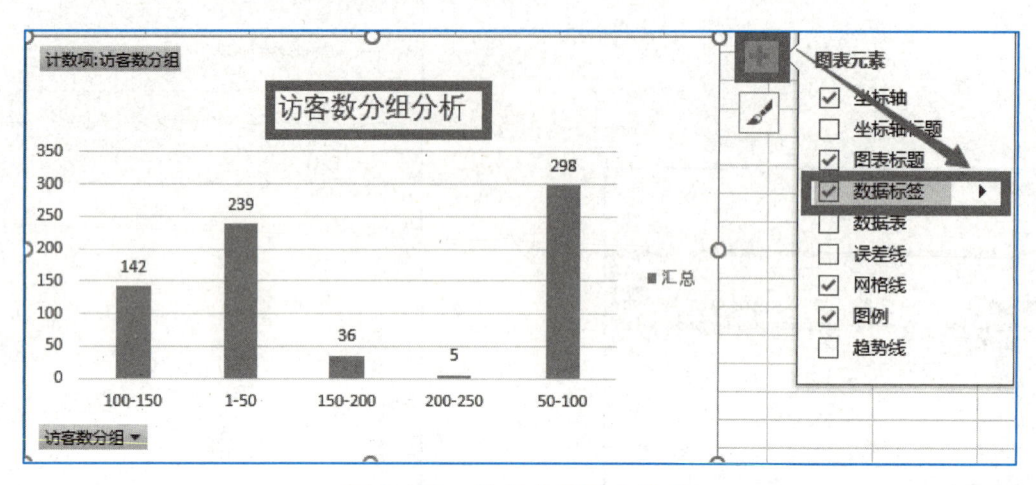

图 3-198　分组分析图表处理

最终生成的访客数分组分析数据透视图表如图 3-199 所示。

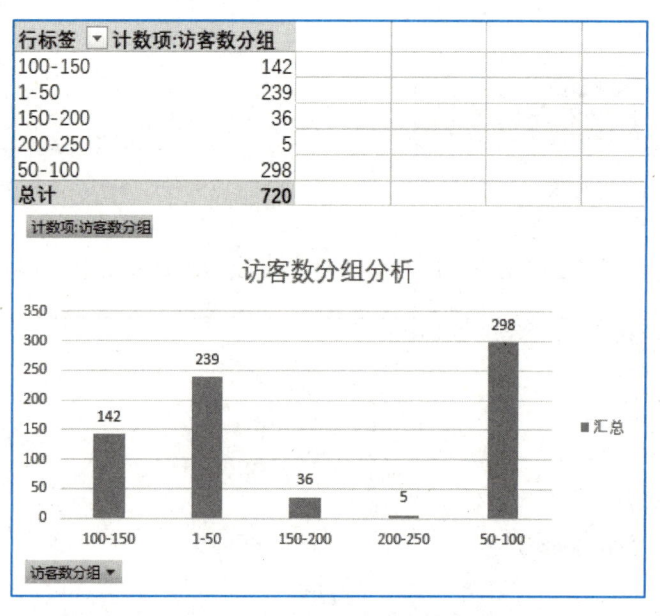

图 3-199　最终生成的访客数分组分析数据透视图表

步骤 8：访客数分组分析。

结合上述操作结果，对访客数进行分组分析，明确 2020 年 2 月 8 日—3 月 8 日各时间段访客数的分布情况。

工作结束

数据整理及备份：□完成　　□未完成

关机检查：□正常关机　　　□强行关机　　　□未关机

整理桌面：□完成　　　□未完成

地面卫生检查：□完成　　　□未完成

整理椅子：□完成　　　□未完成

任务评价

类别	序号	考核项目	考核内容及要求	优秀	良好	合格	较差
技术考核	1	质量	能够运用分组分析法对商品数据进行分组分析				
	2		能够运用分组分析法对市场数据进行分组分析				
	3		能够运用分组分析法对运营数据进行分组分析				
	4		能够运用图表美化技巧对制作完成的图表的呈现效果进行优化				
	5		能够就完成的分组分析结果形成有效的分析结论				
非技术考核	6	态度	学习态度端正				
	7	纪律	遵守纪律				
	8	协作	有交流、团队合作				
	9	文明	保持安静，清理场所				

任务拓展

任务名称：猕猴桃价格分组分析。

任务背景：多多水果店主要经营不同种类的猕猴桃，现在新进了一批猕猴桃。为了使定价符合行业定价规律，运营人员需要对采集的行业不同类型猕猴桃的价格（10枚装）进行分组分析，以便了解10枚装猕猴桃的定价规律。

任务要求：下载源数据所在的文件，将商品价格分为11组并设置分组下限（以10为一个步长进行分组，且相邻两个分组的上下限重合；初始分组为0~10元，最后一个分组为100元及以上），在分组后使用VLOOKUP函数、数据透视表完成猕猴桃价格分组分析的操作。

任务

1. 商品价格频次最高的分组是_____元，对应频次是_____。

2. 频次最高的商品是_____，对应频次是_____。

3. 定价在50~60元的商品有_____种，对应商品名称分别是_____、_____、_____。

4. 在价格分组 40～50 元中，出现频次为 9 的商品是（　　）。
   A．黄心猕猴桃　　　　　　　B．徐香猕猴桃
   C．红阳猕猴桃　　　　　　　D．野生猕猴桃
5. 将红阳猕猴桃（10 枚装）定价为 7.8 元是否合适？为什么？

猕猴桃价格分组分析
源数据

工作任务八　结构分析

任务目标

- 能够运用结构分析法对商品数据进行结构分析。
- 能够运用结构分析法对市场数据进行结构分析。
- 能够运用结构分析法对运营数据进行结构分析。
- 能够运用图表美化技巧对制作完成的图表的呈现效果进行优化。
- 能够就完成的结构分析结果形成有效的分析结论。
- 能够对进行分析的电子商务数据及分析结果严格保密。
- 能够具备科学、严谨的职业态度，在结构分析过程中，做到一丝不苟、精益求精。

任务导图

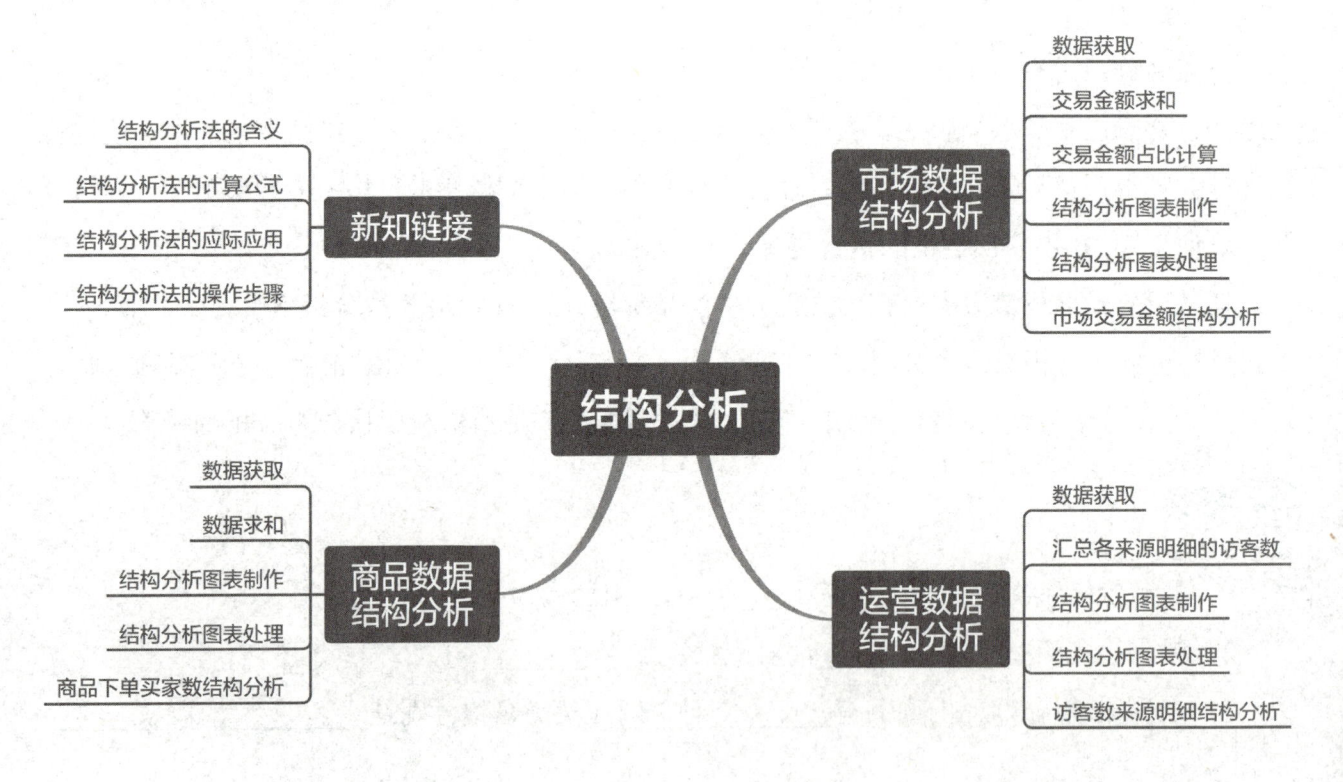

结构分析

- 新知链接
  - 结构分析法的含义
  - 结构分析法的计算公式
  - 结构分析法的应际应用
  - 结构分析法的操作步骤

- 市场数据结构分析
  - 数据获取
  - 交易金额求和
  - 交易金额占比计算
  - 结构分析图表制作
  - 结构分析图表处理
  - 市场交易金额结构分析

- 商品数据结构分析
  - 数据获取
  - 数据求和
  - 结构分析图表制作
  - 结构分析图表处理
  - 商品下单买家数结构分析

- 运营数据结构分析
  - 数据获取
  - 汇总各来源明细的访客数
  - 结构分析图表制作
  - 结构分析图表处理
  - 访客数来源明细结构分析

新知链接

一、结构分析法的含义

结构分析法又叫比重分析法，是指将被分析总体内的各部分与总体之间进行对比的分析方法，即总体内各部分占总体的比例，属于相对指标。

结构分析的结论能够说明各部分在总体中的地位和作用。一般而言，某部分的占比越大，重要程度越高，对总体的影响越大。此外，通过结构分析，企业还可以了解生产经营活动的效果，并据此找到提高生产经营活动效果的途径，如通过分析商品成本结构的变化，可以找到降低成本的途径。

二、结构分析法的计算公式

结构分析法的计算公式为

结构相对占比（比例）=总体某部分的数值/总体总量×100%

三、结构分析法的实际应用

结构分析法常用于分析市场占有率。市场占有率是分析企业在行业中竞争情况的重要指标，也是衡量企业运营状况的综合经济指标。

市场占有率也称市场份额，是指某企业某一商品（或品类）的销售量（或销售额）在市场同类商品（或品类）中所占的比例，反映企业在市场上的地位。通常，企业的市场占有率越高，竞争力越强。套用结构分析法的计算公式，可以得到市场占有率的计算公式：

市场占有率=某商品的销售量（或销售额）/该商品的市场总销售量（或总销售额）×100%

四、结构分析法的操作步骤

（1）数据获取。
（2）数据求和。
（3）结构占比计算。
（4）结构分析图表制作。
（5）结构分析图表处理。
（6）得出结构分析结论。

工作子任务一　商品数据结构分析

任务背景

原牧纯品旗舰店主要经营冷冻鸡肉食品，如鸡翅中、鸡腿等。为了选择几款主推商品来带动店铺商品的整体销量，运营人员需要对 2020 年 1 月 1 日—2 月 29 日的商品下单买家数进行

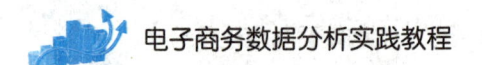

结构分析，以便了解各商品受买家欢迎的程度。

任务目标

完成原牧纯品旗舰店 2020 年 1 月 1 日—2 月 29 日的商品下单买家数结构分析，从中筛选出最受买家欢迎的 3 款商品。

任务要求

使用 Excel 中的快速制表（饼图）功能，对 2020 年 1 月 1 日—2 月 29 日的商品下单买家数进行结构分析。在操作时，图形中的数据标签显示方式需为百分比且包含类别名称。

任务

1．请将结构分析结果的截图上传到平台上。
2．最受买家欢迎的 3 款商品是_____、_____、_____。
3．下单买家数最少的两款商品是_____、_____。

商品数据结构分析

任务操作

使用 Excel 中的快速制表（饼图）功能对 2020 年 1 月 1 日—2 月 29 日的商品下单买家数进行结构分析的操作步骤及关键节点如下。

步骤 1：数据获取。

下载源数据所在的文件，获取 2020 年 1 月 1 日—2 月 29 日的商品下单买家数数据，如图 3-200 所示。

	A	B	C
1	统计日期	商品名称	下单买家数
2	2020-01-01 ~ 2020-01-31	原牧纯品绿鸟鸡翅中500g 冷冻生制品生鸡翅烧烤肉食材正品	114
3	2020-02-01 ~ 2020-02-29	原牧纯品绿鸟鸡翅中500g 冷冻生制品生鸡翅烧烤肉食材正品	313
4	2020-01-01 ~ 2020-01-31	原牧纯品绿鸟牧鸡900g生鲜冷冻鸡肉整只红烧煲汤（赠美味骨汤包）	58
5	2020-02-01 ~ 2020-02-29	原牧纯品绿鸟牧鸡900g生鲜冷冻鸡肉整只红烧煲汤（赠美味骨汤包）	204
6	2020-01-01 ~ 2020-01-31	原牧纯品绿鸟童子600g生鲜冷冻农家散养鸡整只（赠美味骨汤包）	155
7	2020-02-01 ~ 2020-02-29	原牧纯品绿鸟童子600g生鲜冷冻农家散养鸡整只（赠美味骨汤包）	322
8	2020-01-01 ~ 2020-01-31	原牧纯品绿鸟乌骨鸡700g 冷冻生鲜黑乌鸡炖汤滋补（赠美味汤包）	58
9	2020-02-01 ~ 2020-02-29	原牧纯品绿鸟乌骨鸡700g 冷冻生鲜黑乌鸡炖汤滋补（赠美味汤包）	161
10	2020-01-01 ~ 2020-01-31	原牧纯品绿鸟鸡小胸500g 生鲜冷冻鸡胸肉烤肉食材鸡脯肉正品	91
11	2020-02-01 ~ 2020-02-29	原牧纯品绿鸟鸡小胸500g 生鲜冷冻鸡胸肉烤肉食材鸡脯肉正品	256
12	2020-01-01 ~ 2020-01-31	原牧纯品绿鸟汤鸡800g 冷冻鸡肉农家散养鸡炖汤（赠美味骨汤包）	49
13	2020-02-01 ~ 2020-02-29	原牧纯品绿鸟汤鸡800g 冷冻鸡肉农家散养鸡炖汤（赠美味骨汤包）	142
14	2020-01-01 ~ 2020-01-31	原牧纯品绿鸟冷冻鸡腿琵琶腿500g 清真鸡大腿烧烤炸鸡腿正品	86
15	2020-02-01 ~ 2020-02-29	原牧纯品绿鸟冷冻鸡腿琵琶腿500g 清真鸡大腿烧烤炸鸡腿正品	233
16	2020-01-01 ~ 2020-01-31	原牧纯品绿鸟鸡翅根500g/袋 生鲜冷冻生鸡肉清真烧烤食材正品	86
17	2020-02-01 ~ 2020-02-29	原牧纯品绿鸟鸡翅根500g/袋 生鲜冷冻生鸡肉清真烧烤食材正品	236
18	2020-01-01 ~ 2020-01-31	原牧纯品草原鸡1000g 冷冻鸡肉草原农家散养土鸡绿色健康正品	35
19	2020-02-01 ~ 2020-02-29	原牧纯品草原鸡1000g 冷冻鸡肉草原农家散养土鸡绿色健康正品	109
20	2020-01-01 ~ 2020-01-31	原牧纯品老母鸡1300g 冷冻散养土鸡走地老母鸡 清真烤鸡正品	29
21	2020-02-01 ~ 2020-02-29	原牧纯品老母鸡1300g 冷冻散养土鸡走地老母鸡 清真烤鸡正品	73

图 3-200　2020 年 1 月 1 日—2 月 29 日的商品下单买家数数据

步骤 2：数据求和。

步骤 2.1：汇总各商品的下单买家数。选中数据区域中的任意一个单元格，在"插入"选项卡的"表格"功能组中单击"数据透视表"按钮，如图 3-201 所示。

图 3-201　插入数据透视表

步骤 2.2：在弹出的"创建数据透视表"对话框中选择要分析的数据和放置数据透视表的位置，单击"确定"按钮，如图 3-202 所示。

步骤 2.3：在打开的"数据透视表字段"窗格中，将"商品名称"字段拖动到"行"区域中，将"下单买家数"字段拖动到"值"区域中，如图 3-203 所示。

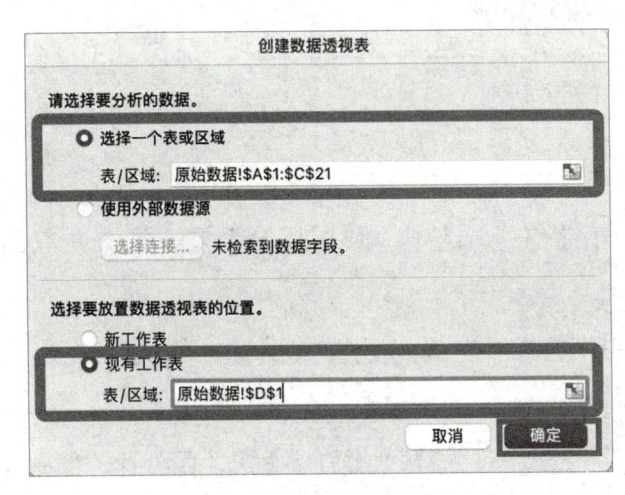

图 3-202　"创建数据透视表"对话框

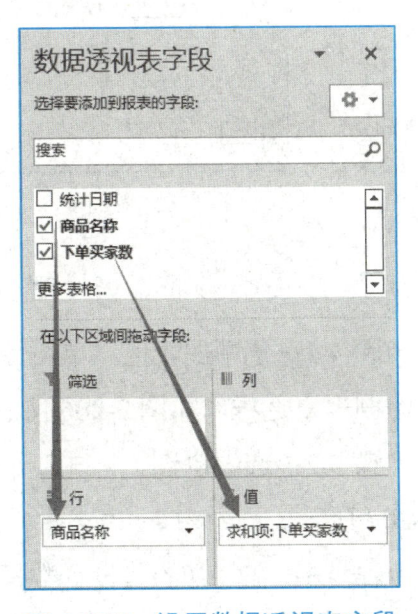

图 3-203　设置数据透视表字段

生成的商品下单买家数数据透视表如图 3-204 所示。

行标签	求和项:下单买家数
原牧纯品草原鸡1000g 冷冻鸡肉草原农家散养土鸡绿色健康正品	144
原牧纯品老母鸡1300g 冷冻散养土鸡走地老母鸡 清真烤鸡正品	102
原牧纯品绿鸟鸡翅根500g/袋 生鲜冷冻生鸡肉清真烧烤食材正品	322
原牧纯品绿鸟鸡翅中500g 冷冻生制品生鸡翅烧烤烤肉食材正品	427
原牧纯品绿鸟鸡小胸500g 生鲜冷冻鸡胸肉烤肉食材鸡脯肉正品	347
原牧纯品绿鸟冷冻鸡腿琵琶腿500g 清真鸡大腿烧烤炸鸡腿正品	319
原牧纯品绿鸟牧鸡900g生鲜冷冻鸡肉整只红烧煲汤（赠美味骨汤包）	262
原牧纯品绿鸟汤鸡800g 冷冻鸡肉农家散养鸡炖汤（赠美味骨汤包）	191
原牧纯品绿鸟童子鸡600g生鲜冷冻农家散养鸡整只（赠美味骨汤包）	477
原牧纯品绿鸟乌骨鸡700g 冷冻生鲜黑乌鸡炖汤滋补（赠美味汤包）	219
总计	2810

图 3-204 商品下单买家数数据透视表

步骤 3：结构分析图表制作。

选中数据透视表中的任意一个单元格，在"插入"选项卡的"图表"功能组中单击"饼图"下拉按钮，在弹出的下拉列表中选择"二维饼图"中的"饼图"选项，如图 3-205 所示。

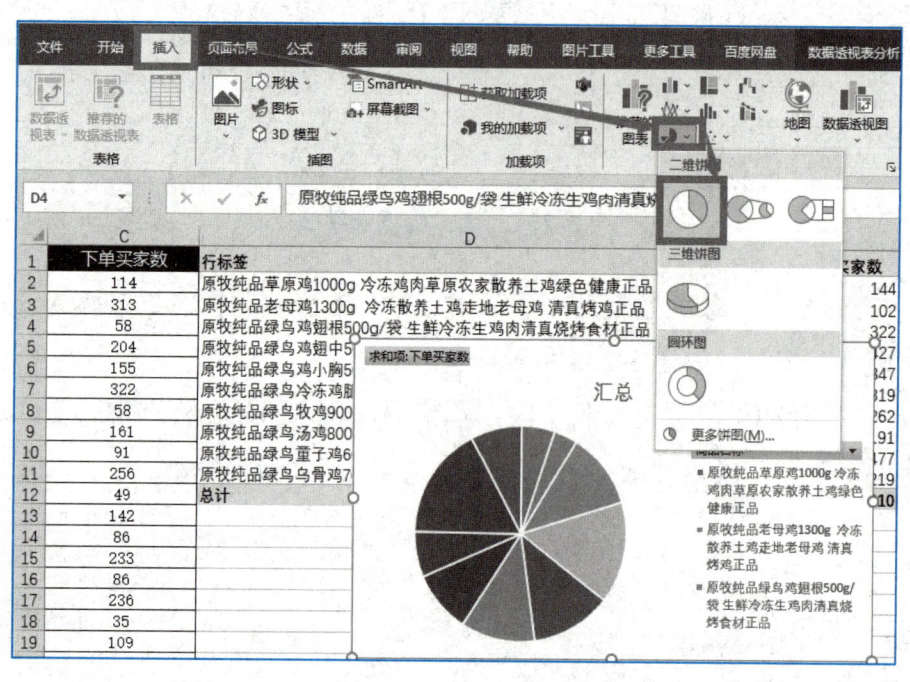

图 3-205 插入饼图

步骤 4：结构分析图表处理。

步骤 4.1：选中图表区，单击图表区右上角的"+"，选中"数据标签"复选框，并取消选中"图例"复选框，如图 3-206 所示。

步骤 4.2：选中饼图，右击，在弹出的快捷菜单中选择"设置数据标签格式"命令，如图 3-207 所示。

步骤 4.3：在打开的"设置数据标签格式"窗格中，选中"类别名称""百分比""显示引导线"复选框，取消选中"值"复选框，如图 3-208 所示。

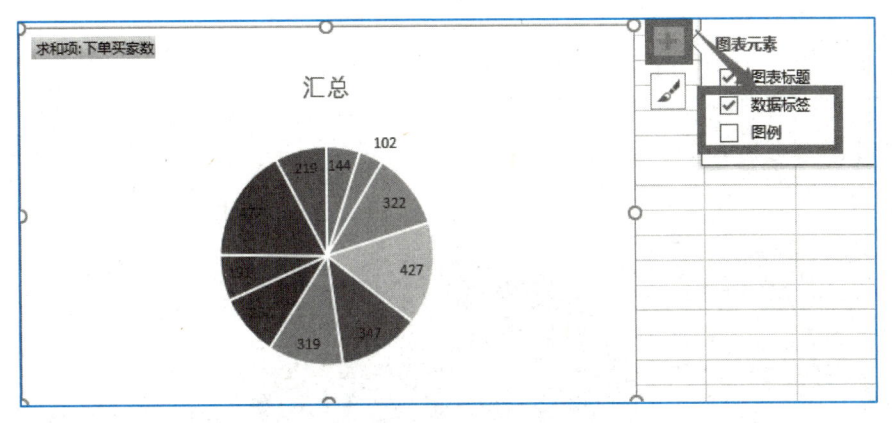

图 3-206　设置图表元素

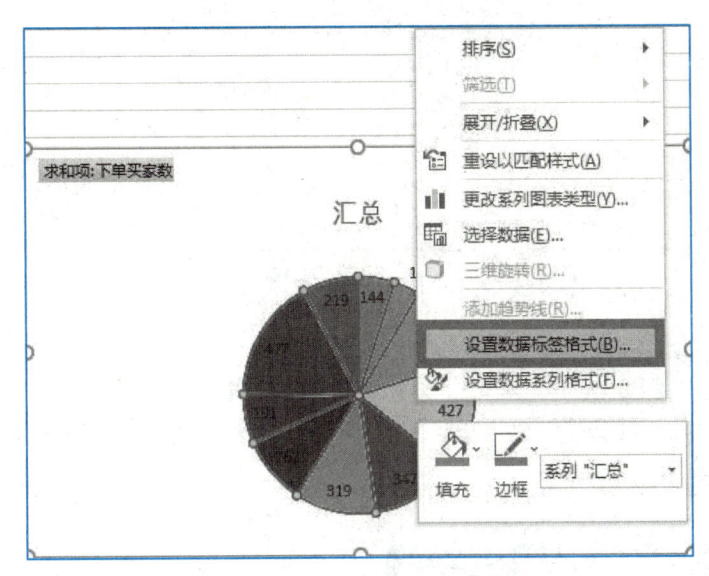

图 3-207　选择"设置数据标签格式"命令

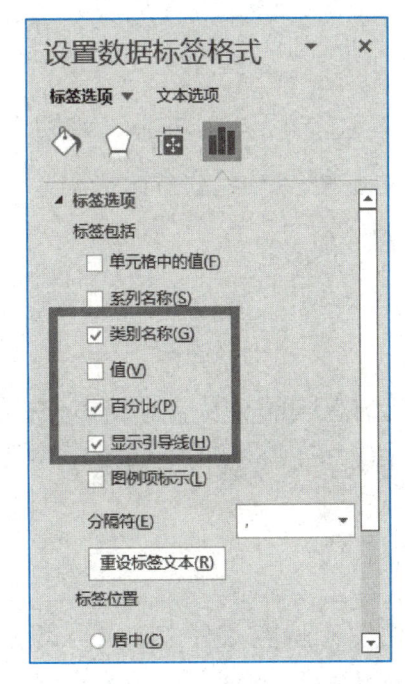

图 3-208　设置标签选项

步骤4.4：将图表标题修改为"商品下单买家数结构分析图"，如图3-209所示。

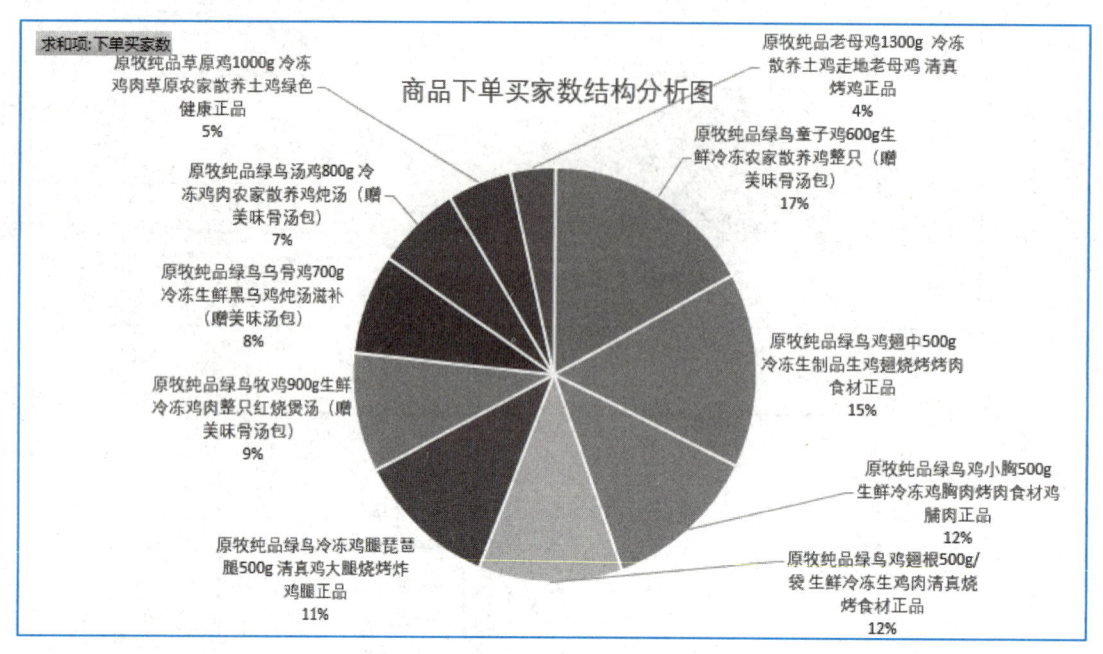

图3-209　商品下单买家数结构分析图

步骤5：商品下单买家数结构分析。

结合上述操作结果，对2020年1月1日—2月29日的商品下单买家数进行结构分析，从中筛选出最受买家欢迎的3款商品。

工作子任务二　市场数据结构分析

任务背景

原牧纯品旗舰店主要经营冷冻鸡肉食品，如鸡胸、鸡翅中、鸡腿等，其中鸡胸是销售较好的商品之一。为了了解自己店铺鸡胸的交易金额占比情况，运营人员需要对2020年2月市场上各店铺鸡胸的交易金额进行结构分析。

任务目标

完成2020年2月市场上各店铺鸡胸的交易金额结构分析，了解原牧纯品旗舰店鸡胸的交易金额占比情况及市场上同类商品的交易金额占比情况。

任务要求

使用Excel中的快速制表（饼图）功能，对2020年2月市场上各店铺鸡胸的交易金额进行结构分析。在操作时，图形中的数据标签显示方式需为百分比且包含类别名称。

任务

1. 请将结构分析结果的截图上传到平台上。
2. 原牧纯品旗舰店鸡胸的交易金额占比是_____%。
3. 交易金额占比排名前 3 的店铺及其占比依次是_____、_____%；_____、_____%；_____、_____%。

市场数据结构分析

任务操作

使用 Excel 中的快速制表（饼图）功能对 2020 年 2 月市场上各店铺鸡胸的交易金额进行结构分析的操作步骤及关键节点如下。

步骤 1：数据获取。

下载源数据所在的文件，获取 2020 年 2 月市场上各店铺鸡胸的交易金额数据（单位为元），如图 3-210 所示。

步骤 2：交易金额求和。

在 A52 单元格中输入"交易金额求和"，在 B52 单元格中输入交易金额的求和公式"=SUM(B2:B51)"，如图 3-211 所示。

图 3-210 2020 年 2 月市场上各店铺鸡胸的交易金额数据（部分）

图 3-211 输入交易金额的求和公式

步骤 3：交易金额占比计算。

步骤 3.1：在 C1 单元格中输入"交易金额占比"，在 C2 单元格中输入交易金额占比的计算公式“=B2/$B$52”（注意：要对 B52 单元格进行绝对引用），如图 3-212 所示。按“Enter”键进行确认。

步骤 3.2：选中 C2 单元格，设置 C2 单元格的格式为“百分比”，设置“小数位数”为“0”。设置后的效果如图 3-213 所示。

	A	B	C
1	店铺名称	交易金额	交易金额占比
2	鲨鱼菲特旗舰店	3766226	=B2/$B$52
3	肌肉小王子旗舰店	3402866	
4	加菲猫健身厨房	3263671	
5	薄荷食品专营店	2909255	
6	我爱我家旗舰店	2812693	

图 3-212　输入交易金额占比的计算公式

	A	B	C
1	店铺名称	交易金额	交易金额占比
2	鲨鱼菲特旗舰店	3766226	9%
3	肌肉小王子旗舰店	3402866	
4	加菲猫健身厨房	3263671	
5	薄荷食品专营店	2909255	
6	我爱我家旗舰店	2812693	

图 3-213　设置后的效果

步骤 3.3：选中 C2 单元格，将鼠标指针移动到 C2 单元格右下角，等到出现“+”后，双击即可进行快速填充。填充后的结果如图 3-214 所示。

	A	B	C
1	店铺名称	交易金额	交易金额占比
2	鲨鱼菲特旗舰店	3766226	9%
3	肌肉小王子旗舰店	3402866	8%
4	加菲猫健身厨房	3263671	8%
5	薄荷食品专营店	2909255	7%
6	我爱我家旗舰店	2812693	7%
7	圣农旗舰店	2512476	6%
8	光合力量旗舰店	1296849	3%
9	味道全食品店	1291660	3%
10	肯渡食品专营店	1082027	3%
11	小五花美食店	1063535	3%
12	小鸡快跑旗舰店	995750	2%
13	肉嘟嘟食品旗舰店	966640	2%
14	陈超食品专营店	871552	2%
15	华誉食品旗舰店	850919	2%
16	betterme旗舰店	661748	2%
17	muscledoctor旗舰店	625125	2%
18	Tyson泰森食品官方旗舰店	613588	1%
19	甜蜜魔法食品专营店	592922	1%
20	肉食动物旗舰店	543791	1%
21	原牧纯品旗舰店	523647	1%
22	ishape优形旗舰店	490005	1%
23	鑫名扬旗舰店	474220	1%

市场数据结构分析-原始数据

图 3-214　填充后的结果（部分）

步骤 4：结构分析图表制作。

按住“Ctrl”键，分别选中 A1:A51 和 C1:C51 单元格区域，在“插入”选项卡的“图表”功能组中单击“饼图”下拉按钮，在弹出的下拉列表中选择“二维饼图”中的“饼图”选项，如图 3-215 所示。

步骤 5：结构分析图表处理。

步骤 5.1：选中图表区，单击图表区右上角的“+”，选中“数据标签”复选框，并取消选中“图例”复选框，如图 3-216 所示。

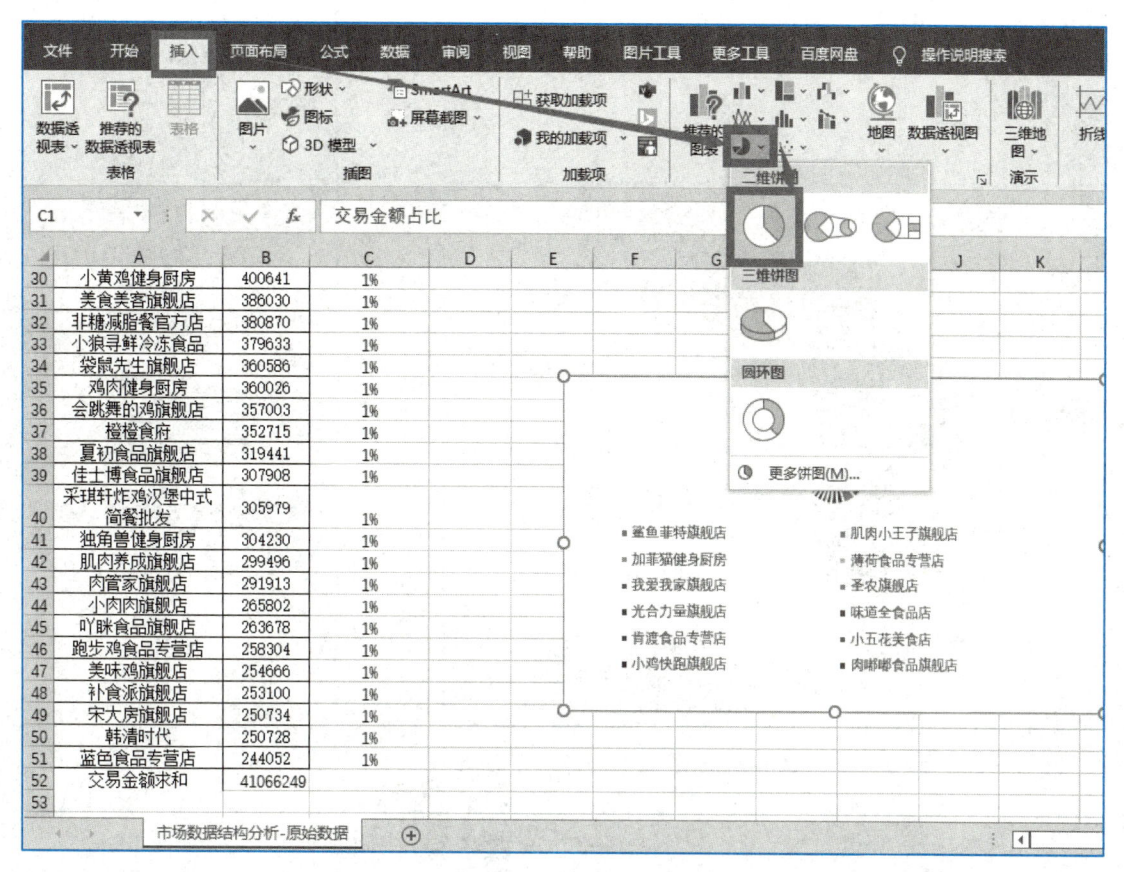

图 3-215　插入饼图

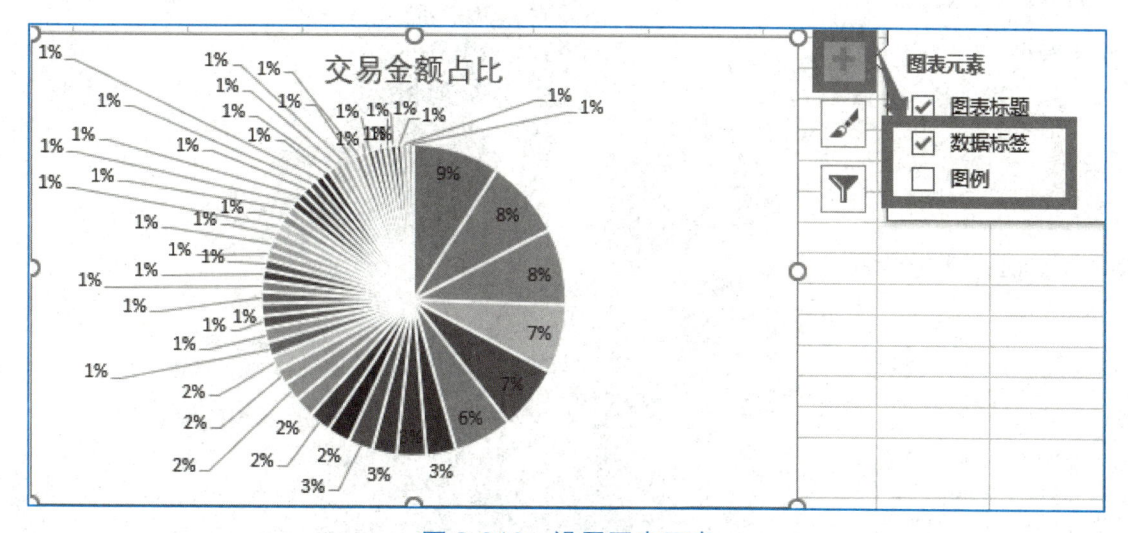

图 3-216　设置图表元素

步骤 5.2：选中饼图，右击，在弹出的快捷菜单中选择"设置数据标签格式"命令，如图 3-217 所示。

步骤 5.3：在打开的"设置数据标签格式"窗格中选中"类别名称""值""显示引导线"复选框，如图 3-218 所示。

步骤 5.4：将图表标题修改为"市场交易金额结构分析图"，如图 3-219 所示。

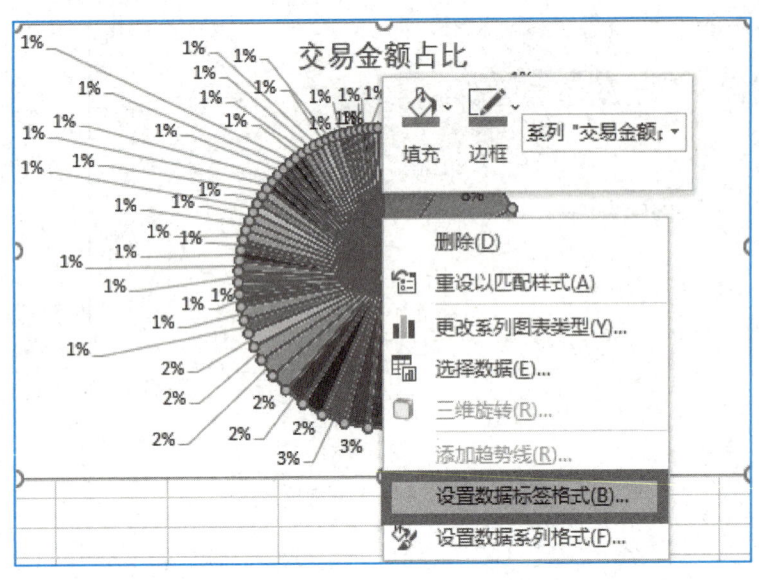

图 3-217　选择"设置数据标签格式"命令

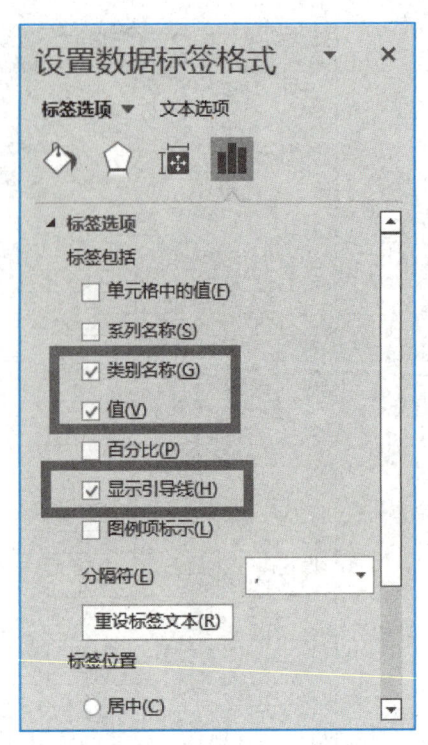

图 3-218　设置标签选项

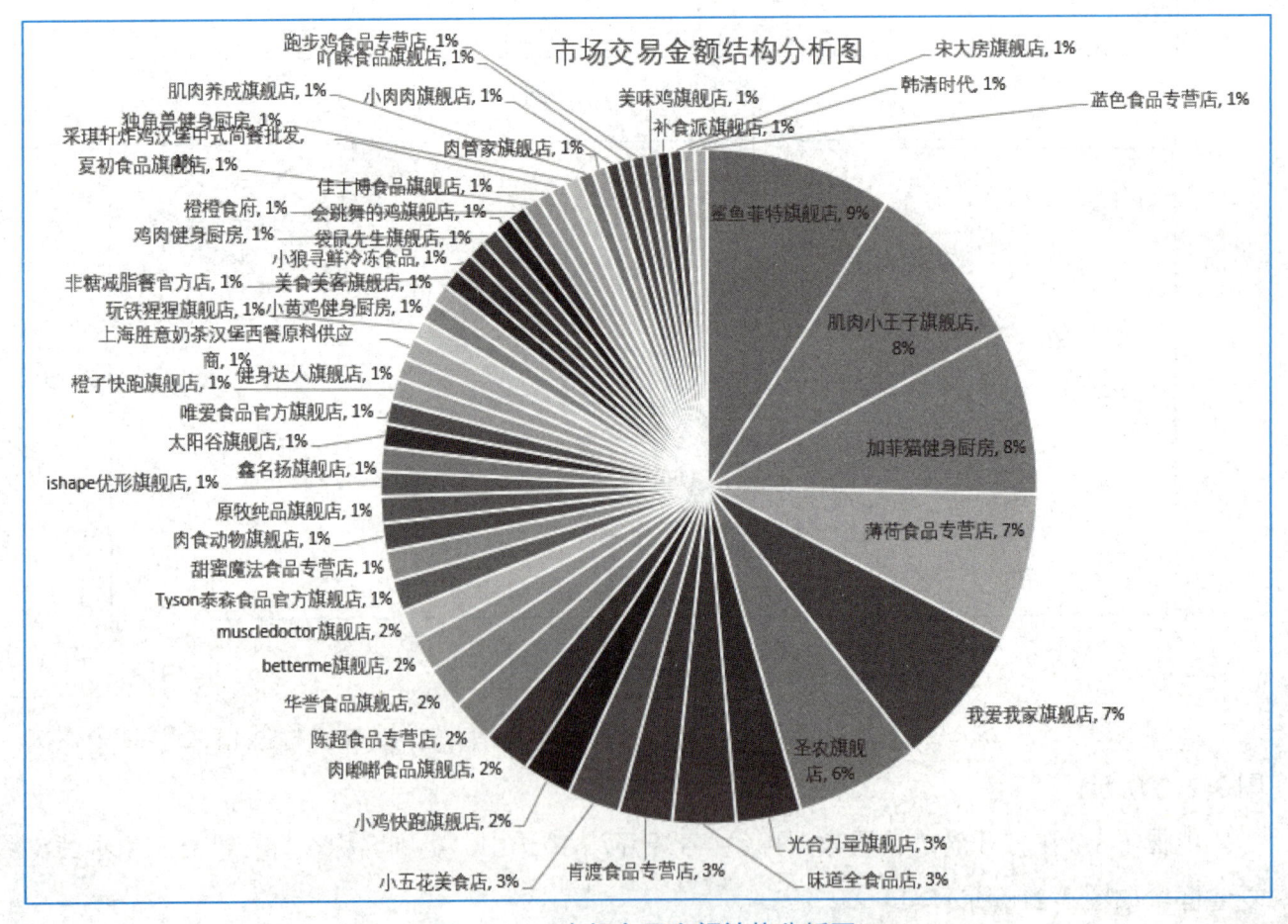

图 3-219　市场交易金额结构分析图

步骤 6：市场交易金额结构分析。

结合上述操作结果，明确原牧纯品旗舰店鸡胸的交易金额占比及交易金额占比排名前 3 的店铺。

工作子任务三　运营数据结构分析

任务背景

原牧纯品旗舰店主要经营冷冻鸡肉食品，如鸡翅中、鸡腿等。为了了解该店铺 2019 年 7 月和 8 月的访客渠道结构情况，运营人员需要对 2019 年 7 月和 8 月的店铺流量来源数据进行结构分析，分析其合理性，提出优化建议。

任务目标

完成 2019 年 7 月和 8 月的店铺流量来源数据结构分析，以便进行运营优化。

任务要求

使用 Excel 中的快速制表（复合饼图）功能，对 2019 年 7 月和 8 月的店铺流量来源数据进行结构分析，数据处理维度为统计日期、流量来源、访客数。在操作时，图形中的数据标签显示方式需为百分比且包含类别名称。

任务

1．请将结构分析结果的截图上传到平台上。
2．店铺访客数来源的主要渠道是_____。
3．从微淘运营角度分析，针对访客数，需要优化的渠道是_____。

运营数据结构分析

任务操作

使用 Excel 中的快速制表（复合饼图）功能对 2019 年 7 月和 8 月的店铺流量来源数据进行结构分析的操作步骤及关键节点如下。

步骤 1：数据获取。

下载源数据所在的文件，获取 2019 年 7 月和 8 月的店铺流量来源数据，如图 3-220 所示。

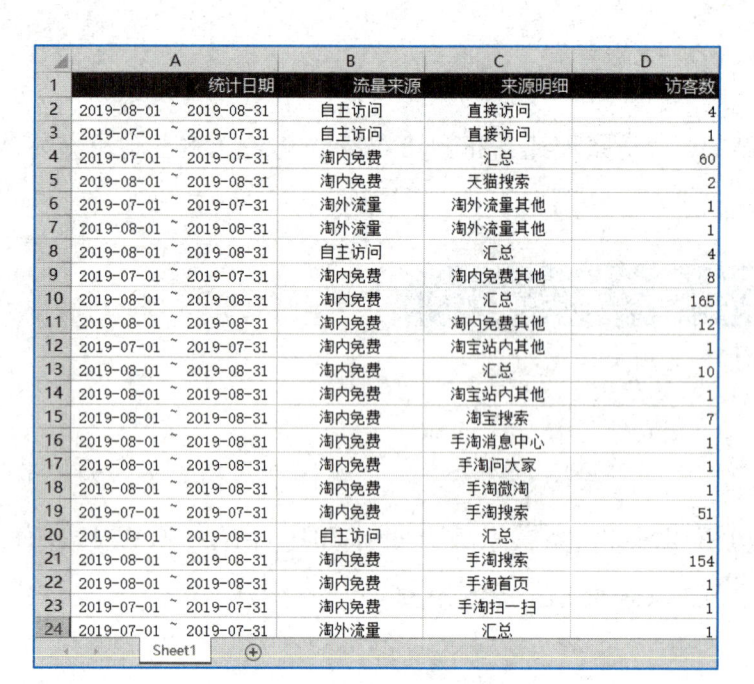

图 3-220 2019 年 7 月和 8 月的店铺流量来源数据（部分）

步骤 2：汇总各来源明细的访客数。

步骤 2.1：选中数据区域中的任意一个单元格，在"插入"选项卡的"表格"功能组中单击"数据透视表"按钮，如图 3-221 所示。

步骤 2.2：在弹出的"创建数据透视表"对话框中选择要分析的数据和放置数据透视表的位置，单击"确定"按钮，如图 3-222 所示。

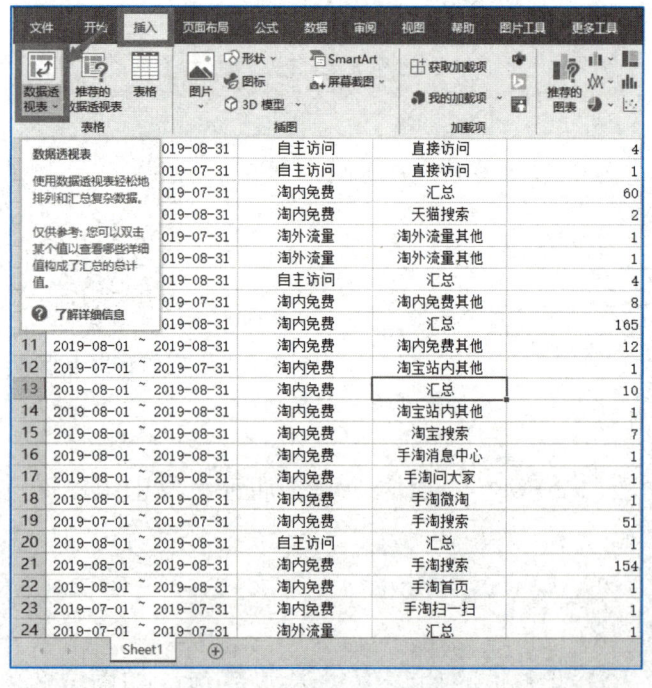

图 3-221 插入数据透视表　　图 3-222 "创建数据透视表"对话框

步骤 2.3：在打开的"数据透视表字段"窗格中，将"来源明细"字段拖动到"行"区域中,将"访客数"字段拖动到"值"区域中(注意:"访客数"的"值汇总方式"需设置为"求和"),如图3-223所示。

步骤2.4:单击数据透视表中"行标签"的下拉按钮,在弹出的下拉列表中取消选中"汇总"复选框,如图3-224所示。

最终生成的各来源明细的访客数透视表如图3-225所示。

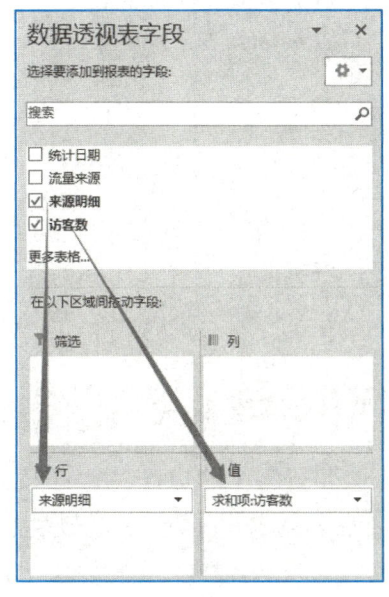

图3-223 设置数据透视表字段 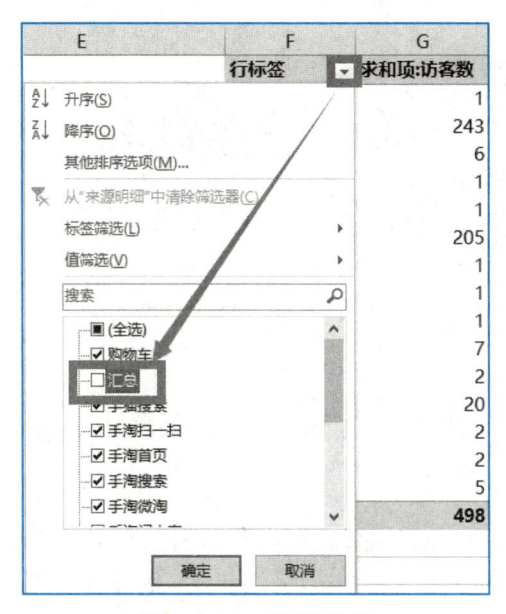　　图3-224 数据筛选　　图3-225 各来源明细的访客数透视表

步骤3:结构分析图表制作。

选中数据透视表中的任意一个单元格,在"插入"选项卡的"图表"功能组中单击"饼图"下拉按钮,在弹出的下拉列表中选择"二维饼图"中的"复合饼图"选项,如图3-226所示。

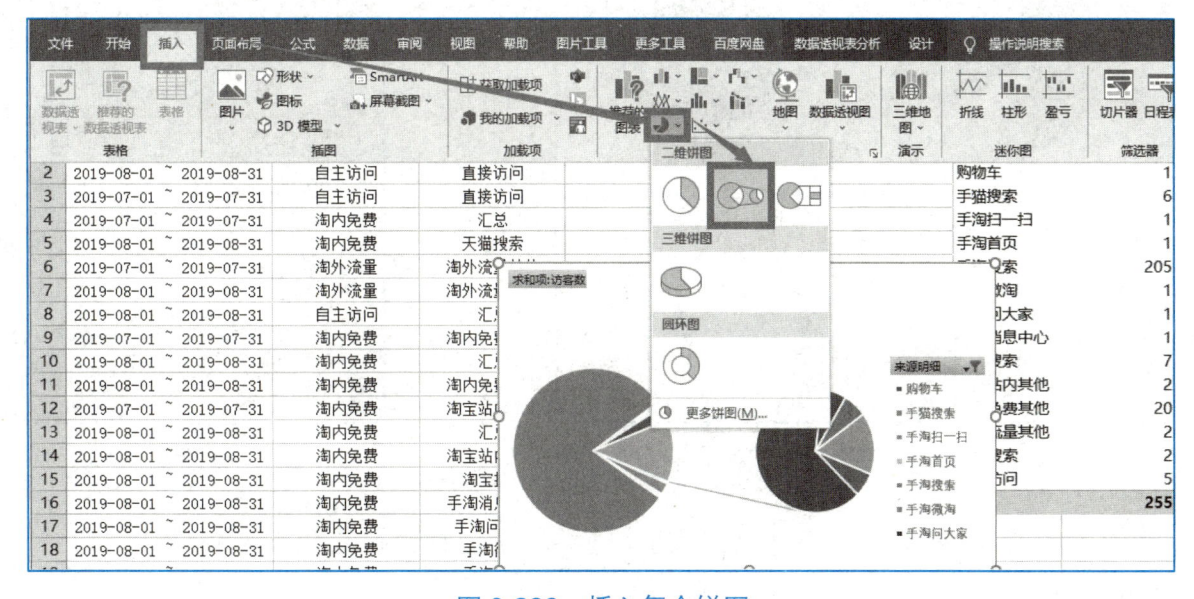

图3-226 插入复合饼图

步骤4：结构分析图表处理。

步骤4.1：选中图表区，单击图表区右上角的"+"，选中"数据标签"复选框，并取消选中"图例"复选框，如图3-227所示。

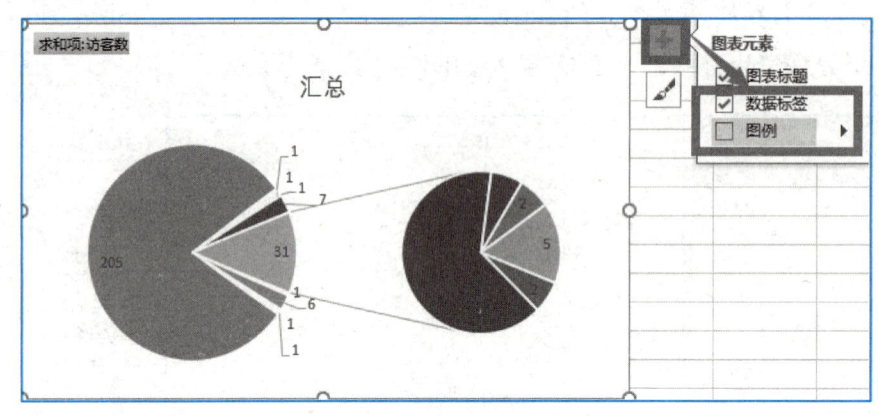

图3-227　设置图表元素

步骤4.2：选中饼图，右击，在弹出的快捷菜单中选择"设置数据标签格式"命令，如图3-228所示。

步骤4.3：在打开的"设置数据标签格式"窗格中，选中"类别名称""百分比""显示引导线"复选框，取消选中"值"复选框，如图3-229所示。

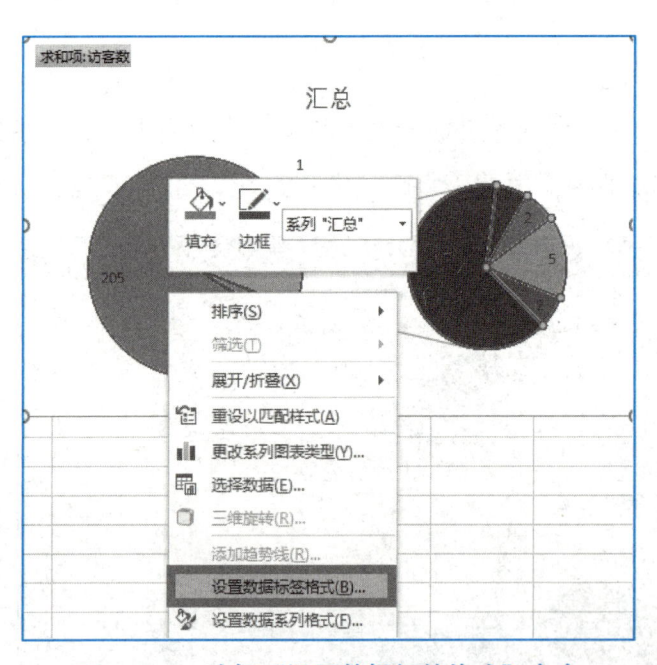

图3-228　选择"设置数据标签格式"命令

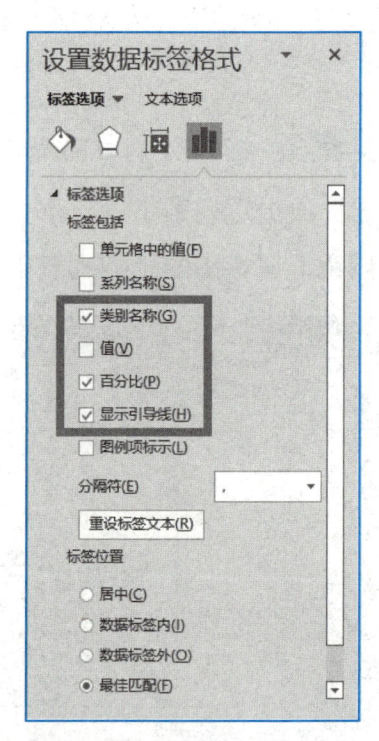

图3-229　设置标签选项

步骤4.4：选中饼图，右击，在弹出的快捷菜单中选择"设置数据系列格式"命令，如图3-230所示。

步骤4.5：在打开的"设置数据系列格式"窗格中，设置"系列分割依据"为"百分比值"，设置"值小于"为"9%"（这是因为除了手淘搜索，其他各来源明细的访客数占比最高仅为8%），如图3-231所示。

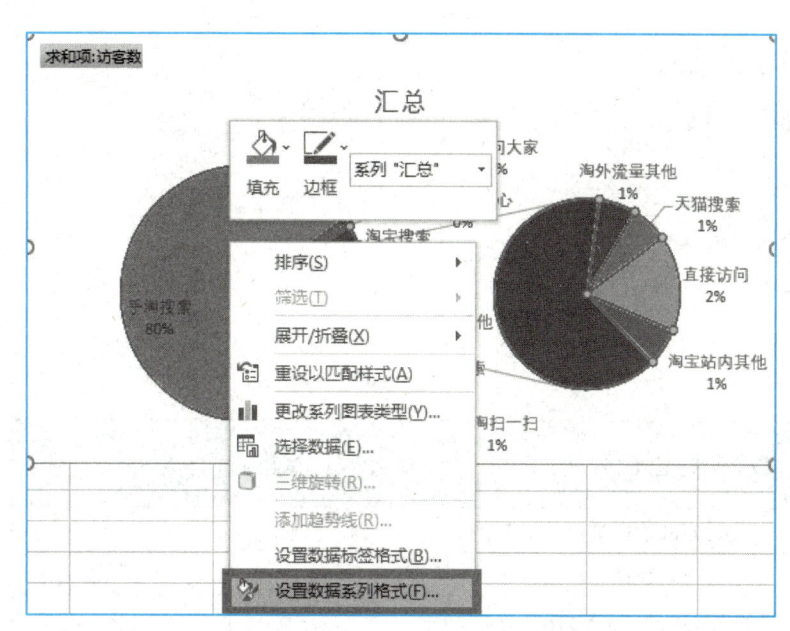

图3-230　选择"设置数据系列格式"命令

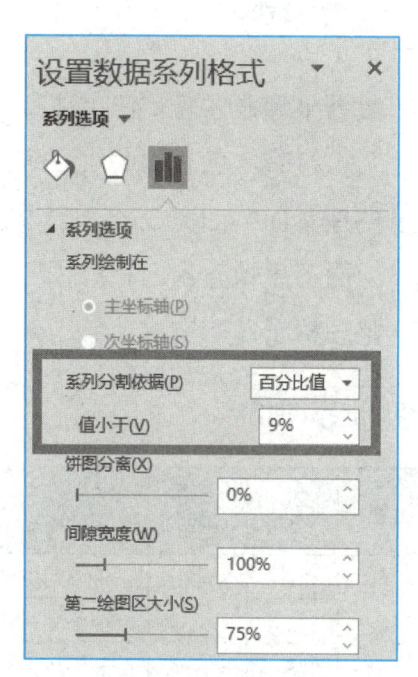

图3-231　设置系列选项

步骤4.6：将图表标题修改为"访客数来源明细复合饼图"，如图3-232所示。

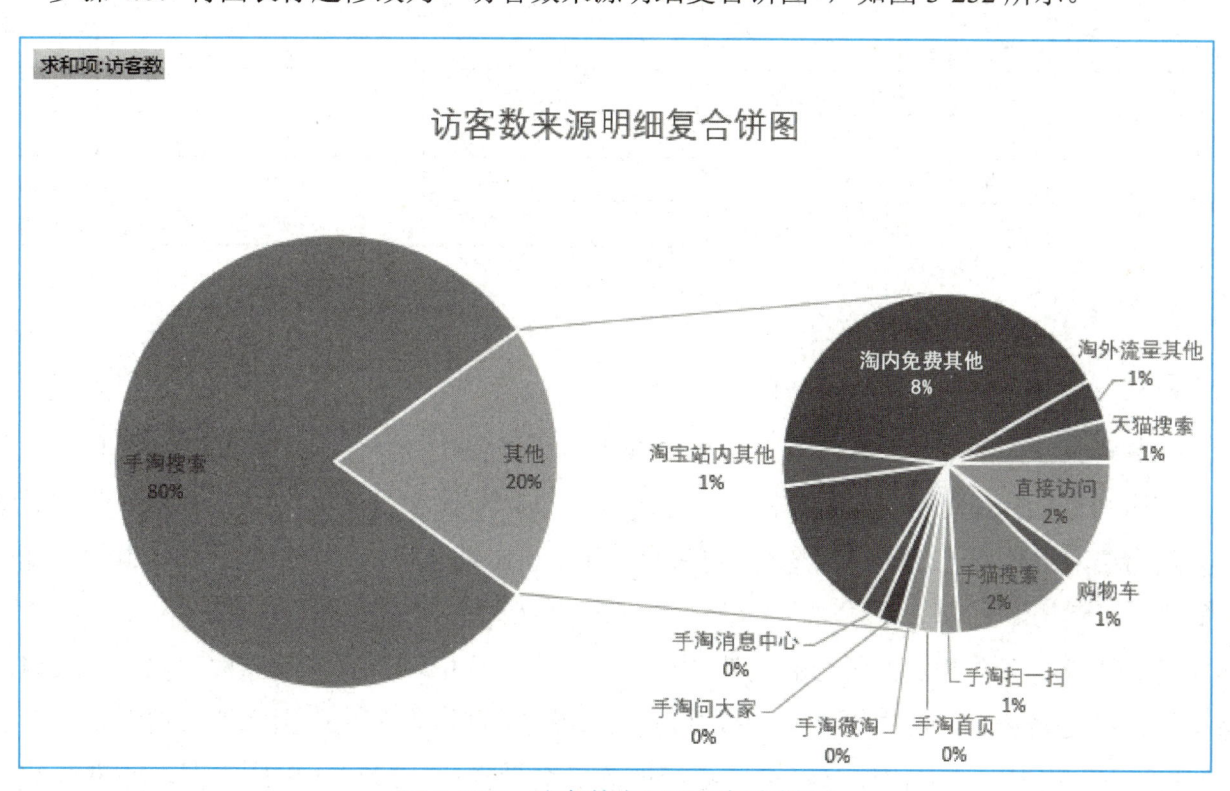

图3-232　访客数来源明细复合饼图

步骤 5：访客数来源明细结构分析。

结合上述操作结果，对 2019 年 7 月和 8 月的店铺流量来源数据进行结构分析。

工作结束

数据整理及备份：□完成　　□未完成

关机检查：□正常关机　　□强行关机　　□未关机

整理桌面：□完成　　□未完成

地面卫生检查：□完成　　□未完成

整理椅子：□完成　　□未完成

任务评价

类别	序号	考核项目	考核内容及要求	优秀	良好	合格	较差
技术考核	1	质量	能够运用结构分析法对商品数据进行结构分析				
	2		能够运用结构分析法对市场数据进行结构分析				
	3		能够运用结构分析法对运营数据进行结构分析				
	4		能够运用图表美化技巧对制作完成的图表的呈现效果进行优化				
	5		能够就完成的结构分析结果形成有效的分析结论				
非技术考核	6	态度	学习态度端正				
	7	纪律	遵守纪律				
	8	协作	有交流、团队合作				
	9	文明	保持安静，清理场所				

任务拓展

任务名称：猕猴桃产地分布数据分析。

任务背景：果鲜生是一家多平台经营的线上水果经销店铺，主营各类新鲜水果和速冻蔬果。该店铺近期计划新增一款猕猴桃，于是统计了淘宝店铺 2021 年猕猴桃产地分布数据。运营人员需要对该数据进行计算、整理、可视化，便于该店铺选择市场上受欢迎的猕猴桃产地的猕猴桃。

任务要求：下载源数据所在的文件，对源数据进行分析。首先，筛选猕猴桃产地数据，保留国外产地数据，以及中国成交量排名前 5 的产地数据，将其余中国产地数据汇总整合为"其他产地"数据；然后，计算筛选后各产地的成交量占比；最后，生成饼图，并进行数据分析。

任务

1. 请依据任务要求制作"猕猴桃产地分布成交量占比"饼图，并将操作结果的截图上传到平台上。饼图中需包括类别名称和成交量占比数据标签，类别名称为国外产地、其他产地、××地区；成交量占比数据采用百分比形式，四舍五入，保留两位小数。

猕猴桃产地分布数据分析源数据

2. 请分析猕猴桃产地成交量占比最高的产地是哪个、成交量占比为多少（成交量占比数据采用百分比形式，四舍五入，保留两位小数），并分析该店铺应该如何根据猕猴桃产地进行备货。

工作任务九　漏斗图分析

任务目标

- 能够运用漏斗图分析法对运营数据、商品数据进行漏斗图分析。
- 能够运用图表美化技巧对制作完成的图表的呈现效果进行优化。
- 能够就完成的漏斗图分析结果形成有效的分析结论。
- 能够对进行分析的电子商务数据及分析结果严格保密。
- 能够具备科学、严谨的职业态度，在漏斗图分析过程中，做到一丝不苟、精益求精。

任务导图

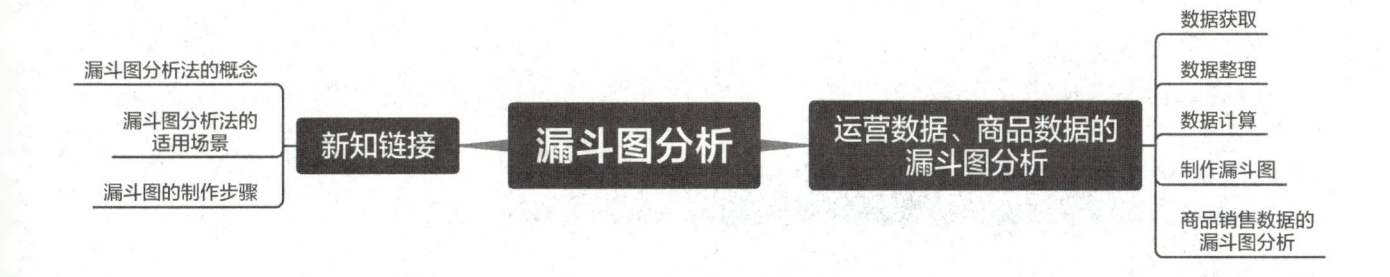

```
                                              数据获取
         漏斗图分析法的概念                    数据整理
         漏斗图分析法的    新知链接  漏斗图分析  运营数据、商品数据的  数据计算
         适用场景                              漏斗图分析          制作漏斗图
         漏斗图的制作步骤                                          商品销售数据的
                                                                  漏斗图分析
```

新知链接

一、漏斗图分析法的概念

漏斗图分析法是使用漏斗图展示数据分析过程和结果的数据分析方法,能够科学地评估业务过程,以及从起点到终点各阶段的转化情况。漏斗图分析法可以通过量化的数据分析,帮助

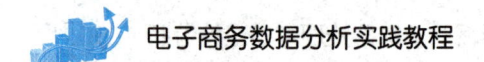

企业找到有问题的业务环节，并进行有针对性的优化。

二、漏斗图分析法的适用场景

（一）电子商务网站和App

漏斗图分析法可以展现网站或App转化率的变化情况，即客户从进入网站到实现购物的最终转化率。企业可以对各环节的转化情况进行分析，并及时优化或处理问题。

（二）营销推广

漏斗图分析法可以展现营销各环节的转化情况，包括展现、点击、访问、订单形成所产生的客户流量数据。企业可以分析各环节客户数量的情况及流失情况，并进行优化和问题处理。

（三）客户关系管理

漏斗图分析法可以展现客户各阶段的转化情况，包括潜在客户、意向客户、谈判客户、成交客户、签约客户等。企业可以分析客户的转化数据并进行优化。

三、漏斗图的制作步骤

（1）整理数据：将数据整理成适合进行漏斗图分析的形式。

（2）计算上一环节转化率：

$$上一环节转化率=当前环节数据/上一环节数据$$

（3）计算总体转化率：

$$总体转化率=当前环节数据/最初环节数据$$

（4）添加占位数据：

$$占位数据=（最初环节数据-正在进行环节数据）/2$$

（5）插入堆积条形图并删除网格线。

（6）形成漏斗图。

（7）美化漏斗图。

工作子任务　运营数据、商品数据的漏斗图分析

任务背景

漏斗图分析法适合分析业务周期长、流程规范且环节多的指标，如网站转化率、销售转化率等。通过进行漏斗图分析，企业能够了解数据端到端的变化。原牧纯品旗舰店主要经营冷冻鸡肉食品，如冷冻鸡肉等。为了了解某款商品的客户从访问商品页面到完成支付的转化情况，运营人员需要对2020年1月该商品的销售数据进行漏斗图分析。

任务目标

对采集到的商品销售数据进行漏斗图分析，了解客户转化情况。

任务要求

使用 Excel 中的堆积条形图功能，对商品销售数据进行漏斗图分析。

任务

1. 完成漏斗图分析，上传操作结果的截图。
2. 从访客数到交易成功买家数，添加的占位数据依次为访客数占位数据_____、加购买家数占位数据_____、支付买家数占位数据_____、下单买家数占位数据_____、交易成功买家数占位数据_____。
3. 最终交易成功买家数的总体转化率是_____%。

运营数据、商品数据的漏斗图分析

任务操作

使用漏斗图分析法对运营数据、商品数据进行分析的操作步骤及关键节点如下。

步骤 1：数据获取。

下载源数据所在的文件，获取商品销售数据，如图 3-233 所示。

统计日期	商品名称	访客数	加购买家数	支付买家数	下单买家数	交易成功买家数
2020-02-01 ~ 2020-02-29	原牧纯品老母鸡1300g 冷冻散养土鸡走地老母鸡 清真烤鸡正品	2,327	1,006	538	462	428

图 3-233　商品销售数据

步骤 2：数据整理。

将商品销售数据整理成适合进行漏斗图分析的形式，数据整理结果如图 3-234 所示。

步骤环节	占位数据	客户数	上一环节转化率	总体转化率
访客数		2,327		
加购买家数		1,006		
支付买家数		538		
下单买家数		462		
交易成功买家数		428		

图 3-234　数据整理结果

步骤 3：数据计算。

步骤 3.1：计算占位数据。根据计算公式"占位数据=（最初环节数据-正在进行环节数据）/2"，在 B2 单元格中输入占位数据的计算公式"=($C$2-C2)/2"（注意：需要对第一个 C2 单元格进行绝对引用），如图 3-235 所示。

步骤环节	占位数据	客户数	上一环节转化率	总体转化率
访客数	=($C$2-C2)/2	2,327		
加购买家数		1,006		
支付买家数		538		
下单买家数		462		
交易成功买家数		428		

图 3-235　输入占位数据的计算公式

步骤 3.2：按"Enter"键进行确认，即可得到访客数的占位数据，如图 3-236 所示。

步骤环节	占位数据	客户数	上一环节转化率	总体转化率
访客数	0	2,327		
加购买家数		1,006		
支付买家数		538		
下单买家数		462		
交易成功买家数		428		

图 3-236　访客数的占位数据

步骤 3.3：选中 B2 单元格，将鼠标指针移动到 B2 单元格右下角，等到出现"+"后，双击即可进行快速填充，得到其余各环节的占位数据。请将其余各环节的占位数据填写在图 3-237 中（注意：占位数据采用小数形式，四舍五入，保留一位小数）。

步骤环节	占位数据
访客数	0
加购买家数	
支付买家数	
下单买家数	
交易成功买家数	

图 3-237　各环节的占位数据

步骤 3.4："访客数"是第一个环节，没有与之对应的上一环节，因此访客数的上一环节转化率为 0。在 D2 单元格中输入"0"，如图 3-238 所示。

步骤环节	占位数据	客户数	上一环节转化率	总体转化率
访客数	0	2,327	0	
加购买家数		1,006		
支付买家数		538		
下单买家数		462		
交易成功买家数		428		

图 3-238　访客数的上一环节转化率

步骤 3.5：根据计算公式"上一环节转化率=当前环节数据/上一环节数据"，在 D3 单元格中输入上一环节转化率的计算公式"=C3/C2"，如图 3-239 所示。

	A	B	C	D	E
1	步骤环节	占位数据	客户数	上一环节转化率	总体转化率
2	访客数	0	2,327	0	
3	加购买家数		1,006	=C3/C2	
4	支付买家数		538		
5	下单买家数		462		
6	交易成功买家数		428		

图 3-239　输入上一环节转化率的计算公式

步骤 3.6：按"Enter"键进行确认，即可得到加购买家数的上一环节转化率。选中 D3 单元格，将鼠标指针移动到 D3 单元格右下角，等到出现"+"后，双击即可进行快速填充。请将各环节的上一环节转化率填写在图 3-240 中（注意：上一环节转化率采用百分比形式，四舍五入，保留两位小数）。

	A	D
1	步骤环节	上一环节转化率
2	访客数	0
3	加购买家数	
4	支付买家数	
5	下单买家数	
6	交易成功买家数	

图 3-240　各环节的上一环节转化率

步骤 3.7：根据计算公式"总体转化率=当前环节数据/最初环节数据"，在 E2 单元格中输入总体转化率的计算公式"=C2/$C$2"（注意：需要对第二个 C2 单元格进行绝对引用），如图 3-241 所示。

	A	B	C	D	E
1	步骤环节	占位数据	客户数	上一环节转化率	总体转化率
2	访客数	0	2,327	0	=C2/$C$2
3	加购买家数		1,006		
4	支付买家数		538		
5	下单买家数		462		
6	交易成功买家数		428		

图 3-241　输入总体转化率的计算公式

步骤 3.8：按"Enter"键进行确认，即可得到访客数的总体转化率。选中 E2 单元格，将鼠标指针移动到 E2 单元格右下角，等到出现"+"后，双击即可进行快速填充。请将各环节的总体转化率填写在图 3-242 中（注意：总体转化率采用百分比形式，四舍五入，保留两位小数）。

	A	E
1	步骤环节	总体转化率
2	访客数	
3	加购买家数	
4	支付买家数	
5	下单买家数	
6	交易成功买家数	

图 3-242　各环节的总体转化率

步骤 4：制作漏斗图。

步骤 4.1：选中数据区域中的任意一个单元格，在"插入"选项卡的"图表"功能组中单击"推荐的图表"按钮，如图 3-243 所示。

图 3-243　插入图表

步骤 4.2：在弹出的"插入图表"对话框中，选择"所有图表"→"条形图"→"堆积条形图"选项，单击"确定"按钮，如图 3-244 所示。

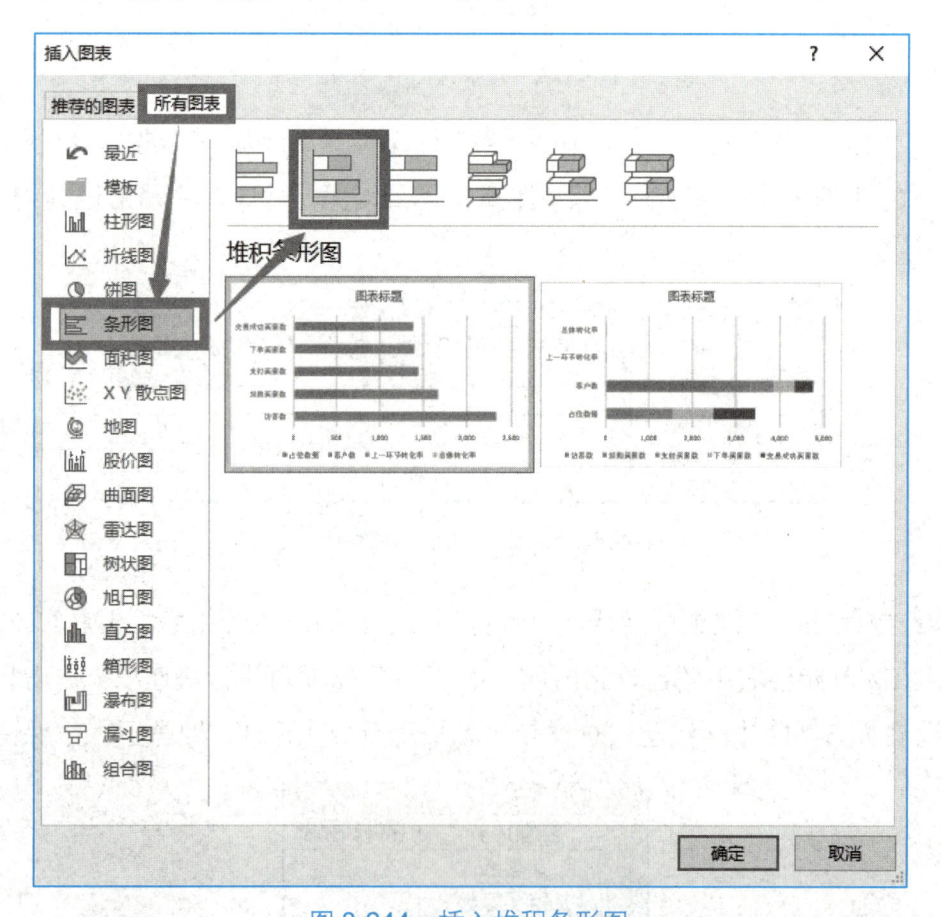

图 3-244　插入堆积条形图

步骤 4.3：选中图表区，单击图表区右上角的"+"，取消选中"网格线"复选框，如图 3-245 所示。

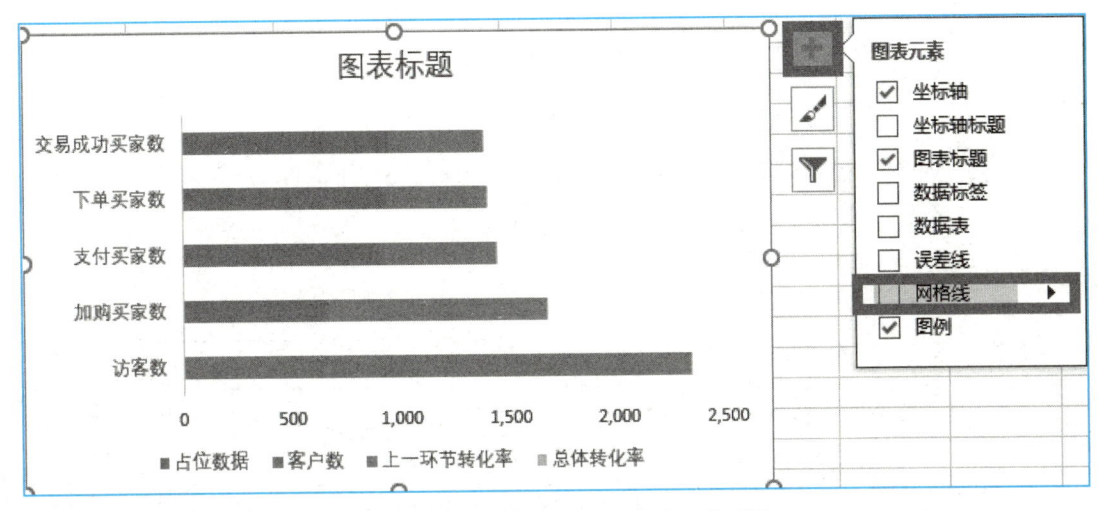

图 3-245 取消选中"网格线"复选框

步骤 4.4：选中任意一个"占位数据"的显示条，在打开的"设置数据系列格式"窗格中，选中"无填充"单选按钮，如图 3-246 所示。

步骤 4.5：选中图表左侧的文字框，右击，在弹出的快捷菜单中选择"设置坐标轴格式"命令，如图 3-247 所示。

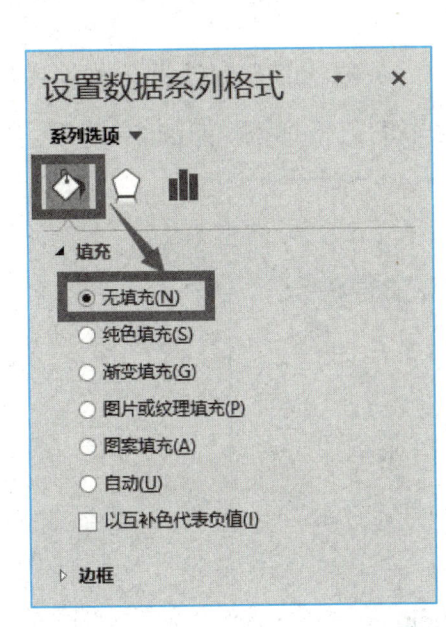

图 3-246 选中"无填充"单选按钮

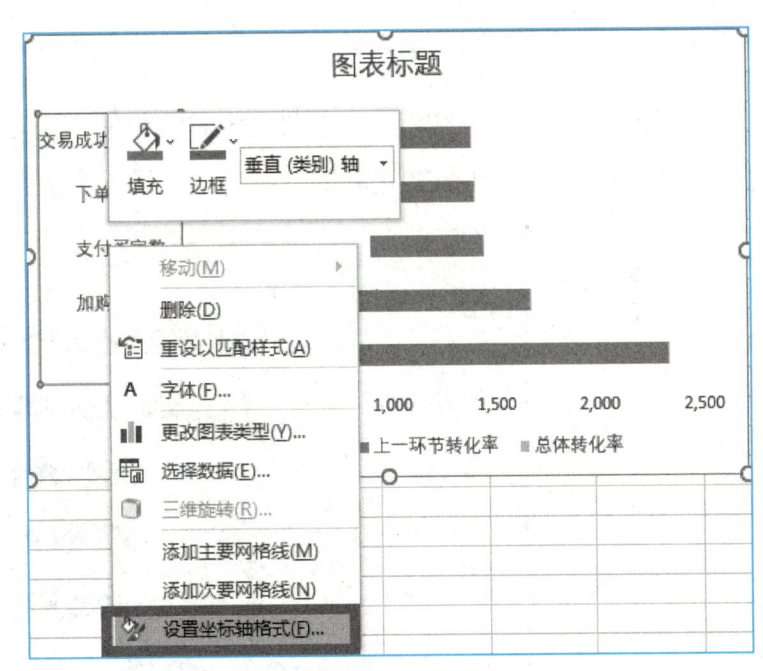

图 3-247 选择"设置坐标轴格式"命令

步骤 4.6：在打开的"设置坐标轴格式"窗格中，选中"逆序类别"复选框，如图 3-248 所示。

步骤 4.7：选中漏斗图上方的数据标签，右击，在弹出的快捷菜单中选择"删除"命令，如图 3-249 所示。

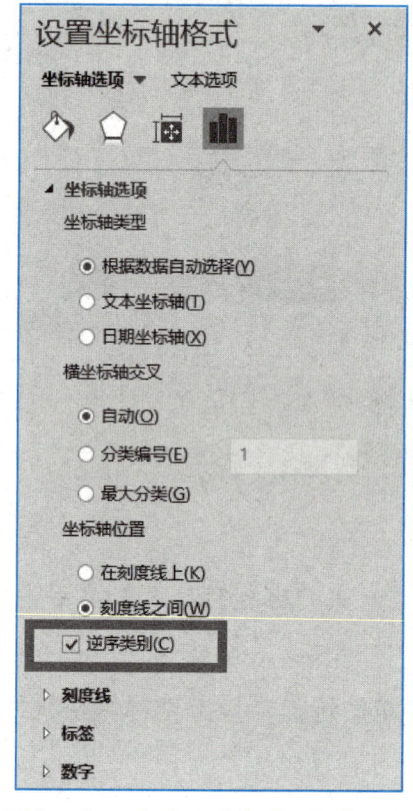

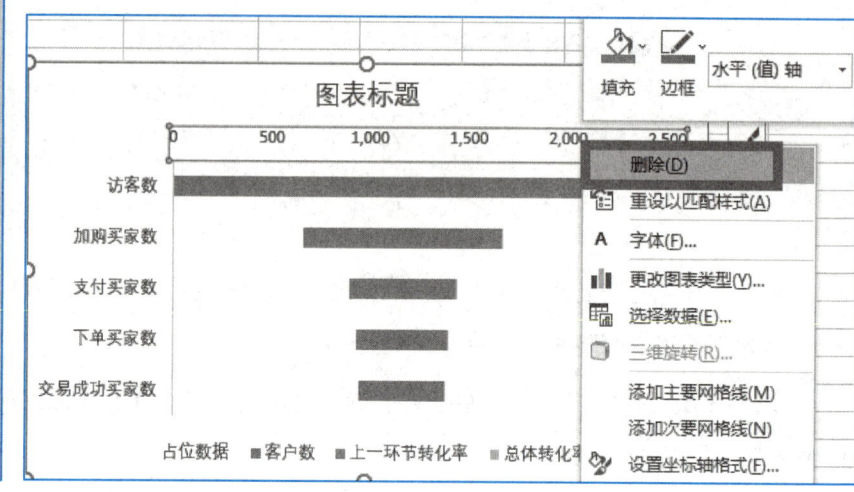

图 3-248 选中"逆序类别"复选框

图 3-249 选择"删除"命令

步骤 4.8：选中图表区，单击图表区右上角的"+"，选中"数据标签"复选框，删除占位数据、客户数、上一环节转化率的数据标签，只保留总体转化率的数据标签，如图 3-250 所示。

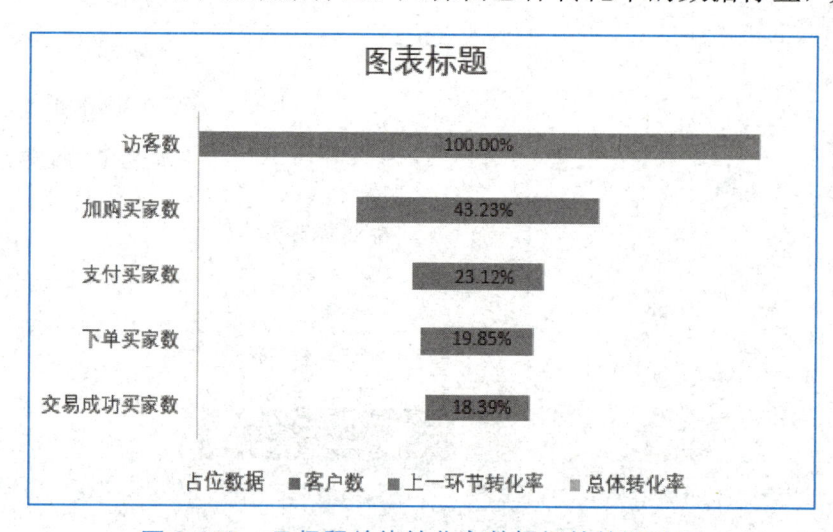

图 3-250 只保留总体转化率数据标签的漏斗图

步骤 4.9：将图表标题修改为"某商品销售数据漏斗图"，并为漏斗图添加箭头，如图 3-251 所示。

步骤 5：商品销售数据的漏斗图分析。

结合上述操作结果，对商品销售数据进行漏斗图分析。

某商品销售数据漏斗图

- 访客数　　　　100.00%
- 加购买家数　　43.23%
- 支付买家数　　23.12%
- 下单买家数　　19.85%
- 交易成功买家数　18.39%

占位数据　客户数　上一环节转化率　总体转化率

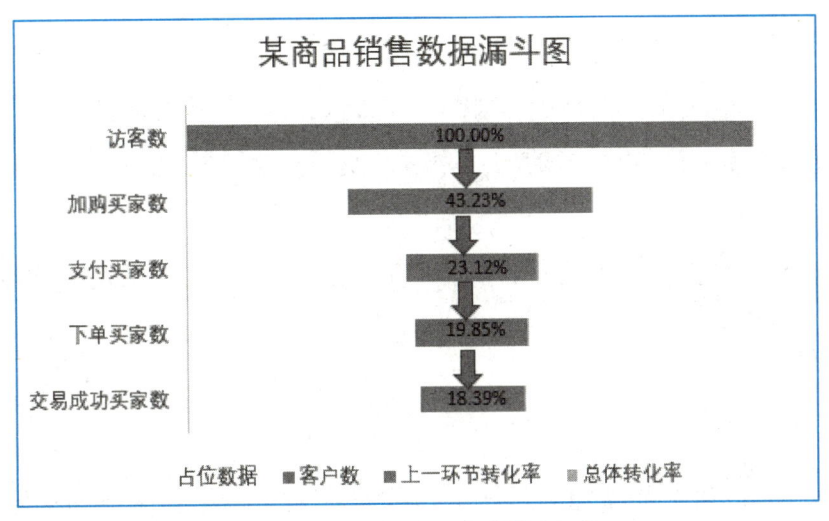

图 3-251　某商品销售数据漏斗图

工作结束

数据整理及备份：□完成　　□未完成

关机检查：□正常关机　　□强行关机　　□未关机

整理桌面：□完成　　□未完成

地面卫生检查：□完成　　□未完成

整理椅子：□完成　　□未完成

任务评价

类别	序号	考核项目	考核内容及要求	优秀	良好	合格	较差
技术考核	1	质量	能够运用漏斗图分析法对运营数据、商品数据进行漏斗图分析				
	2		能够运用图表美化技巧对制作完成的图表的呈现效果进行优化				
	3		能够就完成的漏斗图分析结果形成有效的分析结论				
非技术考核	4	态度	学习态度端正				
	5	纪律	遵守纪律				
	6	协作	有交流、团队合作				
	7	文明	保持安静，清理场所				

任务拓展

任务名称：应用漏斗模型进行转化分析。

任务背景：某品牌女装是中国颇具规模的设计师女装之一，远销海外多个国家与城市，为世界潮流和国际时装界输出着来自东方的多元文化价值与美好的体验。小胡是该天猫店的店长，准备在 3 月 8 日"女神节"推出一款服装。在这之前，小胡先通过直通车进行推广。在推广结束后，小胡需要分析推广各环节的转化率，方便下一步进行优化，这就需要运营助理小张制作转化率漏斗图。

任务要求： 下载源数据所在的文件，制作转化率漏斗图，这需要先计算转化率，再使用图表进行操作。

任务

1. 请将制作好的转化率漏斗图的截图上传到平台上（转化率漏斗图只保留整体转化率的数据标签，整体转化率采用百分比形式，四舍五入，保留两位小数）。

2. 各环节的占位数据（占位数据保留整数）依次是直通车展现量_____、直通车点击量_____、加购物车数量_____、提交订单_____、核对订单信息_____、选择支付方式_____、完成支付_____。

应用漏斗模型进行转化分析源数据

课后习题

一、单选题

1. Excel 的描述统计量中不包括（   ）指标。
   - A．峰度、偏度
   - B．平均数、标准差
   - C．加权算术平均值
   - D．最大值、最小值

2. 线性趋势线适用于（   ）的数据集合。
   - A．增长或降低的速度比较平稳、关系稳定
   - B．增长或降低速度持续增加
   - C．增长或降低速度持续减小
   - D．增长或降低的波动较大

3. 以下适合采用环比分析法进行比较的内容是（   ）。
   - A．2019 年企业整体销售额与 2018 年企业整体销售额

B．2019年8月商品A的成交订单量与2019年9月商品A的支付订单量

C．2019年各月的新增客户数据

D．2020年5月企业的客单价与2020年6月企业的UV（Unique Visitor，独立访客）

4．在频数计数过程中，下列说法正确的是（　　）。

　　A．分组的下限在本组　　　　　　B．分组的上下限都在本组

　　C．分组的下限不在本组　　　　　D．分组的上限在本组

5．在结构分析过程中，部分数量特征与总体数量特征之比反映了整体的构成情况，适合用（　　）来展现。

　　A．气泡图　　　　B．散点图　　　　C．雷达图　　　　D．饼图

二、多选题

1．在利用季节波动法进行预测的过程中会涉及一个关键数值，即季节比率，下列关于季节比率的描述，正确的是（　　）。

　　A．季节比率又称季节指数

　　B．通过查看季节比率的变化趋势，可以看出一年中随着季节的更替，数据呈现的规律变动

　　C．季节比率必须用季度数据来计算，不能用月度数据进行计算

　　D．季节比率必须大于0，且小于1

2．在Excel中，图表趋势预测法的基本流程包括（　　）。

　　A．根据给出的数据绘制散点图或者折线图

　　B．观察图表的形状，并添加适当类型的趋势线

　　C．利用趋势线外推或利用回归方程计算预测值

　　D．收集、整理历史资料，编制时间序列

3．对比分析通常对两个相互联系的指标进行比较，从数量上展示和说明这两个指标的（　　）等情况。

　　A．规模大小　　　B．速度快慢　　　C．关系亲疏　　　D．水平高低

4．频数分析中常用的统计图类型有（　　）。

　　A．树状图　　　　B．饼图　　　　　C．条形图　　　　D．直方图

5．分组分析的原则有（　　）。

　　A．组数最大化原则　　　　　　　　B．无遗漏原则

　　C．下限不在内原则　　　　　　　　D．排他性原则

三、判断题

1．总体A的平均值为30，标准差为1.52，总体B的平均值为30，标准差为1.68，所以总

体 B 的平均值代表其一般水平的代表性更高。（　　）

2．某企业 2020 年 9 月的成交额为 15658 元，2020 年 8 月的成交额为 13534 元，2019 年 9 月的成交额为 13041 元，其 2020 年 9 月成交额的同比增长率约为 20.07%。（　　）

3．环比增长率可以是负数，但同比增长率都是正数。（　　）

4．交叉分析是从多个维度对数据进行分析的，其常见的维度有时间、客户、地区和流量来源。（　　）

5．在客户关系管理过程中，从潜在客户、意向客户、谈判客户、成交客户再到签约客户，逐环节进行比率分析，图形表现为漏斗图，这种方法叫作漏斗图分析法。（　　）

思政园地

盘点"大数据杀熟"案例：这些"坑"你都经历过吗？

2019 年，有网友表示自己在××旅行网上购买机票时，由于没有选报销凭证，于是退出重新填写（退出前机票的显示价格为 17548 元）。不料退回重选时，被提示无票，随后在重新搜索机票时，价格已涨至 18987 元。值得一提的是，同等机票在海南航空官网上只卖 16890 元。

前后仅仅几分钟，先是显示无票，后又突然涨价，这令当事人感觉自己被"大数据杀熟"了。

对此，××旅行网官方致歉并回应称，平台绝不存在任何"大数据杀熟"行为，只是发现新版本在机票预订程序中存在漏洞，目前已做了紧急修复。

"大数据杀熟"在我们的生活中绝非××旅行网一个个例。各类订票、外卖、网约车软件俨然成了"重灾区"。部分经典案例如下。

1．××打车

××打车也被多人曝光称定价因人而异，老用户的定价比新用户的定价高，苹果手机用户的定价也比其他手机用户的定价高。

2．×猪

2018 年，有网友表示自己被×猪"杀熟"，从利马到布宜诺斯艾利斯的机票，同一航班，别人卖 2500 元，×猪却卖 3211 元。有网友表示自己搜索到的机票价格是 2300 多元，实际下单后却变成了 2900 多元。

此外，还有人仅仅因为使用支付宝的频率较高，就发现同样的酒店、房间和时间，价格却有差异。

3．××超市

有网友表示××超市也会"杀熟"，自己在用某账户购买牛奶一段时间后发现，用自己的账户登录后看到的牛奶价格比用家人的账户登录后看到的高了约 6 元，而有些账户甚至通过链接都找不到该款牛奶。同样商品对不同人也有不同价格。

4. 饿××

有网友表示自己是饿××的金牌会员，经常点餐的餐厅原本自动有折扣，但自己选择地址后折扣就被取消了，而用同事的手机下单仍有折扣，差价可达14元。还有人和同事一起订送到同样地点的同样菜品的外卖，配送费却相差2元。

5. ××点评

有人分享自己的经历称，自己在××点评上购买的电影票的价格比电影院出售的电影票的价格高30%，比电影院微信公众号的报价高50%。

6. ×东

有网友表示用自己的账号在×东购买某店铺的厨房集成吊顶灯，价格是69元一只，再次购买的时候标价为399元，而换一个账号登录，价格还是69元。

"大数据杀熟"往往信息不对称，且较为隐蔽，让消费者难以事先发现，事后取证也存在不少困难。

据报道，浙江大学中国跨境电子商务研究院院长马述忠总结了"杀熟"的3种套路。

一是借助大数据进行用户画像分析，根据用户的收入水平与消费习惯实现"杀熟"。

二是通过地理位置信息实现"杀熟"，若用户所在的位置附近潜在的竞争对手较少，则进行一定幅度的加价。

三是通过用户与移动端应用交互的行为细节实现"杀熟"，依据用户对商品或服务需求的迫切程度，进行动态浮动加价。

作为消费者，在碰到"大数据杀熟"时，该如何维权？北京志霖律师事务所副主任、中国电子商务研究中心研究员赵占领建议，首先要找到电子商务企业存在违法行为的确凿证据，再向客服投诉或者与客服交涉，并针对客服反馈的说法寻找新的证据。在证据相对比较充分的情况下，可以向市场监管部门进行举报，要求依法调查和处罚。

（资料来源：前瞻网，有改写）

工作领域 四

基础数据监控与报表和图表制作

工作任务一　基础数据监控

任务目标

- 能够结合监控目标选定合适的监控指标。
- 能够完成数据监控统计表的创建并设定数据异常波动范围。
- 能够利用环比增长率、新老访客占比的计算公式进行数据计算。
- 能够利用条件格式工具对异常数据进行突出显示。
- 能够结合计算结果，合理分析监控数据。
- 能够严格遵守《中华人民共和国电子商务法》等相关法律法规，对基础数据进行合法合规监控。
- 能够对监控到的基础数据严格保密。

任务导图

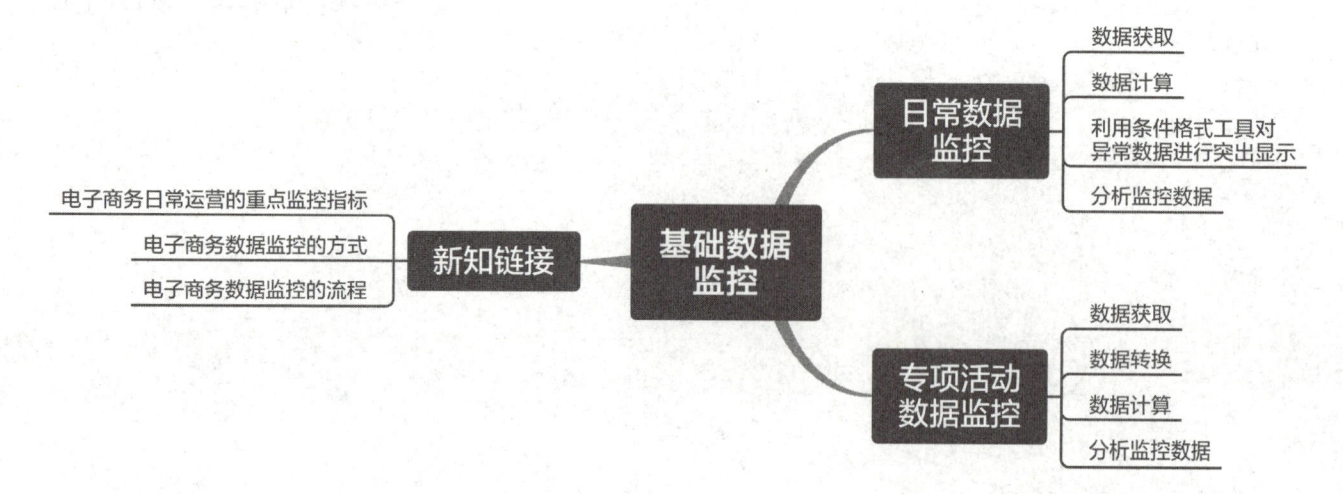

```
电子商务日常运营的重点监控指标
电子商务数据监控的方式         ── 新知链接 ──┐
电子商务数据监控的流程                      │
                                           │
                                     基础数据监控
                                           │
                      ┌────────────────────┼────────────────────┐
                      │                                         │
                   日常数据监控                             专项活动数据监控
                      ├── 数据获取                              ├── 数据获取
                      ├── 数据计算                              ├── 数据转换
                      ├── 利用条件格式工具对                    ├── 数据计算
                      │   异常数据进行突出显示                  └── 分析监控数据
                      └── 分析监控数据
```

新知链接

一、电子商务日常运营的重点监控指标

（一）流量指标

流量指标是数据监控的核心，即访问电子商务网站的访客数、访客行为等指标。需要重点监控的流量指标有流量规模类指标（如访客数、浏览量等）和流量质量类指标（如跳失率、访问深度、平均停留时长等）。

（二）销售及转化指标

需要重点监控的销售及转化指标有 5 类：成交指标、订单指标、退货指标、效率指标、客服指标。

（三）商品指标

商品是电子商务运营的基础。需要重点监控的商品指标主要有 3 类：流量相关、访问质量、转化效果。

（四）客户指标

客户指标主要用于分析客户的价值。需要重点监控的客户指标主要有 3 类：客户质量指标、新客户指标、老客户指标。

（五）供应链指标

需要重点监控的供应链指标包括采购类指标、物流类指标、仓储类指标、库存类指标。

（六）营销推广指标

监控营销推广指标主要是监控开展的营销推广活动的效果。需要重点监控的营销推广指标主要包括展现量、点击量、投入产出比。

二、电子商务数据监控的方式

（一）人工监控

人工监控首先需要根据店铺的历史数据（如同比数据、环比数据等），以及店铺所处的行业设定各类关键数据的正常波动范围，再根据运营人员制作的日、周、月报表，确定异常数据。

（二）工具自动监控

数据监控工具包括平台自有工具和第三方工具。平台自有工具有淘宝的生意参谋、京东的京东商智等。第三方工具即第三方开发的数据监控工具或提供的数据监控服务。

无论是人工监控还是工具自动监控，数据的有效监控都需要遵循一定的流程进行规范化操作，但具体实现需要依据选定的监控方式和工具。

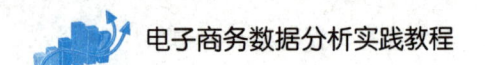

三、电子商务数据监控的流程

步骤1：确定每个数据指标正常波动的范围。这是电子商务数据监控前的准备工作。正常情况下，电子商务数据每天都会发生波动，想要判定异常数据，就需要设定一个正常的波动范围。

步骤2：确定触发的条件。数据超出正常波动范围就会触发预警，如跳失率高于同行，就会触发预警。

步骤3：确定预警频次。预警频次通常是一天一次，企业也可以根据自身需求设定为半个小时一次或一个小时一次。

步骤4：确定预警方式。预警方式可以是短信通知、钉钉群通知、E-mail通知等。

工作子任务一　　日常数据监控

任务背景

在日常的数据展示中，数据可视化可以提高数据解读的效率和精准性，使受众能够快速理解数据传递的重要信息，降低受众的理解难度。

原牧纯品旗舰店主要经营整鸡、牛/羊肉卷、鸡腿、羊肉串等肉制品。运营人员统计出该店铺2020年1月8日—2月7日手淘搜索的数据，计划进行数据分析。

任务目标

运营人员需要对每日访客数进行环比分析，监控2020年1月8日—2月7日访客数的变化情况，判断数据是否存在异常（根据该店铺的基本情况，数据的环比增长率不在-30%～30%这个范围内即可被定为异常数据）。

任务要求

下载源数据所在的文件，对每日访客数进行环比分析，计算出访客数环比增长率，找出访客数环比增长率异常的日期。

任务

1. 计算访客数环比增长率，并利用条件格式工具对异常数据进行突出显示，将结果的截图上传到平台上。

2. 哪些日期的访客数环比增长率是小于-30%的？哪些日期的访客数环比增长率是大于30%的？

日常数据监控

任务操作

日常数据监控的操作步骤及关键节点如下。

步骤 1：数据获取。

下载源数据所在的文件，获取原牧纯品旗舰店 2020 年 1 月 8 日—2 月 7 日手淘搜索的数据，如图 4-1 所示。

步骤 2：数据计算。

步骤 2.1：在访客数数据所在的 B 列右侧插入一列，并将 C 列的标题命名为"访客数环比增长率"，根据计算公式"环比增长率=（本期数-上期数）/上期数×100%"，计算出每日环比增长率。以 2020 年 1 月 9 日为例，在 C3 单元格中输入访客数环比增长率的计算公式"=(B3-B2)/B2"，计算 2020 年 1 月 9 日的访客数环比增长率，如图 4-2 所示。

图 4-1 原牧纯品旗舰店 2020 年 1 月 8 日—2 月 7 日手淘搜索的数据（部分）

图 4-2 输入访客数环比增长率的计算公式

步骤 2.2：按"Enter"键进行确认，即可得到 2020 年 1 月 9 日的访客数环比增长率，并将 C3 单元格的格式设置为百分比、保留两位小数，如图 4-3 所示。

图 4-3 2020 年 1 月 9 日的访客数环比增长率

步骤 2.3：选中 C3 单元格，将鼠标指针移动到 C3 单元格右下角，等到出现"+"后，双击即可进行快速填充。填充后的结果如图 4-4 所示。

图 4-4　填充后的结果（部分）

步骤 3：利用条件格式工具对异常数据进行突出显示。

步骤 3.1：选中 C3:C32 单元格区域，在"开始"选项卡的"样式"功能组中单击"条件格式"下拉按钮，在弹出的下拉列表中选择"突出显示单元格规则"→"小于"选项，如图 4-5 所示。

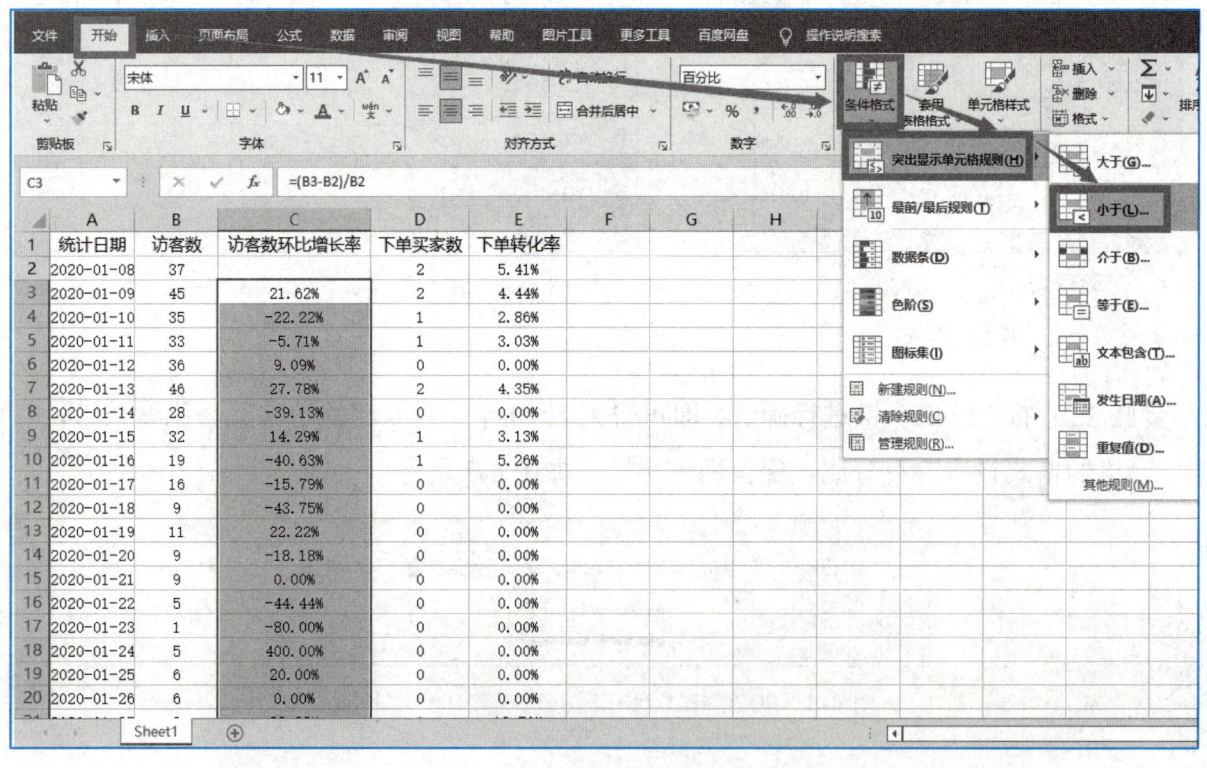

图 4-5　选择条件格式工具 1

步骤 3.2：在弹出的"小于"对话框中，将小于"-30.00%"的单元格设置为"绿填充色深绿色文本"，单击"确定"按钮，如图 4-6 所示。

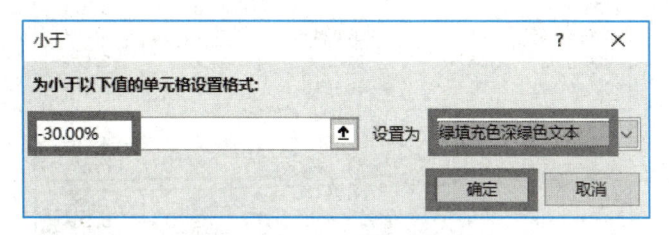

图 4-6　设置条件格式 1

步骤 3.3：选中 C3:C32 单元格区域，在"开始"选项卡的"样式"功能组中单击"条件格式"下拉按钮，在弹出的下拉列表中选择"突出显示单元格规则"→"大于"选项，如图 4-7 所示。

图 4-7　选择条件格式工具 2

步骤 3.4：在弹出的"大于"对话框中，将大于"30.00%"的单元格设置为"浅红填充色深红色文本"，单击"确定"按钮，如图 4-8 所示。

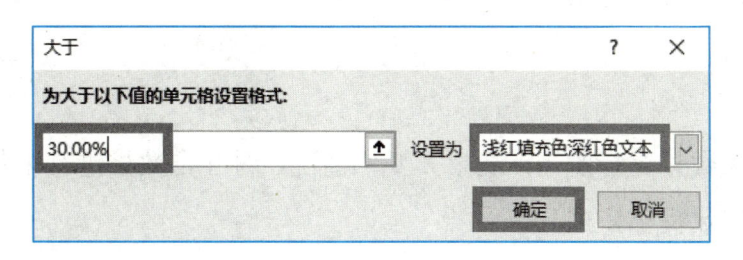

图 4-8　设置条件格式 2

利用条件格式工具对异常数据进行突出显示的结果如图 4-9 所示。

统计日期	访客数	访客数环比增长率	下单买家数	下单转化率
2020-01-08	37		2	5.41%
2020-01-09	45	21.62%	2	4.44%
2020-01-10	35	-22.22%	1	2.86%
2020-01-11	33	-5.71%	1	3.03%
2020-01-12	36	9.09%	0	0.00%
2020-01-13	46	27.78%	2	4.35%
2020-01-14	28	-39.13%	0	0.00%
2020-01-15	32	14.29%	1	3.13%
2020-01-16	19	-40.63%	1	5.26%
2020-01-17	16	-15.79%	0	0.00%
2020-01-18	9	-43.75%	0	0.00%
2020-01-19	11	22.22%	0	0.00%
2020-01-20	9	-18.18%	0	0.00%
2020-01-21	9	0.00%	0	0.00%
2020-01-22	5	-44.44%	0	0.00%
2020-01-23	1	-80.00%	0	0.00%
2020-01-24	5	400.00%	0	0.00%
2020-01-25	6	20.00%	0	0.00%
2020-01-26	6	0.00%	0	0.00%
2020-01-27	8	33.33%	1	12.50%
2020-01-28	10	25.00%	0	0.00%
2020-01-29	15	50.00%	1	6.67%
2020-01-30	15	0.00%	1	6.67%
2020-01-31	16	6.67%	0	0.00%
2020-02-01	15	-6.25%	0	0.00%
2020-02-02	16	6.67%	0	0.00%
2020-02-03	15	-6.25%	1	6.67%
2020-02-04	25	66.67%	0	0.00%
2020-02-05	26	4.00%	0	0.00%
2020-02-06	24	-7.69%	2	8.33%
2020-02-07	26	8.33%	0	0.00%

图 4-9　对异常数据进行突出显示的结果

步骤 4：分析监控数据。

结合上述操作结果，找出访客数环比增长率数据异常的日期。

工作子任务二　专项活动数据监控

任务背景

原牧纯品旗舰店主要经营冷冻鸡肉食品，如鸡翅中、鸡腿等。2020 年 2 月 15—20 日，该店铺开展了一次店庆活动。运营人员统计了该店铺 2020 年 2 月 15—20 日的专项活动数据，需要分析其合理性并提出优化建议。

任务目标

对老买家的相关数据进行监控，观察其变化情况，对异常数据进行采集并报备上级，同时为后期进行分析和优化提供依据。

任务要求

在 Excel 中，对专项活动数据进行分析（数据处理维度为统计日期、支付金额、支付买家数、老访客数、新访客数、支付老买家数、老买家支付金额），并计算出新访客占比、老访客占比、老买家支付金额占比，跟踪占比变化情况，利用老买家支付金额占比减去老访客占比监控老买家支付情况，若结果小于 0，则表示该时间段老买家支付金额处于异常状态。

任务

1. 请将数据处理结果的截图上传到平台上。
2. 老买家支付转化表现异常最严重的是在哪一天？
3. 老买家支付转化表现最好的是在哪一天？

任务操作

专项活动数据监控的操作步骤及关键节点如下。

步骤 1：数据获取。

下载源数据所在的文件，获取原牧纯品旗舰店 2020 年 2 月 15—20 日的专项活动数据，如图 4-10 所示。

统计日期	支付金额	支付买家数	老访客数	新访客数	支付老买家数	老买家支付金额
2020-02-15	6,724.80	42	269	1,618	7	1,149.50
2020-02-16	13,488.87	80	310	2,021	9	1,888.25
2020-02-17	12,794.70	79	389	2,023	11	1,735.34
2020-02-18	9,171.73	60	363	1,640	16	2,332.75
2020-02-19	7,744.88	46	370	1,719	7	1,376.45
2020-02-20	5,991.69	45	341	1,610	4	484.75

图 4-10 原牧纯品旗舰店 2020 年 2 月 15—20 日的专项活动数据

步骤 2：数据转换。

选中 B2:G7 单元格区域，单击数据列前出现的提醒符号，在弹出的下拉列表中选择"转换为数字"选项，如图 4-11 所示。

图 4-11 选择"转换为数字"选项

步骤 3：数据计算。

步骤 3.1：在 E 列的右侧插入一列，并将 F 列的标题命名为"老访客占比"。根据计算公式

"老访客占比=老访客数/（老访客数+新访客数）×100"，计算每日的老访客占比。以 2020 年 2 月 15 日为例，在 F2 单元格中输入老访客占比的计算公式"=D2/SUM(D2:E2)"，如图 4-12 所示。

	A	B	C	D	E	F	G	H
1	统计日期	支付金额	支付买家数	老访客数	新访客数	老访客占比	支付老买家数	老买家支付金额
2	2020-02-15	6,724.80	42	269	1,618	=D2/SUM(D2:E2)	7	1,149.50
3	2020-02-16	13,488.87	80	310	2,021		9	1,888.25
4	2020-02-17	12,794.70	79	389	2,023		11	1,735.34
5	2020-02-18	9,171.73	60	363	1,640		16	2,332.75
6	2020-02-19	7,744.88	46	370	1,719		7	1,376.45
7	2020-02-20	5,991.69	45	341	1,610		4	484.75

图 4-12　输入老访客占比的计算公式

步骤 3.2：按"Enter"键进行确认，并将 F2 单元格的格式设置为百分比、保留两位小数，即可得到 2020 年 2 月 15 日的老访客占比，如图 4-13 所示。

	A	B	C	D	E	F	G	H
1	统计日期	支付金额	支付买家数	老访客数	新访客数	老访客占比	支付老买家数	老买家支付金额
2	2020-02-15	6,724.80	42	269	1,618	14.26%	7	1,149.50
3	2020-02-16	13,488.87	80	310	2,021		9	1,888.25
4	2020-02-17	12,794.70	79	389	2,023		11	1,735.34
5	2020-02-18	9,171.73	60	363	1,640		16	2,332.75
6	2020-02-19	7,744.88	46	370	1,719		7	1,376.45
7	2020-02-20	5,991.69	45	341	1,610		4	484.75

图 4-13　2020 年 2 月 15 日的老访客占比

步骤 3.3：选中 F2 单元格，将鼠标指针移动到 F2 单元格右下角，等到出现"+"后，双击即可得到每日的老访客占比，如图 4-14 所示。

	A	B	C	D	E	F	G	H
1	统计日期	支付金额	支付买家数	老访客数	新访客数	老访客占比	支付老买家数	老买家支付金额
2	2020-02-15	6,724.80	42	269	1,618	14.26%	7	1,149.50
3	2020-02-16	13,488.87	80	310	2,021	13.30%	9	1,888.25
4	2020-02-17	12,794.70	79	389	2,023	16.13%	11	1,735.34
5	2020-02-18	9,171.73	60	363	1,640	18.12%	16	2,332.75
6	2020-02-19	7,744.88	46	370	1,719	17.71%	7	1,376.45
7	2020-02-20	5,991.69	45	341	1,610	17.48%	4	484.75

图 4-14　每日的老访客占比

步骤 3.4：在 F 列的右侧插入一列，并将 G 列的标题命名为"新访客占比"。根据计算公式"新访客占比=新访客数/（老访客数+新访客数）×100"，计算每日的新访客占比。以 2020 年 2 月 15 日为例，在 G2 单元格中输入新访客占比的计算公式"=E2/SUM(D2:E2)"，如图 4-15 所示。

	A	B	C	D	E	F	G	H	I
1	统计日期	支付金额	支付买家数	老访客数	新访客数	老访客占比	新访客占比	支付老买家数	老买家支付金额
2	2020-02-15	6,724.80	42	269	1,618	14.26%	=E2/SUM(D2:E2)	7	1,149.50
3	2020-02-16	13,488.87	80	310	2,021	13.30%		9	1,888.25
4	2020-02-17	12,794.70	79	389	2,023	16.13%		11	1,735.34
5	2020-02-18	9,171.73	60	363	1,640	18.12%		16	2,332.75
6	2020-02-19	7,744.88	46	370	1,719	17.71%		7	1,376.45
7	2020-02-20	5,991.69	45	341	1,610	17.48%		4	484.75

图 4-15　输入新访客占比的计算公式

步骤 3.5：按"Enter"键进行确认，并将 G2 单元格的格式设置为百分比、保留两位小数，即可得到 2020 年 2 月 15 日的新访客占比，如图 4-16 所示。

	A	B	C	D	E	F	G	H	I
1	统计日期	支付金额	支付买家数	老访客数	新访客数	老访客占比	新访客占比	支付老买家数	老买家支付金额
2	2020-02-15	6,724.80	42	269	1,618	14.26%	85.74%	7	1,149.50
3	2020-02-16	13,488.87	80	310	2,021	13.30%		9	1,888.25
4	2020-02-17	12,794.70	79	389	2,023	16.13%		11	1,735.34
5	2020-02-18	9,171.73	60	363	1,640	18.12%		16	2,332.75
6	2020-02-19	7,744.88	46	370	1,719	17.71%		7	1,376.45
7	2020-02-20	5,991.69	45	341	1,610	17.48%		4	484.75

图 4-16　2020 年 2 月 15 日的新访客占比

步骤 3.6：选中 G2 单元格，将鼠标指针移动到 G2 单元格右下角，等到出现"+"后，双击即可得到每日的新访客占比，如图 4-17 所示。

	A	B	C	D	E	F	G	H	I
1	统计日期	支付金额	支付买家数	老访客数	新访客数	老访客占比	新访客占比	支付老买家数	老买家支付金额
2	2020-02-15	6,724.80	42	269	1,618	14.26%	85.74%	7	1,149.50
3	2020-02-16	13,488.87	80	310	2,021	13.30%	86.70%	9	1,888.25
4	2020-02-17	12,794.70	79	389	2,023	16.13%	83.87%	11	1,735.34
5	2020-02-18	9,171.73	60	363	1,640	18.12%	81.88%	16	2,332.75
6	2020-02-19	7,744.88	46	370	1,719	17.71%	82.29%	7	1,376.45
7	2020-02-20	5,991.69	45	341	1,610	17.48%	82.52%	4	484.75

图 4-17　每日的新访客占比

步骤 3.7：在 J1 单元格中输入列标题"老买家支付金额占比"，根据计算公式"老买家支付金额占比=老买家支付金额/支付金额×100"，计算每日的老买家支付金额占比。以 2020 年 2 月 15 日为例，在 J2 单元格中输入老买家支付金额占比的计算公式"=I2/B2"，如图 4-18 所示。

	A	B	C	D	E	F	G	H	I	J
1	统计日期	支付金额	支付买家数	老访客数	新访客数	老访客占比	新访客占比	支付老买家数	老买家支付金额	老买家支付金额占比
2	2020-02-15	6,724.80	42	269	1,618	14.26%	85.74%	7	1,149.50	=I2/B2
3	2020-02-16	13,488.87	80	310	2,021	13.30%	86.70%	9	1,888.25	
4	2020-02-17	12,794.70	79	389	2,023	16.13%	83.87%	11	1,735.34	
5	2020-02-18	9,171.73	60	363	1,640	18.12%	81.88%	16	2,332.75	
6	2020-02-19	7,744.88	46	370	1,719	17.71%	82.29%	7	1,376.45	
7	2020-02-20	5,991.69	45	341	1,610	17.48%	82.52%	4	484.75	

图 4-18　输入老买家支付金额占比的计算公式

步骤 3.8：按"Enter"键进行确认，并将 J2 单元格的格式设置为百分比、保留两位小数，即可得到 2020 年 2 月 15 日的老买家支付金额占比，如图 4-19 所示。

	A	B	C	D	E	F	G	H	I	J
1	统计日期	支付金额	支付买家数	老访客数	新访客数	老访客占比	新访客占比	支付老买家数	老买家支付金额	老买家支付金额占比
2	2020-02-15	6,724.80	42	269	1,618	14.26%	85.74%	7	1,149.50	17.09%
3	2020-02-16	13,488.87	80	310	2,021	13.30%	86.70%	9	1,888.25	
4	2020-02-17	12,794.70	79	389	2,023	16.13%	83.87%	11	1,735.34	
5	2020-02-18	9,171.73	60	363	1,640	18.12%	81.88%	16	2,332.75	
6	2020-02-19	7,744.88	46	370	1,719	17.71%	82.29%	7	1,376.45	
7	2020-02-20	5,991.69	45	341	1,610	17.48%	82.52%	4	484.75	

图 4-19　2020 年 2 月 15 日的老买家支付金额占比

步骤 3.9：选中 J2 单元格，将鼠标指针移动到 J2 单元格右下角，等到出现"+"后，双击即可得到每日的老买家支付金额占比，如图 4-20 所示。

统计日期	支付金额	支付买家数	老访客数	新访客数	老访客占比	新访客占比	支付老买家数	老买家支付金额	老买家支付金额占比
2020-02-15	6,724.80	42	269	1,618	14.26%	85.74%	7	1,149.50	17.09%
2020-02-16	13,488.87	80	310	2,021	13.30%	86.70%	9	1,888.25	14.00%
2020-02-17	12,794.70	79	389	2,023	16.13%	83.87%	11	1,735.34	13.56%
2020-02-18	9,171.73	60	363	1,640	18.12%	81.88%	16	2,332.75	25.43%
2020-02-19	7,744.88	46	370	1,719	17.71%	82.29%	7	1,376.45	17.77%
2020-02-20	5,991.69	45	341	1,610	17.48%	82.52%	4	484.75	8.09%

图 4-20　每日的老买家支付金额占比

步骤 3.10：在 K1 单元格中输入列标题"差值"，根据计算公式"差值=老买家支付金额占比-老访客占比"，计算每日的差值，计算结果如图 4-21 所示。

统计日期	支付金额	支付买家数	老访客数	新访客数	老访客占比	新访客占比	支付老买家数	老买家支付金额	老买家支付金额占比	差值
2020-02-15	6,724.80	42	269	1,618	14.26%	85.74%	7	1,149.50	17.09%	2.84%
2020-02-16	13,488.87	80	310	2,021	13.30%	86.70%	9	1,888.25	14.00%	0.70%
2020-02-17	12,794.70	79	389	2,023	16.13%	83.87%	11	1,735.34	13.56%	-2.56%
2020-02-18	9,171.73	60	363	1,640	18.12%	81.88%	16	2,332.75	25.43%	7.31%
2020-02-19	7,744.88	46	370	1,719	17.71%	82.29%	7	1,376.45	17.77%	0.06%
2020-02-20	5,991.69	45	341	1,610	17.48%	82.52%	4	484.75	8.09%	-9.39%

图 4-21　每日的差值

步骤 4：分析监控数据。

结合上述操作结果，分析原牧纯品旗舰店 2020 年 2 月 15—20 日的老买家支付转化情况。

工作结束

数据整理及备份：□完成　　□未完成

关机检查：□正常关机　　□强行关机　　□未关机

整理桌面：□完成　　□未完成

地面卫生检查：□完成　　□未完成

整理椅子：□完成　　□未完成

任务评价

类别	序号	考核项目	考核内容及要求	优秀	良好	合格	较差
技术考核	1	质量	能够结合监控目标选定合适的监控指标				
	2		能够完成数据监控统计表的创建并设定数据异常波动范围				
	3		能够利用环比增长率、新老访客占比的计算公式进行数据计算				
	4		能够利用条件格式工具对异常数据进行突出显示				
	5		能够结合计算结果，合理分析监控数据				

续表

类别	序号	考核项目	考核内容及要求	优秀	良好	合格	较差
非技术考核	6	态度	学习态度端正				
	7	纪律	遵守纪律				
	8	协作	有交流、团队合作				
	9	文明	保持安静，清理场所				

任务拓展

任务名称：店铺活动期间流量数据监控。

任务要求：根据2020年11月1—11日的流量数据，对无线端的付费推广流量和下单转化情况进行人工监控，并分析该时间段的流量及转化情况，对异常情况提出改善方法。

任务

1. 请计算下单转化率、访客数环比增长率、下单转化率环比增长率，并对异常数据进行突出显示（根据店铺的基本情况，环比前一日的数据，降幅超过20%就属于异常），截图上传。

2. 判断访客数及下单转化率数据是否有异常。若有异常，则请说明哪个数据在哪天出现了异常（根据店铺的基本情况，环比前一日的数据，降幅超过20%就属于异常）。

店铺活动期间流量数据监控源数据

工作任务二　基础数据报表制作

任务目标

- 能够结合选定的数据指标完成报表框架的搭建。
- 能够完成报表数据的采集与处理。
- 能够完成常规数据日、周、月报表的制作与分析。
- 能够完成专项数据日、周、月报表的制作与分析。
- 能够对制作好的基础数据报表严格保密。
- 能够在报表的制作与分析过程中具有严谨的工作态度和高度的社会责任感。

任务导图

```
基础数据报表制作
├── 新知链接
│   ├── 常规数据报表制作
│   └── 专项数据报表制作
├── 常规数据日报表制作
│   ├── 搭建报表框架
│   ├── 添加报表使用说明
│   ├── 数据采集与处理
│   ├── 计算环比增长率
│   └── 报表数据分析
├── 常规数据周报表制作
│   ├── 搭建报表框架
│   ├── 添加报表使用说明
│   ├── 数据采集与处理
│   ├── 计算环比增长率
│   └── 报表数据分析
├── 常规数据月报表制作
│   ├── 搭建报表框架
│   ├── 添加报表使用说明
│   ├── 数据采集与处理
│   ├── 计算同比增长率
│   └── 报表数据分析
├── 专项数据日报表制作
│   ├── 数据获取
│   ├── 插入数据透视表
│   └── 报表数据分析
├── 专项数据周报表制作
│   ├── 数据获取
│   ├── 数据类型转换
│   ├── 日期格式调整
│   ├── 插入数据透视表
│   └── 报表数据分析
└── 专项数据月报表制作
    ├── 数据获取
    ├── 插入数据透视表
    └── 报表数据分析
```

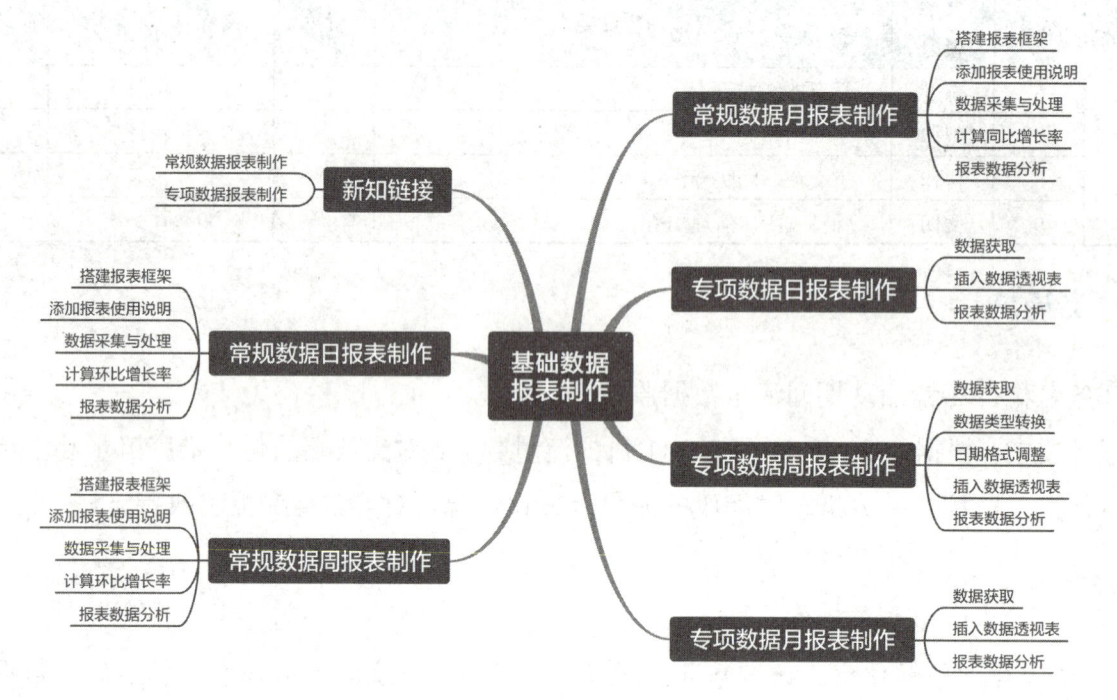

新知链接

一、常规数据报表制作

常规数据报表制作的具体过程如下。

（一）明确数据汇报的需求

常规数据报表的制作需要围绕电子商务日常数据汇报需求展开，明确需要实现的分析目标，如店铺运营分析、销售分析、竞品分析等，据此形成日、周、月报表。

（二）构思报表的大纲

针对确定的分析目标，构思报表的大纲，即从哪些维度来构建数据分析逻辑。

（三）进行报表数据指标的选择

在确定报表的维度后，选择其中的重要数据指标。结合报表的目标用户选择数据指标，目标用户的职务决定了其关注数据指标的差异，如一线运营人员更关注有利于开展工作的具体而细致的指标；管理层相比较而言更关注结论性指标。

（四）搭建报表框架

根据报表的分析目标和选定的指标，确定相适应的展现形式，在 Excel 中完成报表框架的搭建。

（五）进行数据的采集与处理

报表的展现依赖于数据，原始数据的采集可以借助平台自身或第三方工具来完成，平台如淘宝网的生意参谋等，它提供了日常运营中的各类数据信息，可根据分析目标进行数据指标的选择，并进一步完成数据的处理。

（六）报表的制作与美化

将采集到的数据导入搭建好的报表框架中，并可根据展现的需要设置突出显示数据，即把报表中需要突出的数据用不同颜色的背景显示出来，如将报表中访客数高于平均值的进行突出显示。

二、专项数据报表制作

相比较常规数据报表，专项数据报表更为聚焦，旨在单独呈现出某个维度的数据，有的放矢，为电子商务日常运营提供建议。根据电子商务发展的需要，专项数据报表的制作将围绕市场、运营、商品这3个维度展开。

专项数据报表与常规数据报表制作的步骤类似，此处不再赘述。

（一）市场分析报表

市场分析需要结合行业发展数据、市场需求数据、目标客户数据、竞争对手销售及活动数据展开。

（二）运营分析报表

运营分析报表需要综合呈现客户行为数据、推广数据、交易数据、服务数据、采购数据、物流数据、仓储数据。在制作报表时，我们需要结合分析目标灵活选择数据指标。

（三）商品分析报表

商品分析报表的制作围绕相关商品行业数据、商品盈利能力数据展开。

工作子任务一　常规数据日报表制作

任务背景

运营人员在店铺的日常运营过程中，需要及时统计相关数据，形成日、周、月报表，这样既可以为自己进行日常运营分析提供参考，又有利于管理层及时了解运营状况，同时可为各项策略的调整提供参考依据。

原牧纯品旗舰店主要经营整鸡、牛/羊肉卷、鸡腿、羊肉串等肉制品。新入职的运营人员被安排制作常规数据日报表，记录并反馈店铺每日数据的变化。

任务目标

由于在店铺运营过程中每日都会产生大量的数据，将这些数据全部呈现在报表中不仅工作量巨大，还会使得报表数据庞杂、重点模糊，很难应用于具体工作中，因此运营人员需要有目的地呈现重要数据。

因为该店铺这个阶段的重要任务是积累数据、提升销量，所以运营人员需要重点关注店铺的整体数据和转化数据。

任务要求

1．进入生意参谋的"流量"板块，分别从店铺、转化两个维度出发，根据其中呈现的数据指标，搭建该店铺 2020 年 3 月 1—31 日的日报表框架，表头为"原牧纯品旗舰店运营日报表"，报表框架采用列表式，确保架构清晰。

2．完善报表框架，添加报表使用说明，包括使用时间维度、适用岗位、数据来源。

3．在完成报表框架的搭建后，进入生意参谋采集 2020 年 3 月 1 日的运营数据，并导入报表中。

4．继续采集 2020 年 3 月 2 日的运营数据，并导入报表中，同时计算 3 月 2 日相较于 3 月 1 日各项数据的环比增长率，完成"原牧纯品旗舰店运营日报表"的制作。

任务

1．请依次完成该店铺 2020 年 3 月 2 日相较于 3 月 1 日各项数据环比增长率的计算，其中跳失率、支付转化率、客单价的环比增长率分别为_____%、_____%、_____%。

2．根据计算结果进一步完善报表，并提交制作完成的报表。

任务操作

常规数据日报表制作的操作步骤及关键节点如下。

步骤 1：搭建报表框架。

进入生意参谋的"流量"板块，选择相应的日期，根据店铺及转化维度下的数据指标搭建报表框架，如图 4-22～图 4-24 所示。

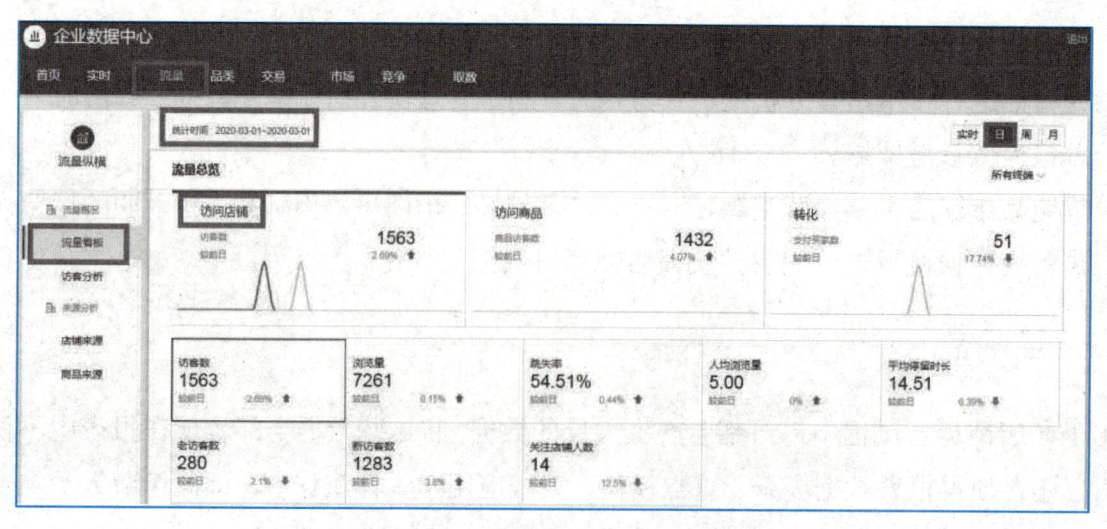

图 4-22 店铺维度下的数据指标

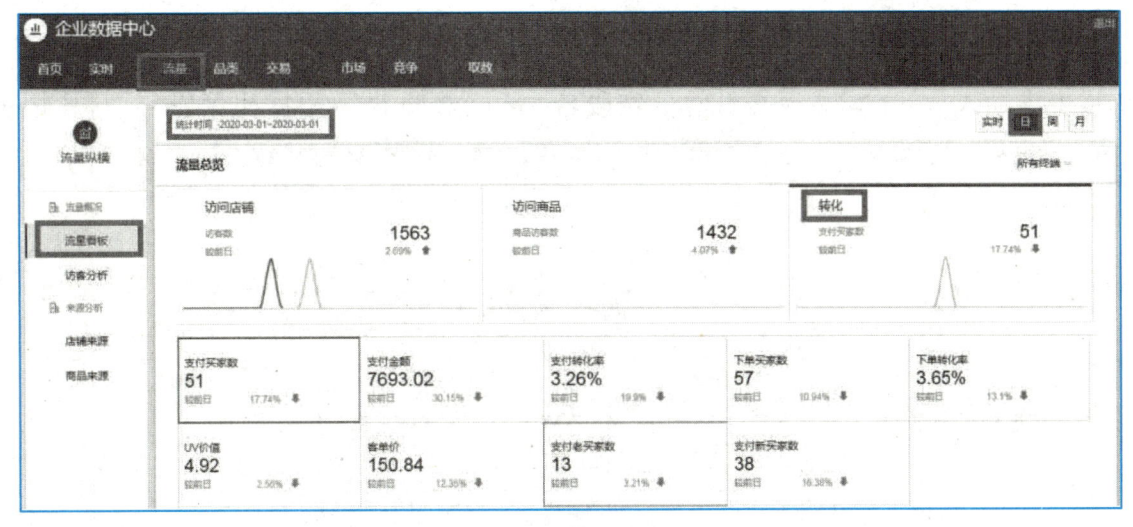

工作领域四　基础数据监控与报表和图表制作

图 4-23　转化维度下的数据指标

图 4-24　报表框架

步骤 2：添加报表使用说明。

在报表的下方添加报表使用说明，如图 4-25 所示。

35	【报表使用说明】
36	1. 使用时间维度：以日为单位
37	2. 适用岗位：店长、数据分析人员、店铺运营人员
38	3. 数据来源：生意参谋

图 4-25　报表使用说明

步骤 3：数据采集与处理。

进入生意参谋采集并导入报表数据，导入的报表数据如图 4-26 所示。

		原牧纯品旗舰店运营日报表															
		店铺								转化							
日期	访客数	浏览量	跳失率	人均浏览量	平均停留时长	老访客数	新访客数	关注店铺人数	支付买家数	支付金额	支付转化率	下单买家数	下单转化率	UV价值	客单价	支付老买家数	支付新买家数
2020年3月1日	1563	7261	54.51%	5	14.51	280	1283	14	51	7693.02	3.26%	57	3.65%	4.92	150.84	13	38
2020年3月2日	1491	7093	52.45%	5	15.89	263	1228	10	54	7276.07	3.62%	56	3.76%	4.88	134.74	8	46

图 4-26　导入的报表数据

215

步骤 4：计算环比增长率。

在报表中插入一行，输入需要计算的字段名"环比增长率"。根据计算公式"环比增长率=（本期数-上期数）/上期数×100%"，完成各数据指标环比增长率的计算，计算得到的环比增长率如图 4-27 所示。

		店铺									转化						
日期	访客数	浏览量	跳失率	人均浏览量	平均停留时长	老访客数	新访客数	关注店铺人数	支付买家数	支付金额	支付转化率	下单买家数	下单转化率	UV价值	客单价	支付老买家数	支付新买家数
2020年3月1日	1563	7261	54.51%	5	14.51	280	1283	14	51	7693.02	3.26%	57	3.65%	4.92	150.84	13	38
2020年3月2日	1491	7093	52.45%	5	15.89	263	1228	10	54	7276.07	3.62%	56	3.76%	4.88	134.74	8	46
环比增长率	-4.61%	-2.31%	-3.78%	0.00%	9.51%	-6.07%	-4.29%	-28.57%	5.88%	-5.42%	11.04%	-1.75%	3.01%	-0.81%	-10.67%	-38.46%	21.05%
2020年3月3日																	
2020年3月4日																	
2020年3月5日																	
2020年3月6日																	
2020年3月7日																	
2020年3月8日																	
2020年3月9日																	
2020年3月10日																	
2020年3月11日																	
2020年3月12日																	
2020年3月13日																	
2020年3月14日																	

图 4-27　计算得到的环比增长率

步骤 5：报表数据分析。

对"原牧纯品旗舰店运营日报表"中的数据进行环比分析，明确各数据指标的环比增长率。

工作子任务二　常规数据周报表制作

任务背景

运营人员在店铺的日常运营过程中，需要及时统计相关数据，形成日、周、月报表，这样既可以为自己进行的日常运营分析提供参考，又有利于管理层及时了解运营状况，同时可为各项策略的调整提供参考依据。

原牧纯品旗舰店主要经营整鸡、牛/羊肉卷、鸡腿、羊肉串等肉制品。为了及时了解该店铺的运营状况，运营人员除了需要制作常规数据日报表，还需要进行阶段性总结，制作常规数据周报表。

任务目标

运营人员计划通过制作常规数据周报表，总结该店铺最近 3 周的运营数据，并分别与前一周的数据进行对比，计算环比增长率，判断该店铺的成长情况；针对其中表现较差的数据进行原因分析，据此调整下一周的运营策略。需要注意的是，常规数据周报表需要重点呈现店铺的整体数据和转化数据。

工作领域四 基础数据监控与报表和图表制作

任务要求

1. 进入生意参谋的"流量"板块，分别从店铺、转化两个维度出发，根据其中呈现的数据指标，搭建该店铺 2020 年 2 月 17—23 日、2020 年 2 月 24—31 日、2020 年 3 月 2—8 日 3 个自然周的周报表框架，表头为"原牧纯品旗舰店运营周报表"，报表框架采用列表式，确保架构清晰。
2. 完善报表框架，添加报表使用说明，包括使用时间维度、适用岗位、数据来源。
3. 在完成报表框架的搭建后，进入生意参谋采集每周的运营数据，并导入报表中，同时分别计算环比增长率，完成"原牧纯品旗舰店运营周报表"的制作并进行分析。

任务

1. 由计算得到的环比增长率可知，连续两周均保持增长趋势的数据指标是（   ）。
    A．人均浏览量、平均停留时长、客单价
    B．访客数、下单转化率、客单价
    C．人均浏览量、支付转化率、下单转化率、UV 价值
    D．平均停留时长、客单价、支付老买家数
2. 提交制作完成的报表。

常规数据周报表制作

任务操作

常规数据周报表制作的操作步骤及关键节点如下。

步骤 1：搭建报表框架。

进入生意参谋的"流量"板块，选择相应的日期和周期，根据店铺及转化维度下的数据指标搭建报表框架，如图 4-28～图 4-30 所示。

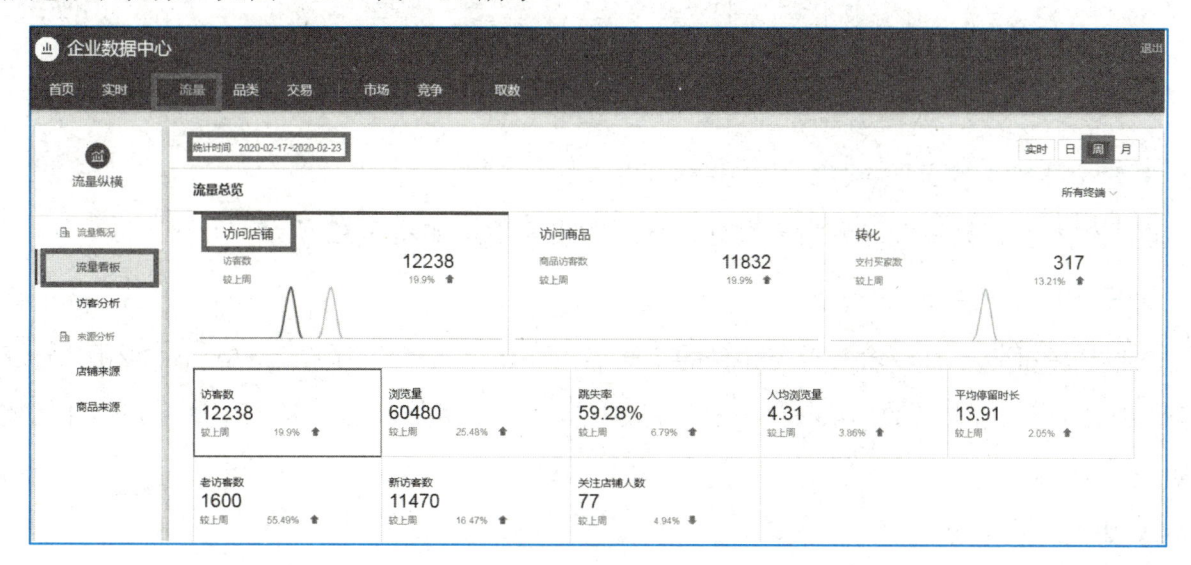

图 4-28 店铺维度下的数据指标

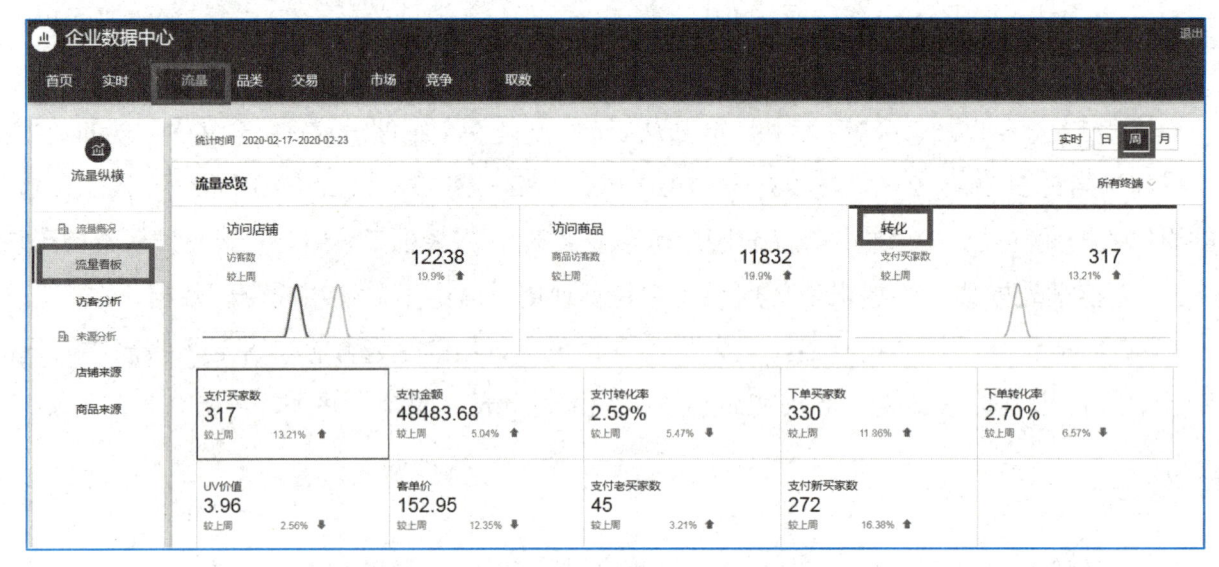

图 4-29　转化维度下的数据指标

图 4-30　报表框架

步骤 2：添加报表使用说明。

在报表的下方添加报表使用说明，如图 4-31 所示。

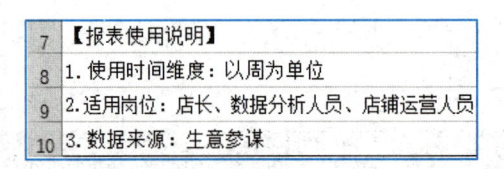

图 4-31　报表使用说明

步骤 3：数据采集与处理。

进入生意参谋采集并导入报表数据，导入的报表数据如图 4-32 所示。

步骤 4：计算环比增长率。

在报表中插入一行，输入需要计算的字段名"环比增长率"。根据计算公式"环比增长率=（本期数-上期数）/上期数×100%"，完成各数据指标环比增长率的计算，计算得到的环比增长率如图 4-33 所示。

步骤 5：报表数据分析。

对"原牧纯品旗舰店运营周报表"进行环比分析，明确连续两周均保持增长趋势的数据指标。

日期	店铺								转化								
	访客数	浏览量	跳失率	人均浏览量	平均停留时长	老访客数	新访客数	关注店铺人数	支付买家数	支付金额	支付转化率	下单买家数	下单转化率	UV价值	客单价	支付老买家数	支付新买家数
2020/2/17-2020/2/23	12238	60480	59.28%	4.31	13.91	1600	11470	77	317	48483.68	2.59%	330	2.70%	3.96	152.95	45	272
2020/2/24-2020/3/1	9074	47228	56.40%	4.53	14.94	1265	8418	84	298	46981.88	3.28%	316	3.48%	5.18	157.66	69	229
2020/3/2-2020/3/8	7657	42104	54.65%	4.71	14.42	1214	7041	71	289	42262.8	3.77%	305	3.98%	5.52	146.24	64	225

【报表使用说明】
1. 使用时间维度：以周为单位
2. 适用岗位：店长、数据分析人员、店铺运营人员
3. 数据来源：生意参谋

图 4-32　导入的报表数据

日期	店铺								转化								
	访客数	浏览量	跳失率	人均浏览量	平均停留时长	老访客数	新访客数	关注店铺人数	支付买家数	支付金额	支付转化率	下单买家数	下单转化率	UV价值	客单价	支付老买家数	支付新买家数
2020/2/17-2020/2/23	12238	60480	59.28%	4.31	13.91	1600	11470	77	317	48483.68	2.59%	330	2.70%	3.96	152.95	45	272
2020/2/24-2020/3/1	9074	47228	56.40%	4.53	14.94	1265	8418	84	298	46981.88	3.28%	316	3.48%	5.18	157.66	69	229
环比增长率	-25.85%	-21.91%	-4.86%	5.10%	7.40%	-20.94%	-26.61%	9.09%	-5.99%	-3.10%	26.64%	-4.24%	28.89%	30.81%	3.08%	53.33%	-15.81%
2020/3/2-2020/3/8	7657	42104	54.65%	4.71	14.42	1214	7041	71	289	42262.8	3.77%	305	3.98%	5.52	146.24	64	225
环比增长率	-15.62%	-10.85%	-3.10%	3.97%	-3.48%	-4.03%	-16.36%	-15.48%	-3.02%	-10.04%	14.94%	-3.48%	14.37%	6.56%	-7.24%	-7.25%	-1.75%

【报表使用说明】
1. 使用时间维度：以周为单位
2. 适用岗位：店长、数据分析人员、店铺运营人员
3. 数据来源：生意参谋

图 4-33　计算得到的环比增长率

工作子任务三　常规数据月报表制作

任务背景

运营人员在店铺的日常运营过程中，需要及时统计相关数据，形成日、周、月报表，这样既可以为自己进行日常运营分析提供参考，又有利于管理层及时了解运营状况，同时可为各项策略的调整提供参考依据。

原牧纯品旗舰店主要经营整鸡、牛/羊肉卷、鸡腿、羊肉串等肉制品。运营人员统计出该店铺 2020 年 1 月的运营数据，为了使管理层及时了解该店铺的运营状况，计划制作常规数据月报表。

任务目标

为了全面地评估 2020 年 1 月的运营效果，运营人员同时调取了 2019 年同期的运营数据，并通过计算同比增长率，判断该店铺这一年的成长情况。需要注意的是，常规数据月报表需要

重点呈现店铺整体数据和转化数据。

任务要求

1. 进入生意参谋的"流量"板块，分别从店铺、转化两个维度出发，根据其中呈现的数据指标，搭建该店铺 2019 年 1 月、2020 年 1 月的月报表框架，表头为"原牧纯品旗舰店运营月报表"，报表框架采用列表式，确保架构清晰。

2. 完善报表框架，添加报表使用说明，包括使用时间维度、适用岗位、数据来源。

3. 在完成报表框架的搭建后，下载该店铺 2019 年 1 月的运营数据；进入生意参谋采集该店铺 2020 年 1 月的运营数据，并导入报表中；分别计算同比增长率，完成"原牧纯品旗舰店运营月报表"的制作并进行分析。

任务

1. 由计算得到的同比增长率可知，该店铺 2020 年 1 月的跳失率相较于 2019 年 1 月的同比增长率为_____%，跳失率越_____，表明流量的质量越好。

2. 提交制作完成的报表。

任务操作

常规数据月报表制作的操作步骤及关键节点如下。

步骤 1：搭建报表框架。

进入生意参谋的"流量"板块，选择相应的日期和周期，根据店铺及转化维度下的数据指标搭建报表框架，如图 4-34～图 4-36 所示。

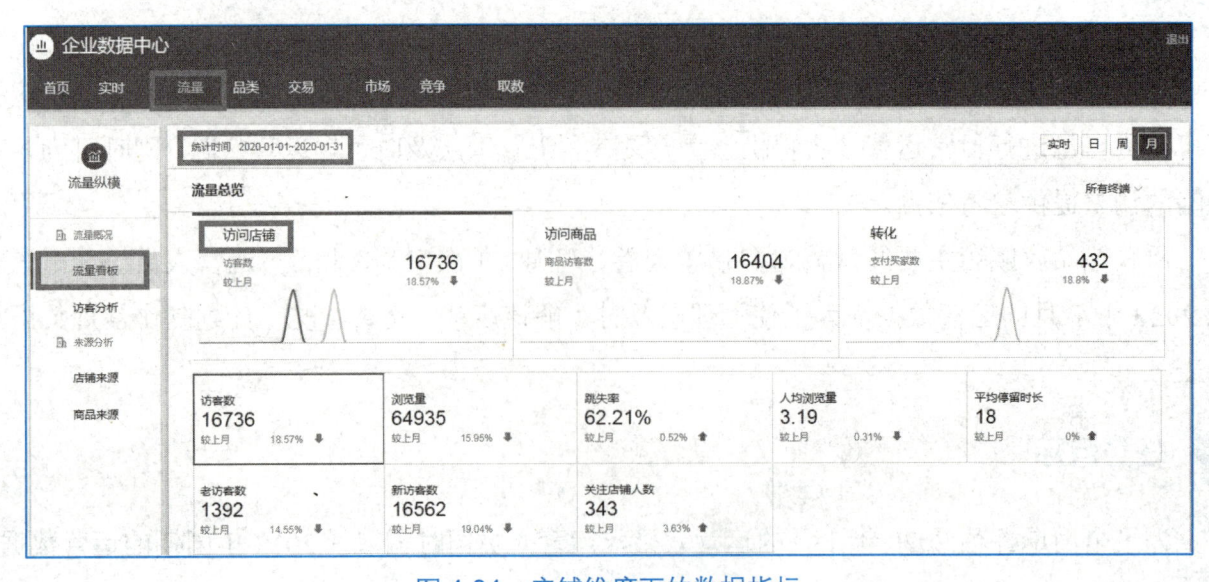

图 4-34 店铺维度下的数据指标

工作领域四 基础数据监控与报表和图表制作

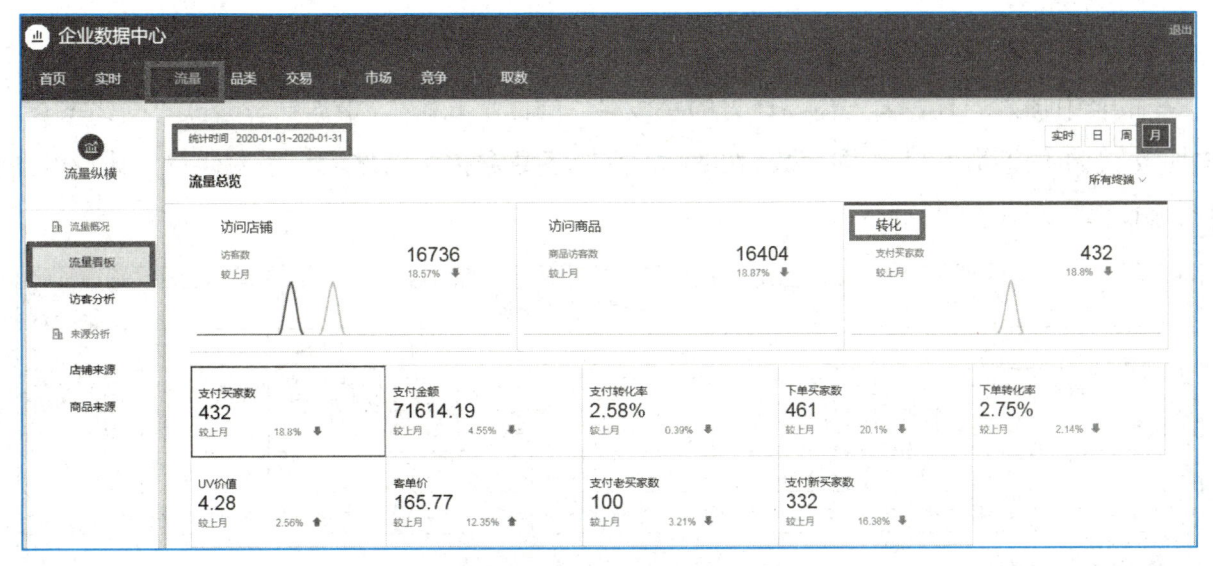

图 4-35 转化维度下的数据指标

日期	店铺								转化								
	访客数	浏览量	跳失率	人均浏览量	平均停留时长	老访客数	新访客数	关注店铺人数	支付买家数	支付金额	支付转化率	下单买家数	下单转化率	UV价值	客单价	支付老买家数	支付新买家数
2019年1月																	
2020年1月																	

图 4-36 报表框架

步骤2：添加报表使用说明。

在报表的下方添加报表使用说明，如图 4-37 所示。

7	【报表使用说明】
8	1. 使用时间维度：以月为单位
9	2. 适用岗位：店长、数据分析人员、店铺运营人员
10	3. 数据来源：生意参谋

图 4-37 报表使用说明

步骤3：数据采集与处理。

进入生意参谋采集并导入报表数据，导入的报表数据如图 4-38 所示。

原牧纯品旗舰店运营月报表

日期	店铺								转化								
	访客数	浏览量	跳失率	人均浏览量	平均停留时长	老访客数	新访客数	关注店铺人数	支付买家数	支付金额	支付转化率	下单买家数	下单转化率	UV价值	客单价	支付老买家数	支付新买家数
2019年1月	23486	74758	65.67%	2.95	17	1142	23412	305	380	49494.27	1.62%	417	1.78%	2.11	130.25	34	346
2020年1月	16736	64935	62.21%	3.19	18	1392	16562	343	432	71614.19	2.58%	461	2.75%	4.28	165.77	100	332

图 4-38 导入的报表数据

步骤4：计算同比增长率。

在报表中插入一行，输入需要计算的字段名"同比增长率"。根据计算公式"同比增长率=（本期数-上年同期数）/上年同期数×100%"，完成各数据指标同比增长率的计算，计算得到的同比增长率如图4-39所示。

日期	店铺								转化								
	访客数	浏览量	跳失率	人均浏览量	平均停留时长	老访客数	新访客数	关注店铺人数	支付买家数	支付金额	支付转化率	下单买家数	下单转化率	UV价值	客单价	支付老买家数	支付新买家数
2019年1月	23486	74758	65.67%	2.95	17	1142	23412	305	380	49494.27	1.62%	417	1.78%	2.11	130.25	34	346
2020年1月	16736	64935	62.21%	3.19	18	1392	16562	343	432	71614.19	2.58%	461	2.75%	4.28	165.77	100	332
同比增长率	-28.74%	-13.14%	-5.27%	8.14%	5.88%	21.89%	-29.26%	12.46%	13.68%	44.69%	59.26%	10.55%	54.49%	102.84%	27.27%	194.12%	-4.05%

【报表使用说明】
1.使用时间维度：以月为单位
2.适用岗位：店长、数据分析人员、店铺运营人员
3.数据来源：生意参谋

图4-39 计算得到的同比增长率

步骤5：报表数据分析。

对"原牧纯品旗舰店运营月报表"进行同比分析，明确各数据指标的同比增长率。

工作子任务四　专项数据日报表制作

任务背景

原牧纯品旗舰店主要经营冷冻鸡肉食品，如鸡翅中、鸡腿等。运营人员以小时为单位统计了2020年2月8日—3月8日的店铺支付金额数据。为了更加方便地进行数据分析，运营人员需要将以小时为单位的统计报表制作成以日为单位的统计报表。

任务目标

对2020年2月8日—3月8日的店铺支付金额数据进行统计，并以日为单位进行呈现。

任务要求

在Excel中，对2020年2月8日—3月8日的店铺支付金额数据进行统计（数据处理维度为统计日期、统计小时、支付金额），并通过数据透视图快速制作专项数据日报表，即店铺支付金额日报表。

任务

1．请将数据处理结果的截图上传到平台上。

2. 在 2020 年 2 月 8 日—3 月 8 日期间，店铺支付金额的合计值是_____。
3. 在 2020 年 2 月 8 日—3 月 8 日期间，店铺支付金额的平均值是_____。

专项数据日报表制作

任务操作

专项数据日报表制作的操作步骤及关键节点如下。

步骤 1：数据获取。

下载源数据所在的文件，获取 2020 年 2 月 8 日—3 月 8 日的店铺支付金额数据（单位为元），如图 4-40 所示。

图 4-40 2020 年 2 月 8 日—3 月 8 日的店铺支付金额数据（部分）

步骤 2：插入数据透视表。

步骤 2.1：选中数据区域中的任意一个单元格，在"插入"选项卡的"表格"功能组中单击"数据透视表"按钮，如图 4-41 所示。

步骤 2.2：在弹出的"创建数据透视表"对话框中，选择要分析的数据和放置数据透视表的位置，单击"确定"按钮，如图 4-42 所示。

步骤 2.3：在打开的"数据透视表字段"窗格中，将"统计日期"字段拖动到"行"区域中，将"支付金额"字段拖动到"值"区域中，如图 4-43 所示。

最终生成的店铺支付金额日报表如图4-44所示。

图4-41 插入数据透视表

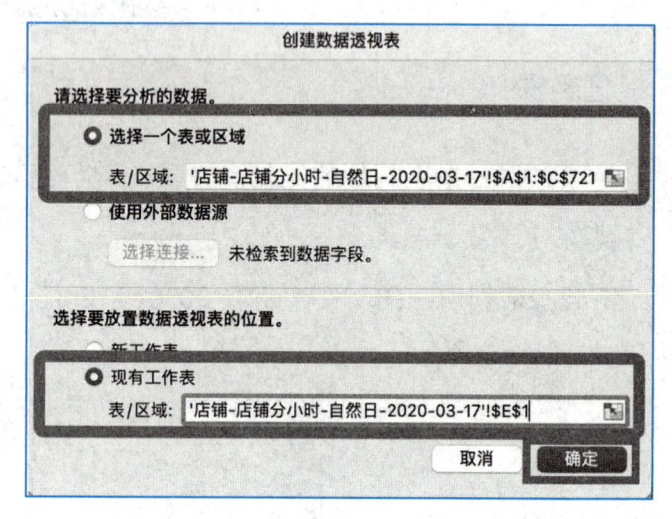

图4-42 "创建数据透视表"对话框

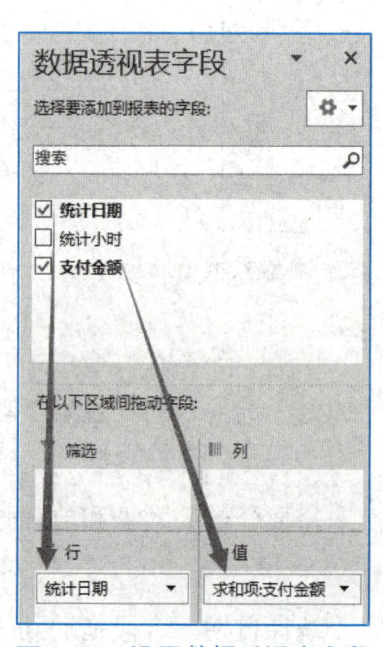

图4-43 设置数据透视表字段

图4-44 店铺支付金额日报表

统计日期	汇总
2020-02-08	6714.99
2020-02-09	5362.2
2020-02-10	5636.38
2020-02-11	4221.29
2020-02-12	4201.13
2020-02-13	5045.31
2020-02-14	6841.29
2020-02-15	6724.8
2020-02-16	13488.87
2020-02-17	12794.7
2020-02-18	9171.73
2020-02-19	7744.88
2020-02-20	5991.69
2020-02-21	5258.74
2020-02-22	4384.69
2020-02-23	3137.25
2020-02-24	2899.15
2020-02-25	3385.42
2020-02-26	4555.17
2020-02-27	6696.18
2020-02-28	10739.62
2020-02-29	11013.32
2020-03-01	7693.02
2020-03-02	7276.07
2020-03-03	5144.06
2020-03-04	5287.39
2020-03-05	8909.8
2020-03-06	5013.35
2020-03-07	4601.06
2020-03-08	6031.07
总计	195964.62

步骤3：报表数据分析。

对店铺支付金额日报表进行分析，明确 2020 年 2 月 8 日—3 月 8 日店铺支付金额的合计值和平均值。

工作子任务五　专项数据周报表制作

任务背景

原牧纯品旗舰店主要经营冷冻鸡肉食品，如鸡翅中、鸡腿等。运营人员以日为单位统计了 2020 年 2 月 8 日—3 月 8 日的店铺访客数数据。为了更加方便地进行数据分析，运营人员需要将以日为单位的统计报表制作成以周为单位的统计报表。

任务目标

对 2020 年 2 月 8 日—3 月 8 日的店铺访客数数据进行统计，并以周为单位进行呈现。

任务要求

在 Excel 中，对 2020 年 2 月 8 日—3 月 8 日的店铺访客数数据进行统计（数据处理维度为统计日期、访客数），并通过数据透视表快速制作专项数据周报表，即店铺访客数周报表。

任务

1．请将数据处理结果的截图上传到平台上。
2．由数据可以看出，第_____周的访客数最多。
3．在 2020 年 2 月 8 日—3 月 8 日期间，总访客数是_____。

任务操作

专项数据周报表制作的操作步骤及关键节点如下。

步骤1：数据获取。

下载源数据所在的文件，获取 2020 年 2 月 8 日—3 月 8 日的店铺访客数数据，如图 4-45 所示。

步骤2：数据类型转换。

选中 B2:B31 单元格区域，单击数据列前出现的提醒符号，在弹出的下拉列表中选择"转换为数字"选项，如图 4-46 所示。

步骤 3：日期格式调整。

步骤 3.1：选中 A2:A31 单元格区域，右击，在弹出的快捷菜单中选择"设置单元格格式"命令，如图 4-47 所示。

步骤 3.2：在弹出的"设置单元格格式"对话框中，选择"自定义"→"yyyy/m/d"选项，单击"确定"按钮，如图 4-48 所示。

图 4-45　2020 年 2 月 8 日—3 月 8 日的店铺访客数数据（部分）　　图 4-46　选择"转换为数字"选项

图 4-47　选择"设置单元格格式"命令　　图 4-48　设置日期格式

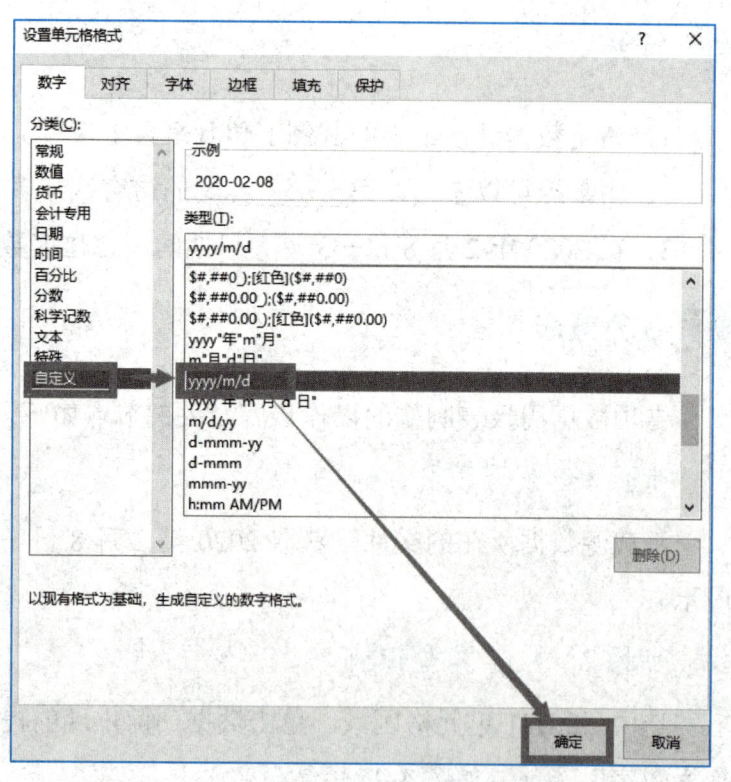

步骤3.3：选中A2单元格并双击，按"Enter"键进行确认。再次选中A2单元格，将鼠标指针移动到A2单元格右下角，等到出现"+"后，双击即可将设置好的日期格式应用到全列。调整后的日期格式如图4-49所示。

步骤4：插入数据透视表。

步骤4.1：选中数据区域中的任意一个单元格，在"插入"选项卡的"表格"功能组中单击"数据透视表"按钮，如图4-50所示。

图4-49 调整后的日期格式

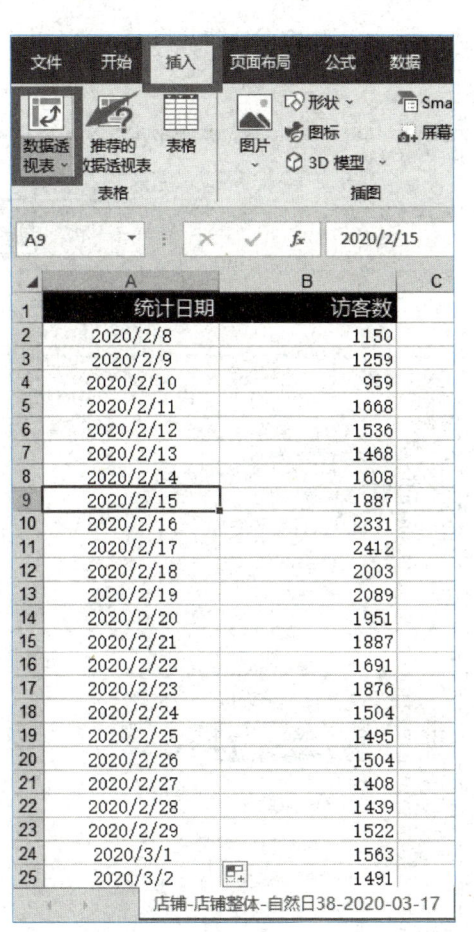

图4-50 插入数据透视表

步骤4.2：在弹出的"创建数据透视表"对话框中，选择要分析的数据和放置数据透视表的位置，单击"确定"按钮，如图4-51所示。

步骤4.3：在打开的"数据透视表字段"窗格中，将"统计日期"字段拖动到"行"区域中，将"访客数"字段拖动到"值"区域中，如图4-52所示。

步骤4.4：选中数据透视表中"统计日期"列中的任意一个单元格，右击，在弹出的快捷菜单中选择"组合"命令，如图4-53所示。

步骤4.5：在弹出的"组合"对话框中，设置起始日期和终止日期，设置"步长"为"日"，设置"天数"为"7"，单击"确定"按钮，如图4-54所示。

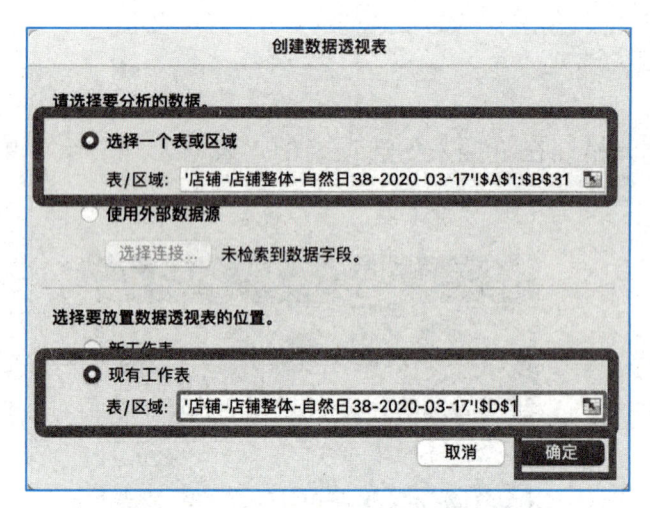

图 4-51 "创建数据透视表"对话框

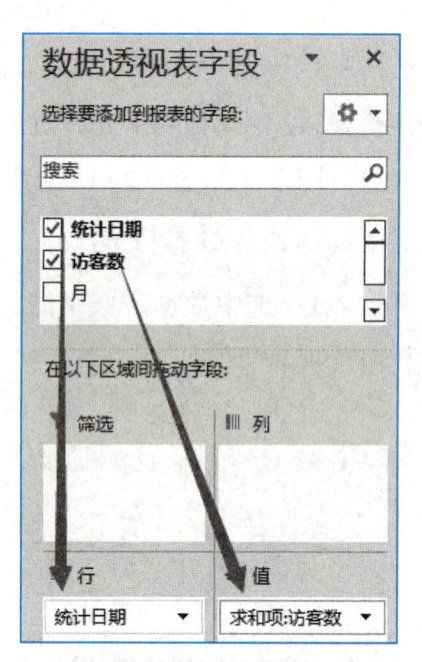

图 4-52 设置数据透视表字段

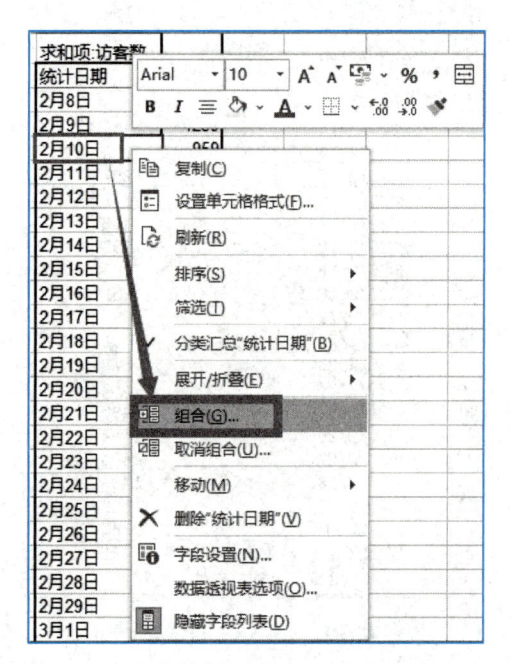

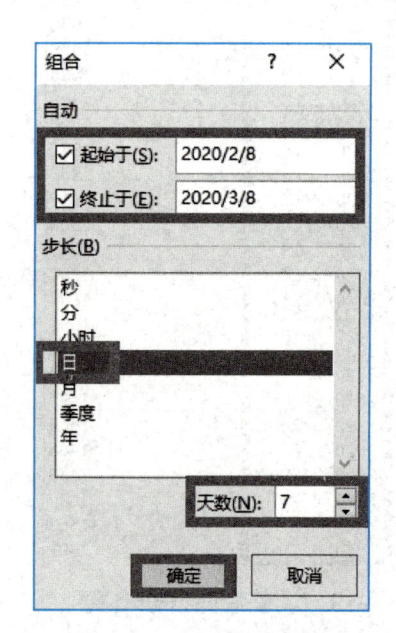

图 4-53 选择"组合"命令

图 4-54 "组合"对话框

最终生成的店铺访客数周报表如图 4-55 所示。

求和项:访客数	
统计日期	汇总
2020/2/8 - 2020/2/14	9648
2020/2/15 - 2020/2/21	14560
2020/2/22 - 2020/2/28	10917
2020/2/29 - 2020/3/6	9715
2020/3/7 - 2020/3/9	2324
总计	47164

图 4-55 店铺访客数周报表

步骤 5：报表数据分析。

对店铺访客数周报表进行分析，明确 2020 年 2 月 8 日—3 月 8 日的店铺总访客数及访客数最多的周次。

工作子任务六　专项数据月报表制作

任务背景

原牧纯品旗舰店主要经营冷冻鸡肉食品，如鸡翅中、鸡腿等。运营人员以日为单位统计了 2020 年 1 月 8 日—3 月 8 日的店铺访客数数据。为了更加方便地进行数据分析，运营人员需要将以日为单位的统计报表制作成以月为单位的统计报表。

任务目标

对 2020 年 1 月 8 日—3 月 8 日的店铺访客数数据进行统计，并以月为单位进行呈现。

任务要求

在 Excel 中，对 2020 年 1 月 8 日—3 月 8 日的店铺访客数数据进行统计（数据处理维度为统计日期、访客数），并通过数据透视表快速制作专项数据月报表，即店铺访客数月报表。

任务

1. 请将数据处理结果的截图上传到平台上。
2. 由数据可以看出，2020 年 2 月的访客数共为_____。
3. 在 2020 年 1 月 8 日—3 月 8 日期间，总访客数是_____。

专项数据月报表制作

任务操作

专项数据月报表制作的操作步骤及关键节点如下。

步骤 1：数据获取。

下载源数据所在的文件，获取 2020 年 1 月 8 日—3 月 8 日的店铺访客数数据，如图 4-56 所示。

步骤 2：插入数据透视表。

步骤 2.1：选中数据区域中的任意一个单元格，在"插入"选项卡的"表格"功能组中单击"数据透视表"按钮，如图 4-57 所示。

步骤 2.2：在弹出的"创建数据透视表"对话框中，选择要分析的数据和放置数据透视表的位置，单击"确定"按钮，如图4-58所示。

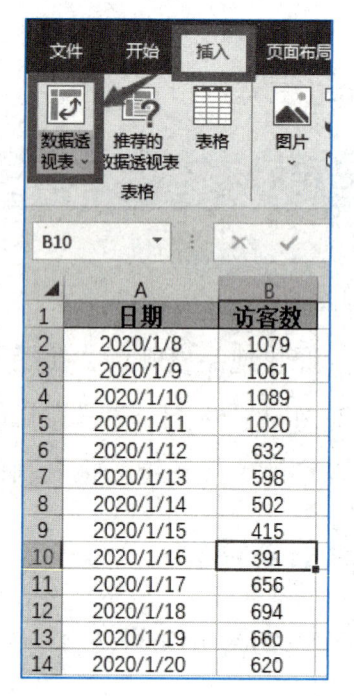

图4-56　2020年1月8日—3月8日的店铺访客数数据（部分）

图4-57　插入数据透视表

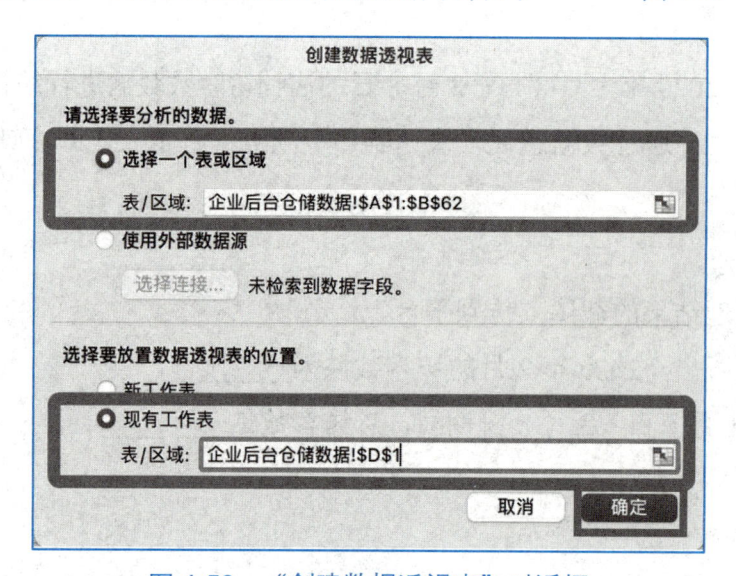

图4-58　"创建数据透视表"对话框

步骤2.3：在打开的"数据透视表字段"窗格中，将"月"字段拖动到"行"区域中，将"访客数"字段拖动到"值"区域中，如图4-59所示。

最终生成的店铺访客数月报表如图4-60所示。

步骤3：报表数据分析。

对店铺访客数月报表进行分析，明确2020年1月8日—3月8日的店铺总访客数及2月的访客数。

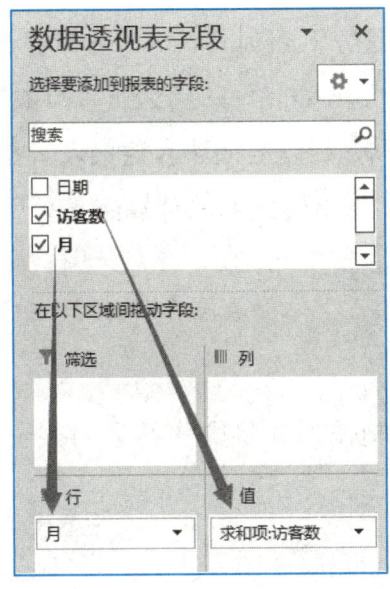

图 4-59　数据透视表字段

图 4-60　店铺访客数月报表

工作结束

数据整理及备份：□完成　　□未完成

关机检查：□正常关机　　□强行关机　　□未关机

整理桌面：□完成　　□未完成

地面卫生检查：□完成　　□未完成

整理椅子：□完成　　□未完成

任务评价

类别	序号	考核项目	考核内容及要求	优秀	良好	合格	较差
技术考核	1	质量	能够结合选定的数据指标完成报表框架的搭建				
	2		能够完成报表数据的采集与处理				
	3		能够完成常规数据日、周、月报表的制作与分析				
	4		能够完成专项数据日、周、月报表的制作与分析				
非技术考核	5	态度	学习态度端正				
	6	纪律	遵守纪律				
	7	协作	有交流、团队合作				
	8	文明	保持安静，清理场所				

任务拓展

任务名称："双 11"活动访客数数据报表制作。

任务背景： 真新鲜网店主要经营鸡腿、鸡胸肉、鸡翅等生肉制品。为了分析参加"双11"活动对店铺流量的提升效果，运营人员需要统计"双11"活动前后的店铺访客数数据。

任务要求： 下载源数据所在的文件，根据给定的数据，制作店铺访客数报表，要求按天统计所有终端每天总的访客数、下单买家数和下单转化率（下单转化率的计算结果采用百分比形式，四舍五入，保留两位小数），完成报表制作。

任务：

请按照要求完成"双11"活动访客数数据报表的制作，并将操作结果的截图上传到平台上。

"双11"活动访客数数据报表制作源数据

工作任务三　基础数据图表制作

任务目标

- 能够结合柱形图制作的注意事项，完成商品支付金额柱形图的制作与美化与分析。
- 能够结合折线图的特点，完成商品加购趋势折线图的制作与美化，并对商品加购件数的变化趋势进行分析。
- 能够运用饼图的制作方法，完成店铺商品销售额占比饼图的制作、美化与分析。
- 能够结合散点图的特点，完成店铺不同流量来源访客数及下单买家数散点图的制作、美化与分析。
- 能够结合气泡图的特点，完成店铺商品销售情况分析气泡图的制作、美化与分析。
- 能够运用雷达图的制作方法，完成店铺综合能力分析雷达图的制作、美化与分析。
- 能够结合组合图的特点，完成店铺销售额数据组合图的制作、美化与分析。
- 能够对制作好的基础数据图表严格保密。
- 能够在图表制作过程中提高美学素养。
- 能够在图表制作和分析过程中具备严谨的工作态度和高度的社会责任感。

任务导图

基础数据图表制作

- 新知链接
  - 常见图表的适用场景
  - 图表选择的方法与原则
  - 常见电子商务数据图表的制作与美化

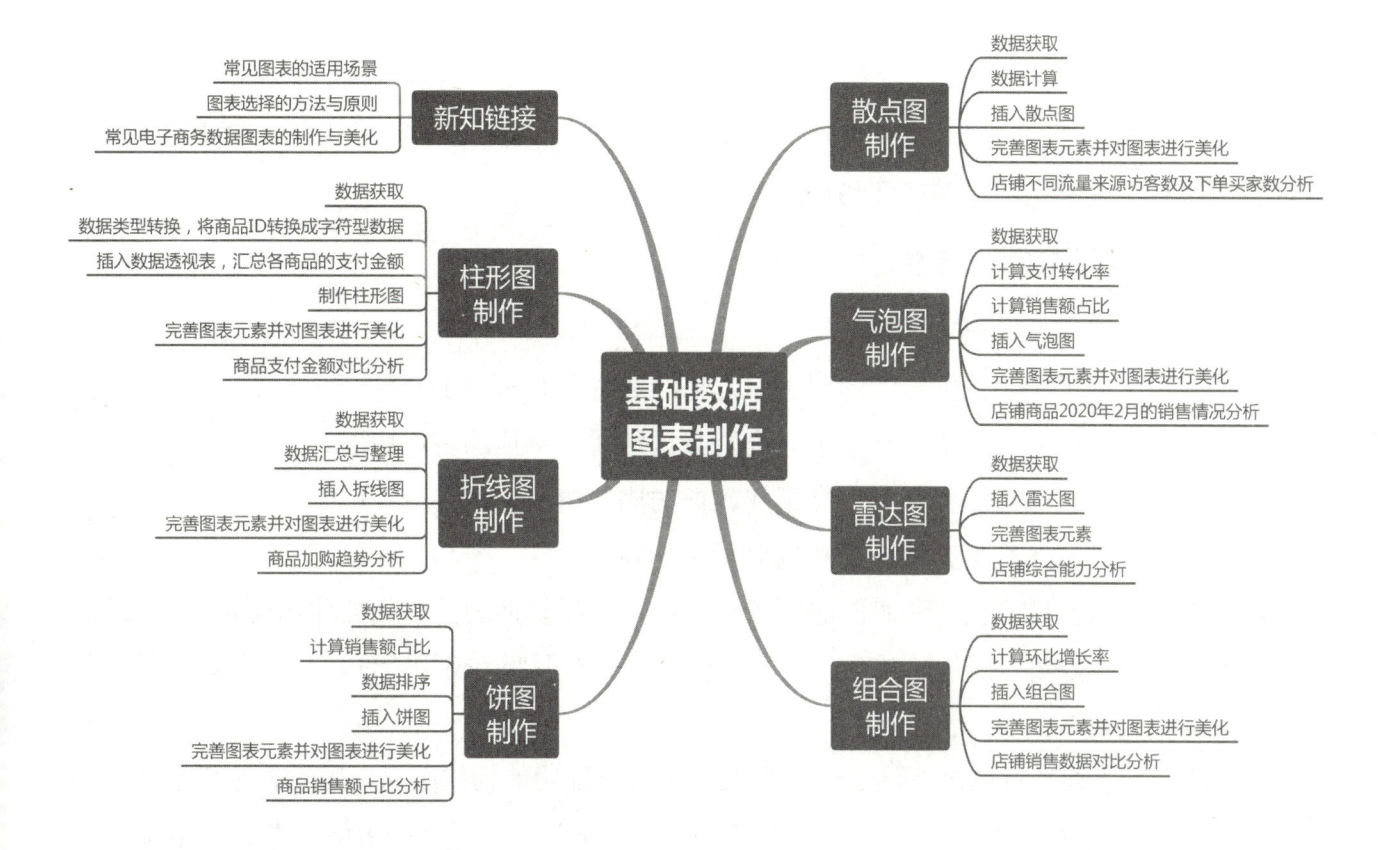

- 柱形图制作
  - 数据获取
  - 数据类型转换，将商品ID转换成字符型数据
  - 插入数据透视表，汇总各商品的支付金额
  - 制作柱形图
  - 完善图表元素并对图表进行美化
  - 商品支付金额对比分析

- 折线图制作
  - 数据获取
  - 数据汇总与整理
  - 插入折线图
  - 完善图表元素并对图表进行美化
  - 商品加购趋势分析

- 饼图制作
  - 数据获取
  - 计算销售额占比
  - 数据排序
  - 插入饼图
  - 完善图表元素并对图表进行美化
  - 商品销售额占比分析

- 散点图制作
  - 数据获取
  - 数据计算
  - 插入散点图
  - 完善图表元素并对图表进行美化
  - 店铺不同流量来源访客数及下单买家数分析

- 气泡图制作
  - 数据获取
  - 计算支付转化率
  - 计算销售额占比
  - 插入气泡图
  - 完善图表元素并对图表进行美化
  - 店铺商品2020年2月的销售情况分析

- 雷达图制作
  - 数据获取
  - 插入雷达图
  - 完善图表元素
  - 店铺综合能力分析

- 组合图制作
  - 数据获取
  - 计算环比增长率
  - 插入组合图
  - 完善图表元素并对图表进行美化
  - 店铺销售数据对比分析

新知链接

一、常见图表的适用场景

（一）柱形图

柱形图适用于展示二维数据集，但只有一个维度需要比较。

（二）折线图

折线图适用于展示二维的大数据集，还适用于多个二维数据集的比较。与柱形图不同，折线图更适合那些趋势比单个数据点更重要的场景。

（三）饼图

饼图适用于单维度多项数据占总数据比例情况的对比，以及展示各项数据指标的分布情况。

（四）散点图

散点图适用于三维数据集中只有两维数据需要展示和比较的场景。

（五）气泡图

气泡图适用于展示三维数据之间的关系。

（六）雷达图

雷达图适用于展示多维数据（四维及以上），且每个维度都必须可以排序，主要用于展示各项数据指标的变动情况及其好坏趋势。

二、图表选择的方法与原则

（一）图表选择的方法

根据数据之间的关系选择合适的图表。常见的数据关系有以下几种。

（1）构成：了解占比构成，展示不同类别数据相对于总体的占比情况。

（2）比较：可以展示不同项目、类别间数据的比较情况。

（3）分布：展示各数值范围内分别包含了多少项目。

（4）趋势：较为常见的一种时间序列关系，展示数据如何随着时间变化而变化，如每周、每月、每年的变化趋势是增长、减少、上下波动还是基本不变。使用折线图可以更好地展示数据随时间变化的趋势。

（5）联系：主要查看两个变量之间是否表达出所要证明的模式关系，用于表达变量间的关系，如"与……有关""随……而增长""随……而不同"等，可以选用散点图、气泡图、雷达图等。

（二）图表选择的原则

（1）客观性原则：保持数据的客观性和真实性，不可造假或人为干预。

（2）准确性原则：结合从数据中提炼出的关键信息，明确通过图表想要突出展示的数据关系。

（3）一致性原则：根据想表达的数据关系选择相应的图表。

三、常见电子商务数据图表的制作与美化

（一）图表制作要点

（1）图表需要包含完整的元素，包括标题、图例、单位、脚注、资料来源等。

（2）图表的主题应明确，在标题中得到清晰的体现。

（3）避免生成无意义的图表。

（4）Y轴的刻度从0开始。

（二）图表美化要点

（1）最大化数据墨水比，可以从以下4个方面出发：去除所有不必要的非数据元素；弱化

和统一剩下的非数据元素；去除所有不必要的数据元素；强调最重要的数据元素。

（2）选择合适的字体及数字格式。

（3）图表的色彩应柔和、自然、协调。

工作子任务一　柱形图制作

任务背景

在日常的数据展示中，利用数据可视化可以提高数据解读的效率和精准性，使受众能够快速理解数据传递的重要信息，降低受众的理解难度。

原牧纯品旗舰店主要经营整鸡、牛/羊肉卷、鸡腿、羊肉串等肉制品。运营人员统计出该店铺 2020 年 2 月 8 日—3 月 8 日的商品支付金额数据，计划进行数据分析。

任务目标

运营人员需要对 2020 年 2 月 8 日—3 月 8 日的商品支付金额数据进行统计和分析，了解商品支付金额的差异，为商品营销策略调整提供依据。此外，为了使统计数据更为直观，运营人员计划借助柱形图进行可视化展示，以便于自己进行筛选，同时有助于管理层了解数据情况。

任务要求

下载源数据所在的文件，选择合适的图表类型展示不同商品 ID 的支付金额，并观察图表，找出支付金额最大的商品 ID。

任务

1. 从商品支付金额柱形图中看，哪个商品 ID 的支付金额最大？
2. 根据任务要求，正确地对商品支付金额进行求和操作，并制作柱形图。

柱形图制作

任务操作

制作商品支付金额柱形图的操作步骤及关键节点如下。

步骤 1：数据获取。

下载源数据所在的文件，获取 2020 年 2 月 8 日—3 月 8 日的商品支付金额数据（单位为元），如图 4-61 所示。

步骤 2：数据类型转换，将商品 ID 转换成字符型数据。

步骤 2.1：选中 B 列单元格，在"数据"选项卡的"数据工具"功能组中单击"分列"按钮，如图 4-62 所示。

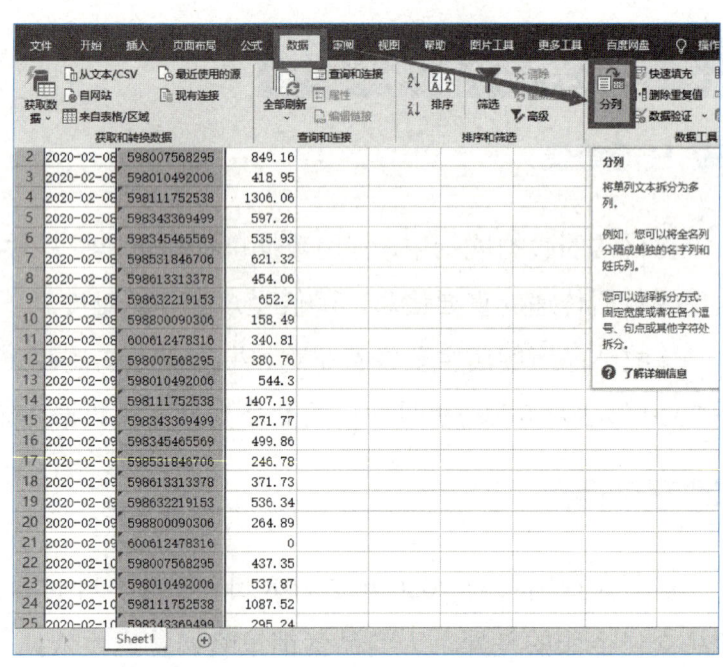

图 4-61　2020 年 2 月 8 日—3 月 8 日的商品支付金额数据（部分）

图 4-62　数据分列操作

步骤 2.2：在文本分列向导中使用默认设置，连续单击"下一步"按钮，完成第 1 步和第 2 步的设置，如图 4-63、图 4-64 所示。

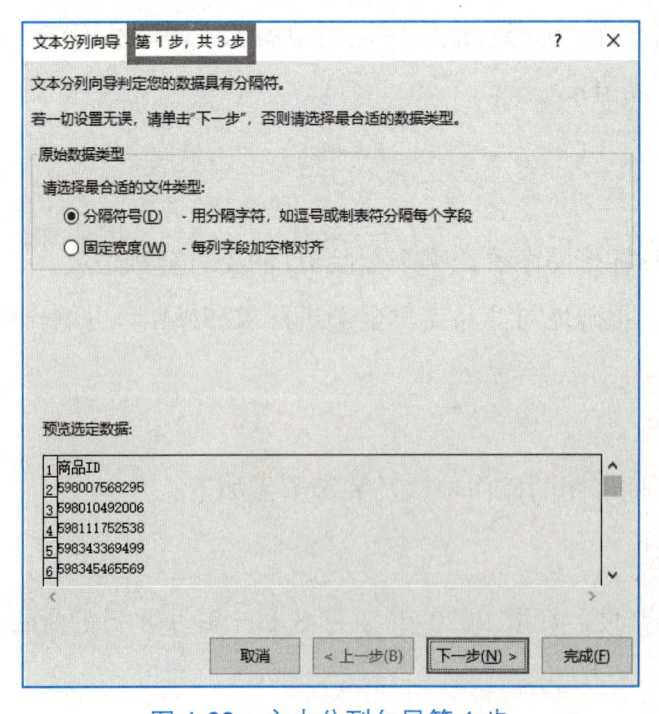

图 4-63　文本分列向导第 1 步

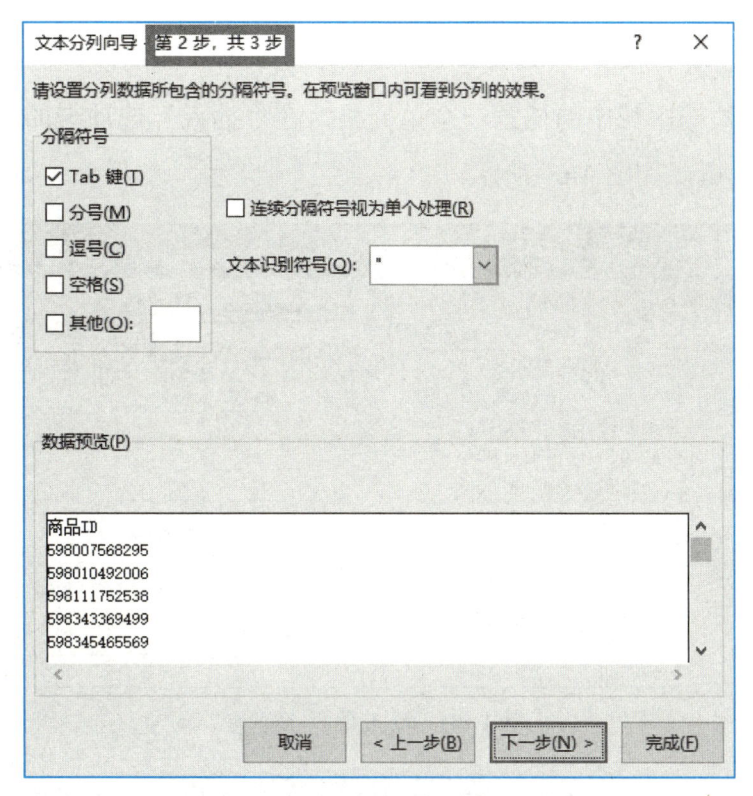

图 4-64 文本分列向导第 2 步

步骤 2.3：进入文本分列向导第 3 步，选中"列数据格式"区域中的"文本"单选按钮，单击"完成"按钮，即可完成设置，如图 4-65 所示。

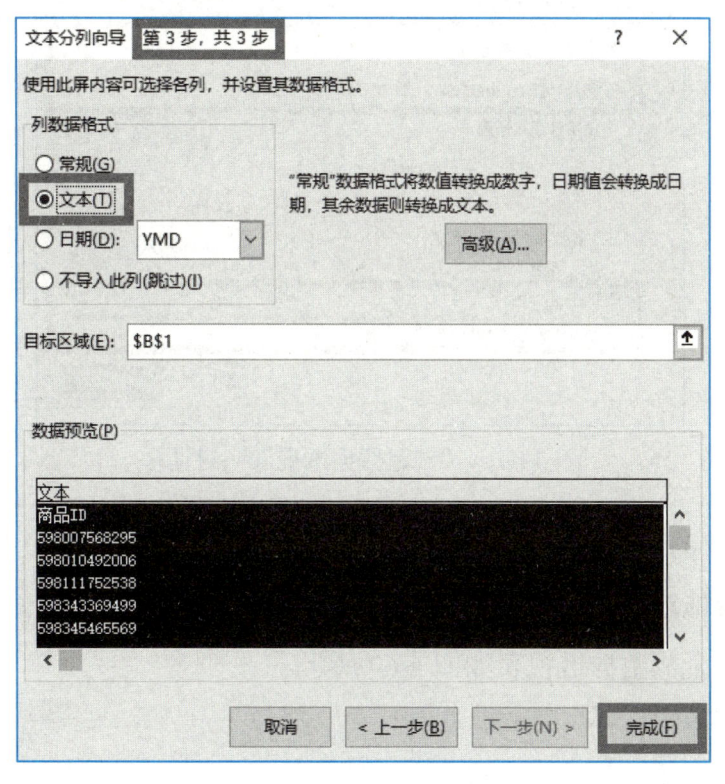

图 4-65 文本分列向导第 3 步

步骤 3：插入数据透视表，汇总各商品的支付金额。

步骤 3.1：选中数据区域中的任意一个单元格，在"插入"选项卡的"表格"功能组中单击"数据透视表"按钮，如图 4-66 所示。

图 4-66　插入数据透视表

步骤 3.2：在弹出的"创建数据透视表"对话框中，选择要分析的数据和放置数据透视表的位置，单击"确定"按钮，如图 4-67 所示。

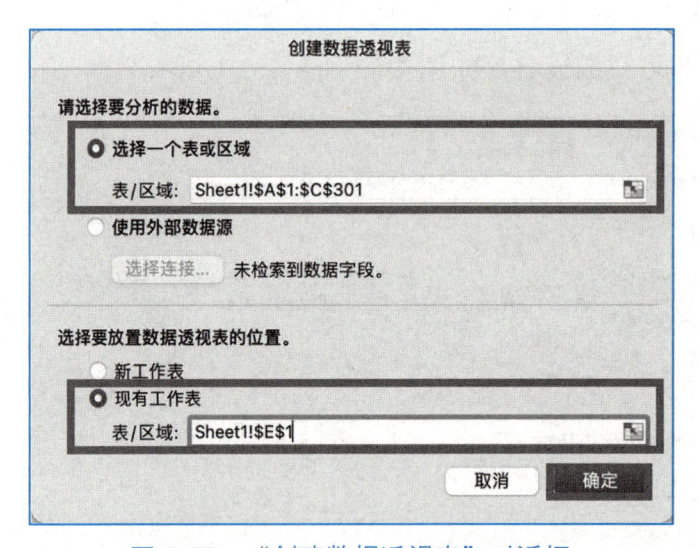

图 4-67　"创建数据透视表"对话框

步骤 3.3：在打开的"数据透视表字段"窗格中，将"商品 ID"字段拖动到"行"区域中，将"支付金额"字段拖动到"值"区域中，如图 4-68 所示。

生成的商品支付金额数据透视表如图 4-69 所示。

步骤 4：制作柱形图。

选中商品支付金额数据透视表中的任意一个单元格，在"插入"选项卡的"图表"功能组中单击"柱形图"下拉按钮,在弹出的下拉列表中选择"二维柱形图"中的"簇状柱形图"选项,如图 4-70 所示。

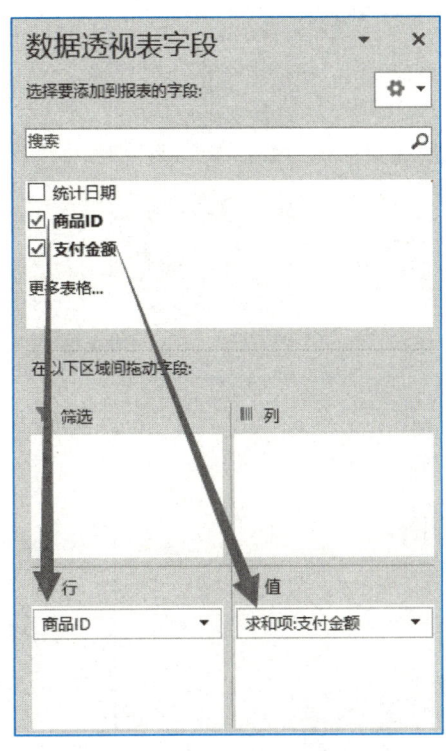

图 4-68 设置数据透视表字段

图 4-69 商品支付金额数据透视表

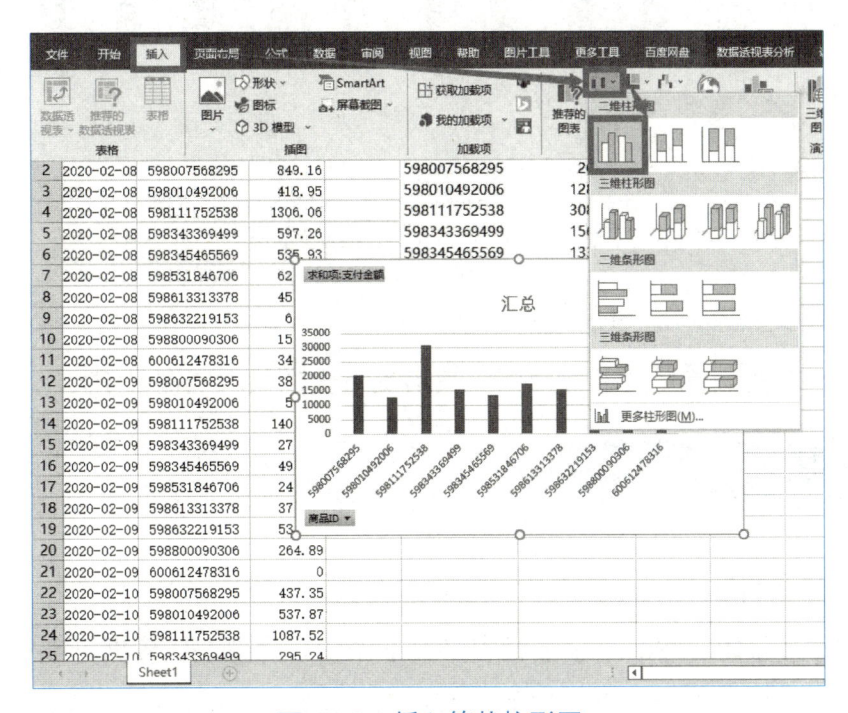

图 4-70 插入簇状柱形图

步骤 5:完善图表元素并对图表进行美化。

步骤 5.1:选中图表区,单击图表区右上角的"+",选中"数据标签"复选框,并取消选中"网格线""图例"复选框，如图 4-71 所示。

步骤 5.2：将图表标题修改为"商品支付金额柱形图"，如图 4-72 所示。

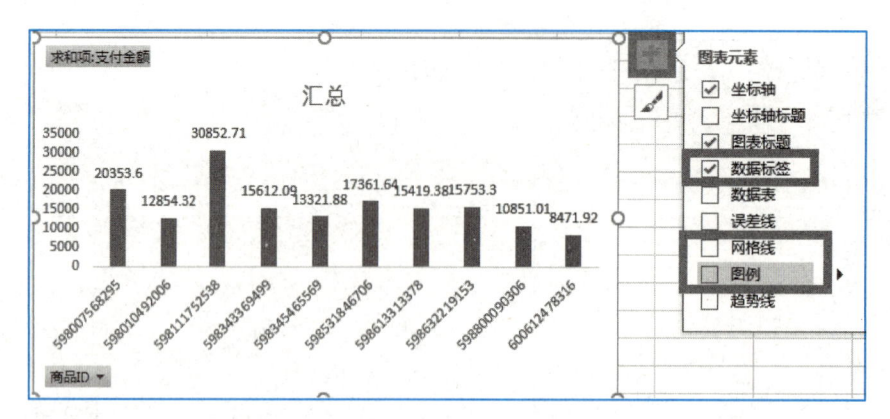

图 4-71　设置图表元素

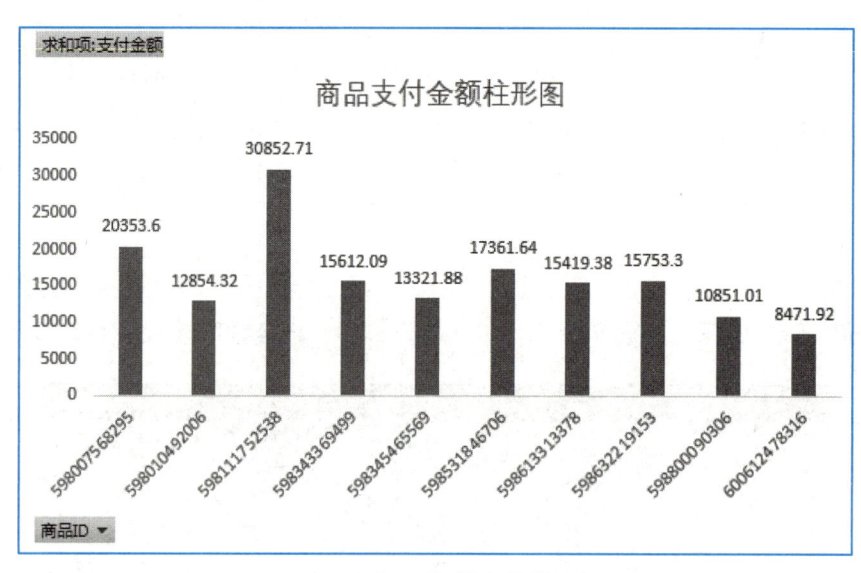

图 4-72　商品支付金额柱形图

步骤 6：商品支付金额对比分析。

结合制作完成的商品支付金额柱形图，找出支付金额最大的商品 ID。

工作子任务二　折线图制作

任务背景

在日常的数据展示中，有着"字不如表，表不如图"的说法，数据可视化通过易读、易懂的图表，使受众能够快速理解数据传递的重要信息，降低受众的理解难度。

原牧纯品旗舰店主要经营整鸡、牛/羊肉卷、鸡腿、羊肉串等肉制品。运营人员统计出该店铺 2020 年 1 月 8 日—2 月 7 日的商品加购件数数据，计划进行数据分析。

任务目标

运营人员针对 ID 为 598007568295、598010492006、598111752538 的商品做加购件数的分析。为了对 2020 年 2 月 7 日之后的商品加购策略进行调整，运营人员需要分析这 3 款商品加购件数随着时间变化的趋势。此外，为了使得统计数据更为直观，运营人员计划借助相应的图表进行可视化展示，以便于自己进行筛选，同时有助于管理层了解数据情况。

任务要求

下载源数据所在的文件，选择合适的图表类型，用来展示加购数量随时间变化的趋势发展情况，以便更清晰、快捷地分析出变化的趋势和不同商品之间的对比情况。

任务

1. 2020 年 1 月 18 日，加购件数最少的商品 ID 是（　　），加购件数总和最小的商品 ID 是（　　）。

　　A．598007568295、598111752538
　　B．598010492006、598010492006
　　C．598111752538、598007568295
　　D．598010492006、598007568295

2. 根据任务要求，把控时间和加购件数的关系，制作折线图。

折线图制作

任务操作

制作商品加购趋势折线图的操作步骤及关键节点如下。

步骤 1：数据获取。

下载源数据所在的文件，获取 2020 年 1 月 8 日—2 月 7 日的商品加购件数数据，如图 4-73 所示。

步骤 2：数据汇总与整理。

步骤 2.1：选中数据区域中的任意一个单元格，在"插入"选项卡的"表格"功能组中单击"数据透视表"按钮，如图 4-74 所示。

步骤 2.2：在弹出的"创建数据透视表"对话框中，选择要分析的数据和放置数据透视表的位置，单击"确定"按钮，如图 4-75 所示。

步骤 2.3：在打开的"数据透视表字段"窗格中，将"统计日期"字段拖动到"行"区域中，将"商品 ID"字段拖动到"列"区域中，将"加购件数"字段拖动到"值"区域中，如图 4-76 所示。

图 4-73　2020 年 1 月 8 日—2 月 7 日的商品加购件数数据（部分）

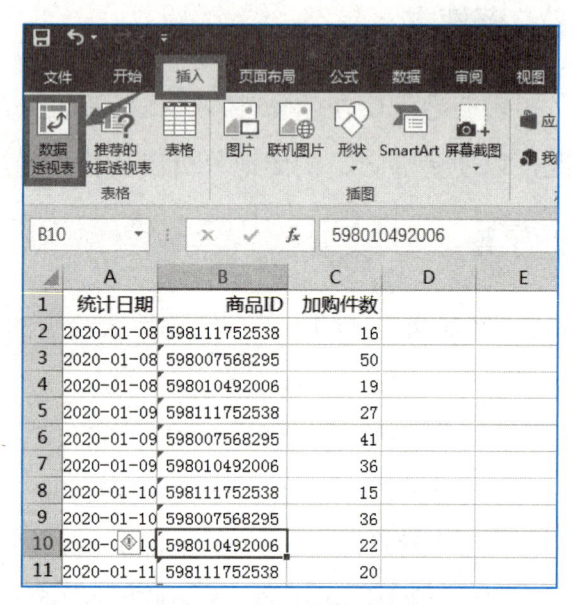

图 4-74　插入数据透视表

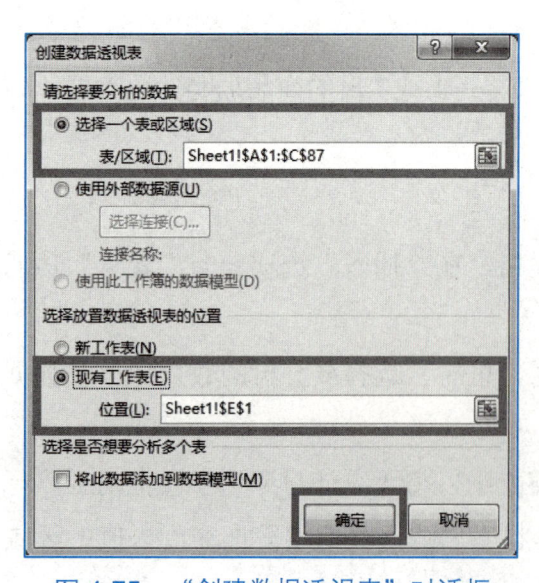

图 4-75　"创建数据透视表"对话框

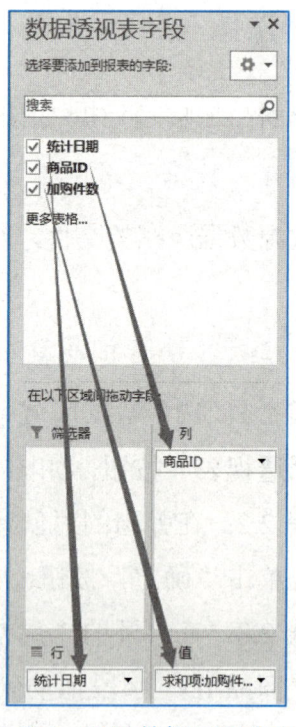

图 4-76　设置数据透视表字段

生成的商品加购件数数据透视表如图 4-77 所示。

步骤 2.4：将商品加购件数数据透视表所在的 E2:H33 单元格区域中的数据复制到新工作表中，修改、完善新工作表的列标题，并将缺失值批量填充为"0"。整理后的商品加购件数统计表如图 4-78 所示。

图 4-77　商品加购件数数据透视表

图 4-78　整理后的商品加购件数统计表

步骤 3：插入折线图。

选中新工作表的 A1:D31 单元格区域，在"插入"选项卡的"图表"功能组中单击"折线图"下拉按钮，在弹出的下拉列表中选择"二维折线图"中的"折线图"选项，如图 4-79 所示。

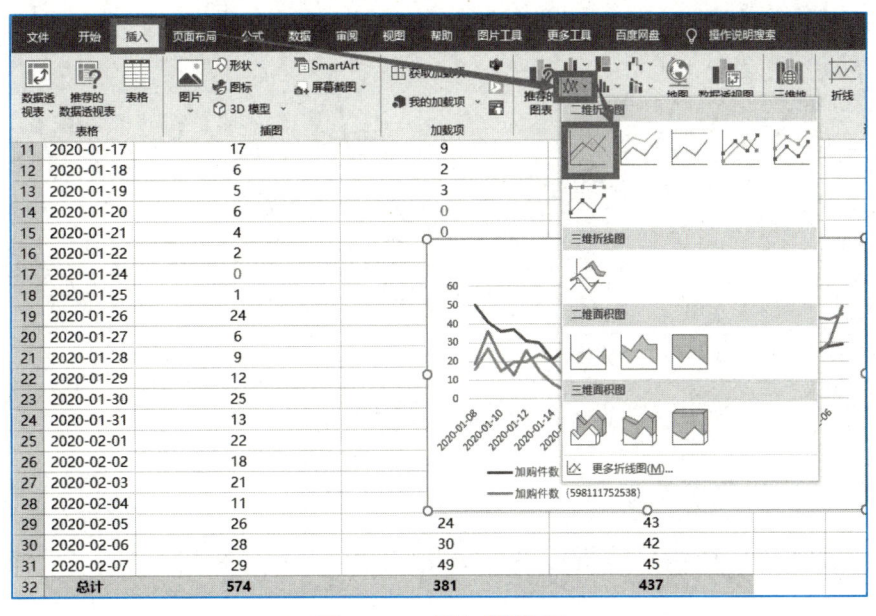

图 4-79　插入折线图

步骤 4：完善图表元素并对图表进行美化。

选中图表区，单击图表区右上角的"+"，取消选中"网格线"复选框，删除网格线，并将图表标题修改为"商品加购趋势折线图"，如图 4-80 所示。

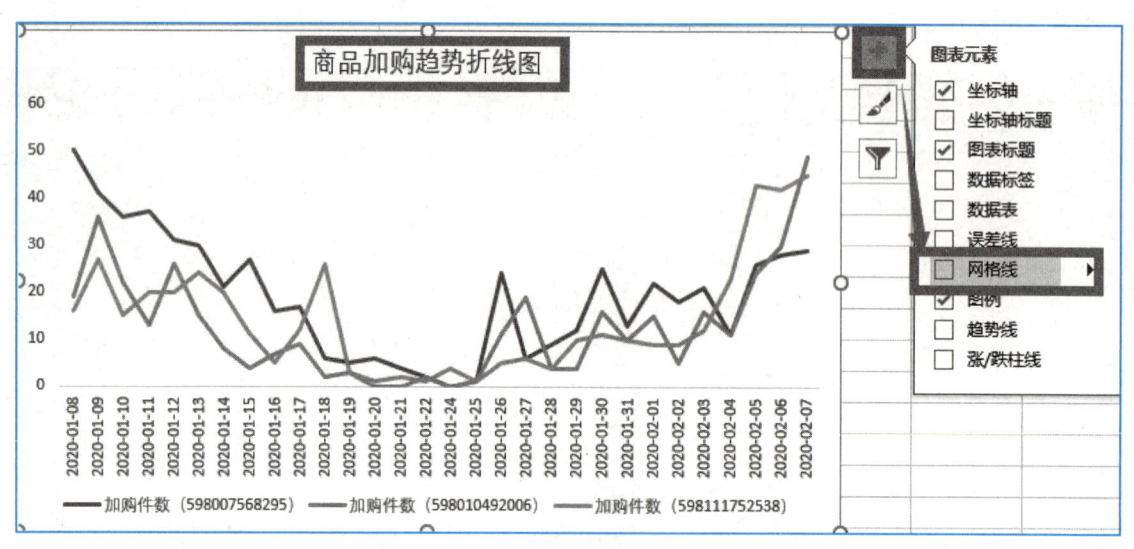

图 4-80　设置图表元素

最终生成的商品加购趋势折线图如图 4-81 所示。

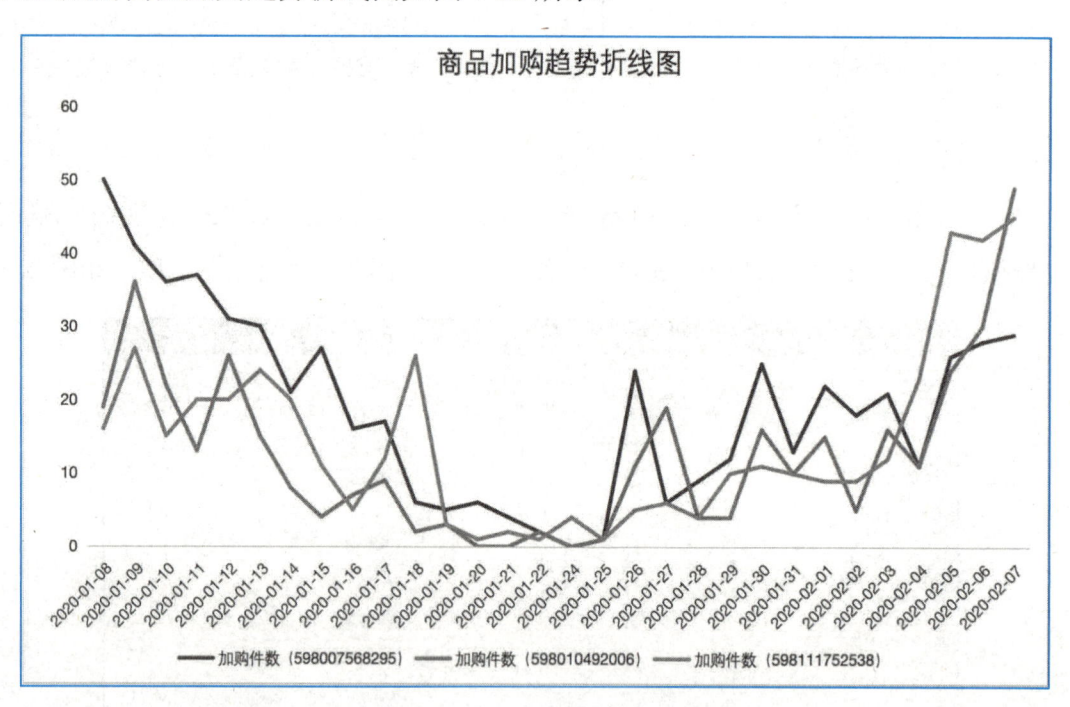

图 4-81　商品加购趋势折线图

步骤 5：商品加购趋势分析。

结合制作完成的商品加购趋势折线图，分析 2020 年 1 月 8 日—2 月 7 日商品加购件数的变化趋势。

工作子任务三　饼图制作

任务背景

原牧纯品旗舰店主要经营整鸡、牛/羊肉卷、鸡腿、羊肉串等肉制品。运营人员现统计出该店铺 2019 年第四季度不同商品的销售额数据，计划进行数据分析。

任务目标

运营人员为了调整下一季度的进货计划和推广计划，需要筛选出该店铺中的优质商品和销售情况欠佳的商品。此外，为了使统计数据更为直观，运营人员计划借助相应的图表进行可视化展示，以便于自己进行筛选，同时有助于管理层了解销售情况。

任务要求

为了全面、客观地分析该店铺 2019 年第四季度的商品销售情况，运营人员需要分别计算出各商品的销售额在店铺整体销售额中的占比情况。在所有图表类型中，饼图最适合用来展示整体中各部分的占比情况，并通过对数据进行排序，使各商品的销售额占比情况清晰可见。

任务

1. 请依次完成该店铺商品销售额占比的计算，其中销售额占比最高的商品是_____，占比为_____%；销售额占比最低的商品是_____，占比为_____%。

2. 完善各项图表元素，并且为了便于查看数据，不添加图例，而是使数据标签直接显示在饼图中。在设置完成后，将饼图的截图上传到平台上。

饼图制作

任务操作

制作原牧纯品旗舰店 2019 年第四季度商品销售额占比饼图的操作步骤及关键节点如下。

步骤 1：数据获取。

下载源数据所在的文件，获取原牧纯品旗舰店 2019 年第四季度的商品销售额数据，如图 4-82 所示。

步骤 2：计算销售额占比。

步骤 2.1：在 C2 单元格中输入需要计算的字段名"销售额占比"。根据计算公式"销售额占比=各类目支付金额/所有类目支付金额合计×100%"，计算销售额占比。以鸡肉丸/肉串为例，在 C3 单元格中输入销售额占比的计算公式"= B3/SUM($B$3:$B$10)"（注意：需要对求和的单元格区域进行绝对引用，以便防止在复制计算公式到其他单元格后，单元格地址自动变化），如图 4-83 所示。

图 4-82　原牧纯品旗舰店 2019 年第四季度的商品销售额数据

图 4-83　输入销售额占比的计算公式

步骤 2.2：按"Enter"键进行确认，即可得到鸡肉丸/肉串的销售额占比，并将 C3 单元格的格式设置为百分比、保留两位小数，如图 4-84 所示。

步骤 2.3：选中 C3 单元格，将鼠标指针移动到 C3 单元格右下角，等到出现"+"后，双击即可进行快速填充。填充后的结果如图 4-85 所示。

图 4-84　鸡肉丸/肉串的销售额占比

图 4-85　填充后的结果

步骤3：数据排序。

为了使图表展示更为直观，需要对数据进行排序。选中 C 列中的任意一个单元格，右击，在弹出的快捷菜单中选择"排序"→"降序"命令，如图 4-86 所示。

图 4-86　数据排序

步骤4：插入饼图。

按住"Ctrl"键，依次选中 A2:A10 和 C2:C10 单元格区域，在"插入"选项卡的"图表"功能组中单击"饼图"下拉按钮，在弹出的下拉列表中选择"二维饼图"中的"饼图"选项，如图 4-87 所示。

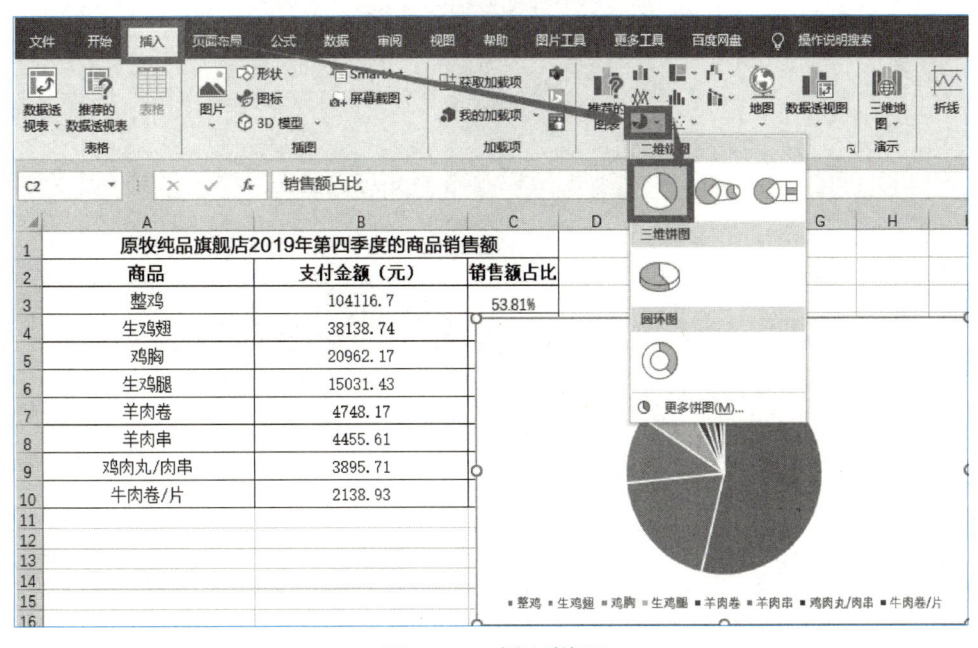

图 4-87　插入饼图

步骤 5：完善图表元素并对图表进行美化。

步骤 5.1：选中图表区，单击图表区右上角的"+"，选中"数据标签"复选框，取消选中"图例"复选框，并将图表标题修改为"原牧纯品旗舰店 2019 年第四季度商品销售额占比"，如图 4-88 所示。

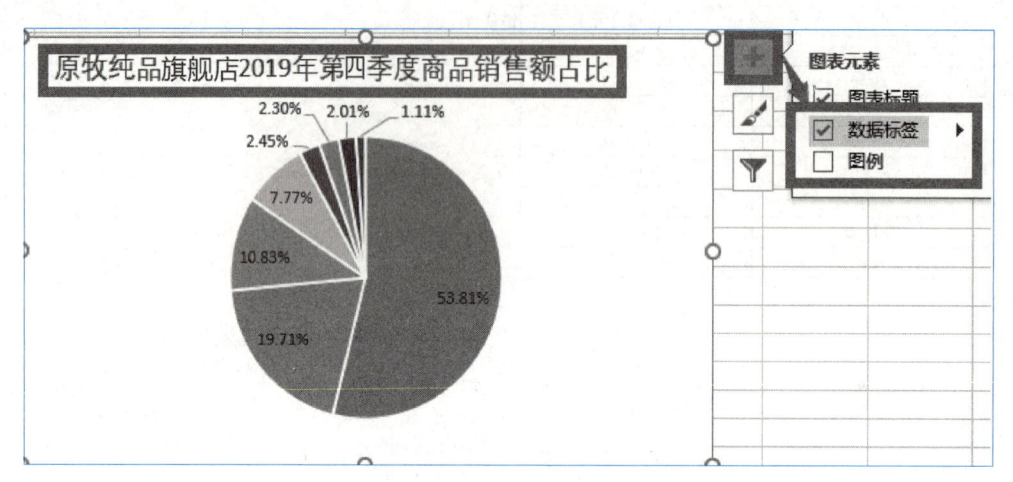

图 4-88　设置图表元素

步骤 5.2：选中饼图，右击，在弹出的快捷菜单中选择"设置数据标签格式"命令，如图 4-89 所示。

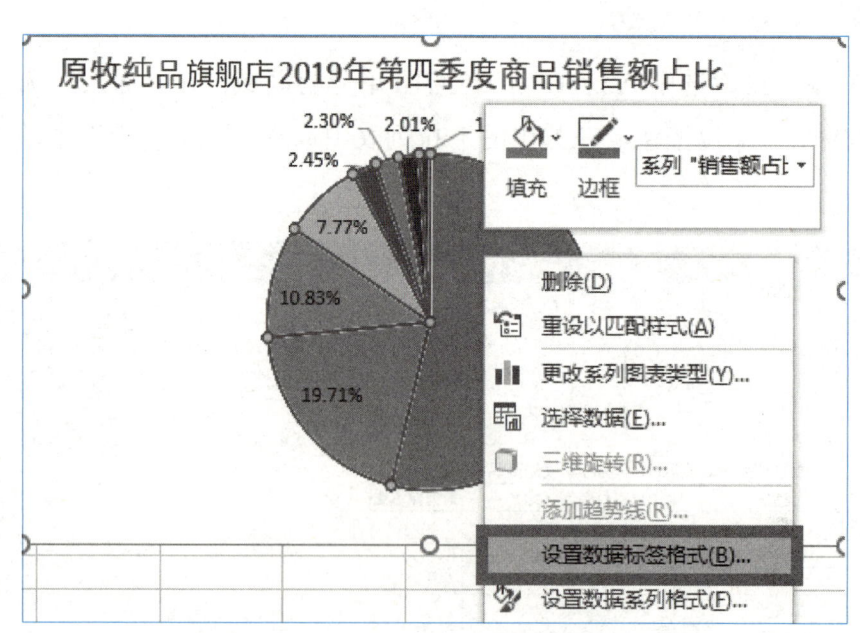

图 4-89　选择"设置数据标签格式"命令

步骤 5.3：在打开的"设置数据标签格式"窗格中，选中"类别名称""值""显示引导线"复选框，如图 4-90 所示。

最终生成的原牧纯品旗舰店 2019 年第四季度商品销售额占比饼图如图 4-91 所示。

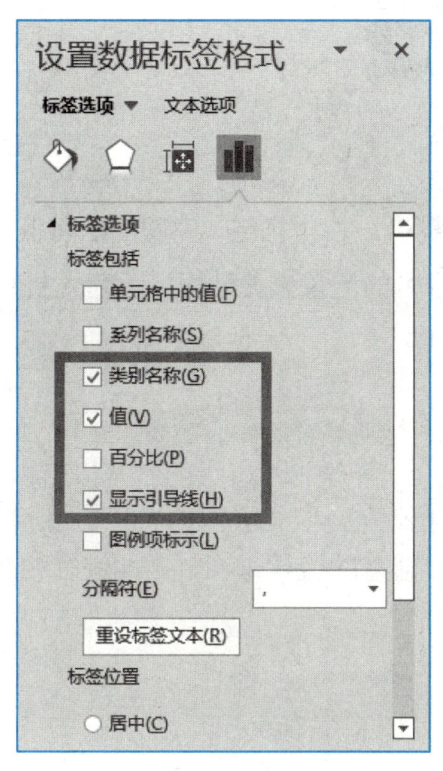

图 4-90　设置标签选项

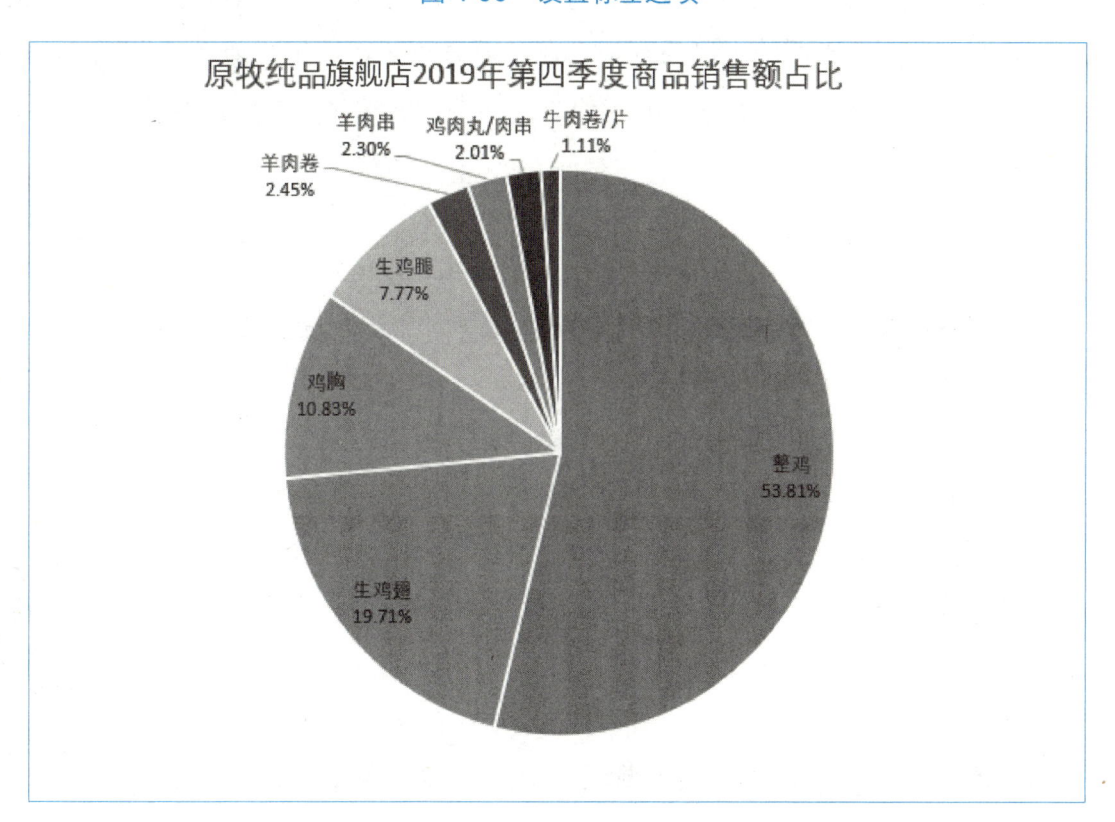

图 4-91　原牧纯品旗舰店 2019 年第四季度商品销售额占比饼图

步骤 6：商品销售额占比分析。

结合上述操作结果，分析原牧纯品旗舰店 2019 年第四季度商品销售额占比情况。

工作子任务四　散点图制作

任务背景

原牧纯品旗舰店主要经营整鸡、牛/羊肉卷、鸡腿、羊肉串等肉制品。为了使该店铺的流量更精准，运营人员需要分析每个月的流量来源情况。运营人员统计出该店铺 2019 年 10 月的流量来源数据，计划进行数据分析。

任务目标

运营人员通过分析不同流量来源的访客数和下单买家数的分布情况，明确 2019 年 10 月表现最佳的流量来源，以及表现比较差的流量来源，据此进行相应的调整，使该店铺的流量结构更为合理。

任务要求

下载源数据所在的文件，并根据访客数、下单买家数、下单转化率等数据指标之间的关系，计算出统计周期内各流量来源的下单买家数。在计算完成后，选中"访客数""下单买家数"这两列数据，插入散点图，并在散点图上添加数据标签，清晰显示所属流量来源。注意：下单买家数的计算结果取整数。

任务

1. 根据任务要求，完成店铺不同流量来源访客数及下单买家数散点图的制作，并将操作结果的截图上传到平台上。

2. 根据店铺不同流量来源访客数及下单买家数散点图可分析出，下单买家数最多的流量来源，以及访客数、下单买家数最少的流量来源分别是（　　）。

　　A．直通车、手淘旺信　　　　　B．购物车、手淘旺信
　　C．购物车、直通车　　　　　　D．手淘旺信、直通车

任务操作

散点图制作

制作店铺不同流量来源访客数及下单买家数散点图的操作步骤及关键节点如下。

步骤 1：数据获取。

下载源数据所在的文件，获取原牧纯品旗舰店 2019 年 10 月的流量来源数据，如图 4-92 所示。

工作领域四 基础数据监控与报表和图表制作

日期	流量来源	来源明细	访客数	下单转化率
2019年10月	付费流量	直通车	13269	1.56%
2019年10月	付费流量	淘宝客	3719	2.28%
2019年10月	自主访问	购物车	3609	7.37%
2019年10月	自主访问	我的淘宝	3707	5.18%
2019年10月	淘内免费	手淘搜索	6704	2.67%
2019年10月	淘内免费	手淘首页	2636	6.45%
2019年10月	淘内免费	手猫商品详情	1608	3.67%
2019年10月	淘内免费	手淘旺信	332	5.72%

图 4-92　原牧纯品旗舰店 2019 年 10 月的流量来源数据

步骤 2：数据计算。

步骤 2.1：在 F1 单元格中输入需要计算的字段名 "下单买家数"。根据计算公式 "下单买家数=访客数×下单转化率"，计算不同流量来源的下单买家数。以付费流量直通车为例，在 F2 单元格中输入下单买家数的计算公式 "=E2*D2"，如图 4-93 所示。

	A	B	C	D	E	F
1	日期	流量来源	来源明细	访客数	下单转化率	下单买家数
2	2019年10月	付费流量	直通车	13269	1.56%	=E2*D2
3	2019年10月	付费流量	淘宝客	3719	2.28%	
4	2019年10月	自主访问	购物车	3609	7.37%	
5	2019年10月	自主访问	我的淘宝	3707	5.18%	
6	2019年10月	淘内免费	手淘搜索	6704	2.67%	
7	2019年10月	淘内免费	手淘首页	2636	6.45%	
8	2019年10月	淘内免费	手猫商品详情	1608	3.67%	
9	2019年10月	淘内免费	手淘旺信	332	5.72%	

图 4-93　输入下单买家数的计算公式

步骤 2.2：按 "Enter" 键进行确认，即可得到付费流量直通车的下单买家数，将下单买家数的计算结果设置为整数，如图 4-94 所示。

	A	B	C	D	E	F
1	日期	流量来源	来源明细	访客数	下单转化率	下单买家数
2	2019年10月	付费流量	直通车	13269	1.56%	207
3	2019年10月	付费流量	淘宝客	3719	2.28%	
4	2019年10月	自主访问	购物车	3609	7.37%	
5	2019年10月	自主访问	我的淘宝	3707	5.18%	
6	2019年10月	淘内免费	手淘搜索	6704	2.67%	
7	2019年10月	淘内免费	手淘首页	2636	6.45%	
8	2019年10月	淘内免费	手猫商品详情	1608	3.67%	
9	2019年10月	淘内免费	手淘旺信	332	5.72%	

图 4-94　付费流量直通车的下单买家数

步骤 2.3：选中 F2 单元格，将鼠标指针移动到 F2 单元格右下角，等到出现 "+" 后，双击即可进行快速填充。填充后的结果如图 4-95 所示。

	A	B	C	D	E	F
1	日期	流量来源	来源明细	访客数	下单转化率	下单买家数
2	2019年10月	付费流量	直通车	13269	1.56%	207
3	2019年10月	付费流量	淘宝客	3719	2.28%	85
4	2019年10月	自主访问	购物车	3609	7.37%	266
5	2019年10月	自主访问	我的淘宝	3707	5.18%	192
6	2019年10月	淘内免费	手淘搜索	6704	2.67%	179
7	2019年10月	淘内免费	手淘首页	2636	6.45%	170
8	2019年10月	淘内免费	手猫商品详情	1608	3.67%	59
9	2019年10月	淘内免费	手淘旺信	332	5.72%	19

图 4-95　填充后的结果

步骤 3：插入散点图。

按住"Ctrl"键，依次选中 D1:D9 和 F1:F9 单元格区域，在"插入"选项卡的"图表"功能组中单击"插入散点图（X、Y）或气泡图"下拉按钮，在弹出的下拉列表中选择"散点图"中的"散点图"选项，如图 4-96 所示。

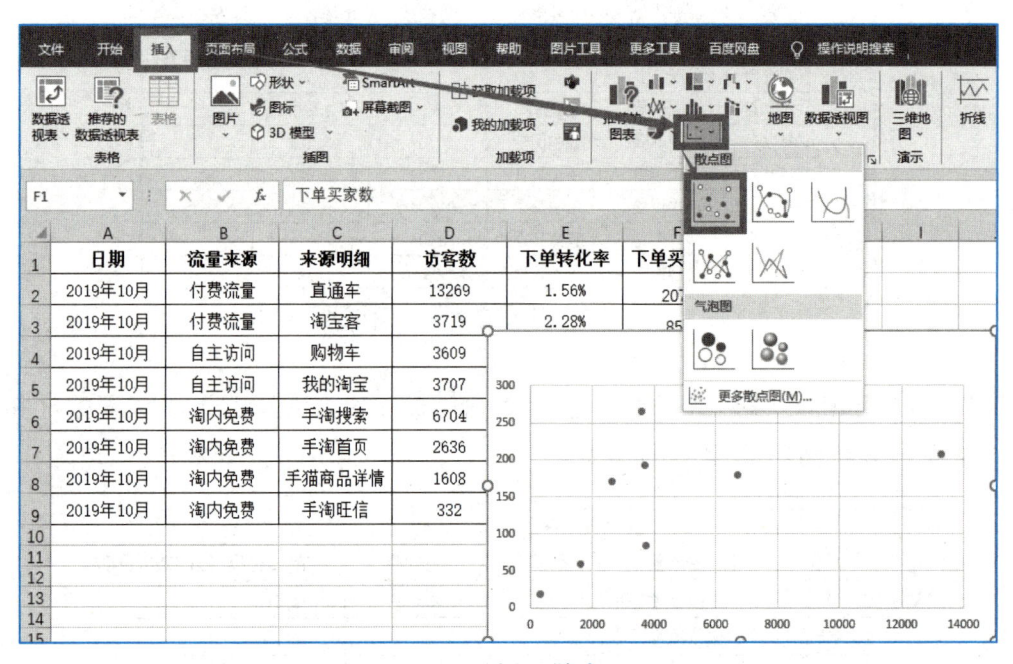

图 4-96　插入散点图

步骤 4：完善图表元素并对图表进行美化。

步骤 4.1：选中图表区，单击图表区右上角的"+"，选中"坐标轴标题""数据标签"复选框，取消选中"网格线"复选框，如图 4-97 所示。

步骤 4.2：将横坐标轴的标题修改为"访客数"，将纵坐标轴的标题修改为"下单买家数"，如图 4-98 所示。

步骤 4.3：选中任意一个散点，右击，在弹出的快捷菜单中选择"设置数据标签格式"命令，如图 4-99 所示。

工作领域四 基础数据监控与报表和图表制作

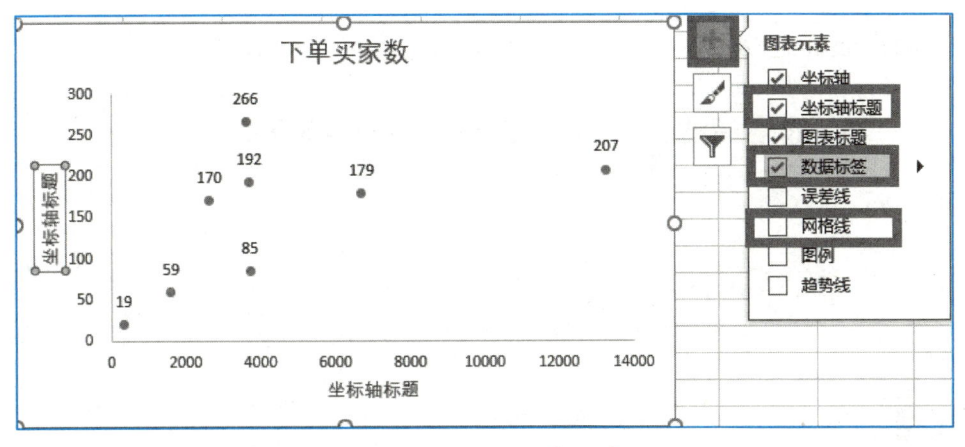

图 4-97 设置图表元素

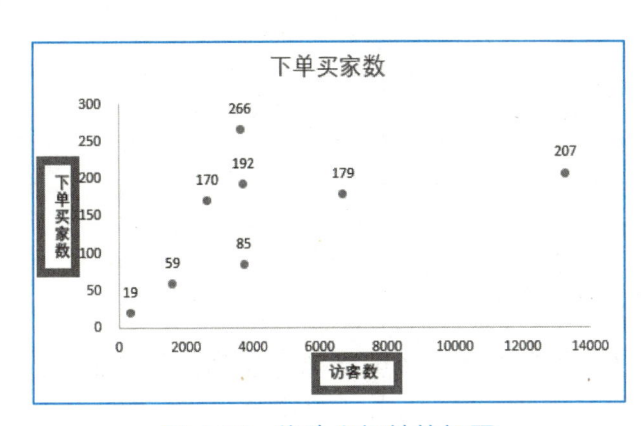

图 4-98 修改坐标轴的标题

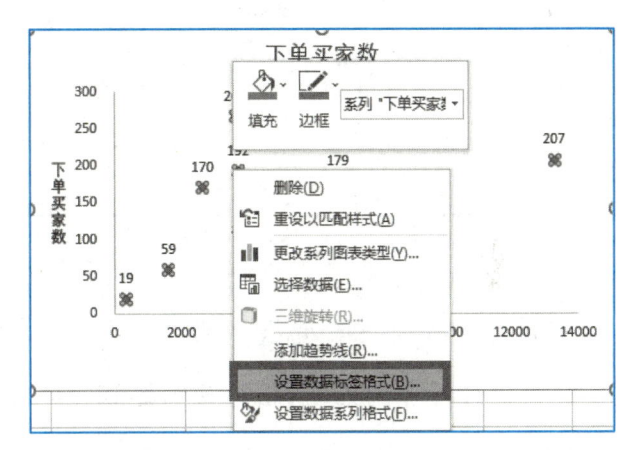

图 4-99 选择"设置数据标签格式"命令

步骤 4.4：在打开的"设置数据标签格式"窗格中，选中"单元格中的值"复选框，取消选中"Y 值"复选框，如图 4-100 所示。

步骤 4.5：在弹出的"数据标签区域"对话框中，选择"来源明细"对应的数据标签区域，单击"确定"按钮，如图 4-101 所示。

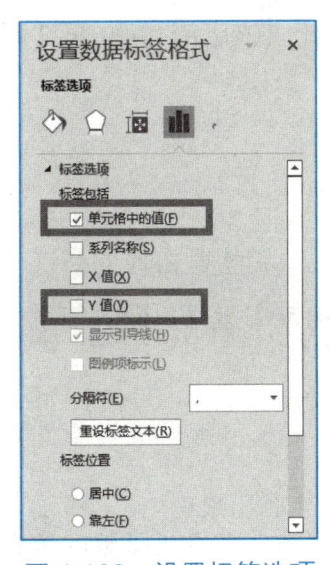

图 4-100 设置标签选项

图 4-101 选择数据标签区域

步骤 4.6：将图表标题修改为"店铺不同流量来源访客数及下单买家数"，如图 4-102 所示。

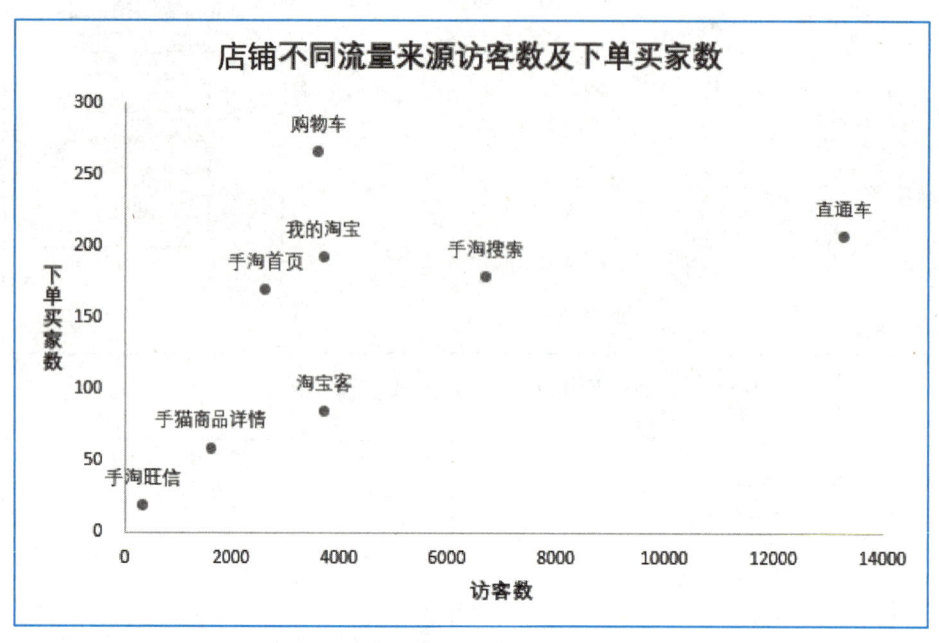

图 4-102　店铺不同流量来源访客数及下单买家数散点图

步骤 5：店铺不同流量来源访客数及下单买家数分析。

结合上述操作结果，分析原牧纯品旗舰店 2019 年 10 月不同流量来源访客数及下单买家数的分布情况。

工作子任务五　气泡图制作

任务背景

原牧纯品旗舰店主要经营整鸡、牛/羊肉卷、鸡腿、羊肉串等肉制品。在每月的工作总结会议上，运营人员都需要汇报上个月的销售及运营情况。运营人员统计出该店铺 2020 年 2 月不同商品的访客数、支付买家数等数据，计划进行数据分析。

任务目标

运营人员为了明确 2020 年 2 月不同商品的访客数、支付转化率、销售额占比的情况，对 2 月各类商品的销售表现做出评估，据此调整 3 月的运营计划和营销推广策略，同时使统计数据更为直观，计划借助相应的图表进行可视化展示。

任务要求

下载源数据所在的文件。因统计的数据有限，所以需要根据访客数、支付买家数的数据关系完成支付转化率的计算，并进一步完成不同商品在 2020 年 2 月销售额占比的计算。依次选择访客数、支付转化率、销售额占比这 3 组数据，制作气泡图，并通过气泡的位置与大小展示多维度数据之间的关系，据此清晰地展示各商品的销售情况。

任务

1. 根据任务要求完成气泡图的制作，需要添加数据标签，使商品类目显示在气泡中，并在制作完成后，将气泡图的截图上传到平台上。

2. 根据制作完成的气泡图可以快速看出，该店铺 2020 年 2 月支付转化率最高的商品为_____，销售额占比最高的商品为_____。

气泡图制作

任务操作

制作店铺商品 2020 年 2 月的销售情况分析气泡图的操作步骤及关键节点如下。

步骤 1：数据获取。

下载源数据所在的文件，获取原牧纯品旗舰店 2020 年 2 月的销售数据，如图 4-103 所示。

原牧纯品旗舰店2020年2月的销售数据			
商品	访客数	支付买家数	支付金额（元）
鸡肉丸/肉串	1562	111	5257.21
羊肉卷/片	1905	85	6839.07
羊肉串	2499	70	6895.8
牛肉卷/片	3469	132	8988.63
生鸡腿	6637	224	10772.85
鸡胸	4102	247	13949.58
生鸡翅	11477	395	33666.55
整鸡	12932	647	80492.27

图 4-103 原牧纯品旗舰店 2020 年 2 月的销售数据

步骤 2：计算支付转化率。

步骤 2.1：在 E2 单元格中输入需要计算的字段名"支付转化率"。根据计算公式"支付转化率=支付买家数/访客数×100%"，计算各商品的支付转化率。以鸡肉丸/肉串为例，在 E3 单元格中输入支付转化率的计算公式"=C3/B3"，如图 4-104 所示。

步骤 2.2：按"Enter"键进行确认，即可得到鸡肉丸/肉串的支付转化率，并将 E3 单元格的格式设置为百分比、保留两位小数，如图 4-105 所示。

步骤 2.3：选中 E3 单元格，将鼠标指针移动到 E3 单元格右下角，等到出现"+"后，双击即可进行快速填充。填充后的结果如图 4-106 所示。

	A	B	C	D	E
1	原牧纯品旗舰店2020年2月的销售数据				
2	商品	访客数	支付买家数	支付金额（元）	支付转化率
3	鸡肉丸/肉串	1562	111	5257.21	=C3/B3
4	羊肉卷/片	1905	85	6839.07	
5	羊肉串	2499	70	6895.8	
6	牛肉卷/片	3469	132	8988.63	
7	生鸡腿	6637	224	10772.85	
8	鸡胸	4102	247	13949.58	
9	生鸡翅	11477	395	33666.55	
10	整鸡	12932	647	80492.27	

图 4-104　输入支付转化率的计算公式

	A	B	C	D	E
1	原牧纯品旗舰店2020年2月的销售数据				
2	商品	访客数	支付买家数	支付金额（元）	支付转化率
3	鸡肉丸/肉串	1562	111	5257.21	7.11%
4	羊肉卷/片	1905	85	6839.07	
5	羊肉串	2499	70	6895.8	
6	牛肉卷/片	3469	132	8988.63	
7	生鸡腿	6637	224	10772.85	
8	鸡胸	4102	247	13949.58	
9	生鸡翅	11477	395	33666.55	
10	整鸡	12932	647	80492.27	

图 4-105　鸡肉丸/肉串的支付转化率

	A	B	C	D	E
1	原牧纯品旗舰店2020年2月的销售数据				
2	商品	访客数	支付买家数	支付金额（元）	支付转化率
3	鸡肉丸/肉串	1562	111	5257.21	7.11%
4	羊肉卷/片	1905	85	6839.07	4.46%
5	羊肉串	2499	70	6895.8	2.80%
6	牛肉卷/片	3469	132	8988.63	3.81%
7	生鸡腿	6637	224	10772.85	3.38%
8	鸡胸	4102	247	13949.58	6.02%
9	生鸡翅	11477	395	33666.55	3.44%
10	整鸡	12932	647	80492.27	5.00%

图 4-106　填充后的结果

步骤 3：计算销售额占比。

步骤 3.1：在 F2 单元格中输入需要计算的字段名"销售额占比"。根据计算公式"销售额占比=各商品的支付金额/所有商品的支付金额合计×100%"，计算各商品的销售额占比。以鸡肉丸/肉串为例，在 F3 单元格中输入销售额占比的计算公式"=D3/SUM($D$3:$D$10)"，如图 4-107 所示。

工作领域四 基础数据监控与报表和图表制作

	A	B	C	D	E	F	G
1	原牧纯品旗舰店2020年2月的销售数据						
2	商品	访客数	支付买家数	支付金额（元）	支付转化率	销售额占比	
3	鸡肉丸/肉串	1562	111	5257.21	7.11%	=D3/SUM($D$3:$D$10)	
4	羊肉卷/片	1905	85	6839.07	4.46%		
5	羊肉串	2499	70	6895.8	2.80%		
6	牛肉卷/片	3469	132	8988.63	3.81%		
7	生鸡腿	6637	224	10772.85	3.38%		
8	鸡胸	4102	247	13949.58	6.02%		
9	生鸡翅	11477	395	33666.55	3.44%		
10	整鸡	12932	647	80492.27	5.00%		

图 4-107　输入销售额占比的计算公式

步骤 3.2：按"Enter"键进行确认，即可得到鸡肉丸/肉串的销售额占比，并将 F3 单元格的格式设置为百分比、保留两位小数，如图 4-108 所示。

	A	B	C	D	E	F
1	原牧纯品旗舰店2020年2月的销售数据					
2	商品	访客数	支付买家数	支付金额（元）	支付转化率	销售额占比
3	鸡肉丸/肉串	1562	111	5257.21	7.11%	3.15%
4	羊肉卷/片	1905	85	6839.07	4.46%	
5	羊肉串	2499	70	6895.8	2.80%	
6	牛肉卷/片	3469	132	8988.63	3.81%	
7	生鸡腿	6637	224	10772.85	3.38%	
8	鸡胸	4102	247	13949.58	6.02%	
9	生鸡翅	11477	395	33666.55	3.44%	
10	整鸡	12932	647	80492.27	5.00%	

图 4-108　鸡肉丸/肉串的销售额占比

步骤 3.3：选中 F3 单元格，将鼠标指针移动到 F3 单元格右下角，等到出现"+"后，双击即可进行快速填充。填充后的结果如图 4-109 所示。

	A	B	C	D	E	F
1	原牧纯品旗舰店2020年2月的销售数据					
2	商品	访客数	支付买家数	支付金额（元）	支付转化率	销售额占比
3	鸡肉丸/肉串	1562	111	5257.21	7.11%	3.15%
4	羊肉卷/片	1905	85	6839.07	4.46%	4.10%
5	羊肉串	2499	70	6895.8	2.80%	4.13%
6	牛肉卷/片	3469	132	8988.63	3.81%	5.39%
7	生鸡腿	6637	224	10772.85	3.38%	6.46%
8	鸡胸	4102	247	13949.58	6.02%	8.36%
9	生鸡翅	11477	395	33666.55	3.44%	20.18%
10	整鸡	12932	647	80492.27	5.00%	48.24%

图 4-109　填充后的结果

步骤 4：插入气泡图。

按住"Ctrl"键，依次选中 B2:B10 和 E2:F10 单元格区域（访客数、支付转化率、销售额占比数据对应的数据区域),在"插入"选项卡的"图表"功能组中单击"插入散点图(X、Y)或气泡图"下拉按钮,选择"气泡图"中的"气泡图"选项,如图 4-110 所示。

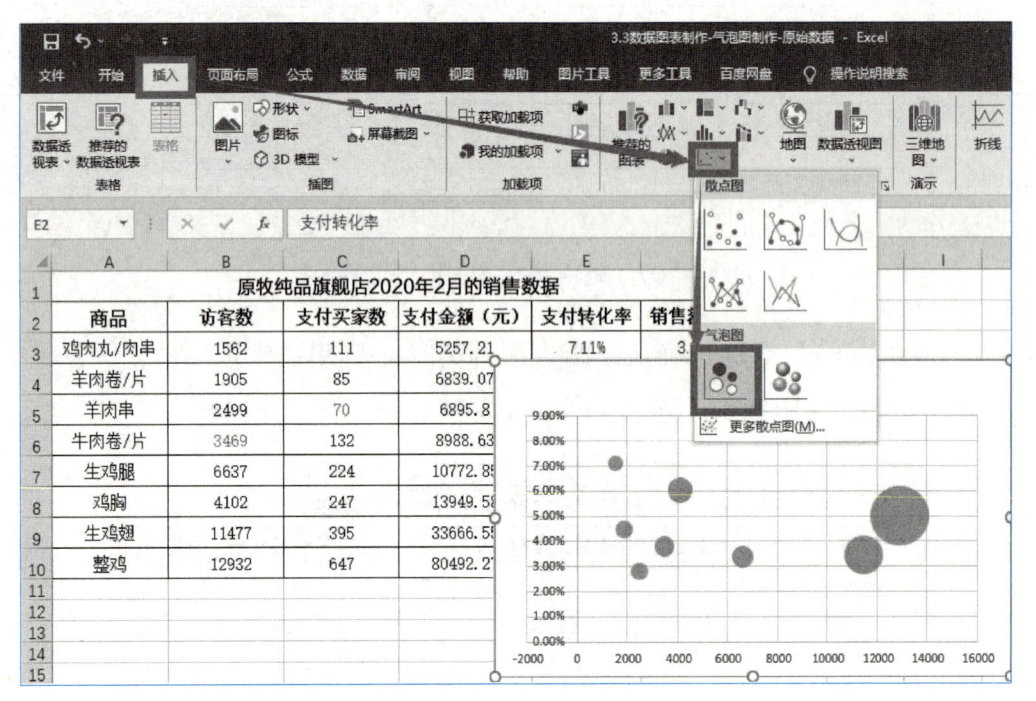

图 4-110 插入气泡图

步骤 5:完善图表元素并对图表进行美化。

步骤 5.1:选中图表区,单击图表区右上角的"+",选中"坐标轴标题""数据标签"复选框,取消选中"网格线"复选框,如图 4-111 所示。

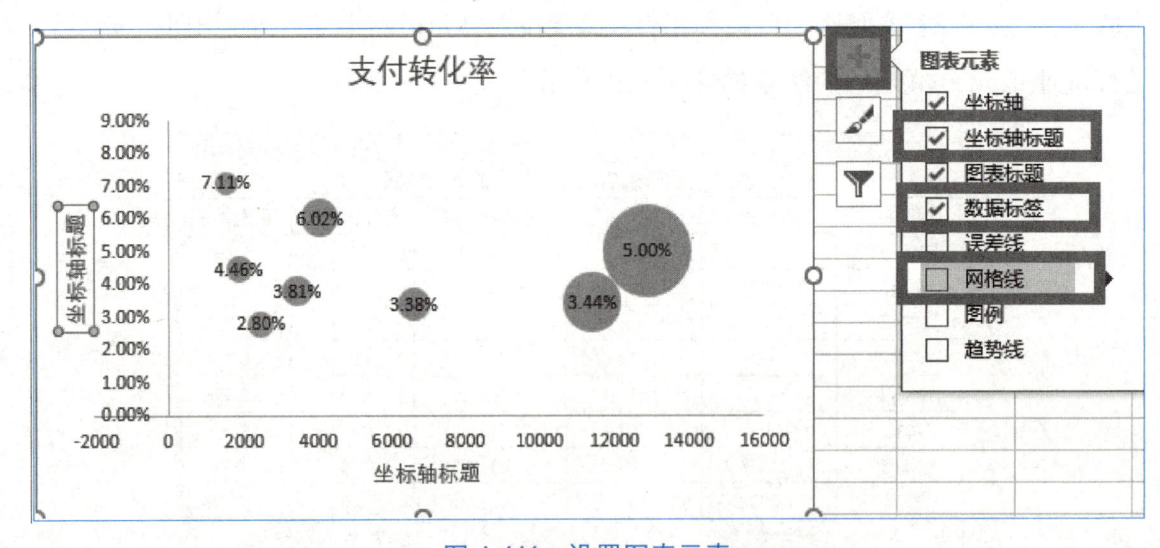

图 4-111 设置图表元素

步骤 5.2:将横坐标轴的标题修改为"访客数",将纵坐标轴的标题修改为"支付转化率",如图 4-112 所示。

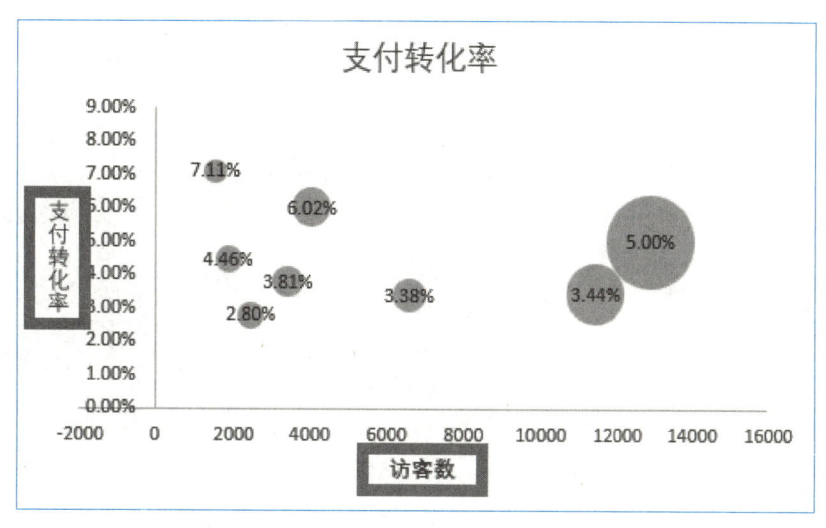

图 4-112　修改坐标轴的标题

步骤 5.3：双击横坐标轴，在打开的"设置坐标轴格式"窗格中，将"最小值"设置为"0"，如图 4-113 所示。

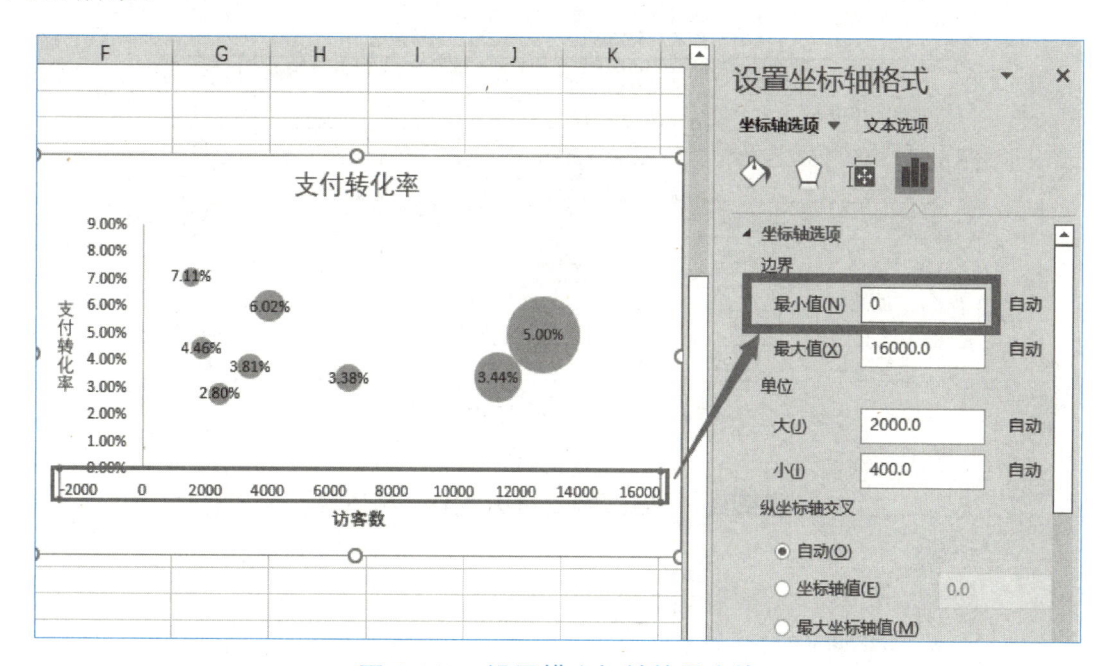

图 4-113　设置横坐标轴的最小值

步骤 5.4：选中任意一个气泡，右击，在弹出的快捷菜单中选择"设置数据标签格式"命令，如图 4-114 所示。

步骤 5.5：在打开的"设置数据标签格式"窗格中，选中"单元格中的值"复选框，取消选中"Y 值"复选框，如图 4-115 所示。

步骤 5.6：在弹出的"数据标签区域"对话框中，选择"商品"对应的数据标签区域，单击"确定"按钮，如图 4-116 所示。

步骤 5.7：将图表标题修改为"店铺商品 2020 年 2 月的销售情况分析"，如图 4-117 所示。

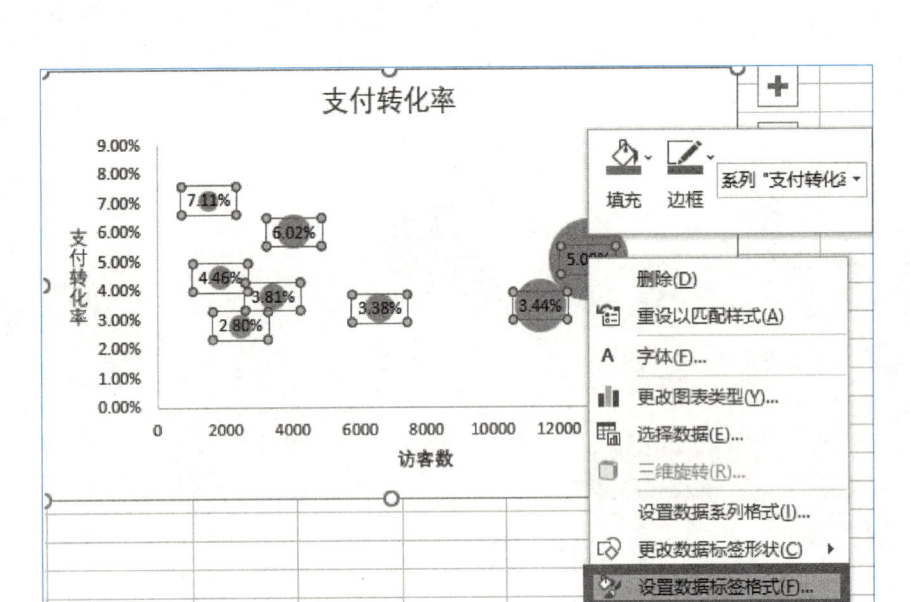

图 4-114　选择"设置数据标签格式"命令

图 4-115　设置标签选项

	A	B	C	D	E	F
1	原牧纯品旗舰店2020年2月的销售数据					
2	商品	访客数	支付买家数	支付金额（元）	支付转化率	销售额占比
3	鸡肉丸/肉串	1562			7.11%	3.15%
4	羊肉卷/片	1905			4.46%	4.10%
5	羊肉串	2499			2.80%	4.13%
6	牛肉卷/片	3469			3.81%	5.39%
7	生鸡腿	6637			3.38%	6.46%
8	鸡胸	4102	247	13949.58	6.02%	8.36%
9	生鸡翅	11477	395	33666.55	3.44%	20.18%
10	整鸡	12932	647	80492.27	5.00%	48.24%

图 4-116　选择数据标签区域

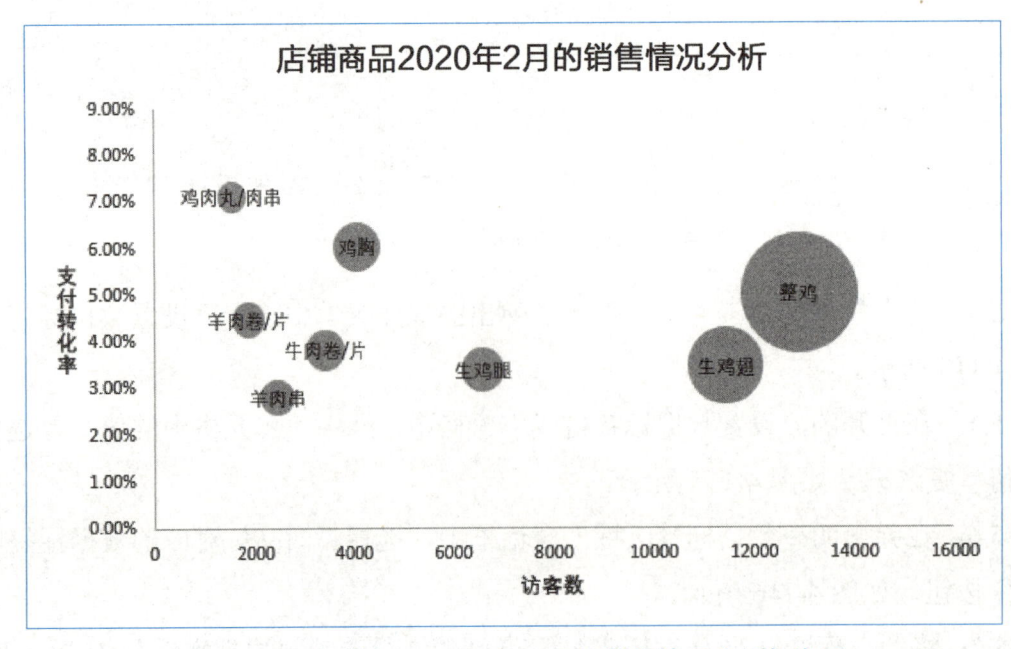

图 4-117　店铺商品 2020 年 2 月的销售情况分析气泡图

步骤 6：店铺商品 2020 年 2 月的销售情况分析。

结合上述操作结果，分析店铺商品 2020 年 2 月的销售情况。

工作子任务六　雷达图制作

任务背景

原牧纯品旗舰店主要经营整鸡、牛/羊肉卷、鸡腿、羊肉串等肉制品。为了提升销量，该店铺不仅需要进行内部优化，还需要积极了解竞店（竞争店铺的简称）的动态。为了进行分析，运营人员统计出行业内 3 个竞店的综合能力数据。

任务目标

运营人员通过对店铺（包括本店和竞店）综合能力数据进行整理，借助相应的图表，清晰地展示不同店铺综合能力数据的对比情况，凸显本店的不足之处，以便进行有针对性的完善。

任务要求

下载源数据所在的文件，获取店铺综合能力数据，并在进行整理后，插入雷达图。需要注意的是，雷达图适合展示四维及以上的数据，且每个维度的数据都必须可以排序。如果数据不符合雷达图的制作要求，就需要先进行数据处理。

任务

1．根据任务要求，完成店铺综合能力分析雷达图的制作，并将操作结果的截图上传到平台上。

2．由制作完成的店铺综合能力分析雷达图可知，物流配送能力最强的是_____，供应链支撑能力最强的是_____。

任务操作

雷达图制作

制作店铺综合能力分析雷达图的操作步骤及关键节点如下。

步骤 1：数据获取。

下载源数据所在的文件，获取店铺综合能力数据，如图 4-118 所示。

步骤 2：插入雷达图。

步骤 2.1：选中 A2:F6 单元格区域，在"插入"选项卡的"图表"功能组中单击"推荐的图表"按钮，如图 4-119 所示。

店铺综合能力数据					
店铺	客服承载能力	活动促销能力	行业影响能力	供应链支撑能力	物流配送能力
本店	4	4	8	10	7
竞店A	8	9	5	4	9
竞店B	2	0	4	7	4
竞店C	3	8	1	7	4

图 4-118　店铺综合能力数据

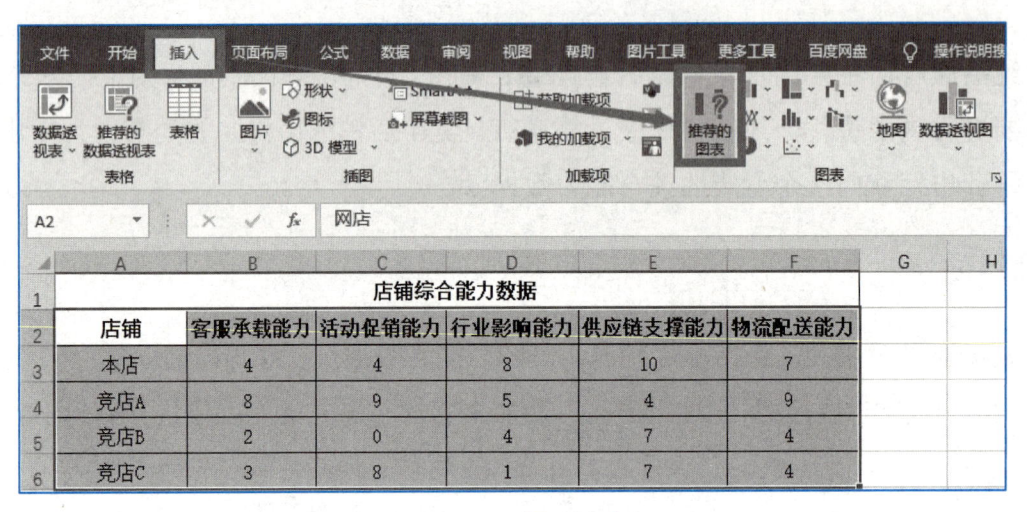

图 4-119　插入图表

步骤 2.2：在弹出的"插入图表"对话框中，选择"所有图表"→"雷达图"选项，单击"确定"按钮，如图 4-120 所示。

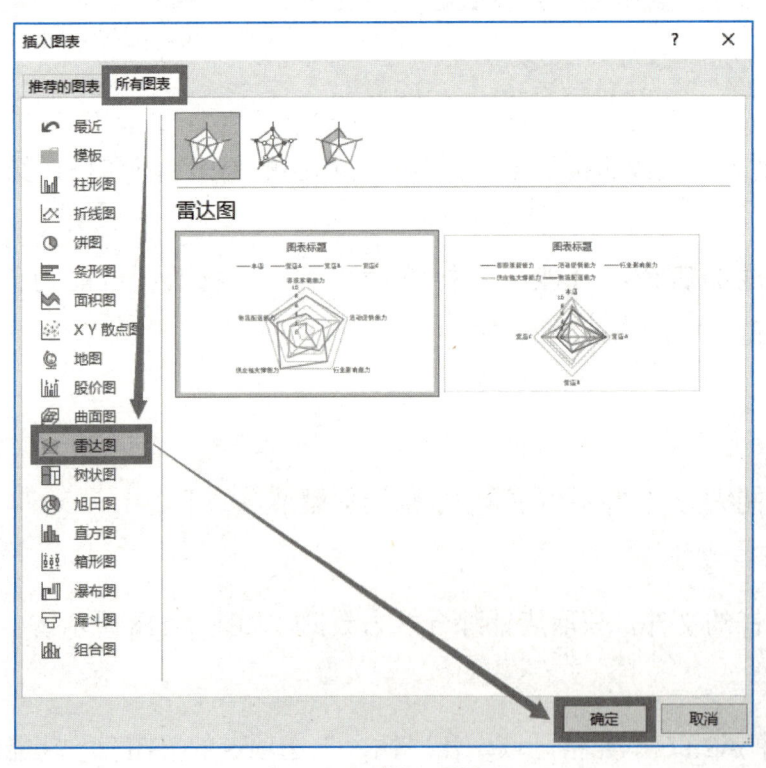

图 4-120　插入雷达图

步骤3：完善图表元素。

将图表标题修改为"店铺综合能力分析"，如图4-121所示。

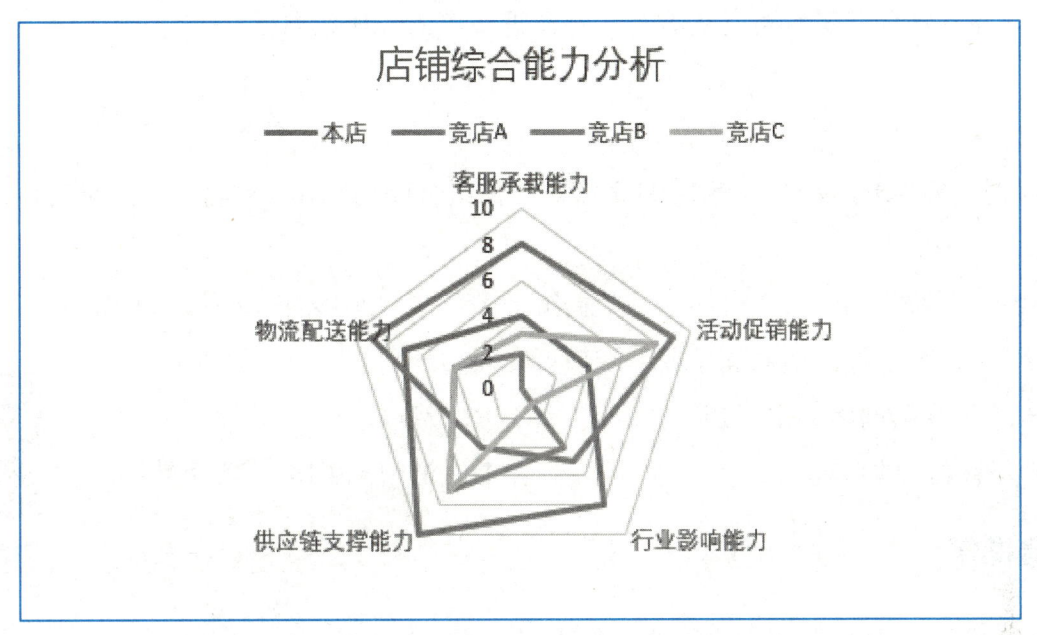

图 4-121　店铺综合能力分析雷达图

步骤4：店铺综合能力分析。

结合上述操作结果，对本店和竞店的综合能力进行对比分析。

工作子任务七　组合图制作

任务背景

原牧纯品旗舰店主要经营整鸡、牛/羊肉卷、鸡腿、羊肉串等肉制品。该店铺每月都会进行工作总结，如将当月与上月的销售额数据进行比较，分析当月的销售情况。运营人员统计出该店铺2019年11月和12月的销售额数据，需要进行销售情况分析。

任务目标

运营人员通过对比2019年11月和12月的销售额数据，一方面明确销售额最高的商品，另一方面明确销售额月度环比增长率最高的商品及销售额呈现下降趋势的商品，据此优化下个月的推广计划。

任务要求

下载源数据所在的文件，获取该店铺的销售额数据，并根据环比增长率的计算公式计算

2019 年 12 月相较于 11 月的销售额环比增长率。在计算完成后，选择商品、12 月销售额及环比增长率数据，插入组合图，其中，对于 12 月销售额，使用柱形图进行可视化展示；对于环比增长率，使用折线图进行可视化展示，并在折线图上添加数据标签。

任务

1. 根据任务要求，完成店铺 12 月销售额数据组合图的制作，并将制作结果的截图上传到平台上。

2. 由制作完成的店铺 12 月销售额数据组合图可知，2019 年 12 月，销售额最高的商品，以及 12 月相较于 11 月，销售额呈现下降趋势的商品分别是（　　）。

  A．鸡肉丸/肉串、生鸡翅　 B．整鸡、羊肉卷/片

  C．整鸡、生鸡翅　 D．鸡肉丸/肉串、羊肉卷/片

任务操作

组合图制作

制作店铺 12 月销售数据组合图的操作步骤及关键节点如下。

步骤 1：数据获取。

下载源数据所在的文件，获取店铺销售额数据，如图 4-122 所示。

店铺销售额数据		
商品	11月销售额（元）	12月销售额（元）
牛肉卷/片	747.51	1391.42
鸡肉丸/肉串	903.36	1855.31
羊肉串	1395.81	1847.18
羊肉卷/片	2315.89	2432.28
生鸡腿	4602.44	6444.15
鸡胸	7368.1	7857.3
生鸡翅	14528.55	13804.61
整鸡	37106.11	39393.21

图 4-122　店铺销售额数据

步骤 2：计算环比增长率。

步骤 2.1：在 D2 单元格中输入需要计算的字段名"环比增长率"。根据计算公式"环比增长率=（本期数-上期数）/上期数×100%"，计算各商品销售额的环比增长率。以牛肉卷/片为例，在 D3 单元格中输入环比增长率的计算公式"=(C3-B3)/B3"，如图 4-123 所示。

步骤 2.2：按"Enter"键进行确认，即可得到牛肉卷/片销售额的环比增长率，并将 D2 单元格的格式设置为百分比、保留两位小数，如图 4-124 所示。

工作领域四 基础数据监控与报表和图表制作

	A	B	C	D
1		店铺销售额数据		
2	商品	11月销售额（元）	12月销售额（元）	环比增长率
3	牛肉卷/片	747.51	1391.42	=(C3-B3)/B3
4	鸡肉丸/肉串	903.36	1855.31	
5	羊肉串	1395.81	1847.18	
6	羊肉卷/片	2315.89	2432.28	
7	生鸡腿	4602.44	6444.15	
8	鸡胸	7368.1	7857.3	
9	生鸡翅	14528.55	13804.61	
10	整鸡	37106.11	39393.21	

图 4-123　输入环比增长率的计算公式

	A	B	C	D
1		店铺销售额数据		
2	商品	11月销售额（元）	12月销售额（元）	环比增长率
3	牛肉卷/片	747.51	1391.42	86.14%
4	鸡肉丸/肉串	903.36	1855.31	
5	羊肉串	1395.81	1847.18	
6	羊肉卷/片	2315.89	2432.28	
7	生鸡腿	4602.44	6444.15	
8	鸡胸	7368.1	7857.3	
9	生鸡翅	14528.55	13804.61	
10	整鸡	37106.11	39393.21	

图 4-124　牛肉卷/片销售额的环比增长率

步骤 2.3：选中 D3 单元格，将鼠标指针移动到 D3 单元格右下角，等到出现"+"后，双击即可进行快速填充。填充后的结果如图 4-125 所示。

	A	B	C	D
1		店铺销售额数据		
2	商品	11月销售额（元）	12月销售额（元）	环比增长率
3	牛肉卷/片	747.51	1391.42	86.14%
4	鸡肉丸/肉串	903.36	1855.31	105.38%
5	羊肉串	1395.81	1847.18	32.34%
6	羊肉卷/片	2315.89	2432.28	5.03%
7	生鸡腿	4602.44	6444.15	40.02%
8	鸡胸	7368.1	7857.3	6.64%
9	生鸡翅	14528.55	13804.61	-4.98%
10	整鸡	37106.11	39393.21	6.16%

图 4-125　填充后的结果

步骤 3：插入组合图。

步骤 3.1：按住"Ctrl"键，依次选中 A2:A10 和 C2:D10 单元格区域，在"插入"选项卡的"图表"功能组中单击"推荐的图表"按钮，如图4-126所示。

图4-126　插入图表

步骤3.2：在弹出的"插入图表"对话框中，选择"所有图表"→"组合图"选项，设置"12月销售额（元）"为"簇状柱形图"，设置"环比增长率"为"折线图"，并选中"次坐标轴"复选框，单击"确定"按钮，如图4-127所示。

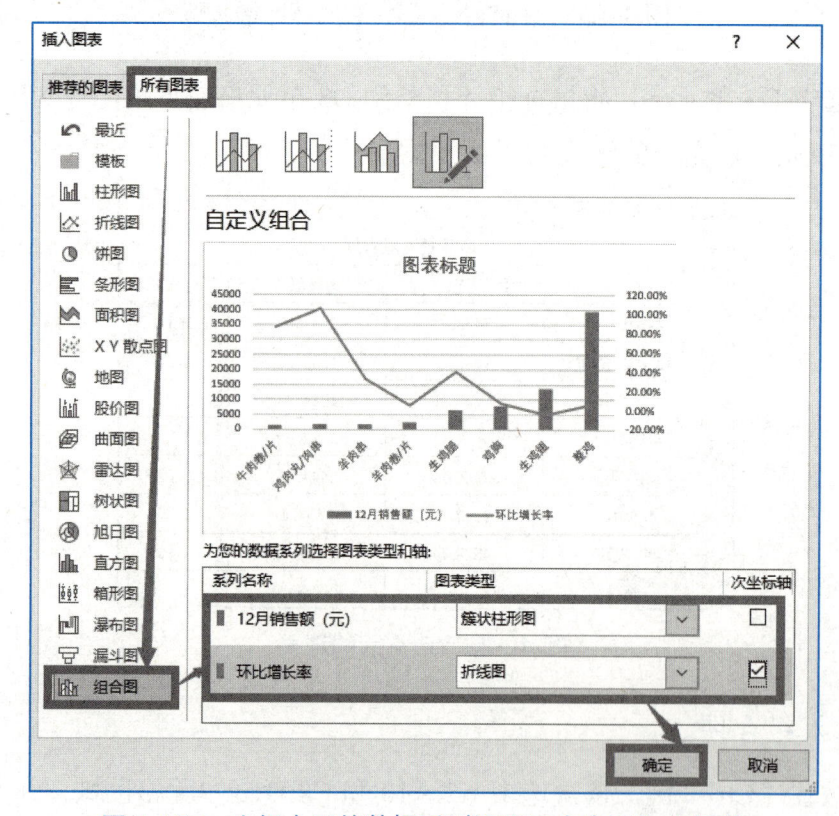

图4-127　为组合图的数据系列设置图表类型和坐标轴

步骤4：完善图表元素并对图表进行美化。

步骤4.1：选中图表区，单击图表区右上角的"+"，取消选中"网格线"复选框，如图4-128所示。

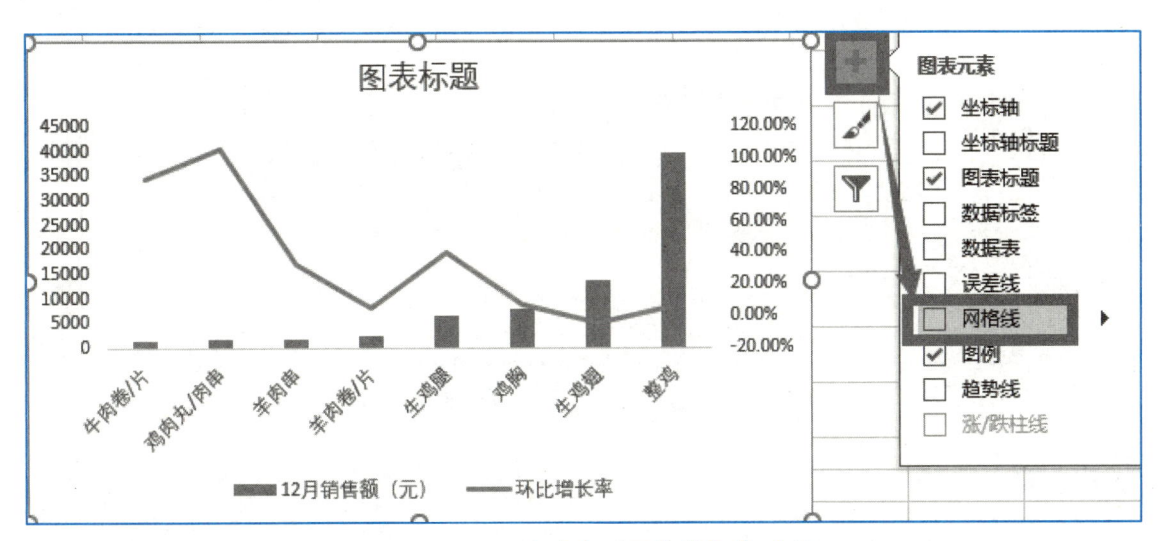

图4-128　取消选中"网格线"复选框

步骤4.2：选中折线图，右击，在弹出的快捷菜单中选择"添加数据标签"命令，如图4-129所示。

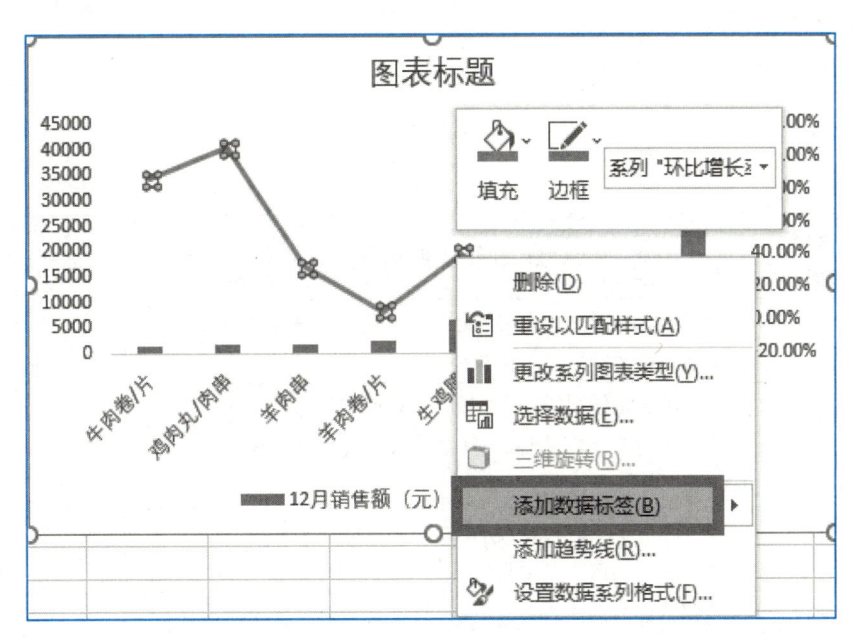

图4-129　选择"添加数据标签"命令

步骤4.3：将图表标题修改为"店铺12月销售额数据"，如图4-130所示。

步骤5：店铺销售数据对比分析。

结合上述操作结果，对原牧纯品旗舰店2019年11月和12月的销售额数据进行对比分析。

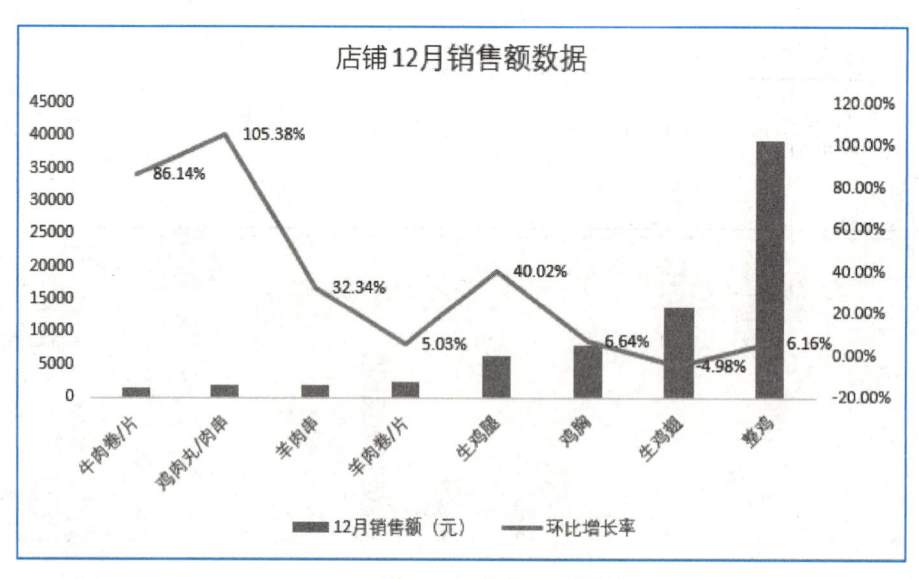

图 4-130　店铺 12 月销售额数据组合图

工作结束

数据整理及备份：□完成　　□未完成

关机检查：□正常关机　　□强行关机　　□未关机

整理桌面：□完成　　□未完成

地面卫生检查：□完成　　□未完成

整理椅子：□完成　　□未完成

任务评价

类别	序号	考核项目	考核内容及要求	优秀	良好	合格	较差
技术考核	1	质量	能够结合柱形图制作的注意事项，完成商品支付金额柱形图的制作、美化与分析				
	2		能够结合折线图的特点，完成商品加购趋势折线图的制作与美化，并对商品加购件数的变化趋势进行分析				
	3		能够运用饼图的制作方法，完成店铺商品销售额占比饼图的制作、美化与分析				
	4		能够结合散点图的特点，完成店铺不同流量来源访客数及下单买家数散点图的制作、美化与分析				
	5		能够结合气泡图的特点，完成店铺商品销售情况分析气泡图的制作、美化与分析				
	6		能够运用雷达图的制作方法，完成店铺综合能力分析雷达图的制作、美化与分析				
	7		能够结合组合图的特点，完成店铺销售额数据组合图的制作、美化与分析				

工作领域四 基础数据监控与报表和图表制作

续表

类别	序号	考核项目	考核内容及要求	优秀	良好	合格	较差
非技术考核	8	态度	学习态度端正				
	9	纪律	遵守纪律				
	10	协作	有交流、团队合作				
	11	文明	保持安静，清理场所				

任务拓展

任务名称：店铺年销售额环比增长率变化趋势数据分析。

任务背景：好好吃旗舰店在天猫平台上主要经营鸡米花、奥尔良鸡腿等半加工鸡肉食品。运营人员为了更好地分析店铺整体运营情况，统计了2014—2020年每年的销售额数据，现在需要通过可视化图表分析店铺近年来的年销售额环比增长率变化情况。

任务要求：下载源数据所在的文件，根据背景需求，使用折线图完成"店铺年销售额环比增长率变化趋势"图表的制作，并结合图表分析店铺年销售额的变化趋势。

任务

1. 请根据要求进行2014—2020年店铺年销售额环比增长率的计算（2014年的年销售额环比增长率默认为0），使用折线图完成"店铺年销售额环比增长率变化趋势"图表的制作，为图表添加数据标签（数据标签采用百分比形式，四舍五入，保留两位小数），并将操作结果以截图的形式上交。

2. 请结合图表分析店铺年销售额的变化趋势。

店铺年销售额环比增长率变化趋势数据分析源数据

课后习题

一、单选题

1. 可用于展示数据随着时间的变化而变化的趋势的图表是（　　）。

　　A．雷达图　　　　B．树状图　　　　C．折线图　　　　D．饼图

2. 若计划在图表中展示某店铺第四季度的销售额在全年销售额中的占比情况，则适合选用（　　）。

　　A．热力图　　　　B．雷达图　　　　C．折线图　　　　D．饼图

3. 为展示某卖场5个分店上半年计划销售额与实际销售额的情况，宜采用（　　）。

A．复合型饼图 B．分离型饼图

C．带平滑线的散点图 D．簇状柱形图

4．不适合展示二维数据集的图表类型是（ ）。

A．条形图 B．雷达图 C．折线图 D．柱形图

5．若计划对某款冲锋衣及其竞品从防水、防风、透气、保暖、耐磨5个维度进行比较，则选用（ ）较为合适。

A．气泡图 B．散点图 C．雷达图 D．饼图

二、多选题

1．下列图表类型中，可以用于展示二维以上数据集的是（ ）。

A．柱形图 B．雷达图 C．气泡图 D．条形图

2．图表的目的在于更清晰地展示和传递数据中的信息，在制作图表的过程中，需要注意的要点有（ ）。

A．图表信息完整

B．图表的主题应明确，在标题中得到清晰的体现

C．避免生成无意义的图表

D．图表需要尽可能美观，背景图、网格线、填充色都要添加

3．在制作完图表后，还需要对图表进行美化，使得所呈现出来的图表简约大方，美化要点为（ ）。

A．最大化数据墨水比 B．选择合适的字体及数字格式

C．图表的色彩应柔和、自然、协调 D．图表中字体只能使用宋体或者微软雅黑

4．专项数据报表的制作将围绕（ ）这3个维度展开。

A．市场 B．运营 C．商品 D．售后

5．若要展示不同类别数据之间的占比构成，可选用（ ）进行展示。

A．饼图 B．散点图 C．堆积柱形图 D．雷达图

三、判断题

1．在绘制柱形图、折线图等图表时，起点坐标一定是从0开始的。 （ ）

2．在流量指标中，平均停留时长与访问量、流失率高度相关，是衡量店铺流量精准与否的重要依据。 （ ）

3．相比常规数据报表，专项数据报表展示的数据更为聚焦。 （ ）

4．雷达图仅适用于展示四维数据，且每个维度都必须可以排序。 （ ）

5．饼图适用于展示二维数据，主要用来反映各个数值在总量中的比例。 （ ）

思政园地

数据可视化在数据分析中占有举足轻重的地位，而数据可视化也是"骗人"的重灾区。例如，某企业的数据分析人员故意隐藏横坐标轴的奇数年份，让数据看起来更"平稳"，如图 4-131 所示。

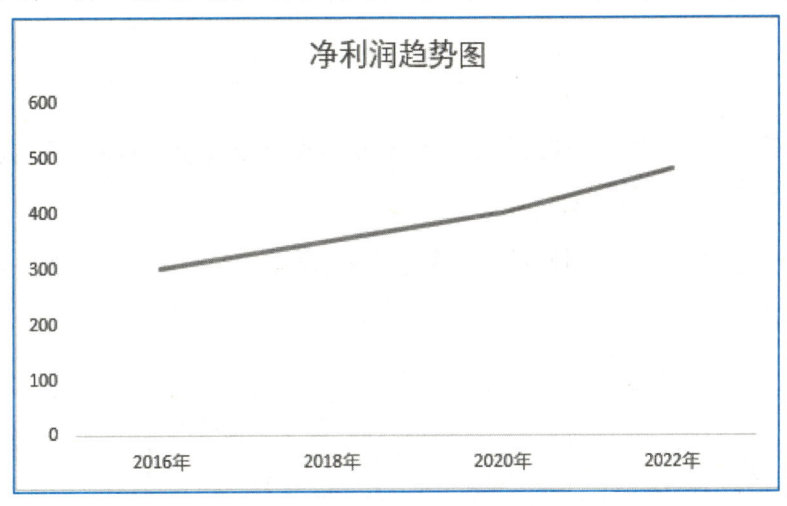

图 4-131　净利润趋势图 1

如果你是一位投资人，看到了这样的净利润趋势图，就会认为这家企业经营得不错，其净利润每年都在增长，具有投资价值。

但是，如果你是一个善于观察的人，就会发现一个问题：横坐标轴只有偶数年份。这是很多人都会玩的一种把戏，为了让整体趋势更加平稳，故意删掉一些影响整体趋势的数据，而美其名曰"数据太多，分组展示"。

如果我们将横坐标轴进行还原，净利润趋势图就可能变成如图 4-132 所示的样子。

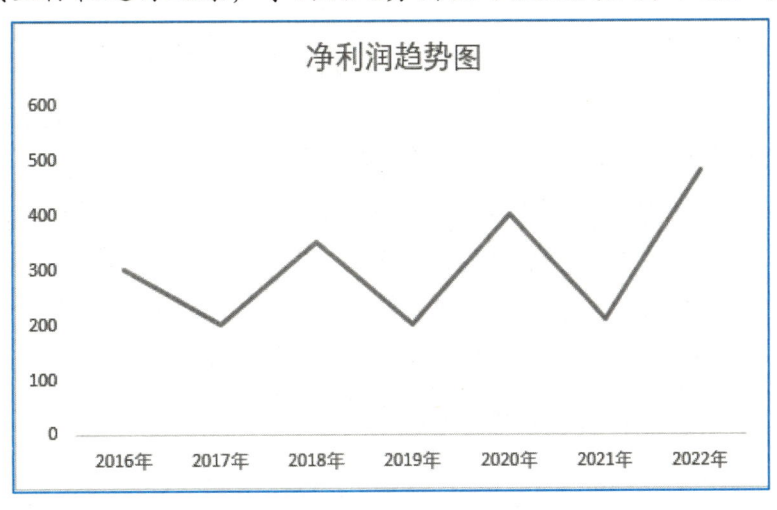

图 4-132　净利润趋势图 2

数据分析人员应该遵守职业道德，诚实守信，杜绝舞弊造假行为，真实、客观地对数据进行可视化展示。

参考文献

[1] 北京博导前程信息技术股份有限公司．电子商务数据分析基础[M]．北京：高等教育出版社，2019．

[2] 北京博导前程信息技术股份有限公司．电子商务数据分析实践（中级）[M]．北京：高等教育出版社，2019．